JN409658

노인법제연구

- 노인복지 패러다임의 전환과 노인의 인간다운 삶을 위한 법제연구 -

노인법제연구

- 노인복지 패러다임의 전환과 노인의 인간다운 삶을 위한 법제연구 -

강병근 · 김상훈 · 김진곤 · 문상덕 · 박인환
윤태영 · 이건호 · 이인영 · 조지현 · 홍일선

삼우사

이 책은 2007년도 한국학술진흥재단의 지원에 의하여 연구되었음.
(KRF-2007-321-B00162)

머 리 말

윌리엄 버틀러 예이츠의 '비잔티움으로의 항해'의 시에서 나오는 첫 구절이 "노인을 위한 나라는 없다"(There is no country for old men)입니다. 예이츠는 이 시에서 서로 팔짱을 낀 젊은이들이 모두 관능의 음악에 사로잡혀 늙지 않는 지성의 기념비를 소홀히 하고 있다고 한탄하고 있습니다. 현재의 것들은 아무도 오래된 것들을 굽어보지 않으며 영혼의 장엄한 기념비를 배우려고 하지 않으므로, 시인은 지친 노구를 끌고 비잔티움으로의 항해를 꿈꾸며 가려고 하였나 봅니다.

이제 노인을 위한 나라가 없을 수 없습니다. 우리나라의 경우 전체 인구 중 65세 이상의 인구가 2000년에 이미 7%를 넘어 고령화사회에 접어들었으며, 2019년에는 14%를 넘어 고령사회로 그리고 2026년에는 국민 전체의 20% 이상이 65세 이상의 노인인 초고형화사회로 진입하게 됩니다. 이러한 단계에 접어들면 더 이상 노인을 위한 나라가 없다고 이야기할 수 없습니다. 단순한 '노인'의 문제가 아니라 다수의 국민을 위한 국가적 내지 사회적 문제로서 인식의 전환이 필요로 하기 때문입니다.

한림대학교 법학연구소를 중심으로 '고령화사회로의 패러다임의 전환과 노인의 인간다운 생활권 보장'이라는 주제를 정하고 연구계획서를 작성하였던 때가 2007년 봄 무렵이었습니다. 그 당시 한림대 법행정학부 전체 교수가 교수식당에서 또는 춘천의 단골 밥집에서 모여서 공동으로 연구과제를 진행하자고 단합하던 때가 벌써 2년여가 지났습니다. 10명의 교수들이 한 뜻으로 뭉쳐서 한림대 법학연구소를 노인법제 전문연구소로 위상 정립하겠다는 거창한 목표에서부터 그리고 자칫 침체해지려는 학과 분위기를 쇄신하려는 단합의 동기부여까지 곁들여서, 아직 우리 사회에서 제대로 된 문제의식과 해결방안을 찾아나가지 못하고 있는 노인법제연구에 깊은 관심과 열정을 함께 하였습니다.

2007년은 노인복지법제 확립에 있어 중요한 의미를 갖는 해였습니다. 노인장기요양보험법과 기초노령연금법이 제정・공포됨으로써 2008년부터는 노인복지의 전환점이 될 노인장기요양보험제도와 기초노령연금제도가 실시되기에 이른 것입니다. 그리고 이러한 법률과 함께, 이미 노인복지법이나 저출산・고령사회기본법, 장애인・노인・임산부 등의 편의증진 보장에 관한 법률, 고령자고용촉진법, 고령친화산업진흥법 등 적지 않은 법률이 제정되어 시행되어 왔습니다. 하지만 이러한 법률들은 아직 그 내용이나 체제가 완전하지 못하다는 평가를 받습니다. 비교적 최근에 제정된 법률들이 대부분이어서 법제도의 연혁이나 시행 경험이 짧은 탓도 있지만, 각 법제들을 내용적으로 뒷받침하는 법리가 충분히 개발되지 못했거나 심도 있게 검증되지 못한 점도 없지 않고 법적 틀은 어느 정도 갖추었으나 재정 형편이나 집행체계의 미흡으로 복지와 관련된 법적 보장이 충분하지 않은 경우도 있습니다.

사실, 단순히 노인복지 관련 법제의 구축만으로 노인의 인간다운 생활이 온전히 보장되는 것도 아니라고 생각합니다. 노인의 건강하고 문화적인 생활의 구체적인 수준은 역사적 단계마다 그리고 그 사회의 경제・문화적 구조에 따라 상이할 수 있기 때문에 어느 정도의, 어떠한 생활이 이 기본권의 내용을 구성하는 것인가는 일률적으로 규정하기 어려울 것입니다. 그러므로 헌법상의 인간답게 생활할 권리라는 기본권 보장의 정신은 이를 구체화하는 법률 등 하위법규와 법제도의 확립을 통하여 정책적으로 담보될 때 비로소 그 의미를 실현할 수 있다고 봅니다. 노인의 인간다운 생활을 할 권리의 충실한 보장을 위하여 제 법학분야의 연구와 정책 제시가 전문적으로 검토될 필요성이 바로 여기에 있는 것입니다. 그리고 이러한 종합적 법제연구를 시도하여 함께 묶어 책을 펴내는 작업을 통하여, 노인의 인간다운 생활의 보장과 궁극적인 삶의 질 개선을 도모할 수 있는 체계적이고 종합적인 법제 개선방안을 시도하는 하나의 출발점이자, 이를 위한 기초자료로서의 역할을 기대하고 있습니다.

노인의 인간다운 생활 보장을 위한 법학 제 분야의 연구는 매우 다양하지만, 이 책에서는 노인법제 연구의 주요 부분을 선별하여 집필한 원고를 모았습니다. 한림대 홍일선 교수가 노인관련 법정책의 체계적·통일적 접근을 위한 헌법적 국가의 노인보호의무와 노인의 사회적 기본권을 중심으로 고령사회를 대비한 헌법적 논의를, 서울시립대 문상덕 교수가 노인복지행정체제 구축을 위한 행정법·지방자치법적 연구로서 지방자치단체의 노인복지사무의 민간위탁과 공법적 문제를 집필하였습니다. 인하대 박인환 교수는 노인의 주체적 삶을 위한 가족법적 연구로서 부부재산관계의 형성과 청산을 중심으로 노년의 혼인 해소와 재혼을 둘러싼 가족법적 과제를 집필하였으며, 한림대 김상훈 교수가 후견법원을 통한 노인 보호와 민사소송법적 연구의 일환으로 성년후견제도의 도입 및 후견법원 설치를 위하여 우리나라 가정법원의 현황을 집필하였습니다. 한림대 조지훈 교수는 노인 건강과 생활안정을 위한 요양보험법·연금법적 연구로서 노인장기보험의 문제점과 개선방안을 집필하였고, 한림대 이건호 교수는 노인학대 등 노인대상 범죄와 형사법적 연구의 일환으로 고령화사회에서 노인학대에 대한 형사법적 대처의 논문을 집필하였습니다. 홍익대 이인영 교수는 노인관련 말기의료와 법윤리 연구로서 말기의료와 말기환자의 자기결정권 존중을 위한 입법에 관한 논문을 집필하였으며, 고려대 강병근 교수가 노인문제의 국제화와 국제법적 연구로서 노인과 국제법을 집필하였습니다. 광운대 김진곤 교수는 노인관련 노동법적·사회보장법적 연구의 일환으로 노인 일자리의 창출과 고용안정을 위한 입법적 과제를 집필하였으며, 아주대 윤태영 교수가 고령 소비자 보호라는 관점에서 고령소비자계약에 관한 논문을 집필하였습니다.

이 책에서 10명의 각기 다른 법분야를 가지고 있는 젊은 학자들이 노인의 인간다운 삶이라는 노인법제의 주제를 가지고 나름대로 치밀하고 심도 있는 법률적 검토와 분석을 행하려고 노력하였다고 감히 말씀드립니다. 그리고 10명의 학자들이 각자의 논문에서 고령화사회를 대비한 향후의 입법과제 등의 미래적 지향점을 제시하려고 함께 의견을 나누며 상호 지적 자극제와 보완제의 역할을 담당하였습니다. 한림대학교에서 같이 함께 동고동락했던 인

연과 추억들이 이러한 연구를 끈끈하게 하는데 적지 않은 원동력을 보태 주었고, 2년 동안 각자 바쁜 와중에 모여서 매학기 3번의 세미나를 행하였던 춘천의 맑은 정기가 이것을 가능하게 하지 않았나 생각합니다. 이 책을 만들기까지 수고한 이들이 적지 않습니다. 이 연구를 함께 하며 학제간 연구분야의 지적과 보완을 해주신 한림대 김영범 교수와 서울대 김진현 교수께 감사드립니다. 한림대학교의 제자들인 김현아 · 곽유진 · 이주영 · 안소욱 · 김정아 조교, 홍익대학교의 한경진 학생의 잔심부름과 노고가 곁들여 있음에 진심으로 감사드립니다. 그리고 이 책을 흔쾌히 출판해준 도서출판 삼우사 조병철 사장 이하 직원 여러분의 수고에 감사드립니다.

처음에 언급한 예이츠의 마지막 시귀를 다시 인용하면서 마무리합니다.

> 늙은이란 하찮은 것, 막대기에 걸친 누더기일 뿐이리라,
> 육신의 옷이 너덜너덜해지는 것을,
> 영혼이 좋아 손뼉치고 크게 노래하지 않는다면,
> 영혼의 장엄한 기념비를 배우지 않는다면,
> 노래를 배울 곳은 아무 데도 없다,
> 그래서 나는 바다를 향해하여 왔다.
> 거룩한 도시 비잔티움으로.

2009. 9.
여러 저자를 대표하여
이인영 씀

■ 차 례

제 1 장

고령사회를 대비한 헌법적 논의
-국가의 노인보호의무와 노인의 사회적 기본권을 중심으로- ‖ 홍일선

제 2 장

지방자치단체의 노인복지사무의 민간위탁과 공법적 문제
‖ 문상덕

제 3 장

노년의 혼인 해소와 재혼을 둘러싼 가족법적 과제
-부부재산관계의 형성과 청산을 중심으로-

‖ 박인환

제 4 장

우리나라 가정법원의 현황
-성년후견제도의 도입 및 후견법원 설치를 위하여-

|| 김상훈

제 5 장

노인장기요양보험의 문제점과 개선방안

‖ 조지현

제 6 장

고령화사회에서 노인학대에 대한 형사법적 대처

‖ 이건호

제 7 장

말기의료와 말기환자의 자기결정권 존중을 위한 입법

‖ 이인영

제 8 장

노인과 국제법

‖ 강병근

제 9 장

노인 일자리의 창출과 고용안정을 위한 입법적 과제

‖ 김진곤

제 10 장

고령소비자 계약에 관한 소고

|| 윤태영

제 1 장

고령사회를 대비한 헌법적 논의*

- 국가의 노인보호의무와 노인의 사회적 기본권을 중심으로 -

* 이 논문은 2007년도 정부재원(교육과학기술부 학술연구조성사업비)으로 학술진흥재단의 지원을 받아 연구(KRF-2007-321-B00162)된 것이며, 공법학연구, 제9권 제2호(2008. 5), 139~160쪽에 게재된 내용을 보완한 것임.

Ⅰ. 문제의 제기

우리 사회가 점차 저출산・고령화되어감에 따라 노인과 관련된 여러 문제들은 더 이상 피할 수 없는 심각한 사회적 문제의 하나로 제기된다.[1] 이러한 문제들은 과거와 같이 단지 노인의 복지정책에 국한된 것만이 아니다. 오늘날 노인문제는 정치・경제・사회・문화의 모든 영역에서 등장하고 있다. 가령, 정치적 측면에서는 노인층 인구증가와 이에 대한 효율적인 정치참여의 가능성 및 정치적 의사형성 기능의 보장문제, 경제적 측면에서는 노인의 경제활동 및 재산권 보장과 행사의 문제, 사회적 측면에서는 각종 노인관련 범죄와 불법적 계약체결의 효력 및 이른바 황혼이혼의 문제, 문화적 측면에서는 노인의 평등한 문화참여의 기회보장 문제 등이 그것이다. 노인과 관련되어 제기되는 이러한 다양한 문제점들에 비추어 볼 때, 이를 해결하기 위한 정책적 대안의 논의가 필요하다는 점은 아무리 강조해도 지나치지 않을 것이다.[2]

이에 따라 최근 정부와 자치단체 및 학계를 중심으로 고령사회를 대비한 일련의 노인보호정책이 마련되고 있으며, 이에 대한 논의도 활발하게 진행되고 있다. 가령, 고령사회를 대비한 노인의 일자리 창출정책, 노인을 위한 의료보호 개선정책, 노인을 상대로 한 각종 범죄예방 대책 등이 그것이다. 각종 노인관련 문제들을 해결하고 이에 대한 대응책을 논의하기 위한 이러한 노력은 고령사회를 대비해 바람직한 것이라고 평가하지 않을 수 없다. 그러나 현재 진행되고 있는 각종 노인보호정책에 대한 논의의 과정 속에서 다음과 같은 몇 가지 문제점을 발견할 수 있다.

첫째, 고령사회를 대비한 노인보호정책과 이에 대한 논의가 전체적인 체계를 유지한 가운데 일관성 있게 진행되지 못하고 있다는 점이다. 이는 노인

1) 고령사회의 현상과 이에 대한 일반적 문제점들에 대해서 자세한 것은 박광준, 고령사회의 노인복지정책, 학현사, 2004, 27쪽 이하 참조.

2) 고령사회를 대비한 정책적 대안의 필요성에 대해서는 한국법제연구원, 고령사회의 도래와 각국의 입법적 대응 및 현황 1・2, 한국법제연구원, 2003 참조.

과 관련된 사회문제의 유형이 매우 다양하기 때문에, 새로운 유형의 문제가 제기될 때마다 각각의 대응방안을 그때 그때 사후적으로 모색한 결과에 기인한다고 할 수 있다. 둘째, 노인문제 해결을 위해 제시된 사후적・산발적 논의의 결과도 구체적 실현의 단계로 발전하지 못하고 정책적 논의 그 자체로 끝난다는 점이다. 이는 노인보호정책에 대한 정책적 논의의 결과가 실제 관련법제의 정비로 이어지지 못한 것에 그 원인을 찾을 수 있다. 셋째, 그나마 제정된 노인보호관련 법규의 내용도 체계적인 통일성을 갖추고 있지 못하다는 점이다. 노인보호관련 법규의 내용들을 자세히 살펴보면, 개별적 용어의 정의에서부터 구체적 실현과정의 방법과 내용에 이르기까지 일관성있게 체계화되어 있다는 인상을 받기가 어렵다.[3] 이러한 문제 역시 노인관련 법규의 제정・개정의 작업이 구체적으로 발생되는 문제를 그때 그때 해결하기 위해 산발적으로 이루어졌기 때문이라고 할 수 있다.

결국 노인관련 문제들을 해결하기 위해서는 이에 대한 체계적・종합적인 정책적 논의가 진행되어야 하며, 이러한 정책적 논의는 통일적인 시각에서 관련법규의 정비작업으로 이어져야 한다고 요약할 수 있다. 노인관련 문제해결의 통일적 접근방안에 대한 대안의 하나로 이하에서는 헌법적 시각에서 노인문제를 접근해 보고자 한다. 국가의 최고법인 헌법은 모든 국가작용과 법질서의 기준이 된다는 점에서, 헌법에서 제시한 노인보호의 이념은 개별적 노인보호정책에 대한 통일적 기준을 제시해 줄 수 있기 때문이다. 이를 위해서는 우선 노인보호정책에 대한 헌법적 논의의 의의와 필요성을 개관한 뒤에(Ⅱ), 노인보호정책에 대한 헌법적 기준의 구체적 내용을 국가원리적 측면(Ⅲ)과 기본권적 측면(Ⅳ)으로 각각 나누어 살펴보고자 한다. 마지막으로 노인보호에 대한 헌법적 내용과 기준의 효력을 보장하기 위한 방법의 하나로, 헌법재판제도를 비롯한 기본권구제 방법을 통해 노인의 권리침해에 대한 구제수단을 모색해 보고자 한다(Ⅴ).

---

3) 이와 관련하여 가령 헌법재판소가 심사한 평생교육법 제2조 제1호 및 제3호의 평생교육의 개념과 노인복지법 제36조 제1항 제3호의 노인교육의 문제(2003헌마339), 유료노인주택에 대한 노인복지법 제32조 제1항 제5호의 규정(2006헌바55) 등의 문제를 예로 들 수 있다.

Ⅱ. 노인보호정책에 대한 헌법적 논의의 의의

고령사회를 대비하여 노인관련 문제해결을 위한 헌법적 논의의 필요성은 다음과 같은 두 가지의 측면에서 제시된다.

첫째, 형식적인 측면에서 헌법은 최고규범성이라는 특성으로 각종 노인관련 법규와 정책실현의 체계적 · 통일적 접근을 가능하게 한다. 헌법의 최고규범성이란 헌법은 모든 국가작용과 법질서의 기준이 되는 최고법이라는 의미이다.[4] 헌법의 최고규범성으로부터 모든 국가작용과 법질서는 헌법에서 제시한 이념을 실현하기 위해 노력해야 할 의무를 부여받으며, 이러한 의무를 이행하지 아니하는 경우 그 존립근거와 타당성을 상실하게 된다. 이는 헌법에서 제시한 이념과 기준에 반하는 법률과 기타 국가작용은 그 효력을 상실하게 된다는 의미이다. 우리 헌법은 다른 나라의 헌법과 달리 명시적으로 헌법이 국가의 최고법이라는 규정을 두고 있지 않지만, 위헌법률심사제도를 통해 간접적으로 헌법의 최고규범성을 인정하고 있다. 가령, 국회에서 제정한 법률이 헌법에 위반될 경우에는 헌법 제107조 제1항과 제111조 제1항 제1호에 따라 헌법재판소가 위헌 여부를 심사하여 위헌일 경우 그 효력을 상실시킬 수 있다. 나아가 행정부의 명령 · 규칙 · 처분이 헌법에 위배될 경우에도 헌법 제107조 제2항에 따라 대법원을 비롯한 각급 법원은 이를 심사하여 위헌일 경우 그 효력을 상실시킬 수 있다. 이러한 헌법의 최고규범성을 노인관련 문제에 적용시키면 다음과 같은 내용을 이끌어낼 수 있다. 즉, 정부와 지방자치단체를 중심으로 추진되는 각종 노인보호정책과 그의 기반이 되는 관련법규의 내용은 궁극적으로 노인과 관련된 헌법의 이념을 실현하기 위한 목적으로 추진되어야 하며, 이러한 헌법적 이념을 기준으로 그 타당성 여부가 심사된다. 따라서 노인관련 법률의 내용이나 집행부의 행위가 헌법에서 제시된 기준과 이념에 반할 경우, 그러한 법률이나 집행부의 행위는 위헌 ·

4) 계희열, 헌법학(상), 박영사, 2005, 51쪽 이하; 권영성, 헌법학원론, 법문사, 2007, 13쪽 참조.

무효로 그 효력을 상실하게 된다.

둘째, 내용적인 측면에서 우리 헌법은 각종 노인문제를 해결하기 위한 이념적 기준을 이미 제시하고 있다. 우리 헌법은 한편으로 노인을 포함한 사회적·경제적 약자를 보호하여 사회적 정의를 실현한다는 목적으로 사회국가원리를 선언하고 있으며, 다른 한편으로 사회적 기본권이라는 형태로 노인보호를 위한 일정한 권리를 보장하고 있다. 물론 우리 헌법은 원칙적으로 대한민국의 국적을 보유한 모든 국민에게 적용된다는 점에서, 대한민국의 국적을 보유한 노인은 헌법상 보장된 모든 기본권들을 주장할 수 있다. 그러나 노인에게 단지 일반국민들과 마찬가지의 권리가 보장된다는 것만으로는 노인에 대한 실질적 권리보장을 약속해 주기 어려울 것이다. 노령으로 인한 신체적·사회적·경제적 능력이 저하된 노인에게는 헌법상의 기본권들을 실제로 행사할 수 있는 여건이 마련되어 있지 못하기 때문이다. 따라서 노인을 보호하고 노인과 관련된 사회적 문제들을 해결하기 위해서는 노인에게 보장되는 개별 기본권들을 행사할 수 있는 실질적 여건을 마련해 주는 것이 필요하다. 사회적 약자인 노인에게 이러한 권리실현의 여건을 제공해 주도록 국가에게 일정한 의무를 부과하는 것이 사회국가원리이며, 각각의 노인들에게 그러한 여건을 요구할 수 있는 구체적 권리를 보장하는 것이 바로 사회적 기본권이다. 따라서 노인문제에 대한 정책적·법률적 해결의 기본방향을 설정하기 위해서는 사회국가원리와 사회적 기본권을 통해 나타나는 노인보호에 대한 우리 헌법의 기본이념을 먼저 파악해야 할 것이다.

Ⅲ. 사회국가원리와 국가의 노인보호의무

1. 사회국가원리의 의의

사회국가원리(社會國家原理, Sozialstaatsprinzip)란 경제적·사회적 약자의 최저생활을 보장하고 정의로운 사회질서를 형성하기 위하여, 국가에게 각종

제도를 마련하고 조치를 취할 의무를 부과하는 헌법의 기본원리를 의미한다.[5] 본래 사회국가란 서구에서 산업사회의 심화에 따라 등장한 여러 사회적 갈등문제를 해결하기 위해 등장한 개념이다. 산업사회에서 대량으로 발생한 경제적・사회적 약자와 소외계층, 특히 무산근로대중의 생존을 배려하게끔 국가에게 일정한 의무를 부과한 것이 사회국가원리의 등장배경이었다. 따라서 법치국가원리가 국가와 시민사회간의 대립에서 나타난 시민혁명(市民革命)의 결과라면, 사회국가원리는 국가와 산업사회간의 대립에서 나타난 산업혁명(産業革命)의 결과라고 할 수 있다.

사회국가원리의 개념과 관련해서 사회국가와 복지국가의 관계가 문제된다. 복지국가(福祉國家, Wohlfahrtsstaat)란 국민 전체의 복지증진과 행복추구를 국가의 가장 중요한 사명으로 보는 국가형태를 의미한다.[6] 따라서 사회국가와 복지국가는 양자 모두 질병, 사고, 노령 등으로 인한 사회적 곤궁과 생활의 위험을 방지하거나 제거하여 개인의 안전과 복지를 보장하려 한다는 점에서 공통점을 가지고 있다. 그러나 복지국가의 경우 이러한 보장을 전적으로 국가가 책임을 지나, 사회국가의 경우 개인의 생활은 가급적 개인 스스로 책임지도록 유도하고, 국가는 단지 이에 대한 전제조건을 마련해 준다는 점에서 양자는 구별된다.[7] 결국 헌법의 기본원리로서 사회국가는 개인의 생활을 가급적 스스로 설계하고 형성하도록 하여 스스로 책임지는 자유의 범위를 확대하게끔 유도하는 국가형태를 의미하며, 이러한 점에서 복지국가와 원칙적

---

5) 계희열, 앞의 책, 378쪽; 권영성, 앞의 책, 142쪽 참조.

6) 전광석, "헌법재판소가 바라 본 복지국가원리," 공법연구 34-4-1(2006), 224쪽 이하.

7) 허영 교수의 경우 "모든 국민이 자기 수입의 절반 이상을 세금 기타 부담금의 형태로 국가에 납부하고 그 대가로 일상생활에서 발생하는 모든 위험(질병, 사고, 실업, 재해, 노령 등)을 국가에 전가시킴으로써 국민의 일상생활이 철저히 국가기관에 의해서 타율적으로 조종되는 이른바 스칸디나비아 형태의 복지국가는 외형상으로는 그럴싸하게 보일지 모르나, 자율적인 생활설계의 자유를 상실한 채, 언제나 국가에 의존해서 빵을 달라고 손을 벌려야 하는 구걸식 생활을 불가피하게 하기 때문에, '빵'과 '자유'와 '재난으로부터의 해방'을 한꺼번에 요구하는 현대인의 생활감각에 맞지 않는 것으로 입증되고 있다"고 하여 사회국가와 복지국가를 엄격히 구별한다. 허영, 한국헌법론, 박영사, 2004, 152쪽 이하. 그 밖에 사회국가와 복지국가의 관계에 대해 좀 더 자세한 것은 Peter Badura, *Der Sozialstaat*, DÖV 1989, 491(493); Konrad Hesse, *Grundzüge des Verfassungsrechts der Bundesrepublik Deutschland*, 20. Auflg. 1995, Rn. 215 참조.

으로 구별된다.[8)]

2. 우리 헌법의 사회국가원리

(1) 사회국가원리의 헌법적 근거

우리 헌법은 사회국가라는 개념을 명시적으로 규정하지 않았지만, 사회국가의 실현을 위한 중요한 내용들을 규정하고 있다. 가령, 헌법 전문에서 "… 정치·경제·사회·문화의 모든 영역에 있어서 각인의 기회를 균등히 하고, 능력을 최고도로 발휘하게 하며, 자유와 권리에 따르는 책임과 의무를 완수하게 하여 안으로는 국민생활의 균등한 향상을 기하고 …"라고 하여 개인의 자유를 바탕으로 한 사회적 평등과 사회적 정의의 실현을 강조하고 있다. 나아가 헌법은 제23조 제2항에서 "재산권의 행사는 공공복리에 적합하도록 하여야 한다"고 하여, 재산권행사의 사회적 구속성을 규정하고 있다. 나아가 제119조 제2항에서 "국가는 균형있는 국민경제의 성장 및 안정과 적정한 소득의 분배를 유지하고, 시장의 지배와 경제력의 남용을 방지하며, 경제주체간의 조화를 통한 경제의 민주화를 위하여 경제에 관한 규제와 조정을 할 수 있다"고 하여, 사회국가원리가 실현될 수 있는 전제로 이른바 사회적 시장경제질서를 규정하고 있다. 한편 우리 헌법은 사회국가원리가 실현될 수 있는 구체적인 방법으로 제31조 이하에서 광범위한 내용과 종류의 사회적 기본권을 보장하고 있다.

(2) 사회국가원리의 내용

이러한 헌법의 규정들을 통해 우리 헌법은 사회적·경제적 약자를 보호하고 이들에게 실질적 자유실현의 조건을 마련하여 사회적 평등과 사회적 정의를 실현한다는 사회국가원리를 구성하고 있다. 우리 헌법이 추구하는 사회

---

8) 그러나 실제 사회국가와 복지국가의 구별이 항상 용이한 것은 아니며, 경우에 따라서는 양자의 합성어인 사회복지국가라는 개념이 사용되기도 한다. 가령, 우리 헌법재판소도 사회복지국가(社會福祉國家)라는 개념을 사용하고 있다. 헌재 1993. 3. 11, 92헌바33, 판례집 5-1, 29쪽 참조.

국가원리의 구체적 내용은 다음과 같이 나누어 볼 수 있다.[9)]

첫째, 사회적 약자에 대한 생활여건의 조성의무(生活與件의 造成義務)이다. 사회적 약자에 대한 생활여건의 조성의무란 국가가 주어진 재정적 능력을 고려하여 사회적 약자에 대한 최소한의 생활환경을 마련해 주어야 한다는 것을 의미한다. 따라서 국가는 사회적 약자의 생활능력을 강화시켜 주고 적절한 생활수준을 유지시켜 주도록 노력할 의무를 진다. 이는 특히 주택, 사회기간시설 등과 같은 생활의 기본적 수요에 부응하는 조치를 취해야 할 국가의 의무를 나타낸다.

둘째, 사회적 안전(社會的 安全)이다. 사회적 안전이란 실업, 질병, 노령, 노동 불능 등과 같은 위기나 긴급상황으로부터 개인을 사전예방적・사후구제적으로 보호하기 위한 제도를 마련하고 유지할 국가의 의무이다. 사회적 안전이란 궁극적으로 생활의 위험을 사회적으로 공평하게 부담하려는 취지의 내용으로, 결국 광범위한 사회적 급부체계(社會的 給付體系)를 통해 보장된다. 사회적 안전을 위한 제도로는 의료, 사고, 실업, 연금보험 등을 들 수 있다.

셋째, 사회적 평등(社會的 平等)이다. 사회적 평등이란 사회구성원에 대한 최대한의 기회균등과 특히 사회적 약자에 대한 특별한 보호를 의미한다. 사회적 평등이란 개인의 신체적・경제적・사회적 능력을 고려하지 않은 도식적・형식적 평등이 아니라, 개인간의 이러한 차이점을 반영하여 사회적으로 평등을 실현한다는 실질적 평등을 의미한다. 실질적 평등으로서 사회적 평등을 실현시키기 위해서는, 사회적 불평등의 제거와 조세정책, 공적부조 등의 조치를 통한 사회적・경제적 약자의 우선적 보호가 요구된다.

넷째, 사회적 자유(社會的 自由)이다. 사회적 자유란 자유실현의 여건을 보장한다는 실질적 자유를 의미한다. 가령, 집이나 재산이 없는 자에게 주거의 자유나 재산권의 보장과 같은 자유는 무의미한 내용일 것이다. 사회적・경제적 약자들에게는 자유의 보장에 앞서, 이러한 자유를 실현할 수 있는 사회적・경제적 여건을 마련해 주는 것이 우선적으로 필요하다. 따라서 국가

9) 홍성방, 헌법학, 현암사, 2004, 162쪽 이하; Hartmut Maurer, *Staatsrecht I*, 5. Auflg. 2007, §8 Rn. 72ff.

는 근로의 기회를 제공하거나 최저생계비 등을 지급하여 사회적 약자인 개인이 자신의 자유를 실현할 수 있는 실질적 여건을 보장해 주도록 노력해야 하는 것이다.

(3) 사회국가원리의 법적 성격

사회국가원리는 헌법의 기본원리로서 이른바 국가목적규정(國家目的規定, Staatszielbestimmung)이라는 성격을 갖는다. 국가목적규정이란 현재와 미래의 국가활동에 대한 일정한 과제와 방향을 구속력 있게 확정하는 헌법규정을 의미한다.[10] 국가목적규정은 법적 구속력을 가진 헌법규정으로 국가에 대해 특정한 과제를 항상 준수하거나 이행하도록 명령한다. 따라서 국가목적규정으로서 사회국가원리는 모든 국가권력의 담당자에게 사회적・경제적 약자를 우선적으로 보호하여 사회적 대립을 조정하고 사회적 정의를 실현하도록 권한과 의무를 부여하는 헌법의 기본원리이다. 이러한 의미에서 사회국가원리는 단순한 정치적 선언이 아니라, 법적 구속력을 가지는 헌법의 지침이다.[11]

그러나 사회국가원리는 국가의 경제적 여건과 입법자의 입법형성권에 그 실현이 의존된다는 점에서 실현구조상의 어려움을 가지고 있다. 사회적・경제적 약자를 보호하기 위하여 국가가 적극적 조치를 취하기 위해서는 방대한 재원이 필요하다. 따라서 사회국가원리의 실현은 국가의 경제적 여건에 의존될 수밖에 없는 것이다. 나아가 사회국가원리는 구체적 입법으로 형성되어야만 그 내용이 실현될 수 있다. 헌법상의 사회국가원리는 단지 사회국가의 이념과 방침을 원칙적으로 선언한 대강규범으로, 구체적인 내용과 범위는 결국 입법자에 의한 개별 입법에 달려 있기 때문이다.

3. 사회국가원리와 노인보호 문제

사회적 약자의 최저생활을 보장하고 정의로운 사회질서를 형성하기 위

10) K. Hesse, 앞의 책, Rn. 108; H. Maurer, 앞의 책, §6 Rn. 9.
11) 계희열, 앞의 책, 387쪽; 허영, 앞의 책, 150쪽 참조.

하여 국가가 각종 제도를 마련하고 조치를 취할 의무를 지게 되는 사회국가의 내용에 노인보호의 문제는 당연히 포함된다. 노령으로 인해 신체적·사회적·경제적 능력이 저하된 노인의 경우 사회국가원리의 보호대상인 사회적 약자에 해당되며, 노인과 관련되어 제기되는 각종 사회문제를 해결하는 것이 사회적 갈등의 해소를 통한 정의로운 사회질서의 형성에 기여하는 것이기 때문이다. 따라서 국가는 사회적 약자인 노인을 특히 보호하고, 각종 노인관련 사회문제를 해결하기 위해 여러 제도와 조치를 마련해야 하는 것이다. 다만, 우리 헌법이 추구하는 사회적 정의실현은 복지국가가 아니라 사회국가의 형태라는 점에서, 노인관련 문제해결도 원칙적으로 복지국가가 아닌 사회국가의 이념에 따라 실현되어야 한다는 점을 유의할 필요가 있다. 가령, 노인생활과 관련된 모든 문제를 국가가 전적으로 해결하는 것이 아니라, 국가는 노인문제를 가급적 개인 스스로 생활의 주체가 되어 해결하도록 유도해야 하는 것이다.

위와 같은 사회국가원리의 내용으로부터 노인보호에 대한 구체적인 헌법적 이념으로 다음과 같은 것들을 도출할 수 있다. 첫째, 국가는 노인이 생활할 만한 여건을 조성할 의무를 진다. 즉, 국가는 주어진 재정적 능력을 고려하여 노인의 생활능력을 강화시켜 주고 적절한 생활수준을 유지할 의무를 진다. 이는 특히 노인의 주택, 사회기간시설 등과 같은 생활의 기본적 수요에 부응하는 조치를 취해야 한다는 것을 의미한다. 둘째, 국가는 노령으로 인한 개인적·사회적 활동에 지장이 있는 사람들을 배려하기 위한 사전 예방적·사후구제적 보호수단을 마련하고 유지하여야 한다. 특히 의료보험, 노령연금보험 등의 입법적 조치를 통한 문제해결이 이에 해당된다. 셋째, 국가는 노인의 실질적 평등을 실현하기 위해 노력해야 한다. 노인에 대한 실질적 평등이란 노인과 젊은이들 간의 형식적 기회균등이 아니라, 노령으로 인한 신체적·사회적 능력의 미약함을 보충하기 위한 노인에 대한 특별한 우대·보호를 의미한다. 넷째, 국가는 노인의 사회적 자유를 보장하기 위해 노력해야 한다. 노인의 사회적 자유란 노인이 자신의 자유를 실질적으로 행사할 수 있도록 자유실현의 여건을 마련해 주는 것을 의미한다. 가령, 노인이 직업의 자유, 재산권 등의 자유를 실질적으로 행사할 수 있게끔 국가는 노인에 대한 근로

기회 부여 및 생계비지급 등의 조치를 마련해야 하는 것이다.

사회국가원리로부터 도출되는 노인보호에 대한 이러한 내용들은 이른바 국가목적규정으로서 모든 국가기관에 대해 노인보호의 과제를 항상 준수하고 이행하도록 명령한다. 따라서 노인보호라는 국가목적의 의무에 명백히 반하거나 이를 충실히 이행하지 아니하는 모든 국가기관의 행위는 사회국가원리라는 헌법의 기본원리에 반하는 국가행위로, 원칙적으로 위헌법률심판이나 헌법소원심판 등과 같은 헌법재판의 대상이 된다고 할 수 있다.[12] 다만, 사회국가원리는 국가의 재정적 능력과 입법형성권에 그 실현 가능성이 달려있다는 점에서, 노인보호의무를 실현하기 위한 국가기관의 행위는 재정적 능력과 입법형성권에 의해 비로소 가능하다는 현실적 한계를 갖는다.

Ⅳ. 사회적 기본권과 노인의 권리

1. 노인의 기본권 주체성

사회국가원리를 통해 국가에게 부과되는 각종 노인보호의무 이외에, 우리 사회에서 각각의 노인은 헌법상 어떠한 권리를 직접 주장할 수 있는가의 문제가 제기된다. 이는 헌법상 보장되는 기본권들을 노인들이 향유하고 주장할 수 있는가의 이른바 노인의 기본권주체성(基本權 主體性)에 대한 문제이다. 기본권 주체성이란 헌법상 보장된 기본권을 향유할 수 있는 능력, 즉 헌법상 보장된 기본권의 담당자가 될 수 있는 능력을 의미한다. 따라서 기본권 주체성은 기본권능력(基本權能力, Grundrechtsfähigkeit) 또는 기본권향유능력(基本權享有能力, Grundrechtswahrungsfähigkeit)이라고도 한다.[13] 기본권 주체성에 대한 문제는 헌법소원심판청구능력과 관련하여 현실적 의미를 가진다. 헌법재

12) 이 부분에 대해 좀 더 자세한 것은 이하 'Ⅴ. 노인의 사회적 기본권과 노인보호의무 위반에 대한 구제방법' 참조.

13) Bodo Pieroth/Bernhard Schlink, *Grundrechte Staatsrecht II*, 15. Auflg. 1999, Rn. 29.

판소법 제68조 제1항에 따라 공권력의 행사 또는 불행사로 인해 기본권이 침해당한 기본권능력자는 원칙적으로 헌법재판소에 헌법소원심판을 청구하여, 자신의 침해된 기본권을 구제해 달라고 요청할 수 있기 때문이다.[14]

우리 헌법상 기본권 주체성은 원칙적으로 자연인인 국민에게 모두 인정되며, 기본권의 성질상 허용되는 범위에서 법인과 외국인에게도 인정된다.[15] 따라서 대한민국 국적을 가진 모든 대한민국의 노인은 헌법상 보장된 각각의 기본권을 향유하고 주장할 수 있는 기본권능력자이다. 이로 인해 노인은 헌법상 보장된 각각의 기본권이 침해된 경우 헌법재판소법 제68조 제1항에 따라 헌법재판소에 헌법소원심판을 청구할 수 있다. 기본권 주체로서의 노인이 주장할 수 있는 기본권들은 헌법 제2장 국민의 권리와 의무 부분에서 규정된 개별 기본권들과 이와 유사한 그 밖의 모든 헌법상 권리들이다.

2. 사회적 기본권의 일반적 이해

헌법상 보장되는 이러한 기본권들을 노인이 주장할 수 있다는 것만으로는 노인에 대한 실질적 권리보장이 완비되었다고 할 수 없다. 다른 일반인과 마찬가지로 노인의 기본권주체성을 인정하는 것만으로는, 노령으로 인해 야기되는 노인의 신체적·사회적·경제적 특수성을 제대로 반영할 수 없기 때문이다. 따라서 사회적 약자로서의 노인의 실질적 권리보장을 위해서는 노령으로 인한 특수성을 반영하여 노인에게 보다 특별한 보호와 배려를 허용해 줄 수 있는 권리가 요청된다. 이러한 요구를 반영한 것이 바로 헌법상의 사회적 기본권이다.

(1) 사회적 기본권의 의의

사회적 기본권(社會的 基本權, Soziale Grundrechte)이란 경제적·사회적 약자와 소외계층의 인간다운 생활을 보장하여 정의로운 사회질서를 확립하

14) 정종섭, 헌법소송법, 박영사, 2006, 516쪽; 허영, 헌법소송법론, 박영사, 2008, 341쪽; 헌법재판소, 헌법재판실무제요, 헌법재판소사무처, 2008, 228쪽 참조.
15) 계희열, 헌법학(중), 박영사, 2004, 58쪽 이하; 권영성, 앞의 책, 313쪽 이하 참조.

기 위해 규정된 기본권을 의미한다.16) 사회적 기본권은 특히 산업사회의 심화에 따라 등장한 무산근로대중의 빈곤・실업・노령・질병 등의 문제에 직면하여, 이들 사회적・경제적 약자가 인간다운 생활을 위하여 국가에게 일정한 물질적 급부와 적절한 배려를 요구할 수 있는 권리로 등장하였다.17) 따라서 사회적 기본권은 산업혁명의 결과 탄생된 개념이라는 점에서 사회국가원리와 기원을 같이한다. 다만, 사회국가원리가 사회적 약자를 보호하도록 국가에 일정한 의무를 부과하는 헌법의 기본원리인 반면, 사회적 기본권은 사회적 약자 스스로 국가에 대해 일정한 급부와 배려를 적극적으로 청구할 수 있는 개인의 권리를 나타낸다. 이러한 의미에서 사회적 기본권은 넓은 의미에서 사회국가원리의 내용에 포함되며, 사회국가원리가 기본권의 형태로 실현된 것을 의미한다.

사회적 기본권은 헌법상 보장된 개인의 자유와 권리가 실질적으로 실현될 수 있는 기회를 제공해 준다는 점에서 그 의의가 있다. 가령, 집이나 재산이 없는 사회적 약자에게 단지 주거의 자유나 재산권을 보장해 준다는 것은 무의미한 것이다. 이들에게는 우선 근로의 기회, 최소한의 생활여건의 조성이라는 사회적 기본권이 보장되어야만 주거의 자유나 재산권이라는 자유권이 실현될 수 있을 것이다. 실질적 자유와 권리의 실현이라는 이러한 기능에 비추어 사회적 기본권은 1919년 바이마르공화국 헌법이 최초로 도입한 이래, 제2차대전 이후 각국의 헌법에서 광범위하게 수용되었다.18)

이러한 각국 헌법의 태도에 따라, 특히 1919년 바이마르공화국 헌법을 모범으로, 우리 헌법은 광범위한 내용의 사회적 기본권을 보장하고 있다. 헌법상의 사회적 기본권 중 대표적인 것은 제34조 제1항의 인간다운 생활을

---

16) 이준일, "사회적 기본권," 헌법학연구 10-1(2004), 449쪽 이하; 전광석, "사회적 기본권의 헌법적 실현구조," 세계헌법연구 12-1(2006), 271쪽 이하.

17) Klaus Borgmann/Martin Hermann, *Soziale Grundrechte*, JA 1992, 337(337ff.); Jörg Lücke, *Soziale Grundrechte als Staatszielbestimmungen und Gesetzgebungsaufträge*, AöR 107(1982), 15(15ff.) 참조.

18) Martin Kutscha, *Soziale Grundrechte und Staatszielbestimmungen in den neuen Landesverfassungen*, ZRP 1993, 339(339ff.); Klaus Lange, Soziale Grundrechte in der deutschen Verfassungsentwicklung und in den derzeitigen Länderverfassungen, in: *Soziale Grundrechte*, 49(49ff.).

할 권리, 제31조의 교육을 받을 권리, 제32조 제1항의 근로의 권리, 제33조의 근로자의 근로3권 등을 들 수 있다. 그 밖에 헌법은 제32조에서 근로자의 고용증진・적정임금의 보장・최저임금제의 시행・인간의 존엄성에 부합하는 근로조건・여성근로자에 대한 차별금지와 특별한 보호・연소근로자의 특별한 보호를 위해 노력해야 할 국가의 의무, 제34조 제2항 이하에서 사회보장 및 사회복지의 증진・여자의 복지와 권익향상・노인과 청소년의 복지향상・신체장애자 및 생활능력이 없는 국민의 보호를 위해 노력해야 할 국가의 의무 등을 규정하고 있다.

(2) 사회적 기본권의 특징

사회적 기본권은 전통적인 자유권적 기본권과 비교할 때, 그 실현구조와 실현방법에 대해서 다음과 같은 특징을 가지고 있다.[19]

첫째, 자유권적 기본권은 국가권력의 개입이나 간섭을 제한하는 권리인 반면 사회적 기본권은 국가의 적극적 개입과 활동을 필요로 한다는 점이다. 자유권적 기본권은 국가권력의 침해를 방어하는 이른바 소극적 방어권(消極的 防禦權)으로서의 성격을 가지나, 사회적 기본권은 사회적 약자의 최소한의 생존을 보장하기 위하여 국가권력의 적극적 급부와 배려가 필요하기 때문이다.

둘째, 사회적 기본권은 그 내용과 범위가 확정적으로 규정되어 있지 않기 때문에 법적 구체화를 필요로 한다는 점이다. 자유권적 기본권의 경우 헌법의 규정만으로도 그 보호범위와 정도가 어느 정도 예견될 수 있으나, 사회적 기본권은 입법자가 그 내용과 범위를 형성하고 이에 기초한 행정작용이 있어야 비로소 실현될 수 있는 것이다.

셋째, 사회적 기본권은 국가의 재정적 지원 없이 실현될 수 없다는 점이다. 자유권적 기본권은 그 실현의 정도가 국가의 경제적 여건과 원칙적으로

19) 자유권적 기본권과 구별되는 사회적 기본권의 특성에 대해서 자세한 것은 Josef Isensee, *Verfassung ohne soziale Grundrechte*, Der Staat 19(1980), 367(373ff.); Dietrich Murswiek, Grundrechte als Teilhaberechte, soziale Grundrechte, in: J. Isensee/P. Kirchhof(Hrsg.), *Handbuch des Staatsrechts Bd.* V 2000, §112 Rn. 50ff.

무관하나, 사회적 기본권은 국가의 재정적 능력의 범위 내에서만 실현될 수 있는 것이다. 이러한 의미에서 사회적 기본권은 사회국가원리와 마찬가지로, 국가의 경제적 여건과 재정적 능력에 따라 그 실현의 여부와 정도가 결정될 수밖에 없는 것이다.

(3) 사회적 기본권의 법적 성격

자유권적 기본권과 구별되는 사회적 기본권의 이러한 특성으로 인해 사회적 기본권의 법적 성격에 대한 문제가 제기된다. 논의의 핵심은 사회적 기본권에 주관적 권리성을 인정할 수 있느냐의 여부에 있다. 즉, 사회적 기본권은 국가권력에게 일정한 의무를 부과하는 개관적 원리로서의 성격 이외에, 자유권적 기본권과 마찬가지로 개인이 직접 그 권리내용을 국가에 대해 주장할 수 있느냐의 문제가 그것이다.

사회적 기본권의 주관적 권리성을 부인하는 견해는 사회적 기본권의 내용은 국가의 경제력을 고려한 입법을 통해 비로소 실현된다는 점을 강조한다. 따라서 사회적 기본권은 사회국가원리와 마찬가지로 단지 국가에게 그 내용을 실현할 객관적 의무를 부여할 뿐, 개인이 헌법규정으로부터 직접 그 권리를 주장할 수 있는 것은 아니라고 한다. 이러한 견해는 헌법상의 사회적 기본권을 국가목적규정(國家目的規定, Staatszielbestimmung), 입법위임규정(立法委任規定, Gesetzgebungsaufträge), 헌법위임규정(憲法委任規定, Verfassungsaufträge) 등[20]으로 파악한다.[21]

사회적 기본권의 주관적 권리성을 인정하는 견해는 사회적 기본권이 다

20) 사회적 기본권을 헌법위임규정 또는 입법위임규정 등의 형태로 파악하는 대표적 견해로는 장영수, 헌법학, 홍문사, 2007; 한수웅, "헌법소송을 통한 사회적 기본권실현의 한계," 인권과 정의, 1997. 1, 70쪽 이하; 홍성방, 앞의 책, 545쪽 참조.

21) 사회적 기본권의 법적 성격에 대한 헌법재판소의 견해는 명확하지 않으나 대체로 주관적 권리성을 부인하는 입장에 가깝다. 가령, 헌법재판소는 사회적 기본권의 하나인 교육을 받을 권리란 "직접 행정권과 사법권을 구속하는 것이 아니라 입법의 방향만을 지시하는 것"이라고 하였고(헌재 1991. 2. 11, 90헌가27, 판례집 3, 11쪽 이하), 인간다운 생활을 할 권리의 구체적 권리성을 인정하면서도 "인간다운 생활을 할 권리는 원칙적으로 법률을 구체화할 때 비로소 인정되는 법률적 권리"라고 판시하였다(헌재 1995. 7. 21, 93헌가14, 판례집 7-2, 1쪽 이하).

른 자유권적 기본권과 마찬가지로 객관적 원리가 아닌 주관적 권리의 형식으로 규정되어 있다는 점을 강조한다. 즉, 사회적 기본권은 "모든 국민은 … 권리를 가진다"라는 형식으로 규정되어 있으므로, 기본권 주체는 자유권적 기본권과 마찬가지로 사회적 기본권의 내용을 직접 주장할 수 있다는 것이다. 다만 주관적 권리성을 인정하는 견해도, 사회적 기본권은 입법을 통해서 구체화될 경우에만 실현될 수 있다는 점을 반영하여, 사회적 기본권을 추상적 권리(抽象的 權利)[22] 또는 불완전한 구체적 권리(不完全한 具體的 權利)[23]로 표현하기도 한다. 한편 알렉시(Robert Alexy)의 규칙・원칙모델에 따라 사회적 기본권을 잠정적 권리로 이해하고, 이러한 권리는 형량을 거친 이후에 확정적 권리가 된다고 이해하는 견해[24]도 사회적 기본권의 주관적 권리성을 인정하는 태도라고 볼 수 있다.

사회적 기본권의 법적 성격을 둘러싸고 전개되는 이러한 논의는 자유권적 기본권과 다른 사회적 기본권의 성격으로부터 당연히 예상되는 결과라고 할 수 있다. 즉, 사회적 기본권은 자유권적 기본권과 달리 국가의 경제력을 고려한 입법을 통해서야 비로소 실현될 수밖에 없음에도 불구하고, 이러한 특수성을 고려하지 아니한 채 자유권적 기본권과 동일한 형식으로 규정한 헌법체계에서는 사회적 기본권의 법적 성격에 대한 명확한 해결이 원칙적으로 불가능하다는 것이다.[25] 결국 헌법상의 사회적 기본권은 비록 권리의 형식으로 규정되어 있다고 하더라도 곧바로 실현될 수는 없으며, 법률을 통해 구체화될 경우에야 비로소 실현될 수 있는 것이다. 이러한 의미에서 사회적 기본권은 이른바 잠정적 성격의 주관적 권리이며, 이는 원칙적으로 국가목적규정이라는 객관적 원리로서의 성격을 의미한다고 할 수 있다. 다만, 사회적 기본권과 사회국가원리의 취지를 살려 사회적 약자를 보호하고 사회적 정의를 실

---

22) 정만희, "생존권적 기본권의 법적 성격," 고시연구, 1995. 10, 37쪽.

23) 권영성, 앞의 책, 633쪽.

24) 계희열, 앞의 책, 699쪽; Robert Alexy, *Theorie der Grundrechte*, 1994, 454ff.

25) 이와 관련하여 1919년 바이마르공화국 헌법에서 최초로 사회적 기본권을 규정한 독일은 1949년 기본법을 제정할 때, 사회적 기본권을 모두 삭제하고 단지 사회적 법치국가원리만을 규정했다는 태도는 우리에게 많은 시사점을 제공해 줄 것이다. 자세한 것은 Il Sun Hong, *Braucht eine Verfassung soziale Grundrechte?*, VRÜ 38(2005), 476(476ff.) 참조.

현하기 위해, 객관적 원리로서의 성격을 가지는 사회적 기본권 중 최소한의 내용은 헌법정책적으로 주관적 권리성을 인정하는 방향으로 해석해야 할 것이다.[26]

3. 사회적 기본권과 노인의 권리

헌법상의 사회적 기본권 중 노인의 권리 및 노인의 보호에 대한 내용들은 결국 헌법 제34조 제1항으로부터 도출되는 노인의 인간다운 생활을 할 권리와 동조 제2항 이하에서 규정된 노인에 대한 국가의 보호의무 등으로 나누어 볼 수 있다.

(1) 노인의 인간다운 생활을 할 권리

헌법 제34조 제1항은 "모든 국민은 인간다운 생활을 할 권리를 가진다"라고 하여 인간다운 생활을 할 권리를 보장하고 있다. 인간다운 생활을 할 권리(Recht auf menschenwürdiges Dasein)란 인간다운 생활을 위한 최소한의 요건을 국가에게 요구할 수 있는 권리로, 특히 사회적 약자의 최소한의 생활여건에 대한 보장을 의미한다.[27] 이러한 의미에서 인간다운 생활을 할 권리는 사회적 약자를 보호하여 사회적 정의를 실현한다는 사회국가원리의 요청이 반영된 기본권이며, 다른 사회적 기본권들의 이념적 기준을 제시한 기본권이라고도 할 수 있다. 인간다운 생활을 할 권리의 주체는 모든 국민이므로 노인도 당연히 포함된다. 인간다운 생활을 할 권리의 주체로서 노인은 원칙적으로 모든 노인을 의미하나, 특히 사회적·경제적 약자로서의 노인이 우선 해당된다. 인간다운 생활을 할 권리는 사회적 약자의 최소한의 생활여건을 보장하여 사회적 정의를 실현한다는 사회적 기본권의 하나이기 때문이다.[28]

---

26) 이러한 의미에서 정태호 교수는 "이상과 현실 사이의 괴리를 극심하게 노출시키고 개인에게 비현실적 희망을 품게 만드는 약점이 있는 현행헌법과 같은 사회적 기본권을 헌법 개정을 통해 사회정책적 목표로 규정하고, 다만 극빈자 또는 생활무능력자의 보호청구권이나 법정의무교육을 무상으로 받을 권리만을 최소한의 권리로 규정하는 것이 바람직하다"고 한다. 정태호, "권리장전의 개정방향," 공법연구 34-4-2(2006), 144쪽 참조.

27) 계희열, 앞의 책, 703쪽; 권영성, 앞의 책, 643쪽; 허영, 앞의 책, 500쪽.

인간다운 생활을 할 권리에서 인간다운 생활이란 매우 추상적 · 다의적 개념이다. 따라서 인간다운 생활을 할 권리의 구체적 내용과 범위에 대한 획일적 기준은 존재하지 않는다. 인간다운 생활을 할 권리에서 인간다운 생활이 무엇을 의미하느냐에 대해서는 대체로 다음과 같은 두 가지의 견해가 대립된다. 첫 번째는 인간다운 생활을 인간의 생존에 필요한 최소한의 물질적 수요로 좁게 파악하는 견해이다.[29] 인간의 생존에 필요한 최소한의 물질적 수요를 확보하지 못하면 인간다운 생활이 불가능할 뿐만 아니라, 존엄성을 가진 인간으로서 인격을 자유롭게 발휘할 수도 없다는 점 등을 이유로 한다. 따라서 인간다운 생활을 할 권리란 '물질적 궁핍으로부터의 해방'을 내용으로 한다고 한다. 두 번째는 인간다운 생활을 최소한의 물질적 수요만이 아니라 문화적인 최저생활을 포함하는 개념으로 비교적 넓게 파악하는 견해이다.[30] 인간다운 생활을 문화적인 생활까지 포함하는 넓은 의미로 이해해야만 인간의 존엄성에 상응하는 생활이 보장되기 때문이라고 한다.

이는 결국 인간다운 생활을 할 권리의 법적 성격을 어떻게 이해하느냐에 따라 각각 다르게 판단될 수 있는 문제라고 할 수 있다. 인간다운 생활을 할 권리도 다른 사회적 기본권과 마찬가지로 국가의 경제적 여건을 고려한 가운데 입법자가 입법을 통해 그 내용을 형성해야만 구체적으로 실현될 수 있는 기본권이다. 따라서 인간다운 생활을 할 권리는 원칙적으로 국가권력에게 그 실현을 의무화하는 국가목적규정이라는 객관적 원리로서의 성격을 가진다. 다만, 사회국가원리와 사회적 기본권의 최소한의 내용을 실현한다는 의미에서, 인간다운 생활을 할 권리는 생활무능력자의 최저생계비청구권 등과 같은 형식으로 예외적으로 주관적 권리로서의 성격을 가진다고 할 수 있다.[31] 따라서 국가권력에 그 실현의 의무를 부과하는 국가목적규정이라는 성격에서 인간다운 생활을 할 권리는 최대의 실현을 목표로 하는 문화적 생활

28) 이덕연, "인간다운 생활을 할 권리의 본질과 법적 성격," 공법연구 27-2(1999), 237쪽.
29) 계희열, 앞의 책, 703쪽; 허영, 앞의 책, 499쪽.
30) 권영성, 앞의 책, 640쪽; 김철수, 헌법학개론, 박영사, 2006, 809쪽; 이덕연, 앞의 논문, 245쪽 참고.
31) 홍성방, 앞의 책, 545쪽.

까지 포함한다고 볼 수 있다. 그러나 사회적 약자인 개개인이 최소한의 생존을 보장하기 위해 국가에 대해 직접 구체적인 물질적 급부를 청구할 수 있는 주관적 권리라는 성격에서 인간다운 생활은 최소한의 실현이라는 물질적 최저생활의 의미로 이해되어야 할 것이다. 인간다운 생활을 할 권리를 침해한 국가권력의 행사 또는 불행사를 통제하기 위해서는, 이에 대한 최소한의 실현이 현실적 기준이 될 수밖에 없기 때문이다.[32)]

결국 노인의 기본권이라는 측면에서 헌법 제34조 제1항이 보장하는 인간다운 생활을 할 권리는 국가에 대해 사회적 약자인 노인의 인간다운 생활을 보장하기 위한 최소한의 물질적 수요만이 아니라 건강한 문화적 여건까지 조성할 의무를 부과한다고 할 수 있다. 다른 한편 노령으로 인해 생활능력이 부족한 노인 개개인은 헌법 제34조 제1항의 규정에 따라, 인간의 생존에 필요한 최소한의 물질적 급부를 국가에게 직접 청구할 수 있는 권리를 가진다.

(2) 국가의 노인보호의무

우리 헌법은 헌법 제34조 제2항 이하에서 노인의 인간다운 생활을 할 권리를 실현하기 위한 구체적 실현방법과 내용을 규정하고 있다. 즉, 헌법 제34조 제2항은 "국가는 사회보장・사회복지의 증진에 노력할 의무를 진다"고 규정하고, 노인과 관련하여서는 특히 동조 제4항과 제5항에서 "국가는 노인의 복지향상을 위하여 노력하여야 한다. … 노령 기타의 사유로 생활능력이 없는 국민은 법률이 정하는 바에 의하여 국가의 보호를 받는다"라고 규정하고 있다. 이는 노인의 인간다운 생활을 보장하고, 특히 사회적・경제적 약자인 노인을 특별히 보호하기 위해 국가가 각종 사회보장제도를 확립하고 이를 실시하도록 의무화하는 규정이다.

사회보장제도를 통한 국가의 노인보호의무는 사회보험・공적부조・사

32) 헌법재판소는 헌법 제34조 제1항의 인간다운 생활을 할 권리를 인간의 존엄에 상응하는 '최소한의 물질적 생활'에 필요한 급부를 요구할 수 있는 권리라고 하여 그 내용을 좁게 파악하고 있다. 다만, 헌법재판소는 "이러한 구체적 권리는 국가가 재정형편 등 여러 가지 상황들을 종합적으로 감안하여 법률을 통하여 구체화될 때에 비로소 인정되는 법률적 권리라고 할 것이다"라고 하여, 헌법상 직접 인정되는 헌법적 권리가 아니라 법률상의 권리로 파악하고 있다. 헌재 1995. 7. 21, 93헌가14, 판례집 7-2, 1쪽 이하 참조.

회복지의 영역으로 실현될 수 있다.[33] 사회보험(社會保險)이란 국가 또는 공공단체가 보험담당자가 되고 특정한 자를 피보험자로 하여 질병, 재해, 실업 등과 같은 사고가 발생한 경우에 일정한 금액을 지급하게 하는 공공적 보험제도를 의미한다. 사회보험은 자유로운 계약에 기초하는 개인보험과 달리 강제가입 또는 이용강제가 인정될 수 있고, 국가나 사업주가 보험금의 일부를 부담하며 보험료의 징수에 있어서 행정상의 강제징수 방법이 인정될 수 있다는 점에 그 특징이 있다.[34] 이러한 사회보험제도를 실현하기 위해서 국민건강보험법, 산업재해보상보험법, 고용보험법, 군인보험법, 국민연금법 등이 제정되었다. 공적부조(公的扶助)란 신체장애, 질병, 노령 기타의 사유로 생활능력을 상실한 상태에 있거나, 생계의 유지가 곤란한 자에게 국민의 자기기여를 전제로 하지 않고 국가 또는 공공단체가 최저생활에 필요한 급여를 제공하는 것을 의미한다. 공적부조를 위해서는 국민기초생활보장법, 의료보호법, 재해구조법 등이 제정되었다. 사회복지(社會福祉)란 아동, 노인, 신체장애자 등 특별한 보호를 필요로 하는 자를 위하여 국가 또는 공공단체가 그 보호 및 생활자립기반의 조성 등을 위하여 각종 시설이나 편의수단을 마련하여 제공하는 것을 의미한다. 이러한 사회복지는 국가가 직접 현금이나 현물을 급부하는 것이 아니라, 공적 서비스의 제공을 통하여 생활의 어려움에 대한 보충적 지원을 한다는 점에 그 특징이 있다. 사회복지를 위해서는 아동복지법, 모자복지법, 노인복지법, 장애인복지법, 사회복지사업법 등이 제정되었다.

헌법 제34조 제2항 이하의 사회보장을 통한 노인보호 규정들은 그 규정의 형식에서 나타나는 바와 같이 노인 개개인에 대한 주관적 권리를 규정한 것이라고 하기보다는, 사회적 약자로서의 노인을 보호하기 위해 국가에게 일정한 의무를 부과하는 국가목적규정이라는 객관적 원리로서의 성격이 강하다.[35] 주어진 가용자원이 한정되어 있는 상황에서 사회보장의 구체적 내용은

33) 자세한 것은 계희열, 앞의 책, 706쪽 이하; 권영성, 앞의 책, 646쪽 이하 참조.

34) 장영수, 앞의 책, 812쪽.

35) 헌법재판소는 "국가는 생활능력이 없는 국민을 보호할 의무가 있다는 헌법의 규정은 입법부와 행정부에 대하여는 국민소득, 국가의 재정능력과 정책 등을 고려하여 가능한 범위안에서 최대한으로 모든 국민이 물질적인 최저생활을 넘어서 인간의 존엄성에 맞는 건강하고 문화적인 생활을 누릴 수 있도록 하여야 한다는 행위의 지침, 즉 행위규범으로 작용

국가의 재정능력, 국민의 소득수준 등을 고려하여 입법을 통해 결정될 수밖에 없기 때문이다. 따라서 노령으로 인해 요보호상태에 있는 노인 개인이 국가에 대해 일정한 내용의 적극적 급부를 청구할 수 있는 이른바 사회보장수급권(社會保障受給權)은 그 구체적 내용이 헌법에 의해서 바로 보장되는 것이 아니라, 법률에 의한 구체화를 필요로 하는 것이다. 그렇다고 생활능력이 없는 노인의 사회보장수급권이 헌법상의 권리가 아닌 단지 법률상의 권리에 지나지 않는다는 태도는 문제가 있다고 할 수 있다.[36] 물론 사회보장수급권의 구체적 내용은 법률에 의해 형성될 수밖에 없으나, 헌법 제34조 제2항 이하의 규정은 동조 제1항 인간다운 생활을 할 권리를 실현하기 위해 국가에 대해 직접 헌법이 부과한 의무이기 때문이다. 따라서 인간다운 생활을 할 권리의 최소한의 내용은 사회적 약자인 노인이 직접 주장할 수 있는 구체적 권리인 것과 마찬가지로, 노인보호를 위한 사회보장의무의 최소한의 내용도 생활능력이 없는 노인이 직접 주장할 수 있는 구체적 권리로서의 성격을 가진다고 할 것이다.

4. 소 결

기본권 주체로서 모든 노인은 헌법상의 개별 기본권을 행사하고 주장할 수 있다. 그러나 신체적・사회적・경제적 약자로서의 노인은 사회적 기본권을 통해 비로소 헌법상의 다른 자유권을 실질적으로 행사할 수 있게 된다.

한다. 그러나 헌법재판에 있어서는 다른 국가기관, 즉 입법부나 행정부가 국민으로 하여금 인간다운 생활을 영위하도록 하기 위하여 객관적으로 필요한 최소한의 조치를 취할 의무를 다하였는지의 여부를 기준으로 국가기관의 행위의 합헌성을 심사하여야 한다는 통제규범으로 작용한다"고 판시하였다. 헌재 1997. 5. 29, 94헌마33, 판례집 9-1, 543쪽 이하 참조.

36) 헌법재판소는 "사회보장수급권은 헌법 제34조 제1항 및 제2항 등으로부터 개인에게 직접 주어지는 헌법적 차원의 권리라거나 사회적 기본권의 하나라고 볼 수는 없고, 다만 위와 같은 사회보장・사회복지 증진의무를 포섭하는 이념적 지표로서의 인간다운 생활을 할 권리를 실현하기 위하여 입법자가 입법재량권을 행사하여 제정하는 사회보장입법에 그 수급요건, 수급자의 범위, 수급액 등 구체적인 사항이 규정될 때 비로소 형성되는 법률적 차원의 권리에 불과하다 할 것이다"라고 판시하고 있다. 헌재 2003. 7. 24, 2002헌바51, 판례집 15-2(상), 117쪽 이하 참조.

노인과 관련된 사회적 기본권은 헌법 제34조 제1항의 인간다운 생활을 할 권리와 동조 제2항 이하의 국가의 노인보호의무를 들 수 있다. 그러나 사회적 기본권의 특성으로 인해 노인의 인간다운 생활을 할 권리와 국가의 노인보호의무는 실현구조상의 어려움을 갖는다. 사회적 기본권으로서 노인의 권리는 그 내용과 범위를 국가의 재정적 여건을 고려한 가운데 입법자가 구체적 입법을 통해 형성할 경우에만 실현될 수 있기 때문이다. 이러한 의미에서 노인의 인간다운 생활을 할 권리와 국가의 노인보호의무는 국가에게 일정한 의무를 부과하는 객관적 원리의 성격이 강하다고 할 수 있다. 그러나 해당 기본권이 보호하는 영역의 최소한의 범위에 대해서는, 사회적 약자인 노인이 직접 주장하고 청구할 수 있는 주관적 권리의 성격으로 해석해야 한다. 이러한 태도가 사회국가원리라는 국가목적규정 이외에 개인의 기본권으로 사회적 기본권을 규정한 우리 헌법의 의도와 노인의 사회적 문제를 해결하여 사회적 정의를 실현한다는 헌법적 과제에 좀 더 부합하는 태도이기 때문이다.

Ⅴ. 노인보호의무 위반과 사회적 기본권침해에 대한 구제방법

1. 입법권에 의한 침해의 경우

사회국가원리 또는 사회적 기본권의 형태로 보장되는 국가의 노인보호의무와 노인의 사회적 기본권은 입법을 통해 비로소 그 내용이 구체화되므로, 이에 대한 실현 여부는 제1차적으로 입법자의 의지에 달려 있다고 할 수 있다. 따라서 헌법상 보장되는 국가의 노인보호의무가 제대로 실현되지 않거나 노인의 사회적 기본권이 침해되는 것도 입법에 의한 경우가 대부분이다. 입법자에 의한 노인보호의무 위반 또는 사회적 기본권 침해에 대한 구제방안은 다음과 같은 세 가지의 유형으로 나누어 살펴볼 수 있다.

(1) 진정입법부작위에 의한 침해

진정입법부작위(眞正立法不作爲)란 입법자가 헌법상 입법의무가 있는 사항에 관하여 전혀 입법을 하지 않는 이른바 입법권의 불행사를 의미한다.[37] 따라서 진정입법부작위에 의한 노인의 기본권침해는 입법자가 헌법이 부여한 노인보호의무를 실현하기 위한 구체적 입법을 전혀 이행하지 아니한 경우를 의미한다. 입법부작위에 의한 기본권침해는 헌법재판소법 제68조 제1항에서 규정한 이른바 공권력의 불행사에 의한 기본권침해에 해당되기 때문에, 입법부작위로 인해 기본권이 침해된 노인은 헌법재판소법 제68조 이하의 규정에 따라 헌법재판소에 헌법소원심판을 청구할 수 있다.[38] 우리 헌법재판소도 진정입법부작위에 대한 헌법소원을 인정하고 있다.[39]

따라서 헌법 제34조 제2항 이하의 명시적 위임에도 불구하고 입법자가 아무런 입법을 하지 않아 자신의 인간다운 생활을 할 권리를 침해당한 노인은, 헌법재판소에 입법부작위로 인한 기본권침해를 이유로 헌법소원심판을 청구할 수 있다. 이 경우 헌법재판소는 헌법재판소법 제75조 제3항에 따라 입법권의 불행사로 인하여 청구인 노인의 인간다운 생활권이 침해되었다는 사실을 확인할 수 있으며, 동조 제4항에 따라 입법자는 헌법재판소의 결정취지에 따라 청구인 노인의 인간다운 생활권을 실현하는 방향으로 새로운 법률을 제정해야 한다.

한편, 입법부작위는 헌법상의 입법의무에도 불구하고 아무런 입법을 하지 않은 상황이다. 따라서 입법부작위에 의한 사회국가원리 위반 또는 기본권침해 사실은 헌법 제111조 제1항 제1호와 헌법재판소법 제41조 이하의 위헌법률심판절차의 대상에는 해당되지 아니한다. 위헌법률심판절차는 이미

37) 권영성, 앞의 책, 1159쪽.

38) 정종섭, 앞의 책, 506쪽; 허영, 앞의 책, 354; 헌법재판소, 앞의 책, 192쪽 참조.

39) 다만, 헌법재판소는 어떠한 사항을 법규로 제정할 것인가의 여부는 원칙적으로 정치적·경제적·사회적 각종 상황을 고려하여 입법자가 판단할 입법정책의 문제에 해당된다는 이유로, 헌법이 특정한 입법을 하도록 명백한 위임을 했음에도 불구하고 이를 이행하지 아니한 경우에 한하여 예외적으로 헌법소원을 인정한다는 태도를 취하고 있다. 가령, 헌재 1989. 3. 17, 88헌마1, 판례집 1, 9쪽 이하; 헌재 1994. 12. 29, 89헌마2, 판례집 6-2, 395쪽 이하 참조.

공포되고 시행된 법률의 위헌 여부를 심사하는 제도인데, 입법부작위의 경우 위헌으로 인정될 만한 법률 자체가 아예 존재하지 않기 때문이다.[40]

(2) 부진정입법부작위에 의한 침해

부진정입법부작위(不眞正立法不作爲)란 헌법의 위임에 따라 입법자가 어떠한 사항에 관하여 입법은 하였으나 그 입법의 내용, 범위 등이 불완전·불충분한 경우로서, 이른바 결함이 있는 입법권의 행사를 의미한다.[41] 가령, 헌법 제34조 제2항 이하의 노인보호의무를 실현하기 위해 입법자가 일정한 법률을 제정하긴 하였지만, 노인의 인간다운 생활을 할 권리를 실현하기 위해서는 그 내용이 불충분하거나 불완전한 경우가 이에 해당된다. 부진정입법부작위에 의한 기본권침해의 경우도 입법자의 입법개선의무불이행을 이유로 헌법소원심판을 청구할 수 있다.[42] 따라서 입법자가 헌법 제34조 제1항의 인간다운생활을 할 권리를 보장하기 위해 일정한 법률을 제정하였으나, 그 법률에서 규정된 내용만으로는 최소한의 물질적 수요를 제공받을 수 없는 생활능력이 없는 노인은 불충분한 입법에 대해 헌법소원심판을 청구할 수 있다. 이 경우 헌법재판소는 진정입법부작위의 경우와 마찬가지로 입법의무불이행을 통해 청구인 노인의 기본권이 침해되었다는 사실을 확인할 수 있고, 이에 따라 입법자는 청구인 노인의 인간다운 생활권을 실현하기 위해 불충분한 입법을 개선해야 한다. 우리 헌법재판소도 부진정입법부작위에 대한 헌법소원을 인정하고 있다.[43]

한편, 부진정입법부작위의 경우 결함이 있는 법률 자체가 존재하기 때문에 위헌법률심판절차를 통해서도 해당법률의 위헌 여부를 심판할 수 있다.[44] 즉, 노인의 기본권을 실현하기 위해 입법자가 제정한 불충분한 입법 자체가

40) 정종섭, 앞의 책, 207쪽 이하; 헌법재판소, 앞의 책, 107쪽 참조.

41) 권영성, 앞의 책, 1159쪽.

42) 정종섭, 앞의 책, 506쪽; 헌법재판소, 앞의 책, 195쪽 이하 참조.

43) 다만, 헌법재판소는 부진정입법부작위에 대한 헌법소원의 청구는 불완전한 입법 그 자체를 대상으로 한다고 보고 있다. 가령, 헌재 1989. 7. 28, 89헌마1, 판례집 1, 157쪽 이하; 헌재 1996. 11. 28, 93헌마258, 판례집 8-2, 636쪽 이하; 헌재 1999. 1. 28, 97헌마253·270(병합), 판례집 11-1, 54쪽 이하 등 참조.

44) 정종섭, 앞의 책, 208쪽; 헌법재판소, 앞의 책, 108쪽 참조.

사회국가원리에 위반되거나 사회적 기본권을 침해할 경우, 헌법재판소법 제41조 이하의 요건에 따라 위헌법률심판절차를 통해 해당 법률의 위헌 여부가 심사될 수 있다.

(3) 위헌적 법률에 의한 침해

위헌적 법률에 의한 노인의 기본권침해란 입법자가 제정한－노인보호문제와 직접 관련이 없는－다른 법률의 내용이 국가의 노인보호의무에 반하거나 노인의 사회적 기본권을 침해하는 경우를 의미한다. 가령, 입법자가 제정한 일정한 법률이 사회국가원리에서 도출되는 국가의 노인보호의무에 위반되거나 노인의 사회적 기본권을 오히려 침해하는 내용이 있는 경우가 이에 해당된다. 이러한 경우에는 헌법과 헌법재판소법의 일정한 요건에 따라 위헌법률심판절차 또는 헌법소원심판절차를 통해 해당 법률의 위헌이 선언될 수 있다.45)

2. 집행권에 의한 침해의 경우

집행권에 의한 노인의 기본권침해는 헌법의 사회국가원리 또는 사회적 기본권의 내용을 구체화한 입법의 내용을 행정부가 구체적으로 적용하는 과정에서 발생할 수 있다. 가령, 행정기관이 노인을 보호하기 위한 법률을 그릇되게 해석하거나 잘못 적용하는 경우, 법률의 내용에 위반되는 집행을 하는 경우 또는 법령에 따른 집행행위를 하지 않는 경우 등이 이에 해당된다. 이러한 경우 기본권이 침해된 노인은 제1차적으로 행정심판법상의 행정심판(行政審判) 또는 행정소송법상의 행정소송(行政訴訟) 등의 방법으로 권리구제를 요청할 수 있다. 다만, 우리 헌법재판소법은 제68조 제1항에서 보충성의 요건 이외에 법원의 재판을 헌법소원의 대상에서 제외하고 있기 때문에, 행정기관에 의한 침해에 대해서 사회적 약자인 노인이 헌법재판소에 헌법소원심판을 청구할 수 있는 가능성은 현실적으로 매우 낮다고 평가할 수 있다.46)

45) 가령, 헌법재판소법 제45조, 제47조 및 제75조 제5항 참조.
46) 정종섭, 앞의 책, 482쪽 이하; 허영, 앞의 책, 356쪽 이하 참조.

Ⅵ. 결 론

이상에서 국가의 노인보호 문제와 노인의 기본권이란 부분에 중점을 두어 고령사회를 대비한 헌법적 논의를 소개하였다. 고령사회를 대비해서 제기되는 여러 정책적 논의나 입법적 시도들에 대해서 헌법은 최고규범성이라는 특성에 따라 통일적·체계적 이념과 기준을 제시해 줄 수 있다. 노인문제에 대한 헌법적 이념과 기준은 사회국가원리와 사회적 기본권의 형태로 구체화된다.

우리 헌법은 사회국가원리를 헌법의 기본원리로 선언하여 사회적 약자인 노인을 보호하고 각종 노인관련 문제를 해결하여 사회적 정의를 실현하고자 한다. 사회국가원리에서 제시되는 노인보호에 대한 국가목적은 사회적 기본권을 통해 보다 구체화된다. 노인에 대한 사회적 기본권은 헌법 제34조 제1항의 인간다운 생활을 할 권리와 동조 제2항 이하의 국가의 노인에 대한 특별한 보호의무를 들 수 있다. 그러나 노인의 사회적 기본권은 국가의 경제력을 고려한 입법을 통해야만 구체화된다는 사회적 기본권의 특성에 따라 실현구조상의 한계를 가지게 된다. 따라서 노인의 사회적 기본권은 원칙적으로 사회국가원리와 마찬가지로, 국가에게 일정한 제도와 조치를 취할 국가목적규정으로서의 성격을 갖는다. 그러나 사회국가원리의 이념과 노인보호문제의 현실적 요청이라는 점을 반영하여, 사회적 기본권의 최소한의 내용은 헌법상 노인이 직접 주장할 수 있는 주관적 권리로 이해해야 할 것이다. 사회국가원리와 사회적 기본권의 형태로 나타나는 노인의 헌법상 권리가 침해될 경우, 위헌법률심판절차나 헌법소원심판절차 등의 권리구제 수단이 존재한다.

〈참고문헌〉

계희열, 헌법학(상), 박영사, 2005.

계희열, 헌법학(중), 박영사, 2004.

권영성, 헌법학원론, 법문사, 2007.

박광준, 고령사회의 노인복지정책, 학현사, 2004.

이덕연, "인간다운 생활을 할 권리의 본질과 법적 성격," 공법연구 27-2(1999), 235-249.

이준일, "사회적 기본권," 헌법학연구 10-1(2004), 449-483.

장영수, 헌법학, 홍문사, 2007.

전광석, "사회적 기본권의 헌법적 실현구조," 세계헌법연구 12-1(2006), 271-292.

전광석, "헌법재판소가 바라 본 복지국가원리," 공법연구 34-4-1(2006), 221-249.

정종섭, 헌법소송법, 박영사, 2006.

정태호, "권리장전의 개정방향," 공법연구 34-4-2(2006), 113-154.

한국법제연구원, 고령사회의 도래와 각국의 입법적 대응 및 현황 1・2, 한국법제연구원, 2003.

허 영, 한국헌법론, 박영사, 2004.

허 영, 헌법소송법론, 박영사, 2008.

헌법재판소, 헌법재판실무제요, 헌법재판소 사무처, 2008.

Alexy, Robert, *Theorie der Grundrechte*, Suhrkamp Taschenbuch Wissenschaft 582, 1994.

Borgmann, Klaus/Hermann, Martin, *Soziale Grundrechte-Regelungsmodelle und Konesequenzen*, JA 1992, 337-344.

Hesse, Konrad, *Grundzüge des Verfassungsrechts der Bundesrepublik Deutschland*, 20. Auflg. 1995.

Hong, Il Sun, *Braucht eine Verfassung soziale Grundrechte?*, VRÜ 38(2005), 476-482.

Isensee, Josef, *Verfassung ohne soziale Grundrechte*, Der Staat 19(1980), 367-384.

Kutscha, Martin, *Soziale Grundrechte und Staatszielbestimmungen in den neuen Landesverfassungen*, ZRP 1993, 339-344.

Lange, Klaus, Soziale Grundrechte in der deutschen Verfassungsentwicklung und in den derzeitigen Länderverfassungen, in: E.-B. Böckenförde/J. Jekewitz/ G. Wehling(Hrsg.), Soziale Grundrechte, 1981, 49-60.

Lücke, Jörg, *Soziale Grundrechte als Staatszielbestimmungen und Gesetzgebungsaufträge*, AöR 107(1982), 15-60.

Maurer, Hartmut, *Staatsrecht I*, 5. Auflg. 2007.

Murswiek, Dietrich, Grundrechte als Teilhaberechte, soziale Grundrechte, in: J. Isensee/P. Kirchhof(Hrsg.), *Handbuch des Staatsrechts Bd.* V 2000, 243-289.

Pieroth, Bodo/Schlink, Bernhard, *Grundrechte Staatsrecht II*, 15. Auflg. 1999.

제 2 장

지방자치단체의 노인복지사무의 민간위탁과 공법적 문제*

Ⅰ. 서 론

Ⅱ. 노인복지에 있어서의 지방자치단체 역할의 중요성

Ⅲ. 민간위탁의 등장배경과 개념, 제도적 장·단점

Ⅳ. 노인복지사무의 민간위탁의 실정법상 근거

Ⅴ. 노인복지사무의 민간위탁의 실태

Ⅵ. 노인복지사무의 민간위탁에 관한 공법적 쟁점의 검토

Ⅶ. 맺음말

* 이 논문은 2007년도 정부재원(교육과학기술부 학술연구조성사업비)으로 한국학술진흥재단의 지원을 받아 연구(KRF-2007-321-B00162)된 것이고, (사)행정법이론실무학회가 발행하는 행정법연구, 제23호(2009. 4. 30)에 게재된 논문의 내용을 일부 수정·보완하여 재구성한 후 위 학회의 동의를 얻어 이 책에 싣게 되었다.

Ⅰ. 서 론

전체인구 중 65세 이상의 고령인구가 2000년에 7%를 넘어 고령화사회로 진입했던 우리나라가 2008년에는 그 비율이 10%를 돌파하기에 이르렀다.[1] 이와 같은 고령인구의 급속한 증가는 그에 대한 국가적 차원의 다양한 정책적·법제도적 대응을 요구한다. 1981년에 노인복지법이 제정된 이래 우리의 여건과 실정에 맞는 노인복지제도가 단계적으로 채택되기는 했지만, 2007년에 이르러서는 노인복지의 핵심법제라고 할 수 있는 노인장기요양보험법과 기초노령연금법이 제정됨으로써 노인복지 선진화의 디딤돌을 놓게 되었다.

노인복지를 위한 새로운 법과 정책의 시행은 이를 위한 국민적 부담의 증가[2]와 함께 국가와 지방자치단체에 대한 행정·재정적 수요를 증가시킨다. 그런데 노인복지행정 기능과 관련 재정규모가 확대되면, 이를 집행하기 위한 담당 행정조직이나 인력 역시 확대되지 않을 수 없을 것이고, 또한 전에 없던 불필요한 규제를 생산할 수도 있다. 하지만 행정기관이 전문적이고 기술적인 노인복지시비스를 직접적·지속적으로 생산·제공하는 데에는 일정한 애로나 한계가 있고 그 효과도 높지 않을 수 있다. 이 때문에, 노인복지서비스와 같은 행정사무는 행정주체의 재정적 부담을 덜면서 민간의 자본과 기술을 적극 활용하고 나아가 시민사회의 자율적 활동을 보장하는 차원에서 이를 민간에 위탁하는 방법이 모색될 필요가 있다고 본다. 특히 현장에서 노인복지사무를 직접 담당하는 지방자치단체에 있어서는, 제한된 재원과 조직·

1) 통계청이 2009. 1. 1일 발표한 '2008 고령자 통계'에 따르면 2008년의 65세 이상 노인인구는 501만 6,000명으로 총인구의 10.3%의 비중을 차지하고 있다. 이는 통계 작성 이후 처음으로 절대인구 500만명과 비중 10%를 넘어선 것이다. 이미 우리나라는 2000년에 65세 이상 인구비율이 7.2%에 이르러 '고령화사회'에 진입했고 10년 후인 2018년에는 14.3%로 '고령사회'에, 2026년에는 20.8%가 돼 '초(超)고령사회'에 도달할 것으로 전망되고 있다.

2) 노인인구를 15세~64세 인구로 나누어 구하는 노년부양비는 2008년에 14.3%로, 지난해 13.8% 대비 0.5%, 10년전 9.3%에 비해 5.0%가 높아졌다. 올해의 경우 생산가능인구 7명이 노인 1명을 부양하는 셈이다.

인력으로 인해 증가하는 노인복지사무를 모두 직접 감당하기에는 현실적 제약이 크고, 현대행정의 새로운 패러다임을 열고 있는 이른바 협력적 법치주의에 기해 행정주체와 사인간의 협력을 바탕으로 공동체의 문제를 해결하려는 것이 새로운 행정경향이므로, 지방행정 차원에서의 노인복지서비스의 생산과 제공에는 민간위탁(Contracting-out)을 활용할 필요성이 한층 커지고 있다고 할 수 있다. 요컨대, 지방자치단체의 행정・재정적 한계 보완, 민간의 자본과 전문기술성 활용, 협력적 법치국가시대의 공사(公私)협력의 필요성 등을 고려할 때, 지방자치단체가 수행하여야 할 노인복지사무에 대한 민간위탁은 그 나름의 타당성과 정당성을 인정할 수 있는 것으로 본다. 실제, 노인복지사무의 수행과 관련하여 이미 다수의 지방자치단체가 비권력적 사무인 노인복지시설의 운영업무 등을 민간의 단체나 개인에게 위탁・운영하는 예가 늘어나고 있기도 하다.

하지만, 이러한 민간위탁의 방식도 문제해결의 만능열쇠가 될 수는 없다. 그것은 민간위탁 역시 위탁사무의 범위, 수탁기관의 선정기준・절차, 수탁기관에 대한 사후관리・감독, 피해자의 권리구제 등의 면에서 오히려 예상치 않은 부작용이나 행정책임 확보의 곤란 등의 문제가 발생할 수 있기 때문이다. 따라서 민간위탁의 방식을 확대도입하는 경우에도 그 제도설계나 운영의 타당성이 확보되고, 관리・감독이나 권리구제 등의 면에서 법치국가적 행정통제의 이념과 원리가 제대로 관철될 수 있을 것이 요구된다고 하겠다.

본 논문은 증가하는 노인복지사무에 대한 지방자치단체 차원에서의 대응책의 일환으로 노인복지사무의 민간위탁의 가능성과 현황 및 유용성을 진단해 보고, 현대 지방행정에 있어서의 민간위탁의 필요성을 원칙적으로 수긍하면서, 다만 그동안 행정법 연구의 사각지대에 놓여 있던 행정사무의 민간위탁의 법리와 법제를 재검토하여, 민간위탁 방식으로 처리되거나 처리될 노인복지사무의 공공성과 적법성 등을 행정책임 확보의 차원에서 담보해 낼 수 있는 법이론적・법제도적 검토를 수행하는 데 중점을 두고자 한다.

Ⅱ. 노인복지에 있어서의 지방자치단체 역할의 중요성[3)]

1. 노인의 기본권 보장을 위한 지방자치단체의 헌법적 책무

헌법 제34조 제1항은 모든 국민이 인간다운 생활을 할 권리를 가진다고 규정하고 있는데, 여기서 인간다운 생활을 할 권리란 인간의 존엄성에 상응하는 건강하고 문화적인 생활을 영위할 권리를 말한다. 비록 노인은 노화현상에 따른 질병, 건강과 소득(재산), 사회활동 등에서 여러 가지 곤란과 장해가 있을 수 있으나, 노인 역시 국가공동체의 구성원인 국민의 일원으로서 당당히 인간의 존엄성에 기초한 인간다운 생활을 할 권리를 향유할 수 있어야 할 것이다. 헌법은 제10조에서 국가로 하여금 이러한 국민 개인이 가지는 불가침의 기본적 인권을 확인하고 이를 보장할 의무가 있음을 확인하고 있고, 제34조 제4항은 국가가 노인의 복지향상을 위한 정책을 실시할 의무가 있음을 규정하고 있으며, 제117조 제1항에 의해서는 지방자치단체가 주민인 노인의 복리에 관한 사무를 처리하도록 하고 있다. 이와 같은 헌법 규정들을 종합적으로 해석할 때, 지방자치단체는 넓게 볼 때 국가행정의 일부를 담당하는 지역적 행정주체로서 국민이자 주민인 노인들이 인간다운 생활을 영위할 수 있도록 그 기본적 인권을 확인하고 보장하며, 그 복지향상과 복리증진을 위하여 각종의 정책을 수립하고 관련사무를 처리해야 할 법적 의무를 부담하고 있다고 해석할 수 있을 것이다.

3) 이 항목부분은 졸고, "지방자치단체의 노인복지행정과 자치행정법 연구," 지방자치법연구, 제8권 2호(통권 18호), (사)한국지방자치법학회, 2008. 6. 20의 내용을 참조하여 정리한 것이다.

2. 고령화사회에 있어서의 지방자치단체의 역할과 책무의 중요성

그런데 노인의 복지와 복리증진을 위하여 현대의 지방자치단체가 담당하여야 할 역할과 책무는 더욱 중요해지고 있다고 생각된다. 그것은 종래 중앙정부가 주로 종합적인 기획·조정 및 통일적 기준 설정을 하고 자원을 배분하고, 지방자치단체는 주로 중앙정부의 정책이나 결정 내지 배분된 자원을 집행하는 기능을 수행하는 정도에 그쳤다. 그러나 1990년대 이후 지방자치의 전면 복원과 지방분권 개혁의 추진으로 노인복지관련 행정사무도 점차 지방자치단체에 위임되거나 자치사무로 이양되어 왔고,[4] 이에 따라 지방자치단체도 점차적으로 지역적 특성과 수요에 부응하는 노인복지행정을 수행할 수 있게 되었기 때문이다. 지방자치단체에 의한 노인복지행정은 중앙정부와는 달라 복지수혜 요구자들과 직접적인 대면관계에서 그들의 구체적인 필요와 요구에 대응하는 현장행정을 중심으로 이루어지기 때문에, 복지수혜자인 노인들에게는 지방자치단체가 보다 더 직접적인 급부결정자 및 제공자로서의 의미를 갖게 된다. 따라서 앞으로 전개될 노인복지행정에 있어서 전국의 개별 지방자치단체가 어떠한 시책과 행정을 펼치고 그 책무에 상응한 역할을 수행할 수 있느냐 하는 것은 우리나라의 노인복지의 전개에 있어서 매우 실제적이고 중요한 의미를 가질 것이다. 특히 향후의 노인복지행정은 예컨대 주로 노인복지시설의 운영이나 이용 제공, 각종 재가(在家)서비스의 제공 등을 중심으로 이루어질 가능성이 큰데, 이러한 업무들은 지역에서 직접 노인들은 대면하며 행정을 수행하는 지방자치단체가 담당하여야 할 필요성이 크다고 할 수 있다.

본격적인 지방자치의 시행을 계기로 앞으로의 노인복지정책은 지역적인 특성과 여건 및 주민들의 다양한 수요를 고려한 자주적인 지역사회복지가 추진되어야 할 것인 바, 이러한 책무는 당연히 지역 차원의 행정을 책임지고 있는 지방자치단체가 담당하여야 할 것이다. 지방자치는 기본적으로 주민자

4) 지방자치법 제9조 제2항 제2호 라목에서는 이미 노인의 보호와 복지증진 사무를 지방자치단체의 사무로 규정하고 있기도 하다.

치에 기초한 자율과 책임을 기본이념으로 하여 지역의 특성과 여건 및 주민의 의견에 부합하는 정책을 수립하고 이를 실천해가는 방식을 통해 주민의 실질적인 복리향상에 기여할 수 있어야 한다. 따라서 지역사회의 노인문제 현황과 그들의 복지수요 등에 대하여도 지역의 개별 지방자치단체들이 이를 면밀하게 파악하고 분석하여 스스로에게 주어진 권한을 기초로 주민인 노인들의 복지향상을 위하여 양질의 서비스와 편의를 제공하고자 하는 책임있는 행정주체로서의 역할을 다해야 할 것이다.

3. 지방자치단체의 노인복지프로그램의 증가·다양화 현상

노인복지법 제4조는 국가뿐 아니라 지방자치단체로 하여금 노인의 보건 및 복지증진의 책임을 부여하여 이를 위한 시책의 강구 및 추진의무를 부과하고 있는 바, 지방자치시대의 노인복지시책의 방향은 사회경제적으로 어려운 처지에 있는 노인인구의 기본욕구의 충족과 동시에 예방적·보편적 차원에서 지역 전체 노인의 삶의 질을 향상시키기 위한 다양하고 질 높은 복지정책의 개발과 서비스의 제공에 초점을 두어야 할 것이다. 근래 지방행정의 현장을 살펴보면 이미 각 지방자치단체별로 개별 지역의 노인들을 대상으로 지역적 특성과 여건 및 복지수요에 부응하는 독특하고 자율적인 노인복지정책과 행정을 수행하기 시작한 것으로 보인다. 지방자치단체들은 현장행정을 중심으로 하여, 각종의 노인복지프로그램의 도입·시행 및 노인복지시설의 설치·운영 등을 통하여, 종전과 같은 단순한 법집행자 내지 서비스전달자의 지위를 넘어서서, 새로운 노인복지의 창출과 맞춤형 서비스의 제공 등 노인복지사무의 전개에 있어 매우 실제적이고 막중한 역할을 수행하기 시작한 것이다.

2007년에 보건복지부가 조사한 바에 따르면, 지방자치단체별로 운영 중인 노인복지프로그램은 전국적으로 578개에 이르며, 분야별로는 노후생활지원(사회참여 지원, 경로우대 지원, 장수수당 지급, 노인여가활동 지원), 노인의 안전 및 권리증진(안전 확인, 주거 개선 및 가사 지원, 정서 지원, 건강증진, 영정사진 제작 등), 노인복지시설 지원(운영비 보조 등), 저소득층 노인보호강화프로그램 등으로 분류된다고 한다.5) 지방자치의 전면 복원 이후, 개별 지방자치단체가 지역적 특성을 고려하여 채택・시행 중인 이러한 노인복지프로그램이 양적인 면에서도 급증하고 있을 뿐 아니라 그 내용에 있어서도 점차 다양화하고 있는 추세를 엿볼 수 있다. 이러한 지역별 노인복지프로그램의 증가 및 다양화 현상은 일단 지방자치 복원 이후의 긍정적 성과로 평가할 수 있을 것이다.

이제 고령화사회를 맞이하여, 노인복지를 둘러싼 지방자치단체의 역할과 책무는 그 어느 때보다도 크고 중요하다. 향후 분권국가로의 구조전환이 한층 더 진전된다고 할 때, 앞으로의 노인복지는 지역적 특성과 여건에 맞는 자주적인 지역복지가 추진되어야 할 것이고, 이러한 책무의 수행은 지역행정을 담당하고 있는 지방자치단체가 자율과 책임의 원칙에 입각하여 감당하여야 할 것이다.

---

5) 〈2007년 지방자치단체 노인복지시책 주요 현황〉 (단위 : 개소, %)

구 분	사 업 명	추진 지자체 수	비 율
계		578	100.0
노후생활 지원 강화	장수수당 지급	71	12.3
	경로우대 지원	69	11.9
	노인사회참여 지원	208	36.0
	노인여가활동	25	4.3
노인의 안전 및 권리증진	안전 확인	20	3.5
	주거개선 및 가사지원 등	19	3.3
	정서 지원	22	3.8
	건강증진	30	5.2
	기타	23	4.0
노인복지시설 지원 등	노인복지시설 운영비 지원 등	21	3.6
저소득노인보호 강화	건강증진	8	9.5
	노인사회참여 지원	1	1.4
	저소득노인 우대 지원	55	0.2
	정서 지원	6	1.0

출처 : 보건복지부, 지방자치단체 노인보건복지시책 사례집, 2007, 4면.

Ⅲ. 민간위탁의 등장배경과 개념, 제도적 장·단점

1. 민간위탁의 등장배경

현대행정에 있어서의 민간위탁은 행정수법의 일종으로서, 행정서비스에 대한 주민들의 수요 및 기대에 대한 대응, 재정부족 등으로 인한 행정기관의 행정서비스 제공 능력의 한계에 따른 서비스의 양적 확대 및 질적 제고의 필요성, 공공부문에의 경쟁요소의 반영을 통한 업무의 효율성·생산성의 제고, 민간부문의 자본과 전문성, 기술, 경험 등의 활용을 통한 경제의 활성화의 요청 등에 기하여, 종래 행정기관이 담당하였던 일부 사무의 처리를 민간부문에 위탁하여 처리하게 되면서 등장한 것이다.

민간위탁은 기본적으로 1980년대 이후 미국을 중심으로 서구에서 확산된 신공공관리론(New Public Management)과 공공선택론에 그 이론적 바탕을 두고 있다. 신공공관리론은 공공부문의 비효율성에 대한 지적과 작은 정부에 대한 요구가 증대함에 따라 등장한 이론으로, 정부의 기능과 역할의 범위를 넓게 인정하던 전통적인 접근방식에서 벗어나, 정부의 규모를 축소하고 공공부문에 있어서의 공공서비스의 생산과 제공에 시장의 경쟁원리와 선택의 도입을 강조한다. 즉, 비용-효과분석을 기초로 한 경제성의 원리, 시장친화적인 규제완화, 고객위주의 행정, 성과를 강조하는 성과지향적 사무체계 등을 우선으로 지향하는 것이다.[6] 신공공관리론의 관념과 원리는 우리나라에 있어서도 1990년대 이후 도입되기 시작하였는데, 행정사무의 민간위탁은 신공공관리론 적용의 일환으로 행정의 고비용·저효율 시스템을 개선하기 위하여 적극적으로 추진되기에 이르렀다. 신공공관리론의 관점에서의 민간위탁은, 공공서스의 공급에 대한 책임과 서비스 배분에 관한 권한은 공공부문에서 유지하면서 공공서비스의 생산 및 전달방법을 민간부문에 위탁함으

6) 이병기 외, "지방자치단체 사무의 민간위탁 효율성 진단," 2008. 2, 한국지방행정연구원연구보고서, 4면 참조.

로써, 공공부문의 책임성과 민간부문의 운영 효율성을 동시에 추구하고자 하는 것이다.[7)]

공공선택론의 관점에 있어서도, 공공부문과 민간부문은 민간위탁을 통하여 상호 자신의 이익을 극대화할 수 있다고 본다. 즉, 정부는 민간위탁을 통하여 전문성과 기술력을 보완하고 경비 등 자원을 절약하며 행정서비스의 질적 제고 및 공급의 증대 등을 도모할 수 있고, 민간부문은 새로운 사업영역의 확장과 초과이윤의 창출, 안정적인 사업 전개와 유리한 입지의 확보 등을 도모할 수 있기 때문에, 상호 사무위탁계약을 통하여 서로에게 최선의 선택을 모색한다는 것이다.

2. 민간위탁의 개념 정립

민간위탁이란 국가 또는 지방자치단체와 같은 행정주체(행정기관)가 그 사무를 민간의 개인, 단체, 법인 등에게 맡겨 당해 업무를 수행하도록 하고 그에 대한 대가를 지불하는 방식을 말하는 것으로서, 업무에 관한 권한은 위탁의 범위 안에서 수탁자인 민간에게로 넘어가 그 자신의 이름과 책임으로 행사하게 된다.[8)] 행정권한의 위임 및 위탁에 관한 규정(대통령령 제21305호, 2009. 2. 4, 타법개정)도 그 제2조 제3호에서 '민간위탁'이라 함은 각종 법률에 규정된 행정기관의 사무 중 일부를 지방자치단체가 아닌 법인·단체 또는 그 기관이나 개인에게 맡겨 그의 명의와 책임하에 행사하도록 하는 것을 말한다고 규정하고 있다.

이렇게 볼 때, 우리나라에 있어서의 행정사무의 민간위탁은 행정사무 민영화의 하위개념으로서, 소유권은 이전하지 않고 생산기능이나 관리기능 등

7) 이병기 외, 앞의 보고서, 5면.

8) 민간위탁과 유사한 개념으로서 '민영화'(privatization)란 공공서비스의 경영을 민간이 맡는다는 것으로, 일반적으로 민간위탁은 민영화의 한 방식이라고 할 수 있다. 다만, 미국의 경우에는 민영화를 정부가 직접 공급하던 것을 민간으로 하여금 공급하도록 하는 민간위탁으로 이해한다는 점에서 민영화와 민간위탁을 거의 동일한 개념으로 이해하는 것으로 보인다(황혜신, 공공서비스의 민간위탁의 이론과 실제, 한국학술정보(주), 2006, 40면 참조).

행정임무의 담당만을 민간부문에 이전하여 수행하게 함으로써, 결과적으로 정부활동이 축소되는 의미로 사용되고 있다고 할 수 있다.

3. 민간위탁의 제도적 장 · 단점

행정기관에 의한 노인복지사무의 직접적 수행에 대하여, 민간위탁의 방식이 갖는 장점 내지 긍정적 효과와 단점 내지 부정적 효과는 대체로 다음과 같이 정리될 수 있다.[9] 먼저, 장점으로는 ① 노인복지서비스를 민간부문이 생산 · 전달하게 함으로써 공공부문의 조직 · 인력 · 비용부담을 절감할 수 있다. ② 해당 분야의 민간단체나 기업 등이 전문적 지식과 기술, 시설과 장비, 경험 등을 적극 활용하게 됨으로써 복지서비스의 양을 확대하고 질을 향상시킬 수 있다. ③ 지방자치단체 등 공공부문의 독점적 지위에서보다는 민간단체나 기업, 개인들 간의 경쟁에 의하여 복지서비스가 생산 · 제공되기 때문에, 경쟁을 통한 효율성의 제고가 가능하다.

한편 민간위탁 방식이 야기하는 부정적인 효과로는, ① 민간수탁기관들은 본질적으로 수지타산(收支打算)과 이윤추구를 도모하기 때문에, 상대적으로 수익성이 낮은 소외계층이나 환경이 열악한 지역에 있어서의 복지사무의 수탁을 꺼릴 가능성이 있다. 이렇게 되면, 복지서비스가 절실히 필요한 계층이나 지역에 복지서비스의 생산과 전달이 여의치 않을 가능성이 커진다. ② 행정사무를 지방자치단체가 독자적으로 처리할 때보다는, 위탁자인 지방자치단체와 수탁자인 민간단체 등의 관계에서 그 책임 소재나 범위가 모호해질 수 있어, 복지서비스의 고객에게 발생하는 피해 등에 대하여 책임성을 확보하는 데 어려움이 있을 수 있다. ③ 지방자치단체가 노인복지사무를 위탁하고자 해도 일정한 수준을 만족시키는 민간수탁기관이 없거나 부족할 경우에는 민간위탁이 순조롭게 추진되기 어려울 수 있고, 일부 독보적 능력과 위치를 확보한 기업이나 단체 등이 사무수탁을 독과점하게 되면 독과점으로 인한 피해와 부작용이 야기될 수 있는데, 이것은 일부 수탁기관의 이익 독식을 야

9) 이병기 외, 앞의 보고서, 12~13면 참조.

기할 수 있다.

Ⅳ. 노인복지사무의 민간위탁의 실정법상 근거

1. 국가사무의 민간위탁과 법령상의 근거

현행법상 국가 행정사무의 민간위탁은 일반적으로 정부조직법 제6조 제3항[10]과 이를 구체화하는 행정권한의 위임 및 위탁에 관한 규정(대통령령 제21305호, 2009. 2. 4, 타법개정)에 근거하여 이루어지고 있다. 동 규정은 제3장에 민간위탁의 기본사항 등을 규정하고 있는데, 여기에서는 다른 법령과의 관계(제10조), 민간위탁의 기준(제11조), 민간위탁대상기관의 선정기준(제12조), 계약의 체결(제12조의2), 지휘・감독(제13조), 사무편람(제14조), 처리상황의 감사(제15조) 등을 규정함으로써, 국가행정기관이 소관사무를 민간의 단체, 법인 또는 그 기관, 개인에게 위탁하는 경우에 대한 기본적 사항을 규율하고 있다.

그 내용의 개요를 정리해 보면, 먼저 민간위탁을 할 수 있는 사무의 범위는 국가행정기관의 소관사무 중 조사, 검사, 검정, 관리업무 등 국민의 권리・의무와 직접 관계되지 아니하는 사무에 한정되고 있고, 구체적으로는 사무의 성질이 단순사실행위인 행정작용, 공익성보다 능률성이 현저히 요청되는 사무, 특수한 전문지식 및 기술을 요하는 사무, 기타 국민생활과 직결된 단순행정사무 등에 인정되고 있다. 행정기관은 민간수탁기관과 주로 위탁에 관한 계약을 체결함으로써 위탁업무를 수행하게 하는데,[11] 그 계약내용에는

10) 제6조(권한의 위임 또는 위탁) … ③ 행정기관은 법령으로 정하는 바에 따라 그 소관사무 중 조사・검사・검정・관리업무 등 국민의 권리・의무와 직접 관계되지 아니하는 사무를 지방자치단체가 아닌 법인・단체 또는 그 기관이나 개인에게 위탁할 수 있다.

11) 일반적으로 민간위탁의 방식으로는 넓게 계약방식, 면허방식(지정방식), 보조금방식, 자원봉사방식 등이 있을 수 있으나 현행법은 원칙적으로 계약방식을 채택하고 있다. 이는 종래 민간수탁기관을 행정기관이 일방적으로 지정하는 방식(지정위탁)이 주로 사용되었던

보통 민간위탁의 목적, 위탁수수료 또는 비용, 위탁기간, 민간수탁기관의 의무, 계약위반시의 책임, 기타 필요한 사항이 포함된다. 수탁사무의 처리는 원칙적으로 민간수탁기관의 이름과 책임으로 수행되지만, 위탁행정기관은 사전적으로 사무의 처리에 필요한 지침을 시달하거나 적절한 조치를 취할 수 있다. 그리고 위탁기관은 위탁사무의 처리에 대하여 민간수탁기관을 지휘·감독하는 역할을 수행한다. 따라서 필요하다고 인정되는 때에는 민간수탁기관에 대하여 위탁한 사무에 관한 보고를 징수하거나 필요한 지시나 조치를 명할 수도 있다. 만일, 민간수탁기관의 사무의 처리가 위법 또는 부당하다고 인정되는 때에는 그 처분을 취소하거나 정지하는 등의 감독권을 행사할 수도 있다. 그리고 위탁행정기관의 장은 민간수탁기관에 대하여 정기적 감사를 실시할 수도 있고, 감사결과에 따라 시정조치를 명하거나 관련 직원의 인사조치 등을 요구할 수도 있다.

그런데 한 가지 명확히 할 것은, 민간위탁에 관한 이와 같은 정부조직법과 행정권한의 위임 및 위탁에 관한 규정은, '국가'행정기관이 소관 '국가사무'를 일반적으로 민간에 위탁할 경우에 적용되는 것이라는 점이다.[12] 따라서 그 성질이 유사한 것이기는 하지만 법의 해석과 적용을 엄격히 할 경우, 국가와 별개의 법인격을 갖고 있는 지방자치단체에 의한 민간위탁의 경우에는 위의 규정들이 직접 적용될 수는 없다는 것이다.

다만, '노인복지시설의 위탁운영'의 경우에는 사회복지사업법에 의하여 국가 또는 지방자치단체가 설치한 시설일 경우 국가와 지방자치단체에 공통적으로 민간위탁규정이 적용되는 것으로 보인다. 즉, 사회복지사업법은 제34조에서 국가 또는 지방자치단체로 하여금 사회복지시설을 설치·운영할 수 있도록 하고(제1항), 국가 또는 지방자치단체 외의 자가 시설을 설치·운영하

것에 대하여, 그 제도적 문제점 등을 보완하기 위하여 1999년 12월 행정권한의 위임 및 위탁에 관한 규정이 개정됨으로써 채택된 것이다.

12) 참고로 정부조직법은 그 제1조(목적)에서 다음과 같이 규정하고 있다. "이 법은 국가행정사무의 체계적이고 능률적인 수행을 위하여 국가행정기관의 설치·조직과 직무범위의 대강을 정함을 목적으로 한다." 그리고 행정권한의 위임 및 위탁에 관한 규정상의 민간위탁 규정은 위와 같은 목적을 가지는 정부조직법 제6조 제3항에 의해 그 구체적 시행을 위하여 마련된 규정이다.

고자 하는 때에는 보건복지가족부령이 정하는 바에 의하여 시장・군수・구청장에게 신고하도록 하고 있다(제2항). 그리고 동조 제5항은 국가 또는 지방자치단체가 설치한 시설은 필요한 경우 사회복지법인 또는 비영리법인에게 위탁하여 운영하게 할 수 있도록 하여, 노인복지법이 적용되는 국・공설(國・公設)의 노인복지시설의 경우 민간의 사회복지법인이나 비영리법인에 위탁운영할 수 있는 법률적 근거를 설정하고 있다. 그리고 이 경우의 위탁운영의 기준, 기간 및 방법 등에 관하여는 필요한 사항을 보건복지가족부령으로 정하도록 위임하고 있는데(제6항), 이를 받은 사회복지사업법 시행규칙(보건복지가족부령 제73호, 2008. 11. 5, 일부개정)은 사회복지법인의 기본재산의 기준을 설정한 후(제13조), 동 시설운영 수탁자의 위탁기준과 방법으로 공개모집방식을 채택하고, 수탁자의 재정적 능력, 공신력, 사업수행능력, 지역간 균형분포 및 평가결과 등을 종합적으로 고려하여 국가 또는 해당 지방자치단체에서 구성하는 수탁자선정위원회가 이를 심의하여 선정하도록 하고 있다(제22조의2). 그리고 선정된 수탁자에게 시설운영을 위탁할 때에는 수탁자의 성명 및 주소, 위탁계약기간, 위탁대상시설 및 업무내용, 수탁자의 의무 및 준수사항, 시설의 안전관리에 관한 사항, 시설종사자의 고용승계에 관한 사항, 계약의 해지에 관한 사항, 기타 시설의 운영에 필요하다고 인정되는 사항을 포함하는 5년 이내의 위탁계약을 체결하도록 하고 있다(위탁자가 필요하다고 인정하는 때에는 수탁자선정위원회의 심의를 거쳐 그 계약기간을 갱신할 수 있다).

기타 사회복지사업법 제52조 제2항에 의하여, 법이 정하는 보건복지가족부장관의 업무의 일부를 대통령령이 정하는 바에 따라[13] 사회복지 관련기

13) 사회복지사업법 시행령에서 정하는 위탁되거나 위탁할 수 있는 보건복지가족부장관의 업무는 다음과 같다.

- 법 제9조의 규정에 의한 자원봉사활동의 지원・육성에 관한 업무는 중앙협의회에, 법 제11조의 규정에 의한 사회복지사자격증의 교부업무는 협회에 위탁한다(사회복지사업법 시행령 제25조 제2항).
- 다음 각호의 업무는 정부가 설립・운영비용의 일부를 출연한 비영리법인으로서 사회복지 지도・훈련 또는 시설평가에 관한 전문적인 능력을 갖춘 전문기관에 위탁할 수 있다(사회복지사업법 시행령 제25조 제3항).
  1. 법 제10조의 규정에 의한 사회복지사업종사자에 대한 지도・훈련업무
  2. 법 제43조 제1항의 규정에 의한 사회복지시설에 대한 평가업무

관이나 단체에 위탁할 수 있거나, 민영교도소 등의 설치·운영에 관한 법률에 기하여 법무부장관이 교정업무를 민간단체 등에 위탁할 수 있는 근거 등이 개별법상 마련되어 있다.

2. 지방자치단체 사무의 민간위탁과 법령 및 자치법규상의 근거

지방자치단체의 장의 권한에 속하는 사무의 민간위탁에 대해서는 지방자치법 제104조 제3항[14]이 포괄적인 법률적 근거를 설정하고 있으나, 이 규정 이외에는 지방자치단체의 사무의 민간위탁에 관하여 앞서의 행정권한의 위임 및 위탁에 관한 규정과 같이 '일반적으로' 규율하는 법령은 찾아보기 어렵다. 다만, 지방자치법시행령 제42조 제1항 제5호는, 민간수탁기관에 대하여도 지방의회 본회의가 특히 필요하다고 의결하는 경우에는 지방의회의 행정사무감사 또는 조사의 대상이 될 수 있는 것으로 규정하고 있는 바, 이 규정에 의하여 지방자치단체의 사무를 수탁한 민간단체 등에 대한 지방의회의 행정사무감사 및 조사가 일반적으로 가능한 것으로 해석된다. 그리고 앞에서 언급한 대로, 지방자치단체가 설치하는 노인복지시설의 운영을 민간의 사회복지법인이나 비영리법인에 위탁하는 경우에는 사회복지사업법의 관련 규정이 적용된다고 할 것이다. 그 이외의 지방자치단체의 일반적 노인복지사무의 민간위탁은 지방자치법 제104조 제3항과 개별 지방자치단체의 민간위탁관련 조례나 규칙이 적용되는 것으로 보인다.[15] 따라서 만일 이러한 조례 등이 존재하지 않은 지방자치단체의 경우에는, 지방자치법 제104조 제3항의 취지에 따라 지방자치단체별로 행정 내부적인 결정이나 조치로써 민간위탁 관련 업무를 처리할 수밖에 없을 것으로 보인다. 이 경우의 민간위탁의 기준, 수탁자

14) 지방자치법 제104조(사무의 위임 등) … ③ 지방자치단체의 장은 조례나 규칙으로 정하는 바에 따라 그 권한에 속하는 사무 중 조사·검사·검정·관리업무 등 주민의 권리·의무와 직접 관련되지 아니하는 사무를 법인, 단체 또는 그 기관이나 개인에게 위탁할 수 있다.

15) 민간위탁에 관한 일반적 규정을 둔 개별 지방자치단체의 조례를 예로 들면, 서울특별시 송파구 사무의 민간위탁 촉진 및 관리조례, 부산광역시 민간위탁 기본조례, 철원군 사무의 민간위탁 촉진 및 관리조례 등 전국적으로 상당수의 지방자치단체가 민간위탁 관련 조례를 제정하고 있다.

선정, 위탁방식, 지휘・감독 등에 있어서는 일정한 법규적 흠결이 발생할 수 있는 것으로 보인다.

한편 노인복지법 제35조와 의료법 제33조 제2항을 바탕으로 치매 및 노인환자의 전문적 치료와 요양을 위한 노인전문병원의 설치와 그 위탁운영이 이루어지고 있는데, 이 경우의 민간위탁은 일부 지방자치단체의 관련 조례에서 그 법규적 근거를 찾아볼 수 있다. 예컨대 부산광역시 노인전문병원 설치 및 운영 조례 제6조(관리・운영의 위탁) 제1항은, 시장으로 하여금 노인전문병원의 효율적인 관리・운영을 위하여 필요하다고 인정되는 경우, 의료법인으로 병원급・요양병원급 이상 의료기관을 운영하고 있는 자, 종합병원을 운영하고 있는 자, 신경과 또는 정신과 전문의로서 병원급 이상 의료기관에서 5년 이상 근무한 경력이 있는 자에 대하여 부산광역시가 설치한 노인전문병원의 운영을 위탁할 수 있도록 규정하고 있다.

Ⅴ. 노인복지사무의 민간위탁의 실태

국가나 지방자치단체는 노인의 장・단기적 거주, 건강・요양 또는 의료, 오락・취미 등의 여가 선용이나 교양 증진, 노인 보호 등 노인의 복지서비스와 관련되는 각종의 시설을 설치하고, 그 운영이나 복지프로그램의 관리 등을 민간단체나 개인 등에게 위탁하는 경우가 많다. 경우에 따라서는 사적 단체 등이 설립・운영하는 노인복지시설 등에 대하여 그 경비 등을 보조하는 형태로 관여하기도 한다. 이러한 노인복지사무에 대한 민간위탁은 노인복지서비스의 점진적 증가, 정부기능 내지 임무의 민간이전의 확대, 공공사무의 수행에 대한 민간의 관심과 참여확대라는 현대적 경향에 따라 점차적으로 증가하는 추세에 있다고 할 수 있다.

노인복지와 관련한 사무의 민간위탁은, 사회복지 지도・훈련 또는 시설평가 등에 관한 전문적 업무를 일부 민간위탁하는 외에, 주로 각종 노인복지시설의 운영을 민간의 단체나 기관에 위탁하는 방식으로 활용되고 있다. 노인복지시설이라 함은 65세를 전후해 신체, 정신 또는 환경상의 이유 및 경제적 이유로 거택에서 보호 받기가 곤란한 자에게 보호, 치료, 자립 등의 서비스를 제공하거나 통원, 수용, 기타의 방법으로 이들에게 편익을 제공하기 위해 마련된 장소, 설비, 건조물 등을 이른다.[16] 노인복지법 제31조에 의하면, 이러한 노인복지시설에는 크게 5종이 있는데, 노인주거복지시설, 노인의료복지시설, 노인여가복지시설, 재가노인복지시설, 노인보호전문기관이 그것이다. 그리고 각 종류별로 인정되는 하위 개별시설에는 무려 19가지의 시설이 인정되고 있다. 현행법령에 기초한 노인복지시설의 종류를 정리해 보면 다음 〈표〉와 같다.

〈표〉 노인복지시설의 종류(노인복지법 제31조)

종류	시설	설치목적	입소대상자	설치
노인주거복지시설	양로시설	노인을 입소시켜 무료 또는 저렴한 요금으로 급식 기타 일상생활에 필요한 편의 제공	생활보장대상노인 또는 생활보장대상노인이 아닌 65세 이상의 자 중 그 부양의무자로부터 적절한 부양을 받지 못하는 자로서 일상생활에 지장이 없는 자	시장·군수·구청장에 신고
	실비 양로시설	노인을 입소시켜 저렴한 요금으로 급식 기타 일상생활에 필요한 편의를 제공	본인 및 그 배우자와 부양의무자의 월소득을 합산한 금액을 가구원 수로 나누어 얻은 1인당 월평균 소득액이 통계청장이 고시하는 전년도의 도시근로자가구 월평균 소득을 전년도의 평균 가구원수로 나누어 얻은 1인당 월평균 소득액 이하인 자(이하 "실비보호대상자"라 한다)로서 일상생활에 지장이 없는 65세 이상의 자	〃
	유료 양로시설	노인을 입소시켜 급식 기타 일상생활에 필요한 편의를 제공하고 이에 소요되는 일체의 비용을 입소한 자로부터 수납하여 운영	일상생활에 지장이 없는 60세 이상의 자	〃

16) 박영춘, "민간위탁 노인복지회관의 운영 효율성 연구," 국토계획, 제39권 제3호, 2004. 6, 223면.

종 류	시 설	설 치 목 적	입 소 대 상 자	설 치
노인주거 복지시설	실비노인 복지주택	보건복지부장관이 정하는 일정소득 이하의 노인에게 저렴한 비용으로 분양 또는 임대 등을 통하여 주거의 편의·생활지도·상담 및 안전관리 등 일상생활에 필요한 편의를 제공	실비보호대상자로서 단독취사 등 독립된 주거생활을 하는 데 지장이 없는 65세 이상의 자	〃
	유료노인 복지주택	노인에게 유료로 분양 또는 임대 등을 통하여 주거의 편의·생활지도·상담 및 안전관리 등 일상생활에 필요한 편의를 제공	단독취사 등 독립된 주거생활을 하는데 지장이 없는 60세 이상의 자	〃
노인의료 복지시설	노인요양 시설	노인을 입소시켜 무료 또는 저렴한 요금으로 급식·요양 기타 일상생활에 필요한 편의를 제공	생활보장대상노인 또는 저소득 노인으로서 노인성질환 등으로 요양을 필요로 하는 자	〃
	실비노인 요양시설	노인을 입소시켜 저렴한 요금으로 급식·요양 기타 일상생활에 필요한 편의를 제공	실비보호대상자로서 노인성질환 등으로 요양을 필요로 하는 65세 이상의 자	〃
	유료노인 요양시설	노인을 입소시켜 급식·요양 기타 일상생활에 필요한 편의를 제공하고 이에 소요되는 일체의 비용을 입소한 자로부터 수납하여 운영	노인성질환 등으로 요양을 필요로 하는 60세 이상의 자	〃
	노인전문 요양시설	치매·중풍 등 중증의 질환노인을 입소시켜 무료 또는 저렴한 요금으로 급식·요양 기타 일상생활에 필요한 편의를 제공	생활보장대상노인 또는 저소득 노인으로서 치매·중풍 등 중증 노인성질환으로 요양을 필요로 하는 자	〃
	유료노인 전문요양 시설	치매·중풍 등 중증의 질환노인을 입소시켜 급식·요양 기타 일상생활에 필요한 편의를 제공하고 이에 소요되는 일체의 비용을 입소한 자로부터 수납하여 운영	치매·중풍 등 중증 노인성질환으로 요양을 필요로 하는 60세 이상의 자	〃
	노인전문 병원	주로 노인을 대상으로 의료를 행하는 시설 ☞ 의료법에 의한 의료기관을 개설할 수 있는 자(치과의사 및 조산사 제외)에 한하여 시·도지사의 허가를 받아 설치	가. 노인성질환으로 치료 및 요양을 필요로 하는 자 나. 임종을 앞둔 환자	〃

종 류	시 설	설 치 목 적	입 소 대 상 자	설 치
노인여가 복지시설	노인 복지회관	무료 또는 저렴한 요금으로 노인에 대하여 각종 상담에 응하고, 건강의 증진·교양·오락 기타 노인의 복지 증진에 필요한 편의를 제공	60세 이상의 자	시장·군수·구청장에 신고
	경로당	지역노인들이 자율적으로 친목도모·취미활동·공동작업장 운영 및 각종 정보교환과 기타 여가활동을 할 수 있도록 하는 장소를 제공	65세 이상의 자	〃
	노인교실	노인들에 대하여 사회활동 참여욕구를 충족시키기 위하여 건전한 취미생활·노인건강유지·소득보장 기타 일상생활과 관련한 학습프로그램을 제공	60세 이상의 자	〃
	노인 휴양소	노인들에 대하여 심신의 휴양과 관련한 위생시설·여가시설 기타 편의시설을 단기간 제공	60세 이상의 자 및 그와 동행하는 자. 다만, 이용인원이 정원에 미달하는 때에는 정원의 100분의 30의 범위 안에서 그 외의 자도 이용할 수 있다.	〃
재가노인 복지시설	가정봉사원 파견시설	신체적·정신적 장애로 일상생활을 영위하기 곤란한 노인이 있는 가정에 가정봉사원을 파견하여 노인의 일상생활에 필요한 각종 편의를 제공	신체적·정신적 장애로 일상생활을 영위하기 곤란한 사로서 가정에서의 보호가 필요한 자	〃
	주간보호 시설	부득이한 사유로 가족의 보호를 받을 수 없는 심신이 허약한 노인과 장애노인을 낮 동안 시설에 입소시켜 필요한 각종 편의를 제공	심신이 허약하거나 장애가 있는 자로서 낮동안의 보호가 필요한 자	〃
	단기보호 시설	부득이한 사유로 가족의 보호를 받을 수 없어 일시적으로 보호가 필요한 심신이 허약한 노인과 장애노인을 시설에 단기간 입소시켜 보호	심신이 허약하거나 장애가 있는 자로서 단기간의 보호가 필요한 자	〃
노인보호 전문기관	노인보호 전문기관	시·도지사가 노인보호전문기관을 지정·운영, 노인학대 신고, 상담, 보호, 예방 및 홍보, 24시간 신고·상담용 긴급전화(1389) 운영	노인학대행위자에 대한 상담 및 교육 학대받은 노인의 발견·상담·보호 등 노인학대 예방 및 방지를 위한 홍보	시·도지사 지정

이와 같은 노인복지시설의 설립 또는 운영과 관련한 지방자치단체의 민간위탁의 현황은 시설종류별로 그 목적과 운영방식, 운영주체 등에 따라 다소 상이하지만, 대체로 민간이 지방자치단체 등으로부터 노인을 상대로 한 주거, 의료, 여가, 재가, 보호 등의 복지서비스의 생산과 전달업무를 수탁하여 담당하고, 위탁기관으로서의 지방자치단체는 그 운영 등에 소요되는 재원의 일부 또는 전부와 사무처리지침 등을 제공하며, 위탁업무 전반에 관하여 이를 지도・감독하는 방식으로 이루어지고 있는 것으로 보인다. 예컨대 전국의 대부분의 시・군・구에서 설치・운영하고 있는 노인복지회관이나 노인전문병원, 노인요양원 등은 바로 민간위탁에 의하여 운영되는 대표적인 노인복지시설들인데, 이러한 시설들의 위탁운영은 대부분 민간위탁에 관한 자체 조례에 기하여 이루어지고 있는 것으로 보인다. 민간수탁기관의 선정 등에 있어서는 조례상 일반적으로 공개모집의 방식을 채택하고는 있으나, 실제로는 대부분 계약방법상 경쟁입찰보다는 수의계약에 의하는 경우가 일반적인 것으로 관측되고, 업무수행의 성과물이나 성과관리 차원의 지도・감독 등도 충분히 이루어지고 있지 않은 것으로 보고되고 있다.[17]

Ⅵ. 노인복지사무의 민간위탁에 관한 공법적 쟁점의 검토

1. 민간위탁의 대상사무의 범위

행정사무 민간위탁의 법적 문제로는 우선, 민간위탁의 범위와 한계의 문제를 들 수 있다. 민간위탁의 대상으로 하기에 적합하지 않은 사무를 민간에 위탁하는 것은, 행정권의 포기와 공익성 실현의 왜곡을 야기할 수 있기 때문에 법치국가의 원리상 민간위탁 대상사무의 범위와 한계를 분명히 할 것이

17) 이병기 외, 앞의 보고서, 275면.

요청된다.[18]

행정사무의 민간위탁의 대상범위와 관련하여서는, 예컨대 민영교도소 등의 설치・운영에 관한 법률에서와 같이 교정업무 내지 행형업무와 같이 수형자의 신체의 자유와 직결되는 기본권 제한적 업무의 민간위탁 가능성을 둘러싸고는 그 가부에 관한 다양한 논쟁이 야기되기도 하였다. 정부조직법이나 지방자치법에서는 국민의 권리・의무와 직결되는 사무의 민간위탁을 제외하고 있지만, 고권적인 행정영역의 경우에도 민주적인 통제, 법치국가적 정형성, 그리고 기본권을 척도로 한 사법심사의 가능성 등 헌법적 질서의 본질적 전제조건을 충족시키는 경우에는 예외적으로 법률상의 특별한 근거에 기하여 민간위탁이 가능한 것으로 볼 수 있을 것이다.[19]

지방자치법은 민간위탁 가능 사무범위로 조사, 검사, 검정, 관리업무 등 주민의 권리・의무와 직접 관련되지 아니하는 사무로 한정하고 있고, 개별 지방자치단체의 조례는-조례에 따라 다소 상이하지만-예컨대 부산광역시 민간위탁 기본조례의 경우 행정권한의 위임 및 위탁에 관한 규정을 참작하여 그 제4조 제1항에서, 단순 사실행위인 행정작용, 공익성보다 능률성이 현저히 요청되는 사무, 특수한 전문지식 및 기술을 요하는 사무, 그 밖에 시설관리 등 단순 행정사무로 규정하고 있다(민간위탁조례를 제정한 지지체의 경우에는 대체로 민간위탁대상범위를 위와 유사하게 규정하고 있음). 민간위탁을 규정하는 조례의 경우에는 법률의 특별한 위임이 없는 한 지방자치법 제22조 단서의 규정에 따라, 지방자치법 제104조 제3항에 위반하는 내용의 민간위탁 대상사무를 규정할 수는 없는 것으로 해석된다.

아무튼, 법률 또는 자치법규에 민간위탁 대상사무의 범위를 위의 입법례에서보다 더 자세히 규정하거나 일일이 예시 또는 열거하는 것은 입법기술상

18) 일반적으로 행정사무를 민간위탁하는 경우, 사인에 의한 행정이 "행정권은 대통령을 수반으로 하는 정부에 속한다"라는 헌법 규정에 위반되는 것은 아닌지 의문이 있을 수 있다. 이 문제에 관해서는, 사인에 의한 행정이 예외적인 것이고 그에 대한 행정주체의 통제가 분명히 미치며, 사무처리에 대한 궁극적인 책임을 행정주체가 지는 것이라면 헌법 위반이라고 할 수는 없다고 본다.

19) 김대인, "행정기능의 민영화와 관련된 행정계약-민관협력계약과 민간위탁계약을 중심으로," 행정법연구, 제14호, 2005. 10, 373면 참조.

으로도 한계가 있거나 적절한 것으로 보이지도 않으므로, 실제로 민간위탁 여부를 결정함에 있어서는 위의 규정들이 사용하는 불확정 개념의 해석을 둘러싸고 구체적인 노인복지사무의 위탁대상 여부의 결정에 있어 애로가 있거나 분쟁이 발생할 소지도 있는 것으로 보인다. 따라서 법률과 조례의 입법취지에 부합하는 지방자치단체 차원의 운영의 묘가 요구될 것이다. 법령상 명확히 행정기관 스스로 처리하게 되어 있어서 민간위탁이 불가능한 사무, 주민의 권리·의무에 직접적인 영향을 미칠 수 있는 사무, 사무의 공공성이나 업무처리시의 공평성의 확보·비밀유지 등의 견지에서 민간위탁이 적절하지 않은 사무, 업무수행에 있어서 상당한 수준의 재량판단이 필요한 사무 등은 법률상의 명시적인 특별위임이 있는 경우를 제외하고는 가능한 민간위탁을 하지 않는 것이 바람직할 것이다. 노인복지사무의 민간위탁과 관련하여서는, 대부분 노인복지관련 시설의 위탁운영이나 자원봉사자 내지 복지사업 종사자에 대한 지도·교육 및 관련시설의 평가업무 등 대체로 비권력적이고 전문기술적인 사무가 민간위탁의 대상이 되고 있으므로, 이에 관한 특별한 문제는 초래되고 있지 않은 것으로 보인다.

한편 위와 같은 민간위탁조례조차도 없는 지방자치단체의 경우에는, 지방자치법 제104조 제3항이 민간위탁 대상범위에 관한 유일한 법규적 기준이 되기 때문에, 개별적 사무의 민간위탁 여부를 결정함에 있어 더욱 곤란할 수 있다. 따라서 바람직하기로는 각 지방자치단체별로 민간위탁에 관한 기본조례를 시급히 제정하여 민간위탁 대상사무의 범위나 기준을 명확히 설정하는 것이 바람직하다. 그리고 조례 제정 전까지는 일단 행정권한의 위임 및 위탁에 관한 규정이나 다른 지방자치단체의 조례를 참조하여, 민간위탁의 본질에서 벗어나지 않는 운영을 기하여야 할 것이다.

2. 민간수탁기관의 선정과 계약방법

민간수탁기관의 선정에 관하여는 앞에서 살펴본 대로 지방자치법상 특별한 규정이 없다. 다만, 지방자치단체가 설치하는 노인복지시설의 운영업무 위탁에 있어서는 법시행규칙 제22조의2 제1항이 수탁자의 재정적 능력, 공신력, 사업수행능력, 지역간 균형분포 및 동 시행규칙 제27조에 따른 평가결과 등을 종합적으로 고려하여 수탁자선정심의위원회의 심의를 거쳐 선정하도록 하고 있을 뿐이다.

민간위탁에 관한 일반적 조례가 제정되어 있는 지방자치단체의 경우에는 동 조례상 민간수탁기관의 선정기준을 두는 경우가 보통이다, 예컨대 부산광역시의 경우를 보면 민간수탁기관의 선정은 공개모집에 의한 방법에 의하되, 다만 민간위탁의 목적, 성질, 규모 등을 고려하여 필요하다고 인정되는 때에는 관계 법령을 위반하지 아니하는 범위 안에서 민간위탁 대상기관의 자격을 제한할 수 있는 것으로 하면서, 구체적인 선정기준으로는 위탁사무의 수행에 필요한 인력・기구・시설・장비 및 기술보유 정도, 재정부담능력, 책임능력과 공신력, 민간위탁 대상기관의 기능과 위탁사무와의 연관성, 구・군간의 균형분포 등 그 밖에 필요한 사항 등을 기준으로 선정하도록 하고 있다(부산광역시 민간위탁 기본조례 제6조).

문제는, 주요 선정기준 항목은 제시되어 있으나 각 항목별 선정기준은 별로 구체적이지 못하여, 비록 선정위원회의 심의를 거치도록 하고는 있으나 개별사안에 있어서 민간수탁기관의 선정이 객관성과 일관성을 유지하기 어려울 수 있고, 공개모집의 방법에 의하고는 있으나 대부분 경쟁환경이 조성되어 있지 않은 탓으로 실제 계약방법에서는 공개경쟁입찰에 의하기보다 수의계약의 방법에 의하고 있으며, 수탁기관의 재선정에 있어서도 대체로 동일기관과 장기계속계약을 맺음으로써 경쟁여건의 조성 가능성은 더욱 낮아지고 있다는 것이다.

앞서 살펴본 것처럼, 민간위탁을 실시하는 이유는 민간의 전문성과 기술, 자본력 등을 활용하여 행정서비스의 양적 확대와 질적 수준을 제고함으로써 행정사무 처리의 효율성・경제성 등을 높이는 데 주된 목적이 있는 것인데, 현재와 같은 상황은 이러한 민간위탁의 제도적 목적 달성에는 다소 장애가 초래되고 있는 것으로 분석된다. 특정한 민간단체나 기업이 일정한 노인복지사무를 장기간 계속 수탁할 경우, 사안에 따라서는 관련 서비스시장의 선점 내지 독과점의 효과를 누릴 수도 있다는 점을 감안할 때, 민간수탁기관의 선정은 중요한 이권이 달린 문제일 수 있고, 따라서 선정과정을 둘러싸고 잡음이나 비리, 자의성의 개입 등이 우려될 수 있는 것이다.[20] 이와 같이 수탁기관간의 건전한 경쟁환경이 조성되지 않거나 공개적이고 객관적인 경쟁선정 등이 이루어지지 않을 경우에는, 행정서비스의 생산과 전달은 단지 종래의 공공독점에서 민간독점으로 변모함으로써 민간수탁기관의 독·과점적 이윤만을 보장하는 꼴이 되고, 전체적으로는 오히려 비용의 증가와 효율성의 저하 그리고 관련 공직자들의 비리를 양산할 가능성에 직면하게 된다.

따라서 공정하고 투명한 선정과정의 진행과 관련 이해관계의 조율 및 민간위탁의 본래의 취지를 살리기 위해서는, 가능한 조례 등 법규상에 보다 명확하고 객관적이며 구체적인 선정기준 및 방법을 정립하는 것이 바람직하다고 본다. 민간수탁기관의 재선정과 관련하여서도 그 구체적 기준을 찾기 어렵고, 대체로 반복적·장기적으로 계속계약을 하다보니 한번 위탁한 기관에 대하여 형식적인 절차나 서류검토 등을 거쳐 거듭 수탁기관으로 선정하는 예가 적지 않다는 점에서, 재선정기준이나 절차도 법규상 명확히 마련될 필요가 있다고 본다.

3. 민간위탁사무의 사후관리 및 행정적 통제

행정사무의 민간위탁이 허용되는 경우에도 그것이 행정목적의 실현작용이라는 점에서, 민간수탁기관의 사무수행에 대하여 공정성과 적법성 등의 책임성을 담보할 수 있는 사후적 관리·통제체제가 확립되어야 한다. 공직자윤리법이 민간수탁법인을 공직유관단체로 보아 공무원도 아닌 그 임원에게 재산등록의무를 부과[21]하고 있는 취지도, 민간수탁기관의 임원이 실질적으로는 공무담당자의 지위에서 행정서비스를 생산·전달하는 위치에 있다는 점에서, 그들의 업무와 관련한 비리나 부정한 재산 증식의 가능성을 차단하기 위한 것으로 이해할 수 있다. 다만, 이러한 간접적 규제만으로는 민간수탁

---

20) 실제 지역에서는 수탁기관의 선정을 둘러싸고 사안에 따라 갖은 잡음과 음해성 루머 등이 난무하는 등 적지 않은 부작용이 나타나고 있는 것으로 알려지고 있다.

21) 공직자윤리법 제3조 제12호 및 제3조의2 제4호.

기관의 사무처리의 효율성과 공정성·적법성을 충분히 담보해 낼 수 없을 것이므로, 이와 관련해서는 수탁기관에 대한 엄격한 지도·감독 및 감사체계의 확립과 사무처리의 성과에 대한 사후적 평가체계가 법제적으로 마련될 필요가 있다고 본다.

(1) 위탁사무 처리에 대한 지도·감독 및 감사

민간수탁기관에 대한 위탁기관의 지도·감독 내지 감사는, 민간수탁기관에 의한 수탁사무의 적정·적법 처리를 도모하기 위한 매우 직접적이고도 강력한 견제 내지 통제수단이 된다는 점에서 그 법적 근거를 명확히 하는 것이 바람직하고, 그 범위 및 절차, 감독권 행사의 방법 및 효과 등에 대하여도 구체적으로 정할 것이 요망된다.

일반적으로 이론상 노인복지사무의 위탁·수탁기관 사이에는 포괄적인 지휘·감독관계가 성립하는 것으로 볼 수 있다. 따라서 위탁기관은 민간수탁기관의 직무수행을 통제할 수 있는 일반적 지도·감독권을 보유한다고 할 것이다. 이러한 관점에서 행정권한의 위임 및 위탁에 관한 규정은 국가사무의 민간위탁의 경우 그 지휘·감독 및 감사에 관한 일반적 근거규정(제13조~제15조)을 두고, 위탁기관의 지휘·감독권, 시시·조지명령권, 보고징수권, 위법·부당한 사무처리에 대한 처분취소·정지권, 수탁사무별 사무편람 승인권, 사무처리 결과에 대한 정기감사권, 감사사항에 대한 시정조치권·인사조치요구권 등을 규정하고 있다. 감사원법에 의한 감사원의 감사 내지 감찰도 이 범주에 속하는 감독수단의 일종이라고 할 수 있을 것이다.

그런데 지방자치단체의 민간위탁에 대해서는, 위의 행정권한의 위임 및 위탁에 관한 규정과 같이 법령상 위탁·수탁기관간의 포괄적 지휘·감독관계를 명시적으로 규정하는 근거조항은 찾아볼 수 없다. 다만 앞서 언급한 바와 같이, 지방자치법 시행령 제42조 제1항 제5호가 민간수탁기관에 대하여도 지방의회 본회의가 특히 필요하다고 의결하는 경우에는 지방의회에 의한 행정사무의 감사 또는 조사가 가능한 것으로 규정하고 있을 뿐이다. 민간위탁사무의 처리 등에 대한 지방의회의 행정사무 감사와 조사를 규정한 것은 의회 차원의 감시와 통제를 가능하게 한 것으로서 매우 바람직한 것이지만, 민간수탁사무를 지방의회가 감사 · 조사하는 것만으로는 적정하고 책임있는 사무처리를 확보하기 어렵다. 따라서 지방자치단체의 민간위탁에 대하여 법령상 행정권한의 위임 및 위탁에 관한 규정에서 볼 수 있는 것과 같은 포괄적 지휘 · 감독 및 행정감사에 관한 근거규정을 별도로 두고 있지 않은 것은 타당하지 않다.

물론 민간위탁에 관한 일반적 조례를 갖고 있는 지방자치단체의 경우에는, 대부분 조례를 통하여 민간수탁기관에 대한 포괄적 지휘 · 감독권을 부여하고 있기 때문에 조례를 근거로 단체장 등이 지휘 · 감독을 할 수 있겠지만, 법률 등에 이와 같은 규정이 미비한 관계로 ―유추해석을 통한 지휘 · 감독권의 인정 여부는 별개로 하고― 민간위탁조례가 제정되어 있지 않거나 혹은 조례에 지휘 · 감독 · 감사규정을 두고 있지 않은 지방자치단체의 경우에는, 민간수탁기관에 대한 포괄적인 지휘 · 감독권 행사에 문제가 있을 수도 있다. 물론 개별사안별 위탁계약에서 위탁기관과 민간수탁기관 사이의 지휘 · 감독관계를 설정한다면 계약법적 효력이라도 발생하겠지만, 그러한 계약내용조차 없는 경우에는 관련 규정의 유추해석에 의하지 않는 한 지방자치단체의 포괄적인 지휘 · 감독권이 인정되지 않거나, 그 범위나 방법 등이 모호할 수도 있다는 것이다. 따라서 법령 정비의 관점에서는, 국가가 지방자치법이나 그 시행령 등에, 지방자치단체에 의한 민간위탁시의 위탁기관에 의한 지휘 · 감독 및 행정감사권의 근거규정을 별도로 마련하는 것이 바람직한 것으로 보이고, 개별 지방자치단체들도 민간위탁 조례의 제정을 통하여 이러한 취지의 규정을 적극 설정하는 것이 타당할 것이다.

그리고 법령 또는 조례에 관련 규정을 둘 때에는, 지휘 · 감독 내지 감사의 범위 및 절차, 감독권 행사의 방법 및 효과 등에 대하여도 가능한 구체적으로 규정할 필요가 있다. 실제의 행정현장에서 민간수탁기관의 업무수행실태에 관하여는 수시점검식의 지도 · 감독이 이루어지고는 있는 것으로 보이나, 보다 체계적이고 객관적인 지도 · 감독 내지 감사가 행해지고 있다고는 평가하기 어렵다. 따라서 법규상 지휘 · 감독 내지 감사의 범위와 방법, 절차와 효력 등에 대하여도 비교적 명확히 규정함으로써 이에 관한 법제를 체계적으로 정비하는 것이 바람직하다고 본다.[22]

(2) 민간위탁사무 수행에 대한 사후평가법제의 도입

지방자치단체의 노인복지사무의 위탁 수행과 관련하여, 현행 법령과 조례 등에는 그에 대한 성과평가를 위한 법규적 근거를 찾아보기는 어렵다. 다만, 예외적으로 사회복지시설에 대한 시설평가 규정이 존재할 따름이다.[23]

현장에서의 민간수탁기관의 선정에서는 동일 기관에 대한 계속계약이 상당히 일반화되어 있는 것으로 보이는데, 이 점을 감안하면 최초의 민간수탁기관의 선정과정 못지않게 계속계약을 위한 재선정과정 역시 중요한 의미를 갖는다고 할 수 있을 것이다.

보다 능력있고 신용있는 민간수탁기관을 신규 선정하거나 기존의 민간수탁기관을 재선정하는 데에는, 위탁사무 수행에 관한 평가를 통한 성과측정이 매우 유용할 수 있다. 현재와 같이 기존 수탁기관에 대한 업무수행 평가치가 없이 또한 형식적인 서류 검토 등을 통해 계약관계를 사실상 자동 갱신하는 식의 관행으로는, 민간수탁기관의 독점화를 초래하고 업무의 비효율과 주민 및 지방자치단체의 비용부담을 가중시킬 수 있어서 결과적으로 민간위탁 본래의 제도적 취지를 살리기 어려울 수 있게 된다. 따라서 민간위탁에 관한 법령과 조례에서는, 모든 위탁사무의 수행결과에 대한 체계적 평가법제를 도입하도록 하고 평가의 주체·기준·방법·절차·효과 등을 구체적으로 규정함으로써, 민간수탁기관의 업무수행에 대한 객관적 성과측정과 함께 그 결과를 다음 의사결정과정에 반영하도록 하는 피드백시스템을 확립하는 것이 좋을 것이다.

---

22) 그리고 감독의 대상 내지 방법으로서는 사무수행에 대한 감독과 함께 지방재정의 건전성 확립의 관점에서 민간수탁기관에 지급한 대가(수수료 및 경비보조금 등)에 대한 재정감독 또한 충실해야 할 것이다.

23) 사회복지사업법 제43조(시설의 평가) ① 보건복지가족부장관 및 시 ·도지사는 보건복지가족부령이 정하는 바에 따라 시설을 정기적으로 평가하며, 이를 시설의 감독, 지원 등에 반영하거나 시설거주자를 다른 시설로 보내는 등의 조치를 할 수 있다.
사회복지사업법 시행규칙 제27조(시설의 평가) ① 보건복지가족부장관 및 시·도지사는 법 제43조의 규정에 의하여 3년마다 1회 이상 시설에 대한 평가를 실시하여야 한다. ② 제1항의 규정에 의한 시설의 평가기준은 다음 각호와 같다. 1. 입소정원의 적정성, 2. 종사자의 전문성, 3. 시설의 환경, 4. 시설거주자에 대한 서비스의 만족도, 5. 기타 시설의 운영개선에 필요한 사항. ③ 제1항의 규정에 의한 평가의 방법 기타 평가에 관하여 필요한 사항은 보건복지가족부장관이 정한다.

4. 민간위탁과 사법(司法)적 권리구제의 문제

(1) 위탁계약을 둘러싼 당사자간 분쟁의 해결

행정사무의 민간위탁계약은 행정계약(공법상 계약)으로 볼 수 있으므로, 당해 계약을 둘러싼 위탁자와 수탁자간의 분쟁은 원칙적으로 공법상의 법률관계에 관한 분쟁으로서 행정법원에 의하여 행정소송법상의 당사자소송의 절차에 따라 해결되어야 할 것이다. 그리고 분쟁해결을 위한 법적 기준은 당사자 사이에 체결한 위탁계약의 내용이 중심이 될 것이지만, 이 경우에 위탁계약의 체결, 채무이행, 해지, 위약금 등에 관하여 법령 또는 조례상의 특별규정이 있으면, 당해 계약은 당사자간의 의사자치(意思自治)의 한계를 넘어 이와 같은 공법규정에 따라 일정한 제한을 받게 될 것이고, 분쟁의 사법적 해결에 있어서도 이러한 규정들이 적용되어야 할 것이다.

한편 위탁기관은 민간수탁기관의 직무수행에 대하여 법규상 또는 법리상 포괄적인 지휘·감독권을 보유하는 바, 이러한 지휘·감독권에 기한 직무상의 지시·명령이나 위법·부당한 민간수탁자의 처분에 대한 취소, 정지 등에 대하여, 그 법적 하자(위법성)를 이유로 민간수탁자가 감독적 처분의 취소를 구하는 취소쟁송이나 무효등확인쟁송과 같은 행정심판 또는 행정소송을 제기할 수 있을 지가 문제될 수 있다. 이 문제와 관련해서는, 민간수탁자의 사무수행이 위탁자인 지방자치단체의 합목적성 또는 합법성 감독하에 놓이게 된다는 점에서,[24] 위탁기관의 감독권 행사(처분)에 대하여 불복쟁송을 제기할 수 있다는 특별규정이나 계약조항이 존재하지 않는 한, 행정심판법 또는 행정소송법상의 항고쟁송이 일반적으로 허용되기는 어렵지 않나 생각한다.[25]

24) 홍정선, 행정법특강, 박영사, 2009, 66면.

25) 이와 유사한 경우로서 기관위임사무의 경우를 살펴보면, 일반적인 기관위임사무의 법리에 의한다면 수임기관인 단체장은 당해 사무의 처리에 있어 위임기관의 포괄적 지휘·감독권(합목적성·합법성 감독)하에 있으므로 감독적 처분에 대한 사법적 불복쟁송을 제기하는 것은 인정되기 어려운 것이지만, 지방자치법 제107조에서 국가사무 등을 위임받은 지방자치단체의 장이 그 사무의 관리와 집행을 명백히 게을리할 경우 위임기관이 그에 관한 이행명령을 내릴 수 있고, 그 이행명령에 대하여 지방자치단체의 장이 이의가 있을 경우에는 대법원에 소를 제기할 수 있다고 규정(지방자치법 제170조 제3항)하고 있기 때

기타 민간수탁기관에 대한 위탁기관의 위법한 감독권의 행사로 발생한 피해에 대하여는 국가배상법 내지 민법 또는 계약내용 따른 손해배상청구가 가능할 것이다.

(2) 노인복지서비스 이용자의 권리구제

민간수탁기관의 위탁사무 수행과 관련하여, 노인복지서비스 이용자가 부당한 차별을 받거나 서비스 이용을 거절당한 경우 혹은 민간수탁기관의 사무수행 또는 시설상의 결함으로 인한 불법행위로 그 이용자가 일정한 피해를 받은 경우에는, 그에 대한 적절한 권리구제제도가 확립되어야 할 것이다. 이 문제와 관련하여, 지방자치단체의 민간위탁의 근거법규가 되는 지방자치법, 기타 개별 법령, 조례들에는, 민간수탁기관의 수탁사무 수행과정에서 발생할 수 있는 다양한 권익 침해 내지 피해 등에 대하여 명시적인 구제절차를 규정해 두고 있지는 않다. 따라서 이와 관련하여서는 통상적인 사법적 구제절차가 적용되어야 할 것이다. 그런데, 이 경우에 이를 민사적 구제절차의 대상으로 볼 것인지, 아니면 통상의 행정사건처럼 행정적 구제절차의 대상으로 볼 것인지가 반드시 명확한 것만은 아니다. 따라서 이에 관해서는 전통적인 공무수탁사인론에서의 권리구제론을 참고할 필요가 있다.[26] 즉, 공무수탁자로서의 민간수탁기관이 법령과 계약 등에 기하여 복지서비스의 이용자에 대하여 어떠한 행정적 결정(처분)을 한 경우에는, 당해 처분으로 인하여 법률상 이익이 침해된 처분의 상대방 또는 제3자는 민간수탁기관을 처분 행정청으로 보고 이를 피고로 하여 당해 처분의 취소 내지 무효확인 등을 구하는 행정쟁송(항고쟁송)을 행정심판위원회 또는 행정법원에 제기할 수 있을 것이다. 그리고 신청권있는 이용자의 일정한 신청(처분발급 신청)에 대한 민간수탁기관의 불응(부작위)에 대하여는 의무이행심판 또는 부작위위법확인소송을 제기하여 구제받을 수 있을 것이다.

한편, 민간수탁기관과 복지서비스의 이용자 사이에 이용계약을 둘러싼

문에, 위 규정에 근거하여 예외적으로 감독적 처분의 위법 여부도 다툴 수 있게 되었다고 볼 것이다.

26) 이에 관하여는 박균성, 행정법론(상), 박영사, 2009, 92면 참조.

법률분쟁이 발생한 경우에는, 이는 사법상의 계약관계에 관한 분쟁으로 보아 원칙적으로 민사법원에 의한 민사소송절차에 따르면 될 것이다(다만, 예외적으로 개별 법률관계의 성질이나 적용법규 등의 해석에 따라서는 이용계약을 공법상 계약으로 볼 수 있는 경우도 있을 수 있을 것인 바, 이러한 경우에는 공법상의 법률관계에 대한 행정소송법상의 당사자소송절차에 따르면 될 것이다).

그리고 민간수탁기관의 공무(수탁사무) 수행중의 고의 또는 과실로 인한 불법행위에 대하여는, 민간수탁기관을 공무수탁사인으로서 행정주체의 일종으로 보는 입장에서는 민간수탁기관이 직접 손해배상의 책임을 진다고 보고,[27] 이에 대하여 공무수탁사인인 민간수탁기관은 행정기관에 불과한 것으로 보아(기능적 공무원설) 그 행위에 대한 법적 책임은 위탁자인 지방자치단체가 진다고 보는 견해도 있다.[28] 통상 공무수탁사인은 사인의 신분을 가졌지만 위탁된 공무의 수행범위 안에서는 행정주체의 일종으로서, 당해 사무를 자기의 이름과 책임에 기하여 처리한다고 본다. 하지만, 국가배상법이 제2조 및 제5조에서 배상책임의 주체를 국가와 지방자치단체에 한정하고 있고,[29] 민간수탁기관의 수탁사무처리와 관련하여 발생하는 손해에 대하여는 민간수탁기관을 기능적 공무원으로 보아 당해 사무를 위탁한 국가 또는 지방자치단체가 그에 대한 배상책임을 부담한다고 보는 것이 피해자인 국민을 더욱 두텁게 보호할 수 있다는 점에서, 민간수탁자의 불법행위에 대하여는 지방자치단체에 손해배상을 청구할 수 있다고 보는 것이 바람직할 것이다.[30] 기타 민

27) 박균성, 앞의 책, 92~93면.

28) 대표적으로는 홍정선, 앞의 책, 67면.

29) 헌법 제29조가 배상책임의 주체를 국가 또는 공공단체로 규정하고 있는 것에 대하여, 국가배상법이 이를 국가와 지방자치단체로 한정하고 있는 것은 문제가 있다는 주장도 있으나, 이러한 현행 국가배상법을 위헌이라고 보기는 어려운 것 같다. 이에 관하여 자세히는 오용식, "사인(私人)에 의한 행정참여와 국가배상의 문제-선박검사의 대행을 중심으로-," 법제, 2006. 1, 64~65면을 참조.

30) 이 문제와 관련하여서는, 민간수탁기관이 공무수탁사인으로서 이론상의 행정주체의 일종이라고 하더라도 국가 또는 지방자치단체 그 자체라고는 할 수 없으므로-국가 또는 지방자치단체 이외의 공공단체와 마찬가지로-국가배상법의 직접 적용은 곤란한 것으로 보고, 민간수탁기관의 위탁사무처리와 관련하여 발생한 손해의 배상청구는 민법에 기하여 이루어져야 한다고 보는 견해도 존재한다(박균성). 다만, 이 경우에도 국가배상법을 유추적용하여 공무수탁사인에게 민법 제756조와 제758조의 사용자 및 공작물점유자의 면책규정을 적용하지 않아야 한다는 견해 역시 존재함을 참고할 필요가 있다.

간수탁기관의 수탁사무처리로 인한 위탁기관의 직접적 책임 여부 문제와는 별개로, 위탁기관은 민간수탁기관의 업무수행을 지휘・감독할 권한과 책임이 있으므로, 적어도 감독자로서의 역할을 소홀히 한 경우에는 그러한 범위 안에서 감독소홀로 인한 배상책임 역시 면할 수 없다고 할 것이다.

Ⅶ. 맺음말

급격한 고령화사회의 도래와 이로 인한 노인문제의 심각성을 고려할 때, 노인인 주민이 당면하고 있는 각종의 문제들을 중요한 행정과제로 처리하여야 할 지방자치단체의 역할과 책무는 매우 막중하다.

한편, 규제완화와 시장기제의 확대, 행정과정에의 민간참여와 공사협력의 필요성이 강조되고 있는 현실에서, 재정력과 전문・기술력 등이 미흡한 개별 지방자치단체가 당면한 각종의 노인복지서비스를 모두 직접 생산・제공하는 데에는 한계가 있다. 그 결과 노인복지사무를 민간의 단체나 기관 또는 개인에 위탁하여 처리하도록 하는 민간위탁은, 지배적으로 복지행정과정에 있어서 매우 자연스런 행정수법의 하나로 활용되고 있다고 본다. 따라서 지방자치단체가 민간위탁제도를 적절히 그리고 제대로 활용하도록 하는 일은 매우 중요한 문제라 아니할 수 없다. 하지만 그럼에도 불구하고, 민간위탁의 방식은 아직 그 제도적 원리가 명확히 확립되었다거나, 법제적 정비가 충분히 이루어졌다고는 말하기 어렵다.

이러한 관점에서, 본 논문은 먼저 지방자치단체의 노인복지사무의 민간위탁 현황을 개략적으로 관찰・진단한 후에, 민주・법치주의적 관점에서 지방자치단체의 노인복지행정의 민주성과 책임성을 담보해 내고 복지서비스를 이용하는 노인들의 권익구제를 도모하는 차원에서, 지방자치단체의 노인복지서비스의 민간위탁을 둘러싼 다양한 법적 쟁점들을 관련 법규의 분석과 법이론적 진단을 통하여 구체적으로 살펴보고자 하였다.

끝으로, 미흡하지만 본 연구의 작은 성과가 향후 노인복지사무의 민간위탁에 있어서 그 활용도의 제고뿐 아니라 법제도적 완비의 측면에서도 조금이나마 기여할 수 있기를 기대해 본다.

〈참고문헌〉

김대인, “행정기능의 민영화와 관련된 행정계약-민관협력계약과 민간위탁계약을 중심으로,” 행정법연구, 제14호, 2005. 10.

김순양 · 고수정, “지방 공공서비스의 민간위탁(contracting-out) 과정 비교 · 분석,” 한국사회와 행정연구, 제15권 제1호, 2004. 5.

김승열, “정부업무 민간위탁의 한계와 공정성 확보방안,” 법제, 제513호, 2000.

김승현, “지방자치단체의 복지서비스 계약공급에 관한 연구,” 한국행정학보, 제32권 제3호, 1998.

김태운, “지방정부기능의 민간위탁 실태와 절차,” 시정연찬, 11호, 1999. 12.

박균성, 행정법론(상), 박영사, 2009.

박영춘, “민간위탁 노인복지회관의 운영 효율성 연구,” 국토계획, 제39권 제3호, 2004. 6.

박재영, “지방정부의 민간위탁 평가와 과제: 민간위탁의 현주소와 앞으로의 과제,” 地方行政, 제568호, 2001. 2.

박중훈, 정부기능의 민간위탁 제도 및 운영방식 개선방안, 한국행정연구원, 1999.

서정섭, “지방정부의 민간위탁 평가 및 과제: 지방자치단체 민간위탁의 집행분석,” 地方行政, 제568호, 2001. 2.

손순옥 · 손성숙, “지방정부 민간위탁과정의 개선방안에 관한 연구: 춘천시 국공립보육시설을 중심으로,” 사회과학연구, 제46집 제2호, 강원대학교 사회과학연구소, 2007. 12.

오용식, “사인(私人)에 의한 행정참여와 국가배상의 문제-선박검사의 대행을 중심으로-,” 법제, 2006. 1.

이병기 외, 한국지방행정연구원연구보고서, 지방자치단체 사무의 민간위탁 효율성 진단, 2008. 2.

이창균 · 서정섭, 지방자치단체 민간위탁의 개선방안, 한국지방행정연구원, 2000.

조임곤, “지방정부 민간위탁의 성과 평가: 서울시를 중심으로,” 서울도시연구, 제7권 제4호, 2006. 12.

지병문, “지방정부의 민간위탁 결정요인에 관한 이론적 논의,” 한국거버넌스학회보, 제12권 제2호, 2005. 12.

최봉석, “독일의 노인복지서비스법제에 관한 비교법적 고찰,” 토지공법연구, 제29집,

2005. 12.

최정일, "한국과 독일에 있어서의 행정사무의 민간위탁에 관한 고찰," 법제개선연구, 제2집, 법제처, 1996.

허만형, "지방정부의 민간위탁 평가 및 과제: 복지시설의 민간위탁 집행실태 분석," 地方行政, 제568호, 2001. 2.

홍정선, 행정법특강, 박영사, 2009.

황혜신, 공공서비스의 민간위탁의 이론과 실제, 한국학술정보(주), 2006.

Sberg, J. S., McGinnis, G. E., Dejong, G. and Seward, M. L., "Life Satisfaction and Quality of Life Among Disabled Elderly Adults," *Journal of Gerontology*, 42(2), 1987.

吉野　智, 公権力の行使にかかわる業務の民間委託について-刑務所業務の民間委託に関する法制度を題材として(下), 捜査研究55(6)(通号　660), 東京法令出版, 2006. 6.

須藤達俊, 実践レポート)民間委託業務の実情と今後の展望について, 刑政 117(11)(通号 1373), 矯正協会, 2006. 11.

晴山一穂, [資料と解説]自治体民間化—「強い国家」「小さな政府」と公務の未来, 自治体研究社, 2005.

赤坂正浩, 憲法からみる"公共サービスの民間委託," 特集 憲法学は「規制緩和」にどう向き合うか), 法学セミナー 51(7)(通号 619), 日本評論社, 2006. 7.

特集 公共サービスへの民間参入-民間委託から市場化テストへ, 実践自治 24, イマジン出版, 2005(冬).

木下武徳, アメリカ福祉の民間化, 日本経済評論社, 2007.

村上武則, 給付行政の理論, 有信堂, 2002

Public & Private 2-「公」の担い手(8)民間委託・指定管理者, Gyosei EX 17(11), ぎょうせい, 2005. 11.

제 3 장

노년의 혼인 해소와 재혼을 둘러싼 가족법적 과제*

- 부부재산관계의 형성과 청산을 중심으로 -

* 이 논문은 중앙대학교 법학연구소 간행 법학논문집 제33집 제1호에 게재되었던 것을 연구소의 허락을 얻어 이 책에 재수록한 것이다.

Ⅰ. 서 설

최근 한국사회는 급격한 인구의 고령화와 산업화・도시화에 따른 전통적 가족제도의 해체가 맞물리면서 이전에 경험하지 못했던 다양한 노인문제에 직면하고 있다. 이는 고령사회에서 가족주기[1]의 변화와 밀접한 관련이 있는데, 그 가운데 특히 주목되는 것이 노인들이 그들의 자녀세대와 동거하지 않고 노인 혼자 또는 노인부부만으로 구성된 가구가 늘어나고 있다는 점이다.[2] 실질적 가족구성에 있어서 노인들이 그들의 자녀세대와 분리되는 현상은 현대 산업사회에 있어서 가족 내에서의 노인의 지위와 역할이 축소・약화됨에 따라 매우 급속히 확산되고 있고, 이러한 노인을 둘러싼 가족구성의 변화는 다양한 노인문제 발생에 중대한 영향을 미치고 있다.

무엇보다도 노인들이 자녀세대들과 분리・별거하게 되면서 동거자녀를 중심으로 가족에 의하여 이루어져 온 전통적 노인부양의 사회적 관습이 크게 동요하게 되었다. 오늘날 자녀세대와 별거하고 있는 노인들은 동거자녀에 의한 가족부양이라는 비교적 안정적인 경제적 기반을 상실하게 되었을 뿐 아니라, 가족생활 가운데 자녀나 손자들과의 교류 속에서 얻어왔던 정서적・심리적 안정과 지지도 흔들리게 되었다. 그동안 전통적 대가족제는 생계를 의지하는 경제적 기반이자, 정서・심리적 안식처로서 노인의 삶의 질에 결정적 영향을 미쳐 왔으나, 이제 한국사회의 노인들은 그것을 다른 대안으로부터 구하지 않으면 안되게 된 것이다. 이에 대하여 노인부양의 경제적 측면에서, 노인부양의 1차적 책무를 가족으로부터 국가나 지역사회로 이전시키려는 노

1) 인간이 출생해서 사망할 때까지의 변화단계를 결혼, 출산에 따른 가족원 증가, 자녀 결혼에 가족원 구성원 축소, 배우자 사망, 부부 모두 사망으로 가족 소멸에 이르기까지 가족의 생활주기의 변화를 시간의 흐름에 따라 고찰하는 것을 말한다.

2) 국가통계포털(kosis.nso.go.kr, 통계청)의 국내통계/주제별 통계/사회/복지의 2007년 조사 가운데, 60세 이상 노인의 현재 자녀와의 동거 여부에 대한 응답에 따르면, 60대 전반 44%, 60대 후반 36.6%, 70대 35.8%, 80대 51.4%만이 자녀와 동거하고 있어 60대 전체의 약 60% 정도가 자녀와 따로 살고 있는 것으로 답하고 있다. 대체로 연령이 높아질수록 자녀와의 동거비율이 높아지는 것으로 볼 수 있으나, 60대의 자녀 동거 비율이 70대보다 높은 것은 60대 가구에 있어서 아직 미혼의 동거자녀가 있기 때문인 것으로 추측된다.

인부양의 사회화의 필요성이 제기되기도 하고, 무엇보다도 노인의 경제활동과 경제적 자립을 확보하기 위하여 국가와 사회의 제도인프라 구축의 필요성이 논의되고 있다.3) 다른 한편으로 인구노령화에 따른 가족관계 변화의 측면에서는 배우자 사망 또는 이혼으로 인한 노년의 혼인 해소와 그로 인하여 홀로된 노인 배우자의 경제적 자립 문제 그리고 홀로된 노인들의 자녀세대들과의 분리를 대체할 새로운 정서・심리적 의지처로서, 나아가 노인들의 인간다운 삶의 질을 확보하기 위한 적극적 대안의 하나로서 노년의 재혼이 부각되고 있다. 이와 같은 고령화에 따른 새로운 가족사회학적 현상에 적극적으로 대처하고 노인의 인간다운 삶을 보장하기 위한 적절한 법규범의 제공이 가족법의 당면 과제로 떠오르고 있는 것이다.

이와 같은 가족법적 과제를 구체화하기 위하여 가족관계의 변화라는 관점에서 오늘날 고령사회에서의 노인문제를 살펴볼 필요가 있다. 먼저, 사별에 의한 혼인 해소와 그에 따른 독신노인의 증가는 인구의 고령화에 따른 자연적 현상으로 파악할 수 있고, 노년 이혼의 증가도 현대사회에 있어서 일반적인 이혼율 증가 경향의 일환으로 파악할 수 있다. 그러나 종래 좀처럼 보기 어렵던 노년 이혼의 증가는 가족주기의 변화(보다 정확히는 노년기 가족구성의 변화)와 관련하여 파악하는 것이 보다 적절한 것으로 생각한다. 즉, 종래 전통적 대가족제도하에서는 노인(주로 여성노인)은 젊은 시절 남편의 외도와 학대 등으로 배우자와의 갈등이 깊은 경우에도 한지붕 아래에서 각방을 쓸지언정, 이혼하지 않고 다른 가족들의 부양과 유대 속에서 명목상으로나마 혼

3) 최근 고령사회에 있어서 국가생산력의 인구구조적 기반의 유지와 노인 개인의 경제력 유지를 위한 소득보장 정책의 일환으로 고령자의 은퇴를 늦추고 경제활동을 계속으로 보장하기 위하여 다양한 고령자 취업촉진장려정책 및 제도가 연구되고 있다. 가령, 박종희, "고령화사회에서의 노동법적 과제," 노동법학, 제20호(2005. 6), 113-160면; 이병운, "고령사회와 고령자 고용에 관한 법제도 개선과제," 사회법연구, 제2호(2004. 6), 105-144면; 김영문, 고령사회와 고령자고용촉진을 위한 법제개선방안(한국법제연구원, 2004); 김영문, "고령자 고용안정과 촉진을 위한 하나의 연계방안," 사회법연구, 제3호(2004. 12), 175-209면 등 참조. 다른 한편으로 질병 또는 노화로 인하여 노동능력을 상실하여 적극적 경제활동이 어려운 취약 노인계층의 경제적 보호와 관련하여 우리나라에 있어서도 근래 기초노령연금이 실시・운영되고 있다. 그러나 그 지급수준은 생계유지와는 동떨어진 매우 비현실적인 것으로 노인빈곤의 문제는 일반적인 저소득층 생활보호의 문제로써 다루어질 뿐이다.

인관계를 유지할 수 있었다. 그러나 노인세대가 자녀세대와 분리되어 사실상 노인부부만으로 가족관계를 구성하게 되면서, 더 이상 고령부부 사이의 갈등을 완충해 줄 가족구성원은 존재하지 않게 되었다. 가족이 갖는 보편적 기능과 역할을 오직 배우자에게서 구해야 하는 상황에서 젊은 시절부터 축적되어 온 상대 배우자에 대한 불신과 갈등요소들은 치유되지 못한 채 이들을 이혼이라는 마지막 선택으로 이끄는 것이다.

사별이든 이혼이든 혼인 해소후 남은 배우자의 경제적 자립의 문제가 당면의 가족법적 과제로 부각된 것도 이러한 노년기 가족구성의 변화와 관련하여 이해할 수 있다. 즉, 종래의 대가족제도하에서라면 배우자와 사별한 노인들은 비록 상대방 배우자를 먼저 떠나보냄으로써 혼인관계가 종료되었더라도, 사망 배우자의 재산을 상속한 동거자녀들에 의하여 부양되고 그들과의 정서적 교류 속에서 가족생활의 경제적, 정서적 안정을 유지할 수 있었다. 그러나 일생의 혼인생활을 통하여 부부 공동의 노력으로 이룩한 부부재산에 기초하여 자녀세대와 독립하여 가족생활을 영위하던 노년의 부부가 배우자의 사망으로 혼인관계가 해소된 경우, 남은 생존 배우자(특히 여성노인의 경우)의 생활을 보장하여야 할 부부재산은 직계비속의 상속권 행사에 의하여 상당 부분 자녀들에게 이전되고, 비동거자녀에 의한 부양의 이행은 동거부양과는 질적으로 비교할 수 없는 한계를 드러내면서, 생존 배우자의 여생을 위한 경제적 기반은 매우 취약한 상태에 빠지게 된다. 배우자에게는 다른 공동상속인의 상속분에 5할 가산되는 배우자상속권이 인정되지만, 거대 자산가가 아닌 평범한 노인부부의 생활을 지탱해 온 얼마 되지 않은 부부재산이라면, 직계비속들의 상속분에 대하여 5할을 가산한 배우자 상속분만으로는 이후의 생활을 보장하기 어려운 경우가 대부분이다(특히, 사망한 배우자에게 자녀가 많은 경우에는 오히려 상황이 더욱 나빠지는 경우도 적지 않다). 유일한 부부재산이자 평생을 함께 살아온 주택을 배우자 사망후 자녀들의 상속권 행사에 의하여 본의 아니게 처분하고 전셋집을 전전하여야 하는 홀로된 독거노인의 곤궁한 처지를 보면 쉽게 짐작할 수 있는 일이다.

다른 한편으로 노년의 혼인 해소가 이혼으로 인한 경우라면, 민법 제839조의2(재산분할청구권)에 의하여 상대방 배우자에 대하여 부부 공동의 노력으로 이룩한 실질적 부부공동재산의 분할을 청구할 수 있다. 그러나 특히 전업주부였던 여성 배우자의 경우, 가사노동에 의한 부부재산형성에의 기여도 평가에 소극적인 우리 법원의 태도에 비추어 충분한 재산분할의 수액을 확보하는 것은 용이한 일이 아니다. 특히, 그 주된 부부공동재산이 장차 받게 될 퇴직연금 등 아직 실현되지 않은 형태의 것이라면, 이혼후 경제적 생활보장이 가능할 정도의 재산분할을 확보하는 것은 현실적으로 더욱 어려운 일이다.

결국 오늘날 가족구성의 변화 때문에 노년기 혼인 해소후 남은 배우자가 더 이상 자녀세대 가족으로부터 경제적 부양이나 정서적 안정을 구할 수 없게 되는 경우가 늘어가고, 홀로된 노인들이 경제적 생활기반의 확보와 정서・심리적 안식 또는 일상생활의 조력과 개호를 받기 위하여, 혹은 육체적 욕구의 충족을 위하여 재혼을 희망하는 경우도 점점 늘어가고 있다. 그러나 재혼을 결심한 노인들은 먼저 노인의 재혼에 관하여 호의적이지 않은 사회인식 또는 부모의 재혼을 바라보는 자녀들의 복잡한 감정상태에 맞닥뜨리게 되고, 보다 실질적으로는 부모의 재혼이 자신들의 상속분에 미치는 영향을 우려한 자녀들의 반대에 부딪히기도 한다. 이러한 문제상황에 대하여 가족법적으로는 재혼에 따른 배우자상속권과 다른 공동상속인(직계비속)의 상속권의 경합에 따른 갈등요인을 제어할 수 있는 법제도적 장치의 마련이 주요한 과제로 떠오르게 된 것이다.

본고는 이러한 문제인식들로부터 고령(화)사회에 진입하고 있는 한국사회에서 새롭게 증가하고 있는 노년기 혼인 해소와 재혼이라는 현상을 계기로 하여 고령사회에 있어서 부부재산관계의 형성과 청산을 둘러싼 가족법적 과제를 점검하고자 한다. 이하에서는 먼저 우리나라 법정 부부재산제인 별산제의 문제점(Ⅱ)을 살펴 본 다음, 혼인관계의 해소시 남은 배우자의 경제적 생활보장의 제도적 기초로서 사망으로 인한 혼인 해소시의 배우자상속권과 이혼으로 인한 혼인 해소시의 재산분할청구에 관하여 살펴본다(Ⅲ). 다음으로는 노년의 재혼을 위한 가족법적 과제로서 유증 등에 의한 상속분의 결정 또는 부부재산계약의 체결 등에 관하여 살펴보고 마지막으로 노년의 사실혼 등에 대하여 검토하는 것으로 한다(Ⅳ).

Ⅱ. 민법상 부부별산제의 구조와 한계

1. 부부별산제의 문제점

현행 민법상 부부재산제도는 대부분의 다른 민법제도와 마찬가지로 우리의 전통규범과는 무관한 외국법 계수의 산물이다. 우리 민법은 혼인공동생활에 따른 부부재산관계에 관하여 외국의 입법례를 좇아 부부재산계약에 관한 규정(민법 제829조)과 별산제에 기초한 법정 부부재산제에 관한 규정(민법 제830조 내지 제833조)을 두고 있다. 하지만 우리나라에서 혼인신고전 부부재산계약을 체결하는 예는 매우 드물기 때문에,[4] 실제 부부재산관계의 대부분은 법정된 부부별산제에 의해 처리된다. 우리 민법상 부부재산규정에 따르면, 부부의 일방이 혼인 전부터 가진 고유재산과 혼인중 자기명의로 취득한 재산은 그의 특유재산으로서(민법 제830조 제1항), 각자 관리・사용・수익할 수 있고(민법 제831조), 다만 부부 중 누구에게 속한 것인지 분명하지 아니한 재산은 부부의 공유로 추정한다(민법 제830조제2항).

부부별산제는 부부가 각자 배우자의 동의 없이 자신의 특유재산을 자유롭게 관리하고 처분할 수 있으므로 개인주의적 소유관계에 부합하고, 거래의 안전과 신속성을 보장한다는 점에서 시장경제의 원리와 조화를 이루고 있으며, 경제활동 영역에서 부부 각자의 독립성을 보장해 준다는 장점이 있다.[5] 그러나 부부별산제는 부부재산관계의 실제를 제대로 반영하지 못한다는 것이 문제점으로 지적되어 왔다. 즉, 혼인의 공동생활중에 재산을 취득하는 경우 그것을 부부 어느 일방(대개는 夫)의 명의로 하는 경우가 대부분인데, 부부일방 명의의 재산은 그의 특유재산으로 인정되어 혼인의 공동생활에 협력하

4) 2001. 5. 21일 인천 남동등기소에서 최초의 부부재산계약이 등기된 이래 2006년까지 약 10여건의 예가 있는 것으로 학계에 알려져 있다. 전경근, "부부재산제 개정안에 관한 연구," 가족법연구, 제20권 제3호, 49면. 부부재산계약의 실례에 관해서는 전혜정, "부부재산계약"(경북대학교 박사학위논문, 2005. 12), 170면 이하 참조.

5) 김상용, "부부재산제 개정을 위한 하나의 대안," 법조, 통권 제554호(2002. 11), 133면(이하 전게논문(1)로 인용).

여 온 타방 배우자의 가사노동에 의한 기여를 반영하지 못한다.[6] 즉, 부부가 동일한 사회적 조건에서 소득활동을 하고 각자 평등하게 혼인비용과 가사를 분담하면서 각자의 소득으로 자신명의의 재산을 취득하는 경우라면 별산제는 가장 공평한 부부재산제가 될 수 있을 것이다. 그러나 한국의 현실에서는 여전히 많은 여성들이 거의 전적으로 가사와 육아를 부담하면서 그로 인하여 때로는 직장을 포기하거나 승진 등에서 불이익을 받음으로써 혼인중에 자신의 재산을 형성하는 데 불리한 처지에 놓여 있을 뿐 아니라, 실제로도 대부분의 재산을 남편 명의로만 취득하는 경우가 많다. 이러한 경우 아내는 혼인중 남편이 자신의 명의로 취득한 재산에 대하여는 어떠한 권리도 주장할 수 없게 된다. 남편의 경제적 소득활동과 마찬가지로 아내의 가사(육아)노동도 가족공동체의 유지를 위하여 필수적이라는 점에서 동등한 가치로 평가되어야 하지만, 별산제하에서 가사노동은 부부공유재산 취득을 위한 재산적 기여로는 인정받지 못하는 것이다.[7]

2. 재산분할청구권

부부별산제가 부부재산관계의 형성에 있어서 실질적으로 혼인의 자유와 평등을 해하는 결과를 초래하므로, 우리 민법은 1990년 일부개정을 통하여 이혼으로 혼인이 해소될 때 배우자 일방이 타방에 대하여 재산분할을 청구할

6) 판례는 부부의 일방이 혼인중 자기명의로 취득한 재산은 명의자 특유재산으로 추정되고, 상대방이 실질적으로 그 재산의 대가를 부담하여 취득하였음을 증명하지 못하는 한, 재산을 취득함에 상대방의 협력이 있었다거나 혼인생활에 있어 내조의 공이 있었다는 것만으로 추정을 번복할 사유가 되지 못한다고 한다. 대법원 1992. 12. 11. 선고 92다21982판결(공1993상, 451); 대법원 1998. 6. 12. 선고 97누7707판결(공1998하, 1913); 대법원 1998. 12. 22. 선고 98두15177판결(공1999상, 264) 등 참조.

7) 부부별산제의 단점을 극복하기 위하여 입법론적으로 부부재산공동제를 고려해 볼 수 있다. 예를 들면, 이탈리아는 1975년에 법을 개정하여 법정부부재산제로 되어 있던 별산제를 폐지하고 부부공동재산제를 법정부부재산제로 규정하였다(전게논문(1) 참조). 그러나 부부재산공동제는 부부가 재산을 공동으로 관리 처분하여야 하므로 별산제와는 반대로 거래의 안정과 신속성이 저해될 수 있을 뿐만 아니라, 경제활동에 있어서 부부 각자의 독립성이 훼손될 수 있고, 혼인중에 부부의 일방이 부담한 채무에 대해서도 공동재산으로 책임을 지는 경우가 있으므로 부부의 다른 일방은 예기치 못한 손해를 볼 수도 있어 우리 민법상 부부재산공동제가 더 우월하다고 단정할 수 없다.

수 있는 제도를 신설하였다. 이에 따라 협의상 이혼한 자의 일방은 다른 일방에 대하여 재산분할을 청구할 수 있고(민법 제839조의2 제1항), 이때 재산분할에 관하여 협의가 되지 않는 등의 경우에는 가정법원이 '당사자 쌍방의 협력으로 이룩한 재산의 액수 기타 사정을 참작하여' 분할의 액수와 방법을 정한다(동조 제2항). 그리고 재산분할청구권은 이혼한 날로부터 2년이 경과하면 소멸하며(동조 제3항), 재산분할에 관한 규정은 재판상 이혼에도 준용된다(민법 제843조).

재산분할제도가 신설됨으로써 종래 부부공유재산에 대한 기여로서 인정받지 못했던 가사, 육아 등 전업주부의 가사노동에 대해서도 적어도 혼인 해소시에는 이를 실질적 부부공유재산에 대한 기여로 인정하여 그에 대한 재산분할이 가능하게 되었다.[8] 재산분할제도의 도입에 의하여 우리 민법이 부부재산관계에 관하여 대외적으로는 불가피하게 부부별산제를 취하고 있으면서도 부부가 혼인중 '쌍방의 협력'(가사노동 등에 의한 기여를 포함)에 의하여 이룩한 재산에 대해서는 내부적 또는 실질적으로는 부부의 공유재산임을 인정한 것이라고 할 수 있다.[9] 다른 한편으로 재산분할제도에는 이혼후 경제적 곤란을 겪는 배우자에 대한 사후부양의 목적도 포함한 것으로 해석할 수 있다.[10] 따라서 부부의 실질적 공유재산의 청산이나 이혼위자료에 의해서도 이

8) 즉, 판례는 혼인중 부부 어느 일방 명의의 재산에 대하여 이를 공유재산으로 인정하기 위해서는 그 취득에 있어서 타방 배우자가 실질적으로 대가를 부담하였다는 등의 사실을 입증하도록 하였으나, 이혼시 재산분할제도에 있어서는 부부가 혼인중에 취득한 실질적인 공동재산을 청산 분배하는 것을 주된 목적으로 하는 것이므로 부부가 협의에 의하여 이혼할 때 쌍방의 협력으로 이룩한 재산이 있는 한, 처가 가사노동을 분담하는 등으로 내조를 함으로써 부의 재산의 유지 또는 증가에 기여하였다면 쌍방의 협력으로 이룩된 재산은 재산분할의 대상이 된다고 하고{대법원 1993. 5. 11. 자93스6결정(집41 2, 특414, 공1993상, 1400) 등}, 나아가 그것이 특유재산일지라도 다른 일방이 적극적으로 특유재산의 유지에 협력하여 감소를 방지하였거나 증식에 협력하였다고 인정되는 경우에는 분할대상이 될 수 있다고 한다. 대법원 1993. 5. 25. 선고 92므501판결(집41-2, 특430, 공1993하, 1881); 대법원 1998. 2. 13. 선고 97므1486, 1493판결(공1998상, 767); 대법원 2002. 8. 28. 자2002스36결정(공2002, 2337) 등 참조.

9) 그러나 실제 재산분할사건에서 여성의 가사노동에 의한 기여에 대한 평가가 충분하지 않다는 비판이 계속해서 제기되었고, 2006. 11. 7일 국회에 제출된 법무부 개정안에는 재산분할에 있어서 균등분할의 원칙이 명시되기에 이르렀다.

10) 심수수 · 김상용, 친족상속법(법문사, 2007), 225면; 김용한, 친족상속법(박영사, 2004), 158면; 박동섭, 친족상속법(박영사, 2004), 171면, 부양적 요소를 부인하는 견해로서는 배

혼후 생계유지가 곤란한 경우에는 재산분할에 있어서 실질적 공유재산의 분할뿐 아니라 보충적으로 부양적 요소를 고려할 수 있으며,[11] 재산분할제도의 부양적 요소는 민법 제839조의2 제2항에서 "기타 사정을 참작하여"라고 하는 표현에 함축되어 있는 것으로 이해된다. 요컨대 이혼시의 재산분할제도는 본질적으로 혼인중 쌍방의 협력으로 형성된 공유재산의 청산이라는 성격에 경제적으로 곤궁한 상대방에 대한 부양적 성격이 보충적으로 가미된 제도로서, "재산분할의 본질은 실질적인 부부공동재산의 청산에 있으므로 재산분할에 의하여 분할되는 재산은 사실상 재산 취득자의 소유에 지나지 아니하고, 재산분할에 의한 자산의 이전은 공유물의 분할 내지 잠재화되어 있던 지분권의 현재화"라고 할 수 있다.[12]

3. 배우자상속권

이혼에 있어서는 재산분할제도에 의하여 부부 사이의 실질적 공유관계가 청산될 수 있는 데 반하여, 사망으로 인한 혼인 해소의 경우에는 위와 같은 부부재산관계의 청산은 별도로 행해지지 않는다. 즉, 배우자 사망으로 혼인관계가 소멸한 경우, 생존 배우자는 사망한 배우자의 재산을 배우자로서 상속할 뿐, 이와 별도로 배우자의 재산에 대하여 자신의 실질적 공유지분의

경숙・최금숙, 친속상속법강의(제일법규, 2006), 197면; 배성호, "재산분할청구권의 본질에 관한 재검토(하)," 사법행정, 제42권 제12호(2001, 12), 15면 이하, 이에 관한 학설, 판례의 분석으로 정상현, "이혼으로 인한 재산분할청구권의 법적 성격과 상속의 인정 여부에 대한 법리 재검토(상)," 성균관법학, 제18권 제1호, 324-330면이 상세하다. 그에 따르면, 판례가 최근 판결에서도 이들 두 요소를 모두 고려하고 있으므로 재산분할청구권을 전체적으로 청산적 요소에 의한 것으로 이해하는 것은 시기상조이지만(같은 책 330면), 본질적으로 부부가 이혼 후에도 부양의 권리 또는 의무를 인정하는 것에 대해서는 부부평등의 이념에 부합하는 것인지 매우 의문이라고 하면서, 청산설을 지지한다(같은 책 336면). 그러나 혼인 해소후 당사자간 부양의 인정이 부부평등에 모순되는 것이라고는 할 수 없다고 본다.

11) 이는 법무부 민법개정안 제831조의3에서 혼인중 재산분할을 인정하는 사유 중 하나로 제1항 제2호에 부양의무 불이행을 열거하고 있으므로 개정안에 따른 혼인중 재산분할의 경우 부양적 요소가 고려되어 있다는 점은 분명하다. 물론 이 규정이 혼인관계 해소 후의 부양까지를 근거지울 수 있는 것은 아닐 것이다.

12) 헌법재판소 1997. 10. 30. 자96헌바14 전원재판부(헌공 제24호).

청산을 주장할 수 없다.

이는 배우자상속제도와 재산분할제도는 사망과 이혼이라는 서로 다른 국면에 적용되는 별개의 제도이지만, 부부공동생활의 해소후 실질적 공유재산의 청산과 생존 배우자에 대한 사후부양이라는 근본적으로는 동일한 목적을 가진 제도라는 점에서 이해된다. 즉, 우리 민법은 혼인관계 해소시 실질적 부부공유재산의 청산과 사후부양에 관하여, 이혼에 의한 해소시에는 재산분할제도에 의하여, 배우자 사망에 의한 해소시에는 배우자상속에 의하여 각각 처리하는 이원구조를 취하고 있다. 따라서 현행 민법상 배우자 사망으로 인한 혼인 해소시 실질적 부부공유재산의 청산과 사후부양이라는 재산분할의 목적은 배우자상속권에 흡수됨으로써 그 적용이 배제된다고 할 수 있다.13) 그러므로 현행법의 해석론으로서는 배우자 사망의 경우에 동일한 목적을 가진 재산분할을 중첩하여 인정하는 것은 우리 민법이 예정하지 않은 것으로 체계에 반하는 것이 된다.

그러나 현행 공동상속인의 상속분에 단지 5할 가산된 배우자상속분은－특히 공동상속인이 많은 경우－혼인중 부부 공동의 협력으로 이룩한 실질적 공유재산의 청산에 미치지 못하게 될 가능성이 많다. 그렇게 되면, 상속재산에는 생존 배우자의 실질적 공유지분이 포함되어 있으므로, 경우에 따라서는 생존 배우자가 상속재산에 대하여 자신이 갖는 실질적 공유지분보다도 적은 몫을 상속받게 되는 데 반하여, 직계비속 등 다른 공동상속인이 상속재산에 포함되어 있는 생존 배우자의 실질적 공유재산까지 취득하게 되는 불합리가 발생할 수 있다. 따라서 엄밀하게는 생존 배우자가 상속재산에 포함된 자신의 공유지분을 분할하여 청산 받은 다음, 나머지 순수한 상속재산에 대해서

13) 손승온, "사실혼관계 해소와 관련한 문제점," 가정법원사건의 제문제(재판자료 101집)(법원도서관), 348면도 결론에 있어서 같다. 이에 따르면, 배우자 상속권과 이혼시의 재산분할은 공통의 성격을 갖지만, 재산분할청구가 여러 사정을 고려하여 분할액수가 결정되는데 반하여, 배우자상속권은 획일적 기계적으로 피상속인의 재산이 분배된다는 점에서 다를 뿐 아니라 배우자가 그 형성에 관여하지 않은 재산을 취득할 수 있다는 점에서는 재산분할청구권보다도 유리하다고 한다. 따라서 혼인신고를 한 부부의 일방의 사망에 의해 상속이 개시된 경우에는 혼인의 장에 정해져 있는 재산분할청구권은 배우자로서의 청구권(상속권)에 포섭되어 생존 배우자가 재산분할청구권을 행사할 여지는 없다고 해석된다고 한다.

다른 공동상속인과 함께 상속을 받을 때 상속에 있어서의 형평이 실현된다고 보는 것이 타당하다.[14] 이러한 관점에서 입법론적으로는 혼인이 종료하는 경우, 부부 일방은 원칙적으로 타방이 취득한 재산의 절반에 대하여 분할을 청구할 수 있도록 하고, 이를 배우자 사망으로 인한 혼인 해소시에도 적용하는 것이 타당하다는 주장도 있다.[15]

Ⅲ. 노년의 혼인 해소와 부부재산관계의 청산

1. 사망으로 인한 혼인 해소와 배우자상속권의 개선방안

평균수명의 연장과 가족주기의 변화에 따라 노인부부만 따로 사는 노인가구의 수가 늘어가는 가운데 노후에 일방 배우자가 사망한 후 홀로 살아가는 생존 배우자의 수도 증가하고 있다. 이때 홀로 살아가게 되는 생존 배우자는 과거 혼인 당시의 남녀의 연령차와 여자의 평균수명이 남자보다 길다는 점을 고려하면, 배우자 사망후 홀로 살아가는 생존 배우자는 여성노인인 경우가 압도적으로 많다.[16] 그런데 여성노인들은 과거 전업주부로서 가사와 육아에 종사함으로써 자기의 특유재산을 형성하지 못한 경우가 많고, 아직까지는 연금을 받는 경우도 매우 드물기 때문에 홀로된 여성노인들이 생계를 의지하게 되는 것은 남편이 남긴 상속재산과 자녀들에 의한 부양뿐이다. 그러나 이미 자녀들과 분리되어 생활하는 경우에 있어서는 거의 전적으로 상속재산에 의지하여 생활해 가야 하므로 상속재산이 갖는 중요성은 더욱 커지게 된다. 반면에, 자녀들은 이미 장성하여 경제력을 갖추고 독립하여 생활하고

---

14) 김상용, "자녀의 유류분권과 배우자 상속분에 관한 입법론적 고찰," 우리 민법학은 지금 어디에 서 있는가-한국민사법학 60주년 회고와 전망-민사법학 특별호(제36호)(박영사, 2007), 686면 이하 참조(이하 김상용, 전게논문(2)로 인용).

15) 김상용, 전게논문(2), 694면, 696면 참조 및 그에 관한 검토는 다음 Ⅲ. 1. 참조.

16) 2004년의 통계청 자료에 의하면 65세 이상 노인가구 중 남편이 먼저 사망하는 경우가 약 80%, 아내가 먼저 사망하는 경우는 약 20%에 지나지 않았다.

있으므로 상속재산이 없더라도 살아가는 데 큰 지장이 없는 경우가 대부분이다. 따라서 사회정책적 측면에서 볼 때 생존 배우자의 상속분을 늘리는 것이 타당하다고 할 수 있다.[17]

다른 한편으로 부부재산제의 관점에서 보면, 우리나라의 법정부부재산제로서 부부별산제는 부부재산관계의 실제를 제대로 반영하지 못한다는 비판에도 불구하고 이전의 대가족하에서는 큰 무리 없이 노년부부의 재산관계를 규율하여 왔다고 볼 수도 있다. 부부별산제는 이혼 등 혼인이 중도 파탄난 경우가 아니라면 부부재산이 누구의 명의로 되어 있는가는 큰 문제가 되지 않았고(이혼의 경우에는 재산분할청구의 문제로 처리된다), 부부관계가 원만히 유지되다가 일방 배우자의 사망으로 혼인이 해소된 경우에는 남은 배우자와－특히 과거 장자 또는 남자 중심의 상속제도하에서는－그 동거자녀들의 공동상속에 의하여 가족 전체의 생계를 위한 사실상의 공동재산으로 승계됨으로써 가족구성원 개인의 상속분의 다과는 크게 문제될 것이 없었기 때문이다. 그러나 이제 노인세대가 자녀세대들과 분리되어 독립적 가족을 구성하고 남녀균분상속제도가 확립되자, 노년부부의 일방 배우자가 사망한 경우, 노년부부의 생활을 뒷받침해 오던 실질적 부부공동재산은 공동상속에 의하여 법적으로만이 아니라 실제적으로도 각 공동상속인들에게 분할귀속되게 됨으로써 생존 배우자는 5할 가산된 상속분의 범위로 자신의 실질적 부부공동재산에 대한 권리가 축소되었다. 가족주기의 변화에 따라 노인세대가 자녀세대들로부터 분리된 결과, 실질적 부부공동재산과 명목상의 부부별산제 사이의 모순이 이혼에 의한 혼인 해소시뿐 아니라 일방 배우자의 사망에 의한 혼인 해소시에도 발생하게 된 것이다.

이러한 부부별산제가 갖는 모순을 극복하기 위해서는 이혼시에 인정되

17) 김상용, 전게논문(2), 675면 이하. 한편 이와는 다른 방향에서 피상속인과 동거하면서 부양한 상속인과 피상속인의 부양료를 5할 이상 부담한 상속인에게 상속분의 5할을 가산하는 민법 개정안이 1998년 및 2000년에 국회에 제출된 바 있다. 이것은 소가족제도의 보편화, 친족유대관념의 희박화에 따른 친족부양의식의 퇴조에 대응하여 노부모 부양을 유도·촉진하려는 것으로 이해되는데, 이것은 결국 기존의 기여분제도와 그 기본적 취지가 동일하고 그 요건이 불명확하다는 점에서 비판을 받고 제15대 국회 임기 만료와 동시에 자동폐기된 바 있다. 이에 대한 비판적 검토로서 이승우, “민법상 노친부양의 법적 문제,” 고령사회 가족법의 문제(한국법제연구원, 2003), 8면 이하.

는 재산분할의 취지를 배우자상속에도 반영하여 이를 해결하는 것이 바람직하다. 즉, 일부 학설이 주장하는 것처럼 부부 중 일방이 사망한 경우 상속재산 가운데에는 생존 배우자의 가사노동의 기여 등을 포함하는 공동의 노력에 의하여 형성된 실질적 공유재산이 포함되어 있으므로, 이에 대하여 먼저 적절한 재산분할을 선행하여 부부재산관계를 청산한 후 남은 상속재산에 대하여 생존 배우자를 포함하는 공동상속인들에 의한 승계를 인정하는 것이 공평의 원리에 부합한다.

배우자상속권 강화의 사회정책적 요구와 부부별산제가 갖는 모순에 대한 각계의 비판을 계기로 하여 정부 차원의 입법적 개선방안에 대한 논의가 시작되었다.[18] 그에 따라 2006년 제출되었던 법무부 민법개정안은 배우자의 상속분을 조정하여 상속재산의 5할로 하고(개정안 제1009조제2항), 다만, 혼인중 재산분할을 받은 경우에는 공동상속인과 균분상속하는 규정(개정안 제1009조제2항 단서)의 신설을 제안하였다. 법무부 개정안은 배우자상속분을 상속재산의 5할까지 인정함으로써 배우자상속에 있어서 부부재산관계 청산의 요소를 실질적으로 반영할 수 있게 하는 한편, 이미 혼인중 재산분할을 실시한 경우에는 공동상속인과의 균분상속만을 인정하자는 것이다. 이렇게 배우자상속분을 조정하게 된 것은 직접적으로는 혼인중 재산분할을 인정하는 입법안을 제안하면서 혼인중 재산분할을 받은 배우자와 그렇지 않은 배우자의 형평을 고려하는 것으로부터 비롯된 것이지만, 그 점을 논외로 하더라도 현행법상 배우자의 상속분을 다른 공동상속인의 5할을 가산하는 데에 그쳐 다른 공동상속인이 많은 경우 배우자 보호에 소홀하게 된다는 점이 고려된 것이다.[19] 나아가 비교법상 다른 나라에 있어서도 생존배우자에게 상속재산의 일정비율을 상속시키는 것이 일반적이다.[20]

---

18) 인구구조의 변화 속에 배우자상속권의 강화 필요성을 주장하는 것으로 박종용, "인구구조 변화와 배우자상속," 가족법연구, 제21권 제1호, 57면 이하.

19) 윤진수, "민법개정안 중 부부재산제에 관한 연구," 가족법연구 제21권 1호, 107면 이하.

20) 가령 독일의 경우에는 피상속인인 배우자의 직계비속과 공동상속할 경우에는 1/2, 피상속인의 부모, 조부모 및 그 직계비속과 공동상속할 때에는 3/4을 상속하고(독일 민법 제1931조제1항 및 제1371조제1항 참조), 프랑스의 경우에는 피상속인인 배우자의 직계비속과 공동상속할 경우에는 상속재산 전부에 대한 용익권 또는 1/4에 대한 소유권을 상속하며, 피상속인의 부모와 공동상속하는 경우에는 상속재산의 1/2을 상속하고, 일본의 경우

그러나 이처럼 배우자상속권을 강화하여 일률적으로 상속재산의 5할까지 인정하는 입법안에 대해서는 일반의 법의식이 그와 같은 배우자상속권의 강화를 받아들일 정도에 이르지 못하였다거나 혼인기간이 짧은 경우에는 도리어 부당할 수 있고, 노년의 재혼에 대하여 자녀들의 반대를 더욱 부추길 우려가 있다는 비판이 제기되었다. 그와는 대조적으로 직계존속과 공동상속할 때에는 배우자상속분을 더욱 높여야 한다거나, 이혼시의 재산분할과 동등하게 실질적 부부공동재산의 청산을 보장하기 위하여는 피상속인의 배우자는 상속재산에서 원칙적으로 피상속인이 혼인중 취득한 재산의 절반을 선취분(先取分)으로 공제할 수 있도록 하자는 제안이 있었다.[21] 특히, 후자의 제안은 부부재산관계 청산에 있어서 이혼에 의한 혼인 해소의 경우와 사망에 의한 혼인 해소의 경우를 병렬적으로 동등하게 해결할 수 있는 방안으로 구체적 타당성을 인정할 수 있다. 그러나 실제에 있어서는 선취분의 대상이 되는 '혼인중 취득한 재산'의 범위를 두고 다툼이 발생할 가능성이 크고, 결과적으로 다른 공동상속인들과의 분쟁을 부추기게 될 수 있다는 점에서 법적 안정성을 고려하여 법무부 민법개정안은 상속재산의 5할을 일률적으로 배우자상속분으로 하였다고 한다.[22]

그러나 이와 같은 법무부의 2006년 민법개정안은 남성 국회의원들의 강력한 반대에 부딪혀 표류하다가 결국 제17대 국회의 임기만료에 따라 자동폐기되고 말았다. 향후 부부재산관계에 있어서 양성의 평등 및 고령사회 노년부부의 혼인관계 해소후 경제적 생활안정이라는 관점에서 반드시 실현하여야 할 입법적 과제라고 할 수 있다.

에는 피상속인의 자와 공동상속하는 경우에는 상속재산의 1/2, 피상속인의 직계존속과 상속하는 경우에는 2/3, 피상속인의 형제자매와 공동상속하는 경우에는 3/4을 상속한다. 영국의 경우에는 생존 배우자에게 일정 금액과 나머지 상속재산에 대한 1/2의 권리를 갖는다(윤진수, 전게논문, 125면 참조).

21) 김상용, 전게논문(2), 694면 이하 참조.

22) 윤진수, 전게논문, 126면.

2. 이혼으로 인한 혼인 해소와 재산분할청구의 개선방안

통계청 자료에 따르면,[23] 60세 이상 이혼 건수는 1995년에 남자 1,308건, 여자 416건, 2000년에는 남자 3,303건, 여자 1,235건, 2005년의 경우에는 남자 5,907건, 여자 2,578건, 2007년에는 남자 8,541건, 여자 4,158건으로 매우 빠른 속도로 증가하고 있음을 알 수 있다. 이러한 '황혼이혼' 또는 '은퇴이혼'으로 불리는 노년의 이혼은 불평등한 부부관계의 후유증으로 노년에 있어서 부부관계의 단절이 초래하는 현상으로서, 노년기 이전부터의 배우자의 폭력, 인격적 모독 등의 문제가 황혼이혼의 형태로 나타나는 것이다. 따라서 황혼이혼에서 문제가 되는 것은 과거의 혼인생활중의 반복된 가정폭력, 부당한 대우 등을 이유로 현재 이혼을 청구할 수 있는지, 치매나 중풍 등 장기간의 요양과 개호가 필요한 경우 이를 이혼사유로 인정할 수 있는지가 논란이 되는 한편, 이혼에 따른 재산분할청구와 관련하여 소득이 없거나 감소한 배우자에 대하여 어느 정도의 재산분할을 인정할 것인지 그리고 그동안 소득활동을 해온 배우자의 퇴직금, 연금 등에 대한 분할청구를 허용할 것인지 등이 문제가 되었다.

배우자의 재산분할청구권이 입법될 당시에는 가사노동 등의 기여에 의한 실질적 부부공동재산의 청산을, 특히 이혼의 시점에서 허용함으로써 부부별산제가 갖는 문제점을 어느 정도 해결할 것으로 예상하였다. 그러나 민법이 재산분할의 구체적 비율에 관하여는 침묵하고 있는 탓에 법원이 재산분할의 비율을 결정함에 있어서 구체적 기준 없이 가사노동에 의한 기여를 만족할 만큼 고려해 주지 않는 실무상의 한계를 드러내고 있다. 그나마 아직 수령하지 못한 연금이나 퇴직금 등에 대해서는 재산분할의 '기타 사정'으로 참작되는 외에는 재산분할의 구체적 대상에 포함되지 않음으로써 실무적으로는 재산분할청구의 본래의 취지가 실현되지 못하고 있다. 이른바 황혼이혼을 청구한 여성노인의 경우 대개 더 이상의 소득활동의 가능성이 없다는 점을 고려하여 보면, 현재의 법원의 태도에 비추어 장래의 노후생활을 위한 충분

---

23) 이혼부부의 연령별 이혼 통계, 출처: KOSIS 국가통계포털 사이트 http://www.kosis.kr/ (통계청 사회통계국 인구동향과).

한 경제적 기반을 확보하기는 어렵다고 보아야 할 것이다.

일방 배우자의 미지급 퇴직금이나 연금을 재산분할의 대상으로 할 수 있는지에 관하여는 통설 판례는 수령 여부를 기준으로 결정한다. 즉, 배우자가 이미 퇴직하여 퇴직금을 수령하였거나 가까운 장래에 퇴직할 것이 예정되어 있어 퇴직금을 받을 수 있는 개연성이 높은 경우에는 그 전액을 분할의 대상으로 인정하지만, 일방 배우자가 현재 재직중인 경우에는 아직 퇴직금을 받을 기대권에 불과하고, 퇴직 시기의 불확정, 불지급의 가능성까지를 고려하면 분할의 대상이 되지 못한다고 한다.[24] 그러나 근로기준법상의 퇴직금에 대하여는 양도가 가능하고 1/2의 범위에서 압류의 대상이 될 수 있다는 점에서 근로관계의 존속만을 이유로 퇴직금의 분할대상성을 부인하기는 어렵다고 본다.[25] 대신 분할방법을 어떻게 할 것인가 하는 문제가 남는데, 퇴직금 등에 대해서는 현가산정방식을 취하지만, 특히 연금의 경우에는 정기적으로 발생하는 연금수급권의 일정비율로 상대방 배우자에게 수령권을 인정하는 방법 등을 고려할 수 있을 것이다.

부부별산제와 혼인 해소시 재산분할청구 사이의 부조화의 문제로서 혼인 해소시에 재산분할의 대상이 되는 재산이라도 혼인중에는 소유 명의의 배우자가 이를 자유롭게 처분할 수 있는 경우에는 상대 배우자의 재산분할청구권을 사실상 무력화할 가능성이 있다. 배우자 일방이 임의로 부부재산을 처분・소비하여 가족의 생계를 곤궁하게 만들더라도 별산제하에서는 이를 제어할 법적 수단이 없기 때문이다. 하물며 배우자가 상자 임박한 이혼청구와 그에 따른 재산분할청구의 이행을 회피할 목적으로 자신의 재산을 타에 처분하는 경우에도 이를 막기가 어려웠다. 왜냐하면 민법 제406조 채권취소권 행사의 피보전권리는 사해행위 이전에 성립한 채권이어야 하는데, 민법 제839조2의 재산분할청구권은 적어도 혼인중에는 기껏해야 잠재적 권리에 지나지 않아 민법 제406조 사해행위취소권 행사의 피보전권리성을 인정하기 어렵기 때문이다.[26] 이에 대한 입법적 조치로서 2007년 12. 21일 법률 제8720호로

24) 김영갑, "재산분할청구권," 사법논집, 제16집(1991), 238면.
25) 민유숙, "재산분할 대상이 되는 재산의 확정에 관한 몇 가지 문제점-비교법적 고찰을 중심으로-," 법조, 제50권 제4호(2001), 132면.

서 민법 제839조의3이 신설되었다. 이에 따라 이제 부부의 일방이 다른 일방의 재산분할청구권 행사를 해함을 알면서도 재산권을 목적으로 하는 법률행위를 한 때에는 다른 일방은 제406조(채권자취소권) 제1항을 준용하여 그 취소 및 원상회복을 가정법원에 청구할 수 있다. 다른 한편으로 현행 재산분할제도는 그것이 오직 이혼, 나아가 혼인 해소를 전제로 하고 있다는 점에서 여러 사정 때문에 당장 이혼을 선택할 수 없는 배우자에게는 재산분할청구가 제한된다는 한계가 있다. 혼인중 배우자가 방탕, 낭비 등으로 인하여 노후의 경제적 기반인 부부재산을 탕진할 염려가 있는 경우 상대방 배우자는 이를 막을 법적 수단이 없다. 결국 원하든 원치 않든 이혼을 전제로 하는 경우에만 재산분할청구가 인정될 수 있다. 그러므로 일정한 요건을 충족하는 경우에는 혼인중이라도 재산분할의 청구를 인정할 필요가 있다.

이와 같은 별산제하 재산분할청구권의 한계를 극복하기 위한 입법적 대안으로서 혼인중에도 일정한 사유가 있는 경우에는 재산분할을 청구하고 이후에는 완전한 별산제로의 전환을 인정하는 규정, 가족 거주 주택의 처분, 재산의 무상처분 보증계약의 체결 등에는 배우자의 동의를 얻도록 하는 규정, 재산분할의 수액 결정에 있어서 남편의 소득활동과 아내의 가사노동의 동가치성을 전제로 원칙적 균등분할을 입법화하고 구체적 사정에 따라 가감토록 하는 규정 등이 제안되었다.[27] 그 후 이 제안은 2006. 11. 7일 국회에 제출된 법무부 민법개정안에도 반영되었으나,[28] 앞서의 개정안과 마찬가지로 17대

---

26) 이에 관한 상세한 논의에 관해서는 전경근, "재산분할청구권의 피보전채권성," 가족법연구, 제17권 제1호, 101면 이하. 그에 따르면 적어도 이혼소송에 관한 1심의 판단이 이루어진 때로부터 재산분할청구권의 피보전채권성을 인정하는 것이 바람직하다고 한다.

27) 김상용, 전게논문(1), 133면 이하 참조.

28) 2006. 11. 7일 법무부는 협의이혼절차 개선과 부부재산제 개선을 내용으로 하는 민법 친족상속편에 관한 개정안을 국회에 제출하였다. 그 중에서 부부재산제와 관련한 개정안은 ① 혼인중 부부재산 가운데 다른 일방이 거주하는 주거용 건물 또는 주거용 건물에 대한 권리 및 그 대지 또는 그 대지에 관한 권리, 다른 일방이 거주하는 주거용 건물에 대한 임대차보증금반환청구권 등의 처분을 제한하는 것(개정안 제831조의2), ② 부부 일방이 타방의 재산분할청구권 행사를 해함을 알면서 재산을 처분하는 경우 이를 사해행위로서 취소할 수 있게 하는 것(개정안 제839조의3), ③ 혼인중이라도 일정한 사유(1. 부부 일방의 동의 또는 그 동의에 갈음하는 결정을 받지 아니하고 다른 일방이 제831조의2 제1항 또는 제2항의 행위를 한 때, 2. 다른 일방이 정당한 사유 없이 부양의무를 상당한 기간 동안 이행하지 아니한 때, 3. 제839조의2에 따른 재산분할청구권의 행사가 현저히 곤란하

국회 임기만료와 함께 자동폐기되었다. 우리 사회의 고령화 추세에 비추어 입법의 재추진이 필요하다고 할 것이다.

Ⅳ. 노년의 재혼과 부부재산관계의 형성

1. 부부재산계약

노년기의 재혼에 따른 재산분쟁을 사전에 예방하기 위하여 혼인의 당사자는 혼인의 성립 전에 혼인생활에 따른 부부의 재산관계에 관하여 약정을 할 수 있다(민법 제829조제1항). 이러한 약정은 제3자에게도 영향을 미칠 수 있으므로 혼인 성립까지 등기하지 않으면 부부의 승계인이나 제3자에게 대항하지 못한다(민법 제829조제4항). 노년의 재혼에 있어서 부부재산계약을 체결하는 경우에는 별산제에 바탕을 둔 법정부부재산제가 부부생활의 현실과 부합하지 않음으로써 발생하는 부부재산관계의 불명확성 내지 불합리를 극복할 수 있고, 혼인 당사자의 재산상태, 자녀들과의 관계 등으로 고려하여 합리적인 기준을 약정함으로써 혼인생활에 따른 재산관계 불명확성의 리스크를 줄일 수 있다. 이것은 재혼을 앞둔 노년의 혼인 당사자가 보다 안심하고 재혼을 결심할 수 있게 하고, 자녀들도 불필요한 의구심이나 불안 없이 재혼하는 어버이를 지지할 수 있게 할 것이다.

그러나 이러한 장점에도 불구하고 그리고 우리나라에 있어서 부부재산계약이 민법의 제정과 동시에 도입된 제도임에도, 민법 시행 이래 부부재산

게 될 우려가 있는 때, 4. 부부가 정당한 이유 없이 2년 이상 별거하고 있는 때)가 있는 경우에는 재산분할을 허용하는 것(개정안 제831조의3), ④ 재산분할에 있어서 당사자 쌍방의 협력으로 이룩한 재산은 균등하게 분할함을 원칙으로 하는 것(개정안 제839조의2 제2항 후단), ⑤ 피상속인의 배우자상속분을 상속재산의 5할로 하되 혼인중 재산분할을 받은 경우에는 공동상속인과 균분상속토록 하는 것(개정안 제1009조제2항)을 내용으로 한다. 이 개정안은 법무부 산하 가족법개정특별분과위원회의 심의를 거쳐 마련된 것으로 심의경과에 관하여는 법무부, 가족법개정특별분과위원회 회의록(2006) 참조. 특히 부부재산제와 관련한 개정안에 대한 상세한 해설로는 윤진수, 전게논문 참조.

계약의 체결 건수는 전국적으로 매우 희소한 것이 현실이다.[29] 부부재산계약을 체결하지 않는 이유로는 부부재산계약이 우리나라의 관습상 친숙하지 못한 제도로서 사람들이 이에 대해 잘 알지 못한다는 점, 상호 애정에 기초한 비타산적 신분관계에서 혼인 전에 재산에 관한 계약을 체결하는 것이 국민들의 정서에 맞지 않기 때문이라는 점 등이 거론되고 있다.[30] 실제로 우리나라에서 부부재산계약은 2001년에 비로소 처음 등기되었는데, 그 이후로는 적은 숫자이기는 하지만 부부재산계약의 등기예가 계속해서 나타나고 있다.[31] 부부재산계약은 법정재산제라는 획일성에서 벗어나 혼인 당사자가 그들의 혼인형태에 적합한 부부재산관계를 창설할 수 있으며, 현행 법정재산제가 안고 있는 여러 가지 문제점을 계약을 통하여 수정, 보완할 수 있다는 점에서[32] 앞으로 널리 활용될 가능성도 없지 않다.

그렇다면 부부재산계약에 어떤 내용을 담을 수 있는가? 입법례에 따라서는 스위스 민법이나 독일 민법과 같이 당사자의 편의와 거래안전의 요청에 따라 법정재산제 이외에 부부재산계약에 의하여 선택할 수 있는 몇 가지의 전형적인 재산제를 열거하여 그 중에 하나를 선택하게 하는 경우도 있고, 프랑스 민법과 같이 기존의 부부재산제 중에 선택하거나 또는 당사자의 약정에 의하여 전혀 새로운 계약을 형성하는 것도 허용하는 경우도 있다. 우리 민법 제829조제1항은 프랑스 민법의 예에 따른 것으로 혼인의 당사자들은 강행법규나 선량한 풍속에 반하지 않는 한 자유로이 부부의 재산관계에 관하여 약정할 수 있도록 하고 있다.[33] 다만, 부부재산계약은 반드시 혼인 성립전 체

---

29) 이와 대조적으로 프랑스에서는 1998년 혼인한 부부 중 16% 정도가 부부재산계약을 체결하였으며, 독일은 전체 부부의 8.3%가 부부재산계약을 체결한다고 한다. 전혜정, "등기례에 나타난 부부재산계약의 내용," 가족법연구, 제20권 제1호, 249면 이하 수록, 250면 각 인용문헌 참조.

30) 전혜정, 전게논문, 250면 참조.

31) 2006년 한 연구에 따르면, 연도별로는 2001년에 2건, 2002년에 8건, 2003년에 1건, 2005년에 1건이며, 등기소별로는 동수원등기소 1건, 동대문등기소 1건, 고양등기소 2건, 대전지방법원 등기과 2건, 북대구등기소 1건, 인천남동등기소 1건, 서대문등기소 1건, 북광주등기소 1건, 시흥등기소 1건, 안양등기소 1건이 파악되어 있다(전혜정, 전게논문, 256면 각주 22) 참조). 하지만 전국적인 공식통계가 아니므로 이보다 더 많은 숫자의 부부재산계약이 등기되었을 가능성을 배제할 수 없다.

32) 전혜정, 전게논문, 250면.

결되어야 하고 혼인중에는 가정법원의 허가가 있어야 변경할 수 있으며(민법 제829조제2항), 일정한 경우에는 당사자가 공유의 부부재산에 대하여 법원에 대하여 분할청구를 할 수 있다(동조 제3항). 부부재산계약에 관한 일본의 학설 가운데에는 부부재산제를 구성하는 절대적 법률관계는 단지 법률이 이것을 인정한 범위에 있어서만 발생 또는 변경시킬 수 있기 때문에 민법이 인정하는 혼인생활비용의 부담관계나 일상가사에 관한 행위의 책임관계 및 특유재산 및 공유의 추정에 관한 사항 이외의 것은 부부재산계약의 내용이 될 수 없다고 하는 견해가 있으나, 민법은 단지 그 재산에 관하여 따로 약정할 것을 요구하므로 위와 같은 제한은 인정되지 않는다.[34]

한편 부부재산계약의 내용으로 일방 배우자의 사망시 상속분을 약정할 수 있는지가 문제이다. 가령 독일에서는 상속계약을 인정하고 있기 때문에 일방 배우자가 자신의 사망시에 상대방 배우자에게 일정비율의 재산을 유증하는 것을 부부재산계약의 내용으로 할 수 있다(독일 민법 제2274조~제2302조 참조). 그러나 우리 민법의 해석론으로는 배우자 일방의 사망시 생존 배우자의 상속분을 배제하거나 제한하는 약정은 상속 개시전 상속포기를 인정하지 않는 우리 민법의 해석상 허용되지 않는다고 할 것이다. 다만, 피상속인은 유언에 의하여 배우자의 상속분을 지정할 수 있을 뿐이다. 이때에도 유류분에 반하는 상속분의 지정은 허용되지 않는다(민법 제1112조 내지 제1118조). 따라서 배우자의 상속분을 제한하는 것은 유류분을 침해하지 않는 범위 내에서 엄격한 형식을 준수한 유언의 방식으로만 가능하다고 할 것이다. 반대로 생존 배우자에게 상속재산의 일부를 생전 또는 사인증여하는 것을 내용으로 하는 약정을 하는 경우에는 원칙적으로 유효하다고 할 것이다. 그러나 그로 인하여 결과적으로 다른 공동상속인의 유류분을 침해하는 결과가 되는 경우에는 유류분반환청구의 대상이 될 수 있다는 점에서 제한을 받는다.[35]

---

33) 김주수, 친족상속법(제6전정증보판)(법문사, 2005), 148면.

34) 전혜정, 전게논문, 253면 참조.

35) 유류분 산정의 기초가 되는 재산에는 원칙적으로 상속개시전 1년간 행해진 증여재산을 포함하지만, 당사자 쌍방이 유류분 권리자에게 손해를 가할 것을 알고 증여를 한 때에는 1년 전에 한 것도 포함되고(민법 제1114조). 상속인이 상속개시 전에 미리 증여받은 것, 즉 특별수익분으로 인정되는 것은 1년보다 먼저의 것이라도 모두 산입(제1118조)하므로

2. 사인증여, 유증 또는 유언에 의한 상속분의 지정

노년의 재혼의 경우에 혼인 당사자는 혼인 성립 전에 부부재산계약을 체결하고 등기함으로써 혼인의 공동생활중 발생하는 재산관계에 관하여 약정할 수 있으나, 부부재산계약의 내용으로 배우자 상속분에 관한 약정을 하는 것은 인정되지 아니한다. 따라서 일방 당사자 사망후 자녀들과 잔존 배우자 사이의 상속을 둘러싼 분쟁을 사전에 예방하기 위하여 자신의 재산을 사전에 자녀들에게 증여를 통하여 분배하는 것을 생각해 볼 수 있다. 그러나 이것은 그리 현명한 방법이 되지 못하는 것으로 생각한다. 자녀들에 대한 사전상속의 방법으로 생전증여를 하는 경우가 없지 않으나, 상당한 재산가가 아닌 이상 자녀들에게 상속재산을 생전증여하는 것은 노년의 재산상태를 악화시킴으로써 혼인생활의 경제적 기초를 위태롭게 할 수 있기 때문이다. 따라서 재혼 당사자의 사망후 발생할 상속재산을 둘러싼 분쟁의 방지라는 목적이라면, 오히려 사인증여나 유증의 방법으로 상속재산의 분배를 미리 정해두는 것이 보다 유용한 방법일 것이다. 사인증여는 증여자와 수증자의 계약의 방식으로 체결되는 것이고 유증은 유언의 방식을 좇아야 한다. 사인증여의 경우에는 성질상 증여자와 수증자 사이의 계약의 형식을 취하므로 자녀가 피상속인의 사망 전에 자신에 대한 증여 내용을 분명히 알 수 있어 자녀의 상속을 둘러싼 불안을 해소하는 데에 유리하다. 이에 반하여 자녀에 대하여 유증을 하는 경우에는 유언자는 언제든지 유언을 철회할 수 있고 비밀증서의 방식으로도 할 수 있으므로 수증자인 자녀들에게는 그 내용을 알리지 않고 할 수도 있다.

그 밖에 자녀들에게 개별적으로 사인증여하거나 유증을 하는 대신 유언에 의하여 공동상속인의 상속분을 지정할 수 있다.[36] 따라서 사인증여 또는

부부재산계약상 생존 배우자에 대한 증여의 약정은 거의 대부분은 유류분 산정의 기초가 되는 증여재산에 포함될 것이다.

36) 학설에 따라서는 지정상속분에 대한 규정이 없으므로 유언으로 상속분을 지정함으로써 법정상속분을 변경하지 못한다는 견해가 있으나(곽윤직, 상속법, 제157면), 민법에는 유증의 자유가 인정되고 공동상속인에 대하여 비율로써 포괄적 유증을 하는 경우에는 결국 상속분의 지정과 같은 결과가 되므로 상속분의 지정이 허용되지 않는다는 주장은 무의미해 보인다. 위 부정적 견해도 이러한 결론까지 부정하는 것은 아니다(같은 책, 410면).

유언의 방식에 따른 유증 또는 상속분의 지정 등의 방법으로 자녀들과 재혼 배우자 사이의 상속관계를 분명히 정한다면 재혼에 따른 재산상속을 둘러싼 분쟁은 어느 정도 제어할 수 있을 것이다. 다만, 어느 방법을 취하는 경우이든 그것이 잔존 배우자의 유류분을 침해하여서는 안된다. 따라서 공동상속인인 재혼의 상대방인 배우자 또는 자녀들 어느 한쪽의 유류분을 침해하는 경우에는 배우자 사망후 유류분을 침해당한 측에서의 유류분반환청구의 대상이 될 수 있다는 점에 유의하여야 한다. 이상 살펴본 바에 따르면, 노년의 재혼에 따른 재산분쟁을 회피하기 위하여 혼인 성립 전에 부부재산계약을 체결하든가 사인증여, 유언에 의한 유증, 상속분의 지정 등의 방법을 취할 수 있으나, 이는 우리 민법의 정하고 있는 배우자의 기본적 권리, 특히 유류분권 등을 침해하는 것은 허용되지 않는다는 사실을 알 수 있다.

3. 배우자 일방의 사망후 직계인척간 부양의무

노년의 재혼에 대한 자녀들의 우려 중 하나는 재혼한 어버이가 사망한 후 홀로 남게 되는 상대방의 배우자에 대한 부양의무를 자신들이 지게 되지 않을까 하는 점이다.[37] 이에 대하여 일부에서는 배우자의 사후에 사망한 배우자의 자녀들과 부양을 둘러싼 분쟁이 이는 것은 바람직하지 않으므로, 당사자간에 이에 관한 합의를 하거나 이러한 내용을 부부재산계약에 명시하여 분쟁의 소지를 없앤 후 재혼을 하는 것이 바람직하다는 의견을 제시하고 있다.[38] 하지만 이러한 견해에 대해서는 의문이 없지 않다. 왜냐하면 민법이 규정하고 있는 부양의무가 당사자들의 합의에 의하여 배제할 수 있는가 하는 점이다. 친족간의 부양의무는 재산적 성격이 없지는 않지만, 우리 가족법의

37) 민법 제974조는 친족간 부양의무에 관하여 '직계혈족 및 그 배우자간'과 생계를 같이하는 '기타 친족 간'을 규정하고 있는데, '직계혈족 및 그 배우자간'에는 며느리와 시부모, 사위와 장인・장모, 계친자관계(계부와 처의 자녀 사이, 계모와 부의 자녀 사이)를 포함한다.

38) 이화숙, "노년기의 혼인과 이혼의 법적 문제," 고령사회의 가족법의 문제(고령사회법제 워크숍 자료집), 한국법제연구원, 2003, 46면 이하.

기본질서와 관련되는 것이고 그것이 인간의 기본적 생활유지와 관련된 내용이라는 점에서 선량한 풍습 기타 사회질서에 관련된 강행규정으로 보는 것이 옳지 않은가 생각되기 때문이다. 나아가 배우자의 자녀들과의 상호 부양의무를 부부재산계약을 통하여 처분할 수 있는지도 의문이 아닐 수 없다. 부부재산계약은 당사자인 부부가 처분할 수 있는 사항에 대해서만 약정 가능하고, 당사자가 아닌 제3자 사이의 관계에 대해서까지 부부간의 약정의 효력을 미칠 수는 없기 때문이다. 따라서 그 주장은 재혼후 일방 배우자가 사망한 경우에 부부재산계약 등을 통하여 요부양의 상태에 빠지지 않도록 재산상의 배려를 한다는 취지로 이해된다. 그러나 설령 사후부양에 관하여 부부재산계약에 그에 대비한 재산적 약정을 하더라도 사후에 생활능력을 상실하게 되면, 생존 배우자는 사망한 재혼 배우자의 직계비속에 대하여 부양청구권을 행사할 수 있다고 보아야 할 것이다.

생각건대, 친부모에 대한 부양조차 버거운 짐이 되고 있는 현실에서 사망한 어버이의 재혼 배우자에 대한 부양까지 걱정해야 하는 상황은 자녀들에게 큰 부담이 되지 않을 수 없다. 이러한 이유 때문에 노년의 재혼에 있어서 혼인의 양 당사자가 충분한 경제적 능력을 갖추고 있을 것이 재혼 성공의 중요한 조건으로 이해되고 있다.[39] 초혼과 달리 노년의 재혼 부부는 새로이 재산을 축적할 기회가 많지 않으므로 혼인의 일방 당사자에게만 경제력이 있고 다른 당사자는 전적으로 이에 의존해야 하는 상황이라면 당당하고 평등한 혼인관계를 형성할 수 없기 때문에 혼인생활이 왜곡될 가능성이 크다. 현실적으로 재혼의 상대방이 경제적 의존관계에 있다면 사별 등으로 인하여 재혼관계가 종료되었을 때 남은 배우자가 겪을 경제적 어려움에 대비하여 필요한 조치를 하여 둘 필요가 있다. 현실적으로는 사인증여 또는 유증 또는 유언에 의한 배우자 상속분의 지정 등의 방법이 활용될 수 있을 것이다.

---

39) 이화숙, 전게논문, 47면 이하.

4. 노년의 사실혼 문제

(1) 노년의 사실혼의 가능성

다른 한편으로 노년의 재혼이 당사자들의 이해관계 또는 상속 등 재산문제, 체면 또는 그로 인한 자녀의 반대 등으로 혼인신고를 하지 않거나 미루는 경우에는 '노령의 사실혼'이 문제될 수 있다. 사실혼이란, 혼인의사를 가지고 사실상 혼인생활을 하고 있음에도 불구하고 혼인신고를 하지 않았기 때문에 법률상의 부부로 인정되지 않는 부부관계를 말한다. 사실혼의 본질을 준혼관계(準婚關係)로서 이해하는 통설적 견해는 사실혼관계의 실질에 비추어 혼인의 효과 중에서 부부공동생활의 실태가 있는 것을 전제로 하여 인정되는 효과나 제3자에 영향을 미치지 않는 효과는 사실혼의 부부에게도 인정되어야 하지만, 혼인신고가 있는 것을 전제로 하여 획일적으로 인정되는 효과나 제3자에게도 영향을 미치는 것과 같은 효과는 사실혼부부에게 인정되지 않는다고 해석한다. 그에 따르면 사실혼부부는 서로 동거·부양·협조·정조의무가 있으며 사실혼을 부당파기한 당사자에 대해서는 손해배상을 청구할 수 있다. 나아가 부부공동생활의 실태에 따른 재산적 효과로서 부부간 일상가사대리권, 일상가사로 인한 연대채무의 발생 등은 사실혼관계에도 인정될 수 있다. 그러나 혼인신고를 전제로 하는 친족관계의 발생이나 무엇보다도 상속권은 인정되지 않는다.

(2) 사실혼의 부부재산관계와 재산분할청구의 유추

노령의 사실혼에 있어서 문제가 되는 것도 결국은 노령의 사실혼에 있어서 재산관계와 사실혼 해소시 그 청산의 문제이다. 판례는 법률혼에 적용되는 법정부부재산제에 관한 민법 규정을 그대로 사실혼에도 적용하여, 사실혼관계에 있는 부부의 일방이 사실혼중에 자기명의로 취득한 재산은 그 명의자의 특유재산으로 추정되나, 실질적으로 다른 일방 또는 쌍방이 그 재산의 대가를 부담하여 취득한 것이 증명된 때에는 특유재산의 추정은 번복되어 그 다른 일방의 소유이거나 쌍방의 공유라고 보아야 한다[40]고 하여, 법률

---

40) 대법원 1994. 12. 22. 선고 93다52068, 52075판결(집42-2, 민305, 공1995상, 616).

혼의 법정부부재산제를 사실혼에도 그대로 적용하고 있다. 이와 같이 사실혼의 부부재산관계에 관하여 이를 법률혼과 동일하게 파악한다면, 법정부부재산제가 안고 있는 혼인 해소시 실질적 부부공유재산 청산의 필요성은 사실혼에 있어서도 마찬가지이다. 따라서 판례는 이혼시의 재산분할청구권을 사실혼 해소의 경우에 대해서도 이를 유추적용하고 있다. 즉, "사실혼이라 함은 당사자 사이에 혼인의 의사가 있고, 객관적으로 사회관념상으로 가족질서적인 면에서 부부공동생활을 인정할 만한 혼인생활의 실체가 있는 경우이므로 법률혼에 대한 민법의 규정 중 혼인신고를 전제로 하는 규정은 유추적용할 수 없으나, 부부재산관계 청산의 의미를 갖는 재산분할에 관한 규정은 부부의 생활공동체라는 실질에 비추어 인정되는 것이므로 사실혼관계에도 준용 또는 유추적용할 수 있다"라고 한다.[41] 따라서 노령의 재혼 부부가 쌍방 생존 중에 사실혼관계가 해소된 경우에는 재산분할의 유추적용에 의하여 실질적 부부공유재산의 청산과 사실혼 해소후 배우자에 대한 부양이 행해지게 된다.

(3) 사망에 의한 사실혼 해소와 재산관계의 청산

사실혼관계를 사실혼부부의 생존중 해소하는 경우에는 위에서 살펴 본 바대로 법률혼의 재산분할청구권을 유추적용하는 데에 반하여, 일방 배우자의 사망에 의하여 사실혼관계가 해소되는 경우에 사실혼 배우자에게 상속권이 주어지지 않는다. 상속권은 신고를 전제로 하여 엄격한 법률규정에 의하여 인정되는 권리이기 때문이다. 뿐만 아니라 판례에 따르면 사실혼 배우자가 사망한 경우에는 생존 해소시 인정되던 재산분할청구도 적용되지 않는다고 한다. 즉, 대법원은 "… 사실혼관계에 있었던 당사자들이 생전에 사실혼관계를 해소한 경우 재산분할청구권을 인정할 수 있으나, 법률상 혼인관계가

41) 대법원 1995. 3. 10. 선고 94므1379, 1386판결(집43-1, 민116, 공1995상, 1612); 대법원 1995. 3. 28. 선고 94므1584판결(공1995상, 1752); 대법원 2006. 3. 24. 선고 2005두15595판결(공2006, 745) 및 학설도 대체로 이에 찬동하고 있다. 학설로서는 우선 김주수・김상용, 친족상속법(법문사, 2007), 239면; 박동섭, 친족상속법(박영사, 2004), 172면; 배경숙・최금자, 친족상속법강의(제일법규, 2006), 194면 등 참조. 이에 대한 반대설로서 김용한, 친족상속법(박영사, 2004), 168면이 있다.

일방 당사자의 사망으로 인하여 종료된 경우에도 생존 배우자에게 재산분할청구권이 인정되지 아니하고, 단지 상속에 관한 법률규정에 따라서 망인의 재산에 대한 상속권만이 인정된다는 점 등에 비추어 보면, 사실혼관계가 일방 당사자의 사망으로 인하여 종료된 경우에는 그 상대방에게 재산분할청구권이 인정된다고 할 수 없다"라고 판시하였다.[42]

그러나 이러한 대법원의 입장을 선뜻 받아들이기는 어렵다. 대법원 판결 스스로 인정하고 있듯이 "사실혼관계가 일방 당사자의 사망으로 인하여 종료된 경우에 생존한 상대방에게 상속권도 인정되지 아니하고, 재산분할청구권도 인정되지 아니하는 것은 사실혼 보호라는 관점에서 문제가 있"기 때문이다. 대법원 판결은 이에 대하여 법률상 혼인관계가 일방 당사자의 사망으로 인하여 종료된 경우에도 생존 배우자에게 재산분할청구권이 인정되지 아니하고, 단지 상속에 관한 법률규정에 따라서 망인의 재산에 대한 상속권만이 인정된다는 점을 논거로 들고 있다.

그러나 이 논거는 지나치게 형식논리적이다. 사망에 의한 법률혼 해소의 경우에는 생존 배우자에게 상속권이 부여되므로, 현행법의 체계상으로는 부부재산관계 청산과 사후부양이라는 실질적으로 동일한 근거를 갖는 재산분할청구권을 중첩하여 인정할 필요가 없다. 반면에 사실혼 배우자의 사망시에는 생존 사실혼 배우자에게 상속권이 없으므로, 재산분할청구권을 부인하여야 할 실질적 이유는 존재하지 않는다. 오히려 재산분할마저 인정하지 않는다면, 사망으로 인한 사실혼 해소시에는 실질적 부부공유재산의 청산과 사후부양을 전혀 하지 않아도 된다는 것이 되는데, 이는 생존중 사실혼 해소와의 불균형을 고려할 때 불합리하다고 하지 않을 수 없다. 즉, 우리 판례는 생존중에 사실혼관계가 해소된 경우에는 재산분할청구권의 유추적용을 인정하고 있으므로 실질적 부부공유재산의 청산과 사후부양을 실현할 수 있다. 그런데 사망으로 사실혼이 해소된 경우에는 생존 사실혼 배우자가 사후부양은 고사하고, 부부가 공동의 노력으로 이룩한 실질적 공유재산에 대하여도 아무런 권리를 갖지 못한다.

---

42) 대법원 2006. 3. 24. 선고 2005두15595판결(공2006, 745).

살아서 사실혼관계를 해소할 때에는 재산분할이 가능한데, 일생을 함께 하다 사망한 경우에는 왜 재산분할을 허용해서는 안되는 것일까?[43] 결국 피상속인이 남긴 상속재산 가운데 존재하는 생존 배우자의 실질적 공유지분이 그 상속재산의 형성에 아무런 기여도 없는 법정상속인에게 귀속되어 버리는 불공평이 발생한다.[44]

이러한 문제를 해결하는 방법으로 입법론적으로는 사실혼 배우자에게도 상속권을 인정하는 방안,[45] 사실혼 배우자에게 부양청구권을 인정하는 방안[46]이 제시되고 있다. 하지만 현행법의 해석론으로서는 사망으로 인한 사실혼 해소의 경우에 재산분할청구권을 인정하는 것이 타당하다고 생각한다.[47]

Ⅴ. 결 론

고령사회에 있어서 노인들이 자녀세대들과 가족관계에 있어서 분리되면서 노년의 혼인관계 변동이 노인들의 삶에 커다란 영향을 미침에도 불구하고 우리 가족법은 증가하고 있는 노년의 혼인 해소와 재혼 등으로부터 발생하는

---

43) 예를 들어, 사실혼 재산관계의 청산 등에 관한 합의가 없는 상태에서 사실혼 배우자의 사망이 임박한 경우에는 즉시 사실혼관계의 해소를 선언하고 재산분할의 청구를 하여야 사실혼관계에서 형성된 실질적 부부공동재산에 관한 권리를 확보할 수 있게 된다. 이러한 사태가 우리 보편적 가족윤리 또는 도덕관념에 부합하지 않음은 말할 필요가 없을 것이다. 그러한 사례로서 대법원 2009. 2. 9. 자2008스105결정(공보 미게재) 참조. 사안은 사실혼 배우자가 의식불명 상태에 빠진 상대방 배우자에 대하여 사실혼관계 해소 및 재산분할 청구를 한 후 피고가 사망하자 피고의 직계혈족에 대한 소송수계를 인용한 판결이다. 이 판결은 다른 한편으로는 사실혼 배우자의 재산분할의무의 상속성을 인정하였다는 점에서도 의미가 있다.

44) 이상 박인환, "사망에 의한 사실혼 해소와 재산분할의 유추," 가족법연구, 제21권 제3호(2007), 162면 이하.

45) 김상용, "사실혼 배우자의 상속권에 관한 시론," 중앙법학, 제9집 제2호(2007. 8), 511면 이하.

46) 윤진수, "사실혼배우자 일방이 사망한 경우의 재산문제," 저스티스 통권, 제100호, 5면 이하.

47) 그에 관한 상세한 논거와 재산분할의무의 상속성에 관한 해석론적 구성에 관하여는 박인환, 전게논문 참조.

사태들에 대하여 충분한 경험과 이해를 가지고 있지 못하였다. 이러한 공백을 메우기 위하여 본고는 노년의 혼인 해소와 재혼의 증가라는 우리 사회의 새로운 문제들에 대하여 부부재산관계의 형성과 청산이라는 관점에서 가족법적 법리를 개괄적으로 검토하여 보았다. 본고가 이러한 문제들에 대한 보다 면밀한 해석론적·입법론적 연구를 위한 계기가 되기를 바란다.

〈참고문헌〉

김주수・김상용, 친족상속법(법문사, 2007).

김상용, "사실혼 배우자의 상속권에 관한 시론," 중앙법학, 제9집 제2호(2007. 8), 511면 이하.

김상용, "자녀의 유류분권과 배우자 상속분에 관한 입법론적 고찰," 우리 민법학은 지금 어디에 서 있는가-한국 민사법학 60주년 회고와 전망-{민사법학 특별호(제36호)}(박영사, 2007), 669면 이하.

민유숙, "재산분할의 구체적 인정기준," 재판자료, 제62집(법원도서관), 403면 이하.

배성호, "재산분할청구권의 본질에 관한 재검토(하)," 사법행정, 제42권 제12호(2001, 12), 11면 이하.

손승온, "사실혼관계 해소와 관련한 문제점," 가정법원사건의 제문제"(재판자료 101집)(법원도서관), 313면 이하.

윤진수, "사실혼배우자 일방이 사망한 경우의 재산문제," 저스티스, 통권 제100호, 5면 이하.

전경근, "부부재산제 개정안에 관한 연구," 가족법연구, 제20권 제3호, 47면 이하.

전혜정, "부부재산계약," 경북대학교 박사학위논문(2005. 12).

정상현, "이혼으로 인한 재산분할청구권의 법적 성격과 상속의 인정 여부에 대한 법리 재검토(상)," 성균관법학, 제18권 제1호(2006. 6), 315면 이하.

김승권, "고령사회 도래의 심각성과 대응방안," 사회법연구, 제6호(2006. 6), 129면.

박종용, "고령사회에서의 배우자상속권의 강화," 仁川法學論叢, 제5집(2002. 12), 251면.

김수미, "고령사회에 있어서의 법적 과제," 법제개선연구, 제9집(2005. 12), 65면.

장복희, "고령사회와 관련한 주요 국제기구에서의 논의와 실천과제," 가톨릭법학, 제1호(2003. 12), 219면.

조임영, "고령사회와 노인복지법제의 체제 개선," 한국법제연구원, 2004.

김정순・조성혜, "고령사회의 가정지원법제 연구," 한국법제연구원, 2004.

김정순・이종영, "고령사회의 노인복지 전문인력 양성에 관한 법제연구," 한국법제연구원, 2004.

신영호, "고령사회의 도래와 친족법상의 과제," 安岩法學, 제20호(2005. 4), 123면.

김정순, "고령사회의 법적 과제," 한국법제연구원, 2004.

한국법제연구원, "고령사회의 저출산에 대비한 법적 과제," 2004.

한국법제연구원, 고령사회법제 워크샵 "고령사회와 성년후견제도," 한국법제연구원, 2003.

한국법제연구원, "고령사회의 가족법의 문제," 한국법제연구원, 2003.

한국법제연구원, "고령사회의 도래와 각국의 입법적 대응 및 현황Ⅰ, Ⅱ," 한국법제연구원, 2003.

제 4 장

우리나라 가정법원의 현황*

- 성년후견제도의 도입 및 후견법원 설치를 위하여 -

* 이 논문은 2007년도 정부재원(교육과학기술부 학술연구조성사업비)으로 학술진흥재단의 지원을 받아 연구된 것으로(KRF-2007-321-B00162), 법학연구, 제18권 4호(2008. 12), 연세대학교 법학연구소, 149~170면에 기고한 것이다.

Ⅰ. 들어가며

산업화가 심화되고 의료관련 과학기술이 발달함에 따라 인구의 고령화는 지구촌 중진국 이상의 국가에서는 일반적으로 나타나는 현상이 되었고 우리나라도 이 현상의 예외가 되지는 못하고 있다. 즉, 우리나라의 경우도 65세 이상 노인인구는 2005년 기준으로 약 436만명으로 이미 전체 인구의 9.1%를 차지하고 있어 고령화사회[1]로 진입하였다. 이 비율은 이미 고령사회인 미국(12.4%), 영국(16.0%), 독일(18.8%), 프랑스(16.6%) 등 서구 선진국이나 이웃 일본(19.9%)에 비하면 아직은 낮은 편일 것이다.[2] 그러나 문제는 우리의 경우 고령화 현상을 먼저 경험한 여타 국가와 달리 유래를 찾아볼 수 없을 정도로 '급격히' 진행되고 있다는 것이다. 우리의 경우 65세 이상 노인인구비율이 2010년에는 11.0%, 2015년 12.9%, 2020년 15.6%, 2025년 19.9%, 2030년 24.3%, 2040년 32.5% 그리고 2050년 36.2%로 높아질 것으로 예상된다. 예컨대 2018년이 되면 고령사회가 되고 2026년이 되면 초고령사회가 된다는 것이다. 고령화사회에서 고령사회로 진행되는데 프랑스는 115년, 영국은 47년, 미국은 73년 그리고 일본은 24년 걸렸던 것을 우리는 18년 걸릴 것으로 예측되고, 고령사회에서 초고령사회로 가는데 프랑스는 39년, 영국은 50년, 미국은 21년 그리고 일본은 12년 걸릴 것으로 예측되는데 우리는 단 8년이면 초고령사회가 될 것으로 보인다.[3]

이와 같이 우리 사회가 고령화가 되면 될수록 전체 인구 중에서 노인이 차지하는 비율이 높아질 것인데 이러한 현상이 서서히 진행되는 것이 아니라

1) 65세 이상 노인의 인구비율이 7% 이상이면 고령화사회, 14% 이상이면 고령사회, 20% 이상이면 초고령사회로 구분한다.

2) 통계청의 65세 노인인구비율(OECD 국가) 참조(http://kosis.nso.go.kr:7001/ups/chapterFile.jsp?pubcode=KO&chid=0106&pub=3&userip10.134.2.122&bookname=고령자통계&chaptername=1.3.465세이상노인인구비율(OECD국가)&userip=10.134.2.122&linkfile=KO/1-3-4.xls).

3) 통계청의 장래인구추계(2006) 및 고령화속도 국제비교 참조(http://www.index.go.kr/egams/default.jsp).

급격하게 나타난다는 것이다. 이러한 우려스러운 예측 속에서 노인인구의 증가가 육체적・정신적으로 '건강한' 노인의 증가로 이어지지 못한다는데 문제가 심각하다. 비록 지금까지 의료과학이 눈부시게 발전하였다 하더라도 이는 '생명의 연장'으로 나타난 것이지 '건강한' 생명의 연장으로 이어지지 못하고 그로 인하여 부양을 요하는, 즉 치매, 중풍, 장애 등으로 인하여 일상생활에 어려움을 겪는 노인인구가 더 많이 증가하고 있는 실정이다. 그리하여 노인으로서 정신적으로는 건전하여도 육체적으로 장애가 발생하여 수발이 필요하거나, 특히 치매 등으로 인해 판단능력이 상실되어 부양이 필요한 경우가 증가하고 있다. 한국치매협회의 자료에 따르면 치매추정 환자 수는 27~34만명으로 65세 이상 노인인구를 기준으로 2010년에는 530만명 중 약 47만명, 2020년에는 766만명 중 약 68만명으로 증가한다고 한다. 아울러 보건복지부 통계에 의하면 2005. 6월 현재 전국에 등록된 장애자 수는 1,699,329명으로 그 중에서 성년후견과 상관관계가 있는 정신지체자는 123,868명, 뇌병변 장애자는 154,614명, 정신장애자는 59,223명에 이르고 있다고 한다.[4)]

그런데 이러한 상황에도 불구하고 전통적인 가족제도는 붕괴되어 핵가족화되는 한편, 산업사회의 변화에 따라 전통적으로 가족 내에서 이러한 노인의 부양임무를 떠맡고 있던 여성의 사회진출이 증가하고, 여성의 가족내 역할이 변함에 따라 과거처럼 노인에 대한 부양책임을 가정에만 두기 어려워지게 되었다. 또한, 법률적으로도 이와 같이 부양이 필요한 노인들에 대한 법적 보호는 지극히 미흡한 편으로 민법에 한정치산제와 금치산제도를 두고 있으나, 이는 오직 재산을 가진 무능력자를 보호하기 위한 제도일 뿐더러 이 제도를 활용하기 위해서는 가정법원의 한정치산 또는 금치산선고라는 절차를 밟아야 하고, 또한 이 선고를 받은 경우에도 거래의 안전을 위하여 공시(호적에 기재)하게 되어 있어 이러한 노인의 Privacy 보호에 장애가 됨으로써 민법상의 무능력제도는 많이 활용되지 못하였었다.

그리하여 우리나라가 급격히 고령사회로 나아감에 따라 정신적・육체적으로 부양이 필요한 노인에 대한 인간적인 생활 내지 생존보호를 위한 후견

4) 성년후견제도연구회, 성년 후견제도 연구, 사법연구지원재단, 2007, 26면 전국 등록 장애자 현황 참조.

적 보호제도를 마련할 필요가 있어 이미 오래 전부터 성년후견제도의 도입 필요성에 대해 꾸준히 논의해 왔고,[5] 그 결과 최근에는 법률안이 제출되기까지 하였다. 그리하여 본 논문에서는 머지않아 도입될 가능성이 높은 성년후견제도가 국회를 통과할 경우를 대비하여, 비록 이 제도에 대한 구체적인 내용이 아직 확정된 것은 아니지만 현재 논의되고 입법안이 마련되었던 수준에서, 앞으로 이 업무를 담당하게 될 우리의 가정법원에서 현재처럼 가정법원 내의 후견사건으로 처리할 것인지, 그렇지 아니하면 이를 위한 전담재판부를 둘 것인지 혹은 독립법원(가칭 후견법원)으로 할 것인지를 판단하기 위한 전제로서, 제도 도입시 발생할 후견업무량의 예측이 어려운 점이 있으나, 일단 우리의 가정법원의 현재의 상황을 살펴보고자 한다.

Ⅱ. 우리나라의 성년후견제도 도입을 위한 진행상황

급속하게 진행되고 있는 고령화라는 시대상황 속에서 우리나라에서도, 세계 각국이 그러하였듯이, 고령화에 따른 육체적·정신적 장애로 인하여 재산관리나 신상보호가 필요한 노인이 증가하게 되었다. 그리하여 처음에는 가족구조 및 노인부양에 대한 의식구조의 변화, 그리고 고령자를 가정에서 돌보는데 있어서 가족에게의 큰 부담으로 인하여 부양을 요하는 노인들에 대하여 행정조치를 통해 요양시설에 수용하는 사회정책을 실시하였으나, 노인인구의 지속적이며 급격한 증가로 말미암아 이를 유지하는데 국가의 재정부담이 커지게 되었다. 그리하여 고령자에 대한 복지정책을 시설수용보다는 지역사회 내에서 가정봉사원을 통한 또는 재가복지봉사센터로 통원하게 하여 일상생활을 위한 서비스와 자립프로그램을 제공하는 재가복지로, 또한 고령자를 행정조치로 수용하던 것에서 고령자 본인의 자신에 대한 결정권을

5) 이를 종합해 놓은 성년후견제도연구회, 위의 책 참조.

존중하여 본인의 동의에 의한 서비스를 중시하는 계약으로 처리하고, 아울러 고령자에 대한 부양책임을 개별 가족에서 사회적 간호로 전환하기 시작하여 복지행정의 정책기조에 근본적인 전환을 시도하게 되었다. 이러한 차원에서 이와 같은 고령자 등의 복지서비스 이용지원을 위한 법제의 정비가 필요하였다.

이러한 상황 속에서 학계에서는 널리 정신적으로 미흡한 자의 재산보호에 초점을 두고 있는 우리의 한정치산・금치산제도가 내용적으로든 절차적으로든 현실의 요구에 맞지 아니하여 잘 활용되고 있지 않는 현실을 반영하고, 육체적・정신적 능력이 떨어져 있는 고령자가 스스로 결정하여 사회생활을 적극적으로 살아갈 수 있도록 지원해 줄 수 있는 새로운 제도의 모색이 필요하였다. 그리하여 90년대 중반부터 성년후견제도에 대한 비교법적 연구가 시작되었는데, 이 시기에는 고령사회로 들어간 일본에서 성년후견제도연구회를 만들어 금치산제도의 문제점이나 성년후견제도의 논점 정리, 여러 유관기관의 의견청취, 외국의 입법실태조사를 거쳐 보고서가 나오는 등 성년후견제도에 대한 논의가 본격적으로 진행되었고, 그 후 1999년에는 성년후견제도를 위한 개정민법 등이 시행되었다. 이러한 일본의 상황은 고령화사회에서 고령사회로 빠르게 나아가고 있던 우리에게 영향을 미쳐 이후 이에 대한 연구를 촉진하였다. 그리하여 우리나라에서도 성년후견제도에 관한 심도있는 논문과 이 제도 도입을 위한 입법적 제안이 나오기 시작하였고, 이는 결국 성년후견제도 도입을 위한 민법과 가사소송법의 개정법률안이 이은영, 장향숙 국회의원에 의해 국회에 발의・제출되게 되었다. 이 법안이 비록 국회에서 통과되지는 않았지만 고령사회를 넘어서 초고령사회를 눈앞에 두고 있는 우리나라의 입장에서는 육체적・정신적 능력이 미흡한 고령자들을 위한 성년후견제도의 도입 필요성은 지대하므로 머지않아 성년후견제도가 도입될 것으로 본다.

Ⅲ. 가정법원의 조직, 인적 구성 및 물적 시설

1. 가정법원의 조직

가사사건(가사소송사건, 가사비송사건 등)은 원칙적으로 대법원, 고등법원, 지방법원 내에서민사, 형사 등 다른 사건과 함께 처리되고 있다. 다만, 고등법원, 지방법원에서는 부를 설치할 수 있으므로 (가사)부를 두어 처리하고 있고(법원조직법 제27조, 제30조), 가사사건만 다루는 별도의 법원을 두고 있지는 아니하다. 다만, 가사사건이 많은 지역, 예컨대 서울의 경우는 1963년부터 독립전문법원으로 지방법원급의 (서울)가정법원을 별도로 설치・운영하고 있으며, 또한 지방법원에는 가정법원의 지원을 둘 수 있으므로(법원조직법 제3조 제2항) 2001년부터 고등법원이 있는 곳의 지방법원인 대전지방법원, 대구지방법원, 부산지방법원, 광주지방법원에 별도로 가정지원을 설치・운영하고 있다. 그 밖의 지역에서는 지방법원이나 그 지원에서 가사전담부를 설치하여 혹은 민사재판부에서 가사사건을 처리하고 있다.

그리고 심급과 관련하여 1심 단독사건과 합의사건은 가정법원과 가정지원에서 담당하고, 2심에서는 1심 단독사건의 경우는 가정법원에 합의부가 있는 경우에는 합의부에서, 합의부가 없는 경우에는 일반법원의 항소합의부가 처리하고, 1심 합의사건의 경우에는 고등법원이 담당하고, 3심의 경우는 대법원이 담당하고 있다.

2. 인적 구성

가정법원은 법관, 가사조사관, 일반사무직원, 법정 경위가 있으며 아울러 조정위원으로 구성되어 있다. 먼저 가정법원의 중심으로 가사사건을 담당하는 법관의 경우 서울가정법원이나 가정지원에 소속된 법관과 고등법원이나 지방법원의 가사부에 소속된 법관이 가사사건을 전담한다. 하지만 그 밖의 경우에는 민사재판을 담당하는 민사부에서 가사사건을 함께 다루거나 경우에 따라서는 형사부와 가사부가 통합된 특별부에서 가사사건을 담당하여 형사재판을 담당하는 법관이 가사사건도 재판하거나,[6] 지원에서는 민사・형사・가사를 한 재판부가 통합하여 담당하기도 한다. 2005. 2월 이후에는 전문법관을 처음으로 선발하여 가정법원에 장기간 근무하면서 가사사건이나 소년사건을 전문적으로 처리하고 있으나, 그 이전에는 서울가정법원의 경우 부장판사는 3년, 배석・단독판사는 2년 임기로 근무하였었다.[7] 그리고 고등법원, 서울가정법원, 지방법원의 가사부 그리고 가정지원의 경우에는 비록 많은 수는 아니지만 부장판사가 배치되어 있으나 일부 가정지원의 경우에는 부장판사 없이 단독판사로만 구성된 곳도 있다.

이와 같이 가사사건을 전담하는 법관[8]이 있는 반면 다른 사건을 담당하면서 가사사건을 담당하는 법관이 혼재되어 있으므로 가사사건을 담당하는 법관의 수를 정확히 파악하는데 어려움이 있다. 또한 재판장, 조정장 또는 조정담당판사의 명을 받아 그 전문적 지식과 식견을 토대로 사실의 진상을 과학적으로 파악하여 가사분쟁의 원인을 해소하고 소년비행에 대한 사회적 조사를 담당하는 가사조사관이 있는데, 이에는 전문직과 일반직이 있고 전자의 경우에는 계약직으로 특채된 자이며, 후자의 경우에는 법원의 일반직 직원(5~7급) 중에서 임명된 자인데, 가사사건을 지원하기 위해서는 그 수가 많아야 하지만 현재는 절대부족한 상황이다.[9] 그리고 조정위원은 비상근으로 가정법원이나 그 지원 소속의 조정위원회에 속하여 조정에 참여하는데, 임기는 1년이나 본인이 해촉을 원하지 않는 등 특별한 사유가 없으면 계속 위촉

6) 대구고등법원이나 광주고등법원의 경우가 그러하다(사법연감, 2007, 법원행정처, 93면 참조).

7) 김상규, "가정법원의 새로운 역할과 운영개선의 필요성," 재판자료 제112집(2007), 217쪽 이하 참조.

8) 예컨대 독립전문법원인 서울가정법원의 경우 법관의 수는 31명이지만 파견이나 연수, 휴직 판사를 제외하면 법원장 1, 부장판사 5, 판사 20명으로 구성되어 있다(2006. 3. 1. 기준).

9) 2005. 4월 기준으로 전체 75명으로 전문직 조사관은 14명, 일반직 조사관은 61명이었다(김상규, "가정법원의 장기적 발전방안 -인적・물적 구성을 중심으로-," 실무연구 10호(2005), 794면 참조).

하게 되고 2004. 3월 현재 159명이 있다.[10]

3. 물적 시설

가정법원은 앞에서도 언급한 바와 같이 서울가정법원과 고등법원이 있는 곳의 지방법원에 가정지원을 두고 있을 뿐, 그 밖의 경우에는 일반법원에 가사부를 두어 가사사건을 처리하고 있어 가정법원 자체로 전국적인 조직을 가지고 있지 못하다. 아울러 가정법원 중 독립적인 청사를 가지고 있는 곳은 없고 서울가정법원, 대전가정지원, 부산가정지원, 광주가정지원처럼 해당 지방법원과 공동으로 사용하거나, 대구가정지원처럼 등기소와 함께 사용하여 조직적으로 뿐만 아니라 물적으로도 독립되어 있지 아니하다.

Ⅳ. 가정법원의 업무현황

1. 가사사건 접수 건수

우리 법원이 2006년에 접수한 가사사건은 〈표 1〉에서 보는 바와 같이 115,078건으로 민사, 형사 등 전체 사건의 0.6%, 소송사건의 2.0%를 차지하고 있다. 이와 같이 가사사건이 전체 사건에서 차지하는 비중은 매우 낮은 편이지만 가사사건 내에서는 본안판결을 위한 절차를 진행함으로써 시간이 많이 필요한 본안사건이 41.9%를 차지하고 있는데, 이는 높은 비중이어서 결국 가정법원에게 큰 부담으로 작용하고 있다.

10) 김상규, 앞의 논문(가정법원의 장기적 발전방향), 811면 참조.

〈표 1〉 가사사건 접수 건수[11)]

	2006년도 접수 건수
합 계	115,078
본안사건 계	48,246
기타사건 계	66,832
제1심 계	112,542
항소심 계	2,127
상고심 계	409

2. 제1심 가사사건의 유형

제1심에서 접수한 사건 중 아래 〈표 2〉에서 보는 바와 같이 소송사건은 46,584건(41.4%), 비송사건은 44,283건(39.3%), 신청사건은 18,000건(16.0%) 그리고 조정사건은 3,675건(3.3%)으로 나타나 소송사건의 비중이 큼을 알 수 있다.[12)] 아울러 1997년의 접수사건을 기준으로 할 때 10년이 지난 2006년의 소송사건의 경우 그 접수 건수 증가율은 116.6%로 큰 변화는 없지만, 비송사건의 경우 그 접수 건수 증가율이 154.6%를 기록하여 1.5배 증가하였음을 알 수 있는데, 만일 성년후견제도가 도입되어 실시된다면, 먼저 성년후견제도를 실시한 일본에서 그러하였듯이,[13)] 이러한 증가현상은 더욱 커질 것으로 보인다.

11) 사법연감(2007), 617면에서 발췌.

12) 사법연감(2007), 616면.

13) 일본의 경우 성년후견제가 시행된 2000년과 2005년의 신청 건수를 보면 후견개시심판 신청 건수는 2000년에는 7,451건에서 2005년에는 17,910건으로, 후견보좌개시심판의 경우는 2000년에는 884건에서 2005년에는1,968건으로, 후견보조개시심판의 경우는 2000년에는 621건에서 2005년에는 945건으로 그리고 임의후견감독선임사건의 경우는 51건에서 291건으로 증가하였다(이에 대하여는 주 4) 성년후견제도 연구, 244면 이하 참조).

〈표 2〉 가사사건 연도별 비교-접수

구분 연도	합 계		소송사건		비송사건		조정사건		신청사건	
	사건수	지수	사건수	지수	사건수	지수	사건수	지수	사건수	지수
1997	96,550	100.0	44,674	100.0	28,635	100.0	9,933	100.0	13,308	100.0
1998	104,732	108.5	44,477	99.6	35,359	123.5	11,294	113.7	13,602	102.2
1999	103,959	107.7	47,071	105.4	29,327	102.4	11,017	110.9	16,544	124.3
2000	101,168	104.8	49,060	109.8	24,352	85.0	8,886	89.5	18,870	141.8
2001	109,477	113.4	54,557	122.1	27,548	96.2	4,916	49.5	22,456	168.7
2002	108,918	112.8	52,389	117.3	30,825	107.6	4,069	41.0	21,635	162.6
2003	110,748	114.7	50,689	113.5	35,978	125.6	2,959	29.8	21,122	158.7
2004	104,475	108.2	45,449	101.7	38,121	133.1	3,144	31.7	17,761	133.5
2005	106,768	110.6	42,855	95.9	43,479	151.8	3,173	31.9	17,261	129.7
2006	112,542	116.6	46,584	104.3	44,283	154.6	3,675	37.0	18,000	135.3

3. 제1심 가사소송사건의 종류

접수한 제1심 소송사건의 종류를 아래의 〈표 4〉 제1심 처리내역 현황에서 확인할 수 있는데, 접수된 소송사건 46,584건 중 재판상이혼사건이 41,180건(88.4%)으로 수위를 차지하고 있고 친생자관계존부확인사건과 혼인무효・취소사건이 그 뒤를 잇고 있다. 그렇지만 친생자관계존부확인사건과 혼인무효・취소사건은 비중이 매우 낮은 편인 반면, 재판상이혼사건은 절대다수를 차지하고 있어 가정법원이 재판상이혼사건에 매몰되어 있음을 알 수 있다.[14] 바로 이러한 점 때문에 법원 내에서는 그동안 가정법원의 역할 및 가사소송절차의 문제점을 검토하고 개선하기 위해 노력하여 서울가정법원에 가사・소년절차 개선을 위한 간담회를 개최하거나 2004년 가사소년제도개혁위원회를 운영한 바 있으며, 대법원장의 자문기구인 사법개혁위원회에서도 가정법원 개편방안을 의제로 채택하여 이혼숙려기간제, 이혼전 상담제 등을 검토한 후 이혼숙려기간제도의 경우 서울가정법원이 2005년 3월부터 시범 시행하다가 2007년 민법 개정으로 이혼숙려제도를 도입함에 따라 2008년 6월 본격적으로 전국적으로 실시한 바 있다.

14) 사법연감(2007), 881면.

아울러 지역별 가사소송사건의 비중과 관련하여서는 〈표 3〉 가사소송관련 건수표(제1심)를 보면 인구밀도가 높은 서울가정법원 관내가 11,962건으로 전체의 25.7%를 차지하여 가장 높은 비율을 보이고 있다.15)

〈표 3〉 가사소송관련 건수표(제1심)

법원 구분	금년접수	법원 구분	금년접수
서울가정법원	11,962	대구지방법원(가정지원)	2,652
의정부지방법원	1,618	안동지원	238
고양지원	926	경주지원	241
소계	2,544	포항지원	427
인천지방법원	2,731	김천지원	424
부천지원	943	상주지원	141
소계	3,674	의성지원	89
수원지방법원	2,576	영덕지원	90
성남지원	1,207	소계	4,302
여주지원	340	부산지방법원가정지원	3,699
평택지원	484	울산지방법원	1,283
안산지원	1,283	창원지방법원	1,442
소계	5,890	진주지원	504
춘천지방법원	304	통영지원	422
강릉지원	299	밀양지원	147
원주지원	286	거창지원	101
속초지원	126	소계	2,616
영월지원	173	광주지방법원가정지원	1,575
소계	1,188	목포지원	402
대전지방법원	1,580	장흥지원	59
홍성지원	283	순천지원	760
공주지원	109	해남지원	166
논산지원	197	소계	2,962
서산지원	313	전주지방법원	711
천안지원	647	군산지원	523
소계	3,129	정읍지원	221
청주지방법원	723	남원지원	81
충주지원	263	소계	1,536
제천지원	157	제주지방법원	576
영동지원	80		
소계	1,223		
합계		**46,584**	

15) 사법연감(2007), 872-873면.

4. 제1심 가사소송사건의 처리 유형

〈표 4〉 제1심 처리내역 현황을 보면 제1심 소송사건의 경우 판결로 16,144건(34.7%), 소취하(소취하 간주 포함)로 12,485건(26.8%) 그리고 화해조정으로 10,375건(22.3%)이며 소각하명령이나 기타의 경우(16.2%)로 종료하였는데, 민사나 형사에 비하면 소취하나 화해조정의 비율이 높은 편이다.[16] 이것은 가사사건에서 절대적 다수를 차지하는 재판상이혼사건에서 전심절차로써 조정절차를 두고 쌍방배우자의 분쟁을 가라앉히므로 민사나 형사에 비하여 소취하나 화해조정의 비율이 높기 때문일 것이다.

〈표 4〉 제1심 처리내역 현황

구분 / 종류	금년 접수	처리										항소
		합계	각하 명령	판결					소취하 (소취하 간주포함)	화해 조정	기타	
				원고승	원고 일부승	원고 패	각하	기타				
합계	46,584	43,841	3,036	13,494	2,006	614	24	6	12,485	10,375	1,801	1,086
혼인의무효·취소	1,197	1,032	55	644	23	30	–	–	170	61	49	35
이혼의무효·취소	48	46	5	11	3	5	–	1	14	5	2	1
입양의무효·취소	38	31	–	13	1	2	–	–	7	4	4	2
파양의무효·취소	8	8	1	–	–	–	–	–	2	2	3	–
호주승계의무효또는회복	14	13	–	9	–	1	–	–	2	–	1	–
친생자관계존부확인	2,353	2,206	61	1,653	34	23	–	–	305	27	103	28
친생부인청구등기타친자관계소송	69	67	1	40	1	2	–	–	20	–	3	–
부의결정	3	4	–	3	–	–	–	–	–	–	1	–
인지에관한소송	294	250	6	140	8	2	1	–	67	16	10	10
사실상혼인관계존부확인	90	61	1	8	2	2	–	–	22	13	13	1
재판상이혼	41,180	38,578	2,877	10,780	1,750	438	22	5	11,478	9,758	1,470	889
재판상파양	72	62	3	29	–	1	–	–	13	9	7	2
손해배상등(가사다류사건)	888	878	12	56	137	68	–	–	245	280	80	83
기타	330	605	14	108	47	40	1	–	140	200	55	35

16) 사법연감(2007), 881면.

5. 가사소송사건의 처리기간

가사소송사건의 처리기간과 관련하여 〈표 5〉에 따르면 제1심 사건의 59.9%가 법정기간(5월) 내에 처리되고 있고, 판결로 종결되는 사건은 판결 이외의 방법으로 종료되는 사건보다 기본적으로 처리기간이 더 많이 들고 있다. 평균처리기간은 5.6월이고 가사소송사건 중에서 가장 많은 비중을 차지하는 재판사이혼사건은 평균처리기간이 5.2월이 걸리고 있다.[17]

〈표 5〉 가사소송사건 처리기간별 건수표(제1심)

구분 / 계	합계		1월 이내		2월 이내		3월 이내		4월 이내		5월 이내	
	판결	기타	판결	기타	판결	기타	판결	기타	판결	기타	판결	기타
합계	16,144	27,697	26	3,901	332	4,084	1,610	4,495	2,674	3,762	2,516	2,868

구분 / 계	6월 이내		1년 이내		2년 이내		2년 초과		평균처리 기간(월)	재판상이혼 평균처리기간(월)
	판결	기타	판결	기타	판결	기타	판결	기타		
합계	2,234	2,011	5,021	4,982	1,641	1,496	90	98	5.6	5.2

또한, 심급별 평균처리기간[18]면에서는 〈표 6〉에 따르면 1심보다는 2심의 처리기간이 길어지는 반면 상고심에서의 처리기간은 오히려 훨씬 짧음을 알 수 있다. 항소하는 비율은 높지 않기는 하지만 항소심에서의 처리기간을 좀 더 줄여야 할 것 같다.

〈표 6〉 가사소송사건 평균처리기간

(월)

처리 \ 심급	제1심	제2심	상고심
판 결	7.1	8.5	2.7
기 타	4.7	5.7	2.8

그럼에도 불구하고 가사소송사건이 1심의 처리기간에 비하여 제2심의 처리기간이 점차 길어지고 있는 점도 유의하여야 한다.[19]

17) 사법연감(2007), 888-889면에서 발췌.

18) 사법연감(2007), 621면 참조.

6. 가사비송사건

가사소송법 제2조 나. 가사비송사건(라류사건과 마류사건)의 접수비율은 앞에서 본 바와 같이 44,283건으로 제1심 가사사건의 39.3%를 차지하고 있다. 먼저 아래의 〈표 7〉에서 보는 바와 같이 2006년 접수된 라류사건은 40,263건으로 전체 비송사건 중 90.1%를 점하여 비송사건의 절대다수를 차지하고 있는 반면 〈표 8〉에서처럼 마류사건의 접수건수는 겨우 4,020건으로 9.9%를 점하고 있다.[20] 현재 라류사건 중 가장 큰 비중을 차지하고 있는 것은 상속에 관한 사건이다.

〈표 7〉 라류사건 처리내역 현황

종류 \ 구분	금년 접수	처리				미제
		합계	인용	기각	기타	
합계	40,263	39,436	35,544	728	3,164	5,680
한정치산 금치산	663	602	303	96	203	260
부재자의재산관리등	236	220	161	14	45	66
실종선고	2,924	2,601	2,075	125	401	2,114
자의성과본의창설 일가창립	3,268	3,306	3,191	25	90	310
부부재산약정	2	2	2	–	–	–
미성년자입양및파양에관한사건	8	6	4	1	1	3
자의징계	–	–	–	–	–	–
재산관리인선임 개임 재산관리에관한처분	106	92	59	7	26	47
특별대리인선임	4,897	4,717	4,205	124	388	414
친권에관한사건	769	711	314	41	356	239
후견에관한사건	383	360	191	40	129	86
친족회에관한사건	206	203	172	10	21	24
상속에관한사건	25,280	25,131	23,518	217	1,396	1,933
유언에관한사건	164	132	74	8	50	67
국적취득자의창성 창본	1,071	1,065	999	17	49	54
부재선고	285	287	276	2	9	63
기타	1	1	–	1	–	–

19) 사법연감(2007), 621면 참조.

20) 사법연감(2007), 904-905면 참조.

라류사건의 경우가 바로 성년후견제도를 도입하게 되면 직접 관련되는 사건으로서 2006년 현재상황에서 한정치산・금치산선고사건이 고작 663건 접수된 것으로 볼 때 사람들이 이 제도를 잘 활용하고 있지 아니함을 알 수 있으며, 따라서 이와 관련된 후견에 관한 사건 역시 라류사건에서 차지하는 비율이 미미하게 나타나고 있다. 라류비송사건의 처리기간은 가사소송사건의 처리기간 통계와 달리 사법연감에 나와 있지 아니하여 유감스럽게도 확인할 수 없었다. 그리고 마류사건의 경우는 아래의 〈표 8〉에서 보는 바와 같이 이혼사건과 관련된 자의 양육, 친권자지정, 재산분할사건이 대부분을 차지하고 있다.

〈표 8〉 마류사건 처리내역 현황

구분 종류	금년 접수	처리				미제
		합계	인용	기각	기타	
합계	4,020	3,478	1,158	146	2,174	1,770
부부관계에관한사건	2	3	–	–	3	2
재산관리자의변경및공유물분할을위한처분	13	9	4	–	5	9
자의양육에관한처분등	963	821	233	22	566	436
재산분할에관한처분	516	465	114	24	327	324
친권을행사할자의지정과변경	1,988	1,746	623	72	1,051	659
친권등의상실선고및실권회복의선고	120	104	56	6	42	45
친족회의결의에대한이의	4	4	3	–	1	–
부양에관한처분	152	123	43	10	70	99
기여분의결정	54	31	8	3	20	43
상속재산의분할에관한처분	207	171	74	9	88	152
기타	1	1	–	–	1	1

7. 가사조정사건

가사조정사건은 앞에서 본 바와 같이 접수 건수는 3,675건으로 전체 가사사건의 3.3%를 차지하고 있으며, 가사소송사건의 경우 조정을 거치게 되어 있는 경우가 많이 있어 민사에 비하여 조정의 활용도가 높은 편이다. 이러한 가사조정사건의 경우 처리기간은 〈표 9〉에서 보듯이 3개월 이내로 이 때에 80~90%의 사건이 처리되고 있다.[21]

〈표 9〉 가사조정사건 처리기간별 건수표(제1심)

구분 건수	합 계	즉 일	14일 이내	1월 이내	2월 이내	3월 이내	6월 이내	6월 초과
계	3,579	719 (20.1%)	23 (0.6%)	426 (11.9%)	1,070 (29.9%)	729 (20.4%)	508 (14.2%)	104 (2.9%)

8. 가사신청사건

가압류, 가처분 등 가사신청사건은 앞에서 본 바와 같이 2006년에는 18,000건이 접수되어 전체 가사사건 중 16%를 점유하고 있다. 이러한 가사신청사건 중 큰 비중을 차지하는 것은 가압류・가처분사건으로 77.8%를 차지하고 있으나 통계자료가 없어 이에 대한 처리기간을 알 수 없다.[22]

〈표 10〉 가사신청사건 건수표(제1심 처리내역)

구 분 종 류	금 년 접 수	처 리					미 제
		합 계	인 용	기 각	취 하	기 타	
합 계	18,000	17,730	14,991	430	1,741	568	1,994
사 전 처 분	357	242	136	12	85	9	210
이 행 명 령	192	157	92	12	43	10	85
금 전 의 임 치	1	1	1	–	–	–	1
가 압 류 ・ 가 처 분	14,007	13,954	12,317	257	994	386	602
가압류・가처분에대한이의	1,076	1,078	520	66	397	95	616
제 소 명 령	631	611	570	6	31	4	39
소 송 비 용 액 확 정	145	131	120	–	6	5	60
강 제 집 행 정 지	56	39	23	3	11	2	21
기 피	7	5	1	–	3	1	6
재 판 경 정	599	615	509	28	67	11	149
담 보 취 소	421	425	391	12	19	3	23
특 별 대 리 인	145	121	98	3	16	4	58
기 타	363	351	213	31	69	38	124

21) 사법연감(2007), 625면, 900면 참조.

22) 사법연감(2007), 909면 참조.

Ⅴ. 평 가

가정법원은 당사자간의 재산분쟁을 다루는 민사소송이나 국가의 형벌권을 확정하는 형사소송과 달리 사회존속 및 발전의 기본이 되는 가정에서 발생한 문제(가사사건)를 다루고 있다. 물론 가사사건 중에는 민사소송과 마찬가지로 쟁송적 성격이 강한 가사소송과 쟁송적 성격보다는 법원의 후견적 개입이 필요한 가사비송으로 구성되지만, 가사소송 중에서도 쟁송적 성격이 강하고 대립당사자를 전제로 한 이혼소송의 경우에도 밀접한 유대관계가 없는 자간의 단순한 재산분쟁을 다루는 민사소송과는 차원이 다르다. 즉, 이러한 경우에는 민사소송처럼 단지 법률적 쟁점만 확정하여 해결해 주는 것만으로 부족하고, 당사자(부부)간의 가슴에 숨어 있는 감정적 갈등을 치유하고 그 자녀의 문제까지 고려해야 완전히 해결될 수 있다.[23] 그렇기 때문에 이러한 사건을 담당하는 법관들도 전문성이 필요하다. 이러한 점을 고려하여 최근에는 전문법관을 선발하여 가정법원에 장기간 근무하게 하고 가능하면 연령이 많은 판사를 배치하고 있는데[24] 바람직한 것이다. 따라서 이러한 가사사건의 특성을 고려하면 가정법원은 민・형사사건을 다루는 일반법원으로부터 조직상 독립할 필요가 있다. 민사사건이나 형사사건에 익숙한 법관이 이러한 특성을 갖는 가사사건을 원만하게 처리하기 어렵기 때문이다. 그럼에도 불구하고 현재 지방법원이나 지원에서는 민사사건을 담당하는 법관이 혹은 형사사건을 담당하는 법관이 가사사건을 함께 재판하고 있어 가사사건의 특성이 반영되지 아니하고 있다. 이와 같은 상황에도 불구하고 현재 예산부족이나 인식부족으로 인하여 가정법원이 여전히 일반법원에 부속해 있는 실정이다. 이러한 점은 그대로 물적 시설에도 반영되어 가정법원은 다른 법원에 셋방살이를 하고 있으며 독립청사를 가지고 있는 가정법원이 한 곳도 없다. 그렇기

23) 선재성, "가사소송에서의 신모델의 향후 과제-가사소송의 비송화 및 상담조정기능의 확충," 재판자료 106집(2005), 301면 이하.

24) 김상규, "가정법원의 장기적 발전방안," 781면.

때문에 적어도 조직상의 독립은 아니어도 가정법원을 전국에 설치하기를 그리고 독립청사를 갖기를 희망하고 있다.[25)]

또한, 앞에서 본 바와 같이 제1심에서 접수한 사건 중 〈표 2〉에서 보듯이 소송사건은 46,584건(41.4%), 비송사건은 44,283건(39.3%), 신청사건은 18,000건(16.0%) 그리고 조정사건은 3,675건(3.3%)으로 소송사건의 비중이 큰 편인데, 접수된 소송사건 46,584건 중 〈표 4〉 제1심 처리내역 현황에서 보는 바와 같이 재판상이혼사건이 41,180건(88.4%)을 차지하여 현재 가정법원은 이혼사건에 매몰될 지경이다. 그리하여 가정법원의 문제점을 지적하거나 그 발전방향을 논함에 있어서는 이혼사건 및 이와 관련된 비송사건(자의 양육, 친권지정, 재산분할)의 폭증문제 해결에 초점이 맞추어져 있다.[26)] 그리하여 위 〈표 4〉 제1심 처리내역 현황에서 보는 바와 같이 제1심 소송사건의 처리형태가 판결로 종결되는 경우가 34.7%, 그리고 화해조정으로 종결되는 경우가 22.3%이므로 화해조정으로 종결되는 비율을 높이려 한다거나 법관 등 인적 요소를 증가하려 한다. 아무튼 이혼사건의 폭주로 인하여 가정법원의 업무부담이 큰 현 상황에서, 위의 〈표 2〉에서 확인할 수 있듯이 지난 1997~2006년의 10년 동안 가사소송사건의 증가율은 116.6%로 큰 변화는 없지만, 비송사건의 경우 그 접수건수 증가율이 154.6%를 기록하여 1.5배 증가하였는데 이러한 현상이 멈출 것으로 보이지 않는다. 이러한 상황에서 만일 성년후견제도가 도입되어 가정법원이 이 업무를 담당하게 된다면 가정법원은 더 큰 어려움에 처할 것으로 보인다. 그리하여 현재 사법부에서도 가정법원이 이혼공장이라는 오명에서 벗어나기 위해 가정법원의 발전방안을 모색하고 있으며, 법조계 외에서도 이를 촉구하고 있다. 그리하여 전담법관, 가사조사관 그리고 조정위원의 증원과 전문성 확대, 구성성비의 균형 등을 제시하고 있다.[27)]

---

25) 양정자, "가정법원의 현황과 발전방향," 가족법연구 14호(2000. 12), 493면 이하; 김상규, "가정법원의 장기적 발전방안," 754-755면 참조.

26) 선재성, 앞의 논문, 295면 이하; 양정자, 앞의 논문, 477면 이하; 문준필, "가사소송절차의 문제점과 개선방향," 가족법연구 18권 2호(2004. 9), 259면 이하; 배금자, "이혼소송에서의 문제점," 시민과 변호사 118호(2003. 11), 42면 이하.

27) 김상규, "가정법원의 장기적 발전방안," 751면 이하; 선재성, 앞의 논문, 295면 이하; 문준필, 앞의 논문, 259면 이하; 양정자, 앞의 논문, 477면 이하; 박동섭, "가사소송의 몇 가지 문제점," 인권과 정의 246호(1997. 2), 79면.

Ⅵ. 맺으며

이상에서 살펴본 바와 같이 우리나라에서는 아직 성년후견제도가 도입되고 있지는 않지만, 고령사회를 넘어 초고령사회로 나아가고 있는 우리나라의 입장에서는 육체적·정신적으로 미약한 고령자에 대한 보호조치가 반드시 필요한 상황인데, 성년후견제도의 도입과 관련된 민법과 가사소송법 등의 개정이 머지않아 이루어질 전망이다. 그러므로 곧 도입될 성년후견제도의 안착과 이를 통한 고령자의 인간다운 삶을 보장하기 위해서는 법 제정만으로는 부족하고 이를 구체적으로 실시하는 법원의 준비도 반드시 필요하다. 이는 현재 가사사건을 다루고 있는 법원의 조직, 인적·물적 시설, 사건처리 현황 및 부담 등을 정밀조사·분석하여 이를 전제로 앞으로 도입될 성년후견제도의 도입을 준비하여야 할 것이다. 비록 아직은 성년후견제도의 도입이 확정되지 아니하였고 그리하여 성년후견과 관련된 법원의 역할의 범위를 어느 정도 부여할 지 확정된 것은 없지만, 국회에서 폐기된 법률안을 볼 때 앞으로 도입될 성년후견제도의 내용은 일본에서 시행되고 있는 성년후견제도를 많이 도입할 것으로 보인다. 이렇게 되면 일본이 그러하였듯이 필연적으로 성년후견사건이 증가할 것이다.

이를 위해 본 논문에서는 현재의 가정법원의 상황을 살펴보았는데, 현재의 우리의 가정법원이 처리하고 있는 가사사건의 대부분은 소송사건, 특히 재판상이혼사건으로 인하여 가정법원이 거의 매몰될 정도로 법원의 부담이 큰 것이 사실이다. 이러한 이혼사건의 건수가 앞으로도 현저히 줄 것으로 보이지 않으므로 이러한 상태에서 성년후견제도를 도입하면 법원의 부담은 더욱 늘어날 것으로 보인다. 따라서 가사사건을 담당하고 있는 법관 및 지원요원의 증원과 전문화 그리고 법원의 시설확충이 시급하다.

〈참고문헌〉

사법연감, 법원행정처, 2007.

박동섭, 가사소송법(주석), 박영사, 2004.

성년후견제도연구회, 성년후견제도, 사법연구지원재단, 2007.

고상용, 민법총칙, 법문사, 2003.

김선이, "독일 성년후견법," 고령사회와 성년후견제도, 한국법제연구원, 2003. 12, 50면 이하.

최금숙, "일본법상의 성년후견제도," 고령사회와 성년후견제도, 한국법제연구원, 2003, 71면 이하.

백승흠, "성년후견제도의 입법방향," 민사법학, 2000. 5.

김상규, "가정법원의 장기적 발전방안-인적·물적 구성을 중심으로-," 실무연구 10호(2005), 751면 이하.

______, "가정법원의 새로운 역할과 운영개선의 필요성," 재판자료 제112집(2007), 187면 이하.

양정자, "가정법원의 현황과 발전방향," 가족법연구 14호(2000), 477면 이하.

선재성, "가사소송에서의 신모델의 향후 과제 : 가사소송의 비송화 및 상담조정기능의 확충," 재판자료 106집(2005. 7) : 민사 신모델의 시행평가와 개선방안 293면 이하.

문준필, "가사소송절차의 문제점과 개선방향," 가족법연구 18권 2호(2004. 9), 259면 이하.

김원태, "가사소송에서의 처분권주의의 제한에 대한 재검토," 민사소송(한국민사소송법학회지), Vol. 3(2000. 2), 119면 이하.

박농섭, "가사소송의 몇 가지 문제점," 인권과 정의 246호(1997. 2), 58면 이하.

배금자, "이혼소송에서의 문제점," 시민과 변호사 118호(2003. 11), 42면 이하.

민유숙, "가사비송절차의 문제점과 개선방향," 가족법연구 18권 2호(2004.09), 321면 이하.

정성효, "'마'류 가사비송사건을 대하는 가사조사관의 태도," 실무연구 5호(1999. 12), 205면 이하.

우화자, "가사비송절차에 관한 제문제의 검토," 재판자료 62집(1993. 12), 149면 이하.

제 5 장

노인장기요양보험법의 문제점과 개선방안*

* 이 논문은 2007년도 정부재원(교육과학기술부 학술연구조성사업비)으로 학술진흥재단의 지원을 받아 연구(KRF-2007-321-B00162)된 것이며, 경영법률, 제18집 제4호(2008. 7), 293~325면에 게재된 내용을 보완한 것이다.

Ⅰ. 서 론

최근 우리나라 인구변화의 큰 특징으로 매우 빠른 인구 고령화현상을 들 수 있다. 2000년에 이미 총인구 대비 노인인구비율이 7.0%가 되어 고령화사회[1]에 들어섰고, 2018년에는 14.3%를 차지하여 고령사회[2]로 진입할 것이 예상되며, 2026년에는 20.8%가 되어 초고령사회[3]로 진입할 것이 예상된다.[4] 고령화 속도면에서도 프랑스의 경우 고령화사회에서 고령사회로 진입하는데 115년, 다시 초고령사회로 진입하는데 39년이 걸렸고, 일본의 경우 24년과 12년이 걸린 반면, 우리나라는 고령사회 진입에 18년, 초고령사회 진입에 8년이 걸릴 것으로 전망되어 급격히 고령화가 진행되고 있음을 알 수 있다.

이와 같은 노인인구 급증의 이면에는 사회적 보호의 공백이라는 문제가 있다. 우리나라의 경우 고령사회로의 진입이 최근 들어 급격하게 이루어지고 있기 때문에, 오랜 기간에 걸쳐 인구 고령화에 대처해 온 선진국과는 달리 이에 대한 대비책이 제대로 갖추어져 있지 않다는 문제가 있다. 특히 우리나라에서 여성의 경제활동과 사회활동이 보편화되면서 그 동안 이들이 가정 안에서 돌보던 노인에 대한 사회적 지원 필요성이 커졌다. 노인의 만성질병으로 인한 부양 및 의료비 부담은 가족에게 과중한 부담을 주기 때문에 가족구성원들에게 스트레스로 작용되어 심지어는 가족관계의 파괴를 가져오기도 하고, 급성질환에 대처하기 위하여 제도화된 의료보험의 재정을 파탄시킴으로써 의료보장에도 문제를 초래한다.[5] 따라서 기존의 연금체계나 의료보장체계에서 포괄하지 못하는 노인의 장기요양과 관련된 욕구를 국가적 차원에

1) 전체인구 중 65세 이상 고령 인구비율이 7% 이상~14% 미만인 사회.
2) 전체인구 중 65세 이상 고령 인구비율이 14% 이상~20% 미만인 사회.
3) 전체인구 중 65세 이상 고령 인구비율이 20% 이상인 사회.
4) 통계청, 「2006년 장래인구추계」, 2006.
5) 이인호, "노인수발보험제도의 국가간 비교와 시사점," 「사회복지개발연구」, 제12권 제2호 (2006), 176쪽.

서 제도적으로 수용할 필요가 증대되었다.

이와 관련하여 많은 선진국들이 다양한 노인요양보호제도를 도입하여 실시하고 있고, 우리나라에서도 2007년 4월 2일 '노인장기요양보험법'이 국회에서 통과되어 2008년 7월 1일부터 시행되고 있다. 그러나 우리나라의 노인장기요양보험제도는 재정의 마련과 운영방법, 시설・인력 측면의 인프라 구축 미비 등 여러 가지 문제점을 안고 있는 것이 현실이다. 따라서 여기에서는 우리보다 앞서 장기요양보험제도를 도입한 독일・일본의 제도와 현행 노인장기요양보험법의 주요 내용을 살펴봄으로써 현행법이 안고 있는 문제점을 살펴보고 그에 대한 개선방안을 제시하는 것을 목표로 한다.

Ⅱ. 장기요양보험제도의 비교

1. 피보험자와 수급권자

(1) 독일의 경우

독일의 장기요양보험[6]은 연령이나 원인에 관계없이 모든 국민을 대상으로 하는 보편적 사회보장제도이다. 따라서 의료보험의 피보험자는 법에 의하여 당연히 장기요양보험의 가입자가 된다(SGB XI 제1조 제2항, 제20조).[7] 사설 의료보험에 가입하고 있는 자는 사보험에서 관리・운영하는 장기요양보험에 가입해야 한다(SGB XI 제23조). 피보험자의 부양의무 아래에 있는 배우자 및 자녀는 일정한 조건하에[8] 추가로 보험료를 낼 필요가 없는 가족보험이 적용

6) 독일어로는 'Pflegeversicherung'이기 때문에 '양호보험'이나 '간호보험'이 적절한 번역일 듯 하나 우리 법이 장기요양보험이라는 용어를 사용하고 있기 때문에 여기서도 같은 표현을 사용한다.

7) "장기요양보험은 의료보험을 따라간다"(Pflegeversicherung folgt Krankenversicherung).

8) 첫째, 독일에 거주하고, 둘째, 스스로 보험에 가입하여야 할 의무가 없으며, 셋째, 월소득이 법률로 정한 일정 액수를 넘지 않아야 하고, 넷째, 피보험자의 자녀가 정해진 연령을 넘지 않아야 한다.

된다(SGB XI 제25조). 장기요양보험의 수급자격은 전 국민을 대상으로 하며, 육체적 · 정신적 또는 정서적 질병이나 장애로 인하여 일상생활을 통상적 · 반복적으로 수행하는데 적어도 6개월 이상 타인의 조력을 필요로 하는 사람을 그 대상으로 하고 있다(SGB XI 제14조 제1항). 우리나라와 일본이 노인 또는 노인성질환을 앓고 있는 자만을 수급권자로 인정하고 있는 것과 가장 큰 차이점이다.

(2) 일본의 경우

일본의 개호보험은 피보험자를 제1호 피보험자와 제2호 피보험자로 구분한다. 제1호 피보험자는 65세 이상의 노인으로 구성되고, 제2호 피보험자는 40세 이상에서 64세까지의 의료보험 가입자이다. 제1호 피보험자는 요개호상태 · 요지원상태가 되면 그 원인에 관계없이 요개호자 · 요지원자로 수급자격을 갖는 반면, 제2호 피보험자는 뇌졸중, 노인의 초기치매 등 16종의 특정 질병에 수반하여 발생하는 요지원 · 요개호상태에 대해서만 보험급부를 받을 수 있다(개호보험법 제9조).[9]

개호급여 수급자격은 신체상 · 정신상의 장애로 인하여 목욕, 배설, 식사 등의 일상생활에 있어서 기본적인 동작의 전부 또는 일부에 대해서 타인의 도움을 필요로 하는 개호필요상태가 6개월 이상 지속되는 사람에게 주어진다(개호보험법 제19조). 요개호상태는 노쇠하여 질환중에 있거나 치매 등으로 주택 및 시설서비스개호를 항상 받아야 하는 경우를 말하고, 요지원상태는 요개호상태로는 인정할 수 없으나 사회적으로 일상생활을 보내기 위해 지원이 필요한 상태를 말한다.

(3) 우리나라의 경우

노인장기요양보험법상 노인요양보험의 가입자는 국민건강보험의 가입자와 같이 전 국민이다(제7조 제3항). 그러나 보험급여의 혜택을 받는 수급자는 두 종류로 나뉘어서 65세 이상의 노인은 '제1호 수급자'로, 45세에서 64세

9) 최문경, "한국, 독일, 일본의 노인장기요양보호제도 비교연구," 경남대학교 행정대학원 석사학위논문, 2005, 20쪽.

까지의 노화 및 노인성질환 대상자는 '제2호 수급자'로 구분된다. 이처럼 수급대상자를 두 종류로 나누는 것은 일본의 개호보험과 마찬가지로 보험급여가 인정되는 원인이 서로 다르기 때문인데, 제1호 수급자는 원인과 관계없이 보험급여의 수급권이 발생하는 반면, 제2호 수급자는 노화에 따른 질병으로 인해 요양보호가 필요하다고 판단될 때에만 수급권이 인정된다. 노인장기요양보험의 장기요양 대상은 우선 2008년 7월부터 1~3등급의 최중증・중증・중등증 노인 등 17만명을 대상으로 실시될 예정이다.[10]

2. 급여의 종류

(1) 독일의 경우

급여는 재가급여와 시설급여 그리고 요양서비스 제공자에 대한 급여로 분류된다(SGB XI 제28조). 재가급여가 우선이고 재가보호로 충분한 요양보호를 받을 수 없는 경우에 한하여 단기보호급여를 청구할 수 있으며, 이러한 방법으로도 충분한 요양보호가 이루어질 수 없는 경우에만 시설에 입소시켜 시설보호를 받는 것이 독일 장기요양보험제도의 원칙이다(SGB XI 제3조).[11] 또 다른 원칙으로는 예방과 재활급여 우선의 원칙이 있다. 즉, 장기요양보험은 요양의 필요성이 생겨나는 것을 가능하면 피하고 그 등급을 가능하면 낮추는 것을 목표로 한다(SGB XI 제5조-제7조).[12] 급여의 형태로는 현물급여, 현금급여, 현물과 현금의 혼합급여가 있다. 단, 시설급여는 현물급여만이 제공된다. 급여는 최고한도액까지 장기요양보험에서 부담하고 초과금액은 본인이 부담하여야 한다.

이 외에 재가요양보호 제공자에 대한 급여가 있다. 이 급여는 요양서비스를 직업적으로 제공하지 않지만, 그로 인해 직장을 포기하거나 경제활동의 대부분이 제한되거나 또는 직업을 가질 수 없어 경제적 손해를 보는 자에게

10) 경향신문, 2008년 6월 4일, 13면.

11) 이상광, "독일 요양보험법상의 양호제도," 「한독법학」, 13권(2002), 410쪽.

12) 김태희 역, "독일요양보험의 발전 및 현황과 미래," 「강원법학」, 18권(2004), 153쪽.

제공되는 급여이다. 이러한 자들은 사회연금보험에 보험료를 지불할 수 없기 때문에 그들의 노후보장을 받을 수가 없어서 빈곤노인이 될 확률이 높다. 따라서 이 급여는 장기요양보험이 보호제공자에게 경제적 손해의 일부를 보상함으로써 재가요양급여를 장려하려는 것이 목적이다.

(2) 일본의 경우

개호보험의 보험급여는 재가서비스와 시설서비스로 나눌 수 있고, 재가서비스는 다시 재가서비스・지역밀착형서비스・케어메니지먼트로 나누어진다(개호보험법 제10조). 이들은 모두 비용급여로서 규정형식은 현금급여이다. 요개호자로 인정된 자는 재가서비스와 시설서비스 모두 이용이 가능하나, 요지원자는 재가서비스 중 신예방급여만을 이용할 수 있다.[13] 신예방급여는 요지원자를 대상으로 제공되는 서비스로서, 요개호대상자에 대한 서비스보다 다소 낮은 수준의 서비스가 제공되며 요개호상태로의 진전을 예방하는 서비스에 중점을 둔다.

(3) 우리나라의 경우

우리나라 장기요양보험에서 규정하고 있는 급여의 종류는 크게 장기요양보호 대상 노인을 위한 급여와 가족요양보호제공자를 위한 급여로 분류되는데, 전자는 다시 재가급여와 시설급여로 분류된다.

1) 재가급여(제23조 제1항 제1호)

가정에서 요양보호사와 간호사 등으로부터 식사 도움, 화장실 도움, 세면, 목욕, 말벗, 외출동행, 간호서비스 등을 받으며, 집안청소 등 일상가사 지원서비스도 받을 수 있는 급여를 말한다. 또한, 하루 중 일정시간 동안 주・야간보호시설을 이용하여 기본적인 요양서비스 외에도 신체 또는 정신기능 유지 및 기능향상 프로그램 등에 참여할 수 있고, 가족 등이 불가피하게 일정기간 동안 집을 비워야 할 때 노인을 단기보호시설에 입소시켜 필요한 요양서비스를 받을 수 있다. 1등급은 109만 7천원, 2등급은 87만 9천원, 3등급은

13) 최문경, 앞의 논문, 28쪽.

76만원 상당의 급여를 지급받을 수 있다.[14)]

2) 시설급여(제23조 제1항 제2호)

시설급여는 수급자를 장기요양기관이 운영하는 '노인복지법' 제34조의 규정에 따른 노인의료복지시설(노인전문병원은 제외)에 장기간 동안 입소시켜 신체활동지원 및 기능회복훈련 등을 제공하는 장기요양급여를 말한다. 시설에는 요양시설, 전문요양시설, 노인요양공동생활가정(그룹홈)이 있다. 고급시설서비스의 경우 1등급은 144만 3,600원, 2등급은 130만 6,500원, 3등급은 116만 9,100원 상당의 급여가 지급되고, 시설규모가 작고 식사와 주거 위주로만 운영되는 일반 노인요양시설의 경우 1등급은 114만 9,300원, 2등급은 100만 9,800원, 3등급은 87만 600원 상당의 급여가 지급된다.

3) 특별현금급여(제23조 제1항 제3호)

특별현금급여로는 가족요양비, 특례요양비, 요양병원 간병비 등 3종이 명시되어 있다.

① 가족요양비; 도서, 벽지 등 장기요양기관이 현저히 부족한 지역으로서 보건복지가족부장관이 정하여 고시하는 지역에 거주하는 수급자, 천재지변이나 그 밖에 이와 유사한 사유로 인하여 장기요양기관이 제공하는 장기요양급여를 이용하기가 어렵다고 보건복지가족부장관이 인정하는 수급자 또는 신체, 정신, 성격 등 대통령령으로 정하는 사유로 인하여 가족 등으로부터 장기요양을 받아야 하는 수급자 등이 가족 등으로부터 방문요양에 상당한 장기요양급여를 받은 때 지급하는 현금급여를 말한다(제24조). 등급별 월지급액은 1등급 15만원, 2등급 12만원, 3등급 11만원이다.

② 특례요양비; 수급자가 장기요양기관이 아닌 노인요양시설 등의 기관 또는 시설에서 재가급여 또는 시설급여에 상당한 장기요양급여를 받은 경우 당해 장기요양급여비용의 일부를 지급하는 현금급여를 말한다(제25조).

③ 요양병원간병비; 수급자가 노인복지법에 의한 노인전문병원 또는 의료법에 의한 요양병원에 입원하여 병원으로부터 채용 또는 지시를 받는 간병

14) 조선일보, 2008년 5월 28일, D3면.

인에게 간병서비스를 유상으로 제공받을 경우에 소요되는 비용의 일부를 지급하는 현금급여로(제26조), 등급에 관계없이 월 20만원을 지급한다.

3. 관리운영체계

(1) 독일의 경우

1) 보험자

독일은 장기요양보험의 운영기관을 별도로 창설하지 않고 법정건강보험금고에 업무를 위탁하고 있다. 따라서 장기요양보험의 관리운영주체는 8개 건강보험금고(Krankenkasse)[15]에 설치된 장기요양금고(Pflegekasse)이다(SGB XI 제1조 제3항, 제46조). 건강보험금고에 업무를 위탁하여 관리하게 된 이유는 피보험자가 동일하여 운영에 효율성을 가져올 수 있기 때문이다.

2) MDK

독일의 장기요양보험에서 등급판정은 의학적 치료나 재활 필요성 등에 대한 정보제공 서비스를 위하여 의사나 간호사 등으로 구성되어 건강보험금고에 설치되어 있는 건강보험의료심사단(MDK: Medizinischer Dienst der Krankenversicherung)에서 한다(SGB XI 제18조). MDK에 소속된 의사 중 10년 이상 경력의 전문의이고, 1년간 법률이론 및 요양인정서식내용 등에 대한 강습과정을 수료한 사람만이 장기요양보험 수급대상자 여부를 판정할 수 있는 자격을 가진다.

3) 노인장기요양 전문인력

독일은 1950년대 말부터 노인장기요양보호를 위한 직업교육시설이 생기기 시작하여 각 주별로 독자적으로 발전하여 왔고, 장기요양보험이 1995년에 실시되었음에도 불구하고 여전히 각 주별로 독자적인 교육 및 시험규정을 유지하고 있었다. 그러다 2002년에 처음으로 연방 차원의 통일법안이 논의되기 시작하였고, 2003년 8월부터 노인장기요양 직업교육기준을 연방차원에서

15) AOK, BKK, IKK, AK, AE, LKK, See-KK, BKN.

단일화시켜 새로운 표준을 세우게 되었다. 현재 표준화된 교육은 3년제로 운영되고 있다.[16]

(2) 일본의 경우

1) 보험자

일본 개호보험제도의 관리운영체계는 사회보험 방식으로, 보험자는 시·정·촌 및 특별구이고(개호보험법 제3조 제1항) 중앙정부, 도도부현, 의료보험자, 연금보험자가 시·정·촌의 재정과 사무 및 행정을 공동지원하는 중층적인 구조로 되어 있다.[17] 시·정·촌의 업무는 피보험자의 자격관리, 보험료 부과 및 징수, 피보험자의 요개호(요지원) 인정, 보험급여비용의 지불 및 재정운영 등이다. 복수의 시·정·촌이 공동으로 개호보험업무를 실시하는 것도 가능하다. 국가는 시·정·촌의 안정적인 재정운영을 위한 각종 지원 등을 담당하며 도도부현은 서비스 사업자의 지정·감독 및 재정안정화기금의 운영 등을 담당한다.

2) 개호 전문인력

일본에서는 1987년 '사회복지사 및 개호복지사법'이 제정되었고, 이 법에 의해 개호복지사라는 전문직이 국가자격으로 제도화되었으며, 공적개호보험이 도입되면서 개호복지사가 개호인력으로 자리잡았다(개호보험법 제79조 제2항). 이처럼 개호복지사의 도입은 개호인력의 질을 향상시키고 양질의 개호서비스 제공이 가능하도록 하였다.

(3) 우리나라의 경우

1) 관리운영주체

노인장기요양보험제도는 보건복지가족부장관이 관장하도록 하고 있다(제7조 제1항). 국가가 사회보장정책에 따라 이 제도의 관리운영책임을 지는

---

16) 김근홍, "수발보험 도입의 전제와 주요제도 내용에 대한 정책적 시사점 : 독일 수발보험의 전반적 내용분석을 중심으로," 「사회복지정책」, 제18호(2004), 90쪽.

17) 이정, "일본의 노인문제와 개호보험제도에 관한 고찰," 「노동정책연구」(2002년), 제2권 제2호, 97쪽.

것이다. 이를 위하여 보건복지가족부장관의 자문기구로 장기요양위원회를 설치・운영하도록 하고 있다(제45~47조). 보건복지가족부장관은 노인 등에 대한 장기요양급여를 원활하게 실시하기 위하여 5년 단위로 장기요양기본계획을 수립・시행하여야 한다(제6조 제1항). 지방자치단체의 장은 수립된 장기요양기본계획에 따라 세부시행계획을 수립・시행하여야 한다(제6조 제2항).

노인장기요양보험제도에서 보험자는 국민건강보험공단이다(제7조 제2항). 공단은 노인장기요양보험 가입자 등의 자격관리, 노인요양보험료의 부과・징수, 장기요양인정 신청인에 대한 조사, 등급판정위원회의 운영, 장기요양인정서의 작성 및 표준장기요양이용계획서의 제공, 장기요양급여의 관리 및 평가, 수급자에 대한 정보제공・안내・상담 등 장기요양급여관련 이용지원에 대한 사항, 재가 및 시설 장기요양급여비용의 심사 및 지급과 특별현금급여의 지급, 장기요양급여 제공내용 확인, 장기요양사업에 대한 조사・연구 및 홍보, 노인성질환예방사업 등의 업무를 관장한다(제48조). 장기요양기관의 지정・관리는 시・군・구의 권한이고, 부정한 방법으로 지정을 받은 장기요양기관 또는 정당한 이유 없이 장기요양급여를 거부한 장기요양기관 등에 대하여 그 지정을 취소할 수 있다.

2) 장기요양위원회

장기요양보험료율, 가족요양비・특례요양비 및 요양병원간병비의 지급기준, 재가 및 시설 급여비용 등을 심의하기 위하여 보건복지가족부장관 소속으로 장기요양위원회를 둔다(제45조). 장기요양위원회는 위원장 1인, 부위원장 1인을 포함한 16인 이상 22인 이하의 위원으로 구성하는데, 근로자단체・사용자단체・시민단체・노인단체・농어업인단체 또는 자영자단체를 대표하는 자, 장기요양기관 또는 의료계를 대표하는 자, 대통령령으로 정하는 관계 중앙행정기관의 고위공무원단 소속 공무원・장기요양에 관한 학계 또는 연구계를 대표하는 자・공단이사장이 추천하는 자 중에서 각각 동수로 보건복지가족부장관이 임명 또는 위촉한다(제46조 제1항・제2항).

3) 장기요양등급판정위원회

장기요양인정 신청인의 장기요양인정 및 장기요양등급을 판정하기 위하여 공단에 장기요양등급판정위원회를 둔다(제52조 제1항). 등급판정위원회는 시·군·구 단위로 설치한다. 다만 인구 등을 고려하여 하나의 시·군·구에 2 이상의 등급판정위원회를 설치하거나, 2 이상의 시·군·구를 통합하여 하나의 등급판정위원회를 설치할 수 있다(제52조 제2항). 장기요양등급판정위원회는 위원장 1인을 포함한 15인 이내의 위원으로 구성하는데(제52조 제3항), 시장·군수·구청장이 추천한 위원 7인과 의사 또는 한의사가 각 1인 이상 포함되어야 한다. 위원 구성은 의료법에 따른 의료인, 사회복지사업법에 따른 사회복지사, 시·군·구 소속 공무원, 그 밖에 법학 또는 장기요양에 관한 학식과 경험이 풍부한 자로 한다(제52조 제4항).

4) 장기요양기관

장기요양기관을 설치·운영하고자 하는 자는 노인장기요양보험법 시행령이 정하는 장기요양에 필요한 시설 및 인력기준을 갖추어 시장·군수·구청장으로부터 장기요양기관 지정을 받아야 한다(제31조 제1항·제2항). 시장·군수·구청장은 장기요양기관을 지정한 때 지체 없이 지정명세를 공단에 통보하여야 한다. 단, 방문간호기관은 시설 및 인력을 갖추어 지방자치단체 시장·군수·구청장에게 신고하면 운영할 수 있다(제32조). 신고를 받은 시장·군수·구청장은 그 신고내역을 지체 없이 공단에 통보하여야 한다. 방문간호기관은 치과의사 및 조산사를 제외하고 의료법에 따른 의료기관을 개설할 수 있는 자가 설치·운영할 수 있다.

장기요양기관이 수급자로부터 장기요양급여 신청을 받은 때에는 입소정원에 여유가 없는 경우와 같이 정당한 사유가 없는 경우에는 장기요양급여의 제공을 거부하여서는 아니되며, 장기요양급여의 제공기준·절차 및 방법을 준수하여 장기요양급여를 제공하여야 한다(제35조). 또한 장기요양기관은 장기요양급여의 선택을 용이하게 하고 급여의 질을 보장하기 위하여 급여의 내용, 시설·인력 등 현황자료 등을 공단이 운영하는 인터넷에 게시하여야 한다(제34조).

5) 장기요양요원

노인장기요양보험법 시행령에 따르면 방문요양 및 방문목욕의 장기요양요원은 요양보호사 1급으로 하도록 되어 있다. 또한, 방문간호의 장기요양요원은 간호사로 최근 5년 이내에 2년 이상의 임상경험이 있는 자와 간호조무사 중 최근 10년 이내에 3년 이상의 임상경험이 있는 자 및 치과위생사를 자격요건으로 하고 있다(제23조 제2항, 동법 시행령 제11조).

4. 이용절차

(1) 독일의 경우

장기요양보험의 전달체계는 가입자나 그 부양가족의 신청에 의하여 시작된다. 이것은 현대 사회복지 서비스의 성격인 요양대상자의 요양청구권에 의해 서비스를 받게 한다는 취지를 수용하고 있다(SGB XI 제33조 제1항). 신청을 받은 장기요양금고는 MDK에 장기요양 등급조사 및 판정을 의뢰하고, MDK에서는 소속된 의사 또는 요양전문직 중에서 담당자를 선정하여 신청자의 가정에 파견하여 36개의 평가항목을 기준으로 면접조사를 실시한다(SGB XI 제18조 제1항). 면접조사의 결과를 토대로 MDK 본부에서 요양보호 등급이나 필요한 요양서비스의 종류 등을 판정하고 개인별 요양보호 플랜을 작성하여 장기요양금고에 제출한다(SGB XI 제18조 제5항). 이것을 심사하여 장기요양금고는 요양보호 등급의 결정 또는 신청기각을 결정하여야 하며 그 결정내역을 신청자에게 문서로 통지한다.

(2) 일본의 경우

요개호인정을 받아 개호급여를 받고 싶은 노인이나 그 가족은 시・정・촌의 담당창구에 관련서류를 첨부하여 요개호인정신청을 할 수 있다. 지정된 지정거주개호지원업자 또는 개호보험시설에서 대행접수도 가능하다. 신청후 시・정・촌의 직원 또는 개호보험전문원이 개호를 신청한 가정을 방문해 85개 항목에 걸쳐 건강상태를 조사한다. 이 때 담당의사로부터 질환 등의 상태에 대해서 의학적인 의견을 요구할 수 있다.[18] 조사의 결과와 담당의사의 의

---

18) 황경성・김용택, 「일본의 고령자 보건복지-개호보험제도」, 학지사, 2001, 92-96쪽.

견을 근거로 개호인정심사위원회에서 요지원상태, 요개호상태를 심사한다(개호보험법 제14조). 개호인정심사위원회는 보건・의료・복지의 학식 있는 경험자로 구성되며 전국이 단일한 기준으로 심사・판정을 한다(개호보험법 제15조). 제2호 피보험자에 대해서는 개호를 필요로 하는 상태가 특정 질병에 의한 것인지를 심사한다.

인정을 받으면 개호지원전문원이 본인이나 가족의 의견을 존중하여 개인별 상황에 맞게 서비스계획을 만들어 서비스 제휴사업자와 조정을 한다(개호보험법 제7조 제18항・제20항). 서비스계획이 작성되면 거택서비스사업자 등으로부터 필요한 재택서비스를 받을 수 있고, 자택에서 생활을 할 수 없을 때에는 특별양호노인홈과 장기간의 요양에 적합한 병원 등의 시설서비스를 받을 수 있다.

피보험자가 개호인정에 대한 결정이나 보험료의 징수 등에 불복하는 경우에는 도도부현에 설치되어 있는 '개호보험심사회'에 심사를 청구할 수 있다(개호보험법 제183조).[19]

(3) 우리나라의 경우

1) 장기요양 인정신청

요양급여를 받고자 하는 자는 먼저 국민건강보험공단에 장기요양인정신청서를 제출한다(제13조 제1항). 장기요양인정신청은 장기요양보험가입자 또는 그 피부양자와 의료급여수급자가 할 수 있다(제12조). 신청서 제출시에 신청자는 의사 또는 한의사가 발급하는 소견서를 첨부하여야 하는데(제13조 제1항), 의사소견서는 공단이 등급판정위원회에 자료를 제출하기 전까지만 제출하면 된다(제13조 제1항 단서). 다만, 거동이 현저하게 불편하거나 도서・벽지지역에 거주하여 의료기관을 방문하기 어려운 자 등은 의사소견서를 제출하지 아니할 수 있다(제13조 제2항).

2) 방문조사

신청자에 대해서 공단은 간호사, 사회복지사, 물리치료사 등으로 구성된

19) 이정, 앞의 논문, 101쪽.

장기요양요원으로 하여금 신청을 한 가정을 직접 방문하여 '장기요양인정조사표' 및 조사요령에 의거 신청인의 심신상태, 필요한 요양급여의 종류 및 내용, 그 밖에 필요한 사항 등을 조사하게 하여야 한다(제14조).

3) 심사 및 판정

신청조사가 완료되면 장기요양요원은 조사한 결과를 컴퓨터 등급판정 프로그램으로 분석하여 장기요양 인정 여부 및 장기요양등급에 대하여 1차로 판정하고, 공단은 이 조사결과서・신청서・의사소견서 및 그 밖에 심의에 필요한 자료를 지역별 장기요양등급판정위원회에 제출하여야 한다(제15조 제1항). 등급판정위원회는 6월 이상의 기간 동안 일상생활을 혼자서 수행하기 어렵다고 인정되는 경우, 요양급여를 받을 자(수급자)로 결정하고 심신상태 및 요양급여가 필요한 정도에 따라 등급을 판정하게 된다(제15조 제2항).

등급판정은 신청서를 제출한 날로부터 30일 이내에 완료하는 것을 원칙으로 하는데, 정밀조사가 필요한 경우 등 부득이한 경우는 30일 이내의 범위에서 연장이 가능하다(제16조 제1항).

4) 판정결과 등의 통지

판정이 완료되면 공단은 요양등급, 요양급여의 종류 및 내용 등에 관한 사항이 포함된 장기요양인정서와 요양급여를 원활히 이용할 수 있도록 하기 위한 이용계획서를 작성하여 수급자에게 송부하여야 한다(제17조). 장기요양인정의 유효기간은 1년을 원칙으로 하지만(제19조), 연속으로 3회 이상 같은 등급으로 판정되는 경우에는 유효기간을 2년으로 한다(동법 시행령 제8조 제1항). 다만, 등급판정위원회에서 유효기간을 6개월 범위 내에서 가감하여 조정할 수 있다. 이 경우에도 유효기간을 1년 미만으로 할 수는 없다(동법 시행령 제8조 제2항).

5) 서비스의 개시

장기요양인정서를 받은 수급자는 재가급여 또는 시설급여를 선택할 수 있으며, 장기요양인정서가 수급자에게 도달한 날부터 장기요양급여가 개시된다(제27조 제1항). 다만, 돌볼 가족이 없는 경우 등은 신청서를 제출한 날부터 장기요양급여를 받을 수 있다(제27조 제2항). 장기요양급여는 장기요양등급, 장기요양급여의 종류 등을 고려하여 산정한 월 한도액 범위 내에서 실시한다(제28조).

6) 부당이득의 징수와 구상권

공단은 장기요양급여를 받은 자 또는 장기요양급여비용을 받은 자가 월 한도액 범위를 초과하여 장기요양급여를 받은 경우, 장기요양급여의 제한을 받을 자가 장기요양급여를 받은 경우, 거짓이나 부정한 방법으로 재가 및 시설 급여비용을 청구하여 이를 지급받은 경우, 그 밖에 노인장기요양보험법상의 원인 없이 공단으로부터 장기요양급여를 받거나 장기요양급여비용을 지급받은 경우에는 그 장기요양급여 또는 장기요양급여비용에 상당하는 금액을 부당이득으로 징수한다(제43조 제1항). 거짓 보고 또는 증명에 의하거나 거짓진단에 따라 장기요양급여가 제공되었으면 거짓행위에 관여한 자는 장기요양급여를 받은 자와 연대하여 책임을 진다(제43조 제2항). 이 외에 공단은 거짓이나 부정한 방법으로 장기요양급여를 받은 자와 같은 세대에 속한 자(장기요양급여를 받은 자를 부양하고 있거나 다른 법령에 따라 장기요양급여를 받은 자를 부양할 의무가 있는 자)에 대해서도 연대책임을 물을 수 있다(제43조 제3항). 또한, 장기요양기관이 수급자로부터 거짓이나 부정한 방법으로 장기요양급여비용을 받은 때에는 공단이 당해 장기요양기관으로부터 이를 징수하여 수급자에게 지체없이 지급하여야 한다(제43조 제4항).

제3자의 행위로 인하여 장기요양급여의 제공사유가 발생하여 수급자에게 장기요양급여를 행한 때에는 공단은 그 급여에 사용된 비용의 한도 안에서 제3자에 대한 손해배상의 권리를 얻는다(제44조 제1항). 장기요양급여를 받은 자가 제3자로부터 이미 손해배상을 받은 때에는 공단은 그 손해배상액의 한도 안에서 장기요양급여를 행하지 아니한다(제44조 제2항).

7) 이의신청 및 심사청구

장기요양인정, 장기요양등급, 장기요양급여, 부당이득, 장기요양급여비용 또는 장기요양보험료 등에 관한 공단의 처분에 이의가 있는 자는 공단에 이의신청을 할 수 있다(제55조 제1항). 이의신청은 처분이 있은 날부터 90일

이내에 문서로 하여야 한다. 다만, 정당한 사유로 이 기간 이내에 이의신청을 할 수 없었음을 소명한 때에는 그러하지 아니하다(제55조 제2항).

공단은 장기요양 심사위원회를 구성하여 이의신청사건을 심사하여야 한다(제55조 제3항). 장기요양심사위원회는 위원장 1명을 포함한 50명 이내의 위원으로 구성한다(동법 시행령 제23조 제1항). 이의신청에 대한 결정에 불복하는 자는 결정처분을 받은 날부터 90일 이내에 장기요양심판위원회에 심사청구를 할 수 있다(제56조 제1항). 심판위원회는 보건복지가족부장관 소속으로 두고, 위원장 1인을 포함한 20인 이내의 위원으로 구성한다.

5. 재 정

(1) 독일의 경우

독일의 재원조달 방식은 건강보험금고 속에 독립된 새로운 장기요양보험을 설립하고 보험료를 징수하는 비용조달 방식이다. 장기요양보험재정의 재원은 근로자 및 사용자에게 부과되는 보험료, 정부보조금 및 기타수입으로 구성된다(SGB XI 제54조). 재정의 대부분은 보험료이며 장기요양보험기구의 자산투자로 얻어지는 이자수입은 규모가 크지 않다.

장기요양보험제도 시행초기인 1995년에서 1996년 6월까지는 근로자의 보험료율이 총 수입의 1.0%였지만 그 후 1.7%로 상향 조정되었고(SGB XI 제55조 제1항), 근로자와 사용자가 각각 2분의 1씩 부담한다(SGB XI 제58조 제1항). 퇴직자는 연금기금에서 50%를 부담하며, 실업자는 실업기금에서 전액부담하고 자영업자는 전액 본인부담이다.[20] 보험료는 건강보험 보험료와 함께 건강보험금고에 납부된 후 건강보험금고에서 장기요양금고로 이체된다. 운영비는 보험료로부터 지출된다(SGB XI 제63조).

(2) 일본의 경우

개호급여에 소요되는 비용(서비스 이용자 부담분 10% 제외)은 피보험자가

20) 최문경, 앞의 논문, 46쪽.

부담하는 보험료 수입 50%와 공적자금(조세) 50%로 충당된다. 제1호 피보험자 중에서 노령퇴직연금액이 일정액 이상인 자는 연금에서 원천공제되고, 일정액 미만의 노령퇴직연금 수혜자와 노령퇴직연금을 받고 있지 않는 사람은 소득단계별로 산정된 보험료를 개별납부한다.[21] 제2호 피보험자는 전국 균일금액으로 하되 가입된 의료보험마다 가산해서 정해진다. 피보험자 부담분 중에서 제1호 피보험자가 19%, 제2호 피보험자가 31%를 부담한다. 공적부담분과 관련해서 시설급여비는 중앙정부가 20%, 도도부현이 17.5%, 시・정・촌이 12.5%를 분담하고, 재가급여비는 중앙정부가 25%, 도도부현이 12.5%, 시・정・촌이 12.5%를 분담한다. 그리고 중앙정부가 부담하는 비용 중 5%는 시・정・촌 간의 재정력 격차를 조정하기 위해 사용된다. 시설급여비와 재가급여비에 대한 국가의 차등부담은 재가급여를 확대시키기 위한 조치의 일환으로 판단된다.

개호보험 서비스를 이용하는 사람은 보험료 이외에 이용료의 10%를 자기부담으로 납부하여야 하고, 시설서비스를 받는 사람은 거주비・식비・일상생활비를 별도로 추가해서 부담하여야 한다. 재가서비스는 요개호도에 따라 월 이용한도액이 정해져 있기 때문에, 한도액을 초과하여 이용한 서비스는 본인부담이다.[22]

(3) 우리나라의 경우

노인요양서비스를 제공하기 위한 재원은 국민이 내는 노인요양보험료, 국가 및 지자체의 부담, 요양서비스 이용자 본인의 일부부담으로 이루어진다. 장기요양보험료는 국민건강보험료액에 장기요양보험료율(4.05%)을 곱하여 산정하되(제9조 제1항), 건강보험료와 구분하여 통합하여 징수한다(제8조 제2항). 따라서 노인장기요양보험 가입자는 건강보험 가입자와 동일하고 징수주체는 건강보험공단이 된다(제8조 제1항). 그러나 통합징수한 노인장기요양보험료와 건강보험료는 각각 독립회계로 관리하여야 한다(제8조 제3항). 장기요양보험료율은 보건복지가족부 장관 소속인 장기요양위원회의 심의를 거

21) 황경성・김용택, 앞의 책, 65쪽.
22) 최문경, 앞의 논문, 49쪽.

쳐 대통령령으로 정한다(제9조 제2항). 공단은 '장애인복지법'에 따른 장애인 또는 이와 유사한 자로서 대통령령으로 정하는 자가 장기요양보험 가입자 또는 그 피부양자인 경우 장기요양급여의 수급자로 결정되지 못한 때에는 장기요양보험료의 100분의 30을 경감한다(제10조, 동법 시행령 제5조).

국가는 매년 예산의 범위 안에서 당해연도 장기요양보험료 예상수입액의 100분의 20에 상당하는 금액을 국고에서 국민건강보험공단에 지원하도록 하고, 국가와 지방자치단체는 의료급여수급권자의 장기요양급여비용, 의사소견서 발급비용, 방문간호지시서 발급비용 중 국민건강보험공단이 부담하는 비용 및 관리운영비의 전액을 대통령령으로 정하는 바에 따라 부담하도록 하였다.

수급자는 재가장기요양 급여비용의 100분의 15, 시설장기요양 급여비용의 100분의 20을 부담하되, 국민기초생활보장 수급권자는 이를 부담하지 아니하고, 의료수급권자 등은 본인일부부담금의 100분의 50을 감경하도록 하고 있다(제40조).

Ⅲ. 노인장기요양보험의 문제점과 개선방안

우리나라는 2008년 7월 1일부터 노인장기요양보험이 시행되고 있지만 재정의 마련과 운영방법, 시설・인력 측면의 인프라구축 미비 등 여러 난제를 안고 있는 것이 현실이다. 우리보다 앞서 장기요양보험을 도입한 국가 중 일본의 경우는 10년 동안 인프라를 구축한 후 개호보험을 도입하였음에도 불구하고 시설 입소수요를 충족하지 못하여 대기자가 누적되는 문제를 안고 있다. 요양급여의 범위가 좁은 독일의 경우도 재정적 안정성을 기대하기 어려운 상황이다. 하물며 우리나라는 노인장기요양정책을 준비하는 일련의 과정에서 다른 나라들의 경험과 역사적 맥락을 충분히 비교・검토하지 못했고, OECD 주요 국가에서 조세・보험・부조방식 등 장기요양서비스를 개발하고 시행하는 과정에서 나타난 다양한 쟁점과 여러 요인들을 포괄적으로 분석하지 못하였다. 이러한 점에서 우리나라의 노인장기요양제도 역시 다양한 문제점을 갖게 될 것으로 예상되는데,[23] 이러한 문제점과 그 개선방안을 살펴본다.

1. 수급권자의 확대

현행 노인장기요양보험제도에서 65세 이상 노인은 요양급여가 필요할 경우 질병 종류에 관계없이 서비스를 받을 수 있고, 65세 미만 40세 이상의 자는 치매나 중풍 같은 노인성 질환을 가진 환자만이 요양급여를 신청할 수 있다. 일본 개호보험법의 내용을 참고한 것으로 보이는데, 전 국민을 수급대상으로 하고 있는 독일의 입법방식을 받아들이지 않은 것은 많은 아쉬움이 남는다.

올해 요양급여 혜택을 받을 수 있는 노인은 65세 전체 인구(496만명)의 3.5%인 17만명으로 추산된다. 신청예정자를 약 24만 8천명으로 추정할 때 약 8만명은 등급외 판정을 받게 되므로 보험혜택을 받지 못한다.[24] 이 외에 요양급여가 필요하지만 신청을 하지 않은 노인까지 고려하면 그 수는 상당한 정도에 이른다.

이렇게 전 국민이 보험료를 내지만 극소수의 노인으로 수급권자를 제한함으로써 서비스 수급대상에서 제외된 노인들은 적잖은 불만을 나타내고 있으며, 비용만 부담하고 서비스를 받을 자격이 없는 젊은 계층의 반발은 더욱 크다. 우리 사회에서 급부상하고 있는 노인요양문제에 대한 해결방안의 일환으로 시작된 장기요양제도의 도입 노력은 수급권자를 제한함으로써 사회보험의 취지와 맞지 않고, 도입취지인 노인 삶의 질 향상과도 거리가 먼 제도로 설계된 것 같다.[25] 이렇듯 수급대상을 중증의 노인으로만 제한하여 서비스를

23) 최은영 외, 「OECD 국가의 노인장기요양서비스 체계 비교와 정책적 함의」, 한국보건사회연구원, 2005.

24) 조선일보, 2008년 5월 28일, D3면.

25) 안소희, "노인장기요양보험제도의 도입에 따른 문제점 및 개선방안에 관한 연구," 목원대학교 산업정보대학원 석사학위논문, 2008, 64쪽.

제공하는 것은 노인요양보험제도가 추구하는 보편주의 개념을 벗어난 것이며, 사회보험을 통해 노인요양문제를 해결하려 했던 제도 도입의 목적은 물론 실효성과도 거리가 멀다. 따라서 보다 많은 사람들에게 실질적인 혜택이 돌아갈 수 있도록 장기적으로는 노인뿐만 아니라 장애인 등 일상생활을 혼자서 수행하기 어려운 모든 국민이 장기요양급여를 제공받을 수 있도록 급여대상자를 점진적으로 확대하는 법개정이 필요하고, 단기적으로는 수급대상에서 탈락한 노인에게 지방자치단체에서 운영하는 노인돌보미사업, 보건소의 방문사업 등을 이용할 수 있도록 지원책을 강구해야 한다.

2. 요양시설의 균형적인 확보

보건복지가족부는 2008년 6월 기준 전국의 요양시설 충족률은 94%이며, 이를 2008년 말까지 100% 이상으로 늘리겠다고 하고 있다. 문제는 지역별로 보면 시설확보의 불균형현상이 심각해 전체 충족률이 100%가 되더라도 서비스시설이 부족한 시·군·구가 상당수 나타날 것이라는 사실이다. 전국 232개 기초자치단체 가운데 노인요양시설이 아예 없는 시·군·구가 서울 중구와 인천 옹진군, 충남 태안군, 경북 고령군 등 11곳이나 되고, 충남 홍성군, 전남 목포시 등은 충족률이 70% 정도에 불과한 현실이다.[26)]

노인요양서비스가 전국적으로 형평성 있게 제공되려면 노인요양 관련시설이 전국에 고르게 분포되어 있어야 한다. 이를 위해 중소병원의 요양병원으로의 기능전환에 대한 정부의 적극적인 지원이 필요하고, 요양시설의 기능통합 등 요양병원과 요양시설간의 기능을 재정립하며, 그룹홈 등 소규모시설의 활성화를 위한 방안을 적극 강구해야 한다. 지자체의 재정자립도가 매우 낮은 상황에서 지자체가 알아서 필요한 요양시설을 설립할 것으로 기대하는 것은 시설인프라 구축에 상당한 차질을 가져올 것이기 때문에, 요양시설의 구축에 중앙정부의 적극적인 재정지원이 필요하다. 또한, 공적 기관에만 의존하지 말고 민간의 적극적인 투자를 유인할 수 있는 정책적인 유인책을 제

26) 한겨레신문, 2008년 6월 10일, 의료·건강.

공하는 것이 필요하다. 그러나 특히 재정자립도가 낮은 지역일수록 시장성이 낮아 민간시설의 신규진입이 이루어지지 않을 가능성이 높기 때문에, 이러한 지역에서는 시장실패에 대한 대응차원에서 중앙정부의 사회연대적 기금을 통하여 시설인프라 구축을 지원하는 것이 필요하다.[27]

3. 요양전문인력의 전문성 및 연계성 확보

우리나라에서 요양복지사 교육은 교육기간과 교육과목의 구성에 따라 1급과 2급으로 구분하여, 대학원・4년제 대학・2년제 대학・대학부설 사회교육원 및 평생교육원 등을 중심으로 양성・배출되고 있다. 그러나 대부분의 교육과정은 사회복지사 중심의 교과목에 관련영역에서 몇 과목을 추가하여 요양복지사를 양성하고 있는 실정이다. 또한, 2008년 7월부터 요양보호사 양성기관이 지자체별로 신고제로 운영되다 보니 양성기관이 난립되어 부실교육의 부작용이 우려되고 있다. 독일과 일본이 국가적으로 자격기준과 교육기준을 제도화하여 운영하고 있는 것과 많은 차이가 있다.

전문직에 대한 교육은 전국 어디서나 편차 없이 거의 동일한 내용을 바탕으로 이루어져야 한다. 제공하는 지역과 사람에 따라 서비스의 편차가 있어서는 곤란하며 가능한 범위 내에서 줄여야 할 것이다. 따라서 서비스를 수급하는 노인을 중심으로 하는 요양복지교육의 표준화가 이루어져야 하고,[28] 요양보호사 양성기관의 설립요건을 보다 강화해야 한다. 교육기관 확보를 서두르기보다는 단계적으로 확충하고, 교수인력의 자격요건과 교육내용의 정기적 평가를 강화하여 교육의 질 평가시스템을 구축해야 한다. 이 외에도 교육이수 이후 현장에 투입되어 서비스가 진행되는 과정에서도 주기적인 보수교육프로그램을 통해 보다 효과적인 관리를 함으로써 서비스의 질을 향상시킬 수 있도록 제도적인 마련을 해야 할 것이다.

27) 이향미, "노인장기요양보장제도의 개선방안에 관한 연구," 원광대학교 행정대학원 석사학위논문, 2006, 65쪽.

28) 이운송, "노인장기요양보험의 문제점과 개선방안에 관한 연구," 원광대학교 행정대학원 석사학위논문, 2006, 72쪽.

한편, 요양급여의 대상자를 위한 서비스로는 일상생활의 평안함을 유지하기 위한 기본생활 원조와 질 높은 재활에 이르기까지 다양한 급여서비스가 제공되어야 하는데, 어떠한 형태의 전문인력이라 하더라도 이들의 다양한 욕구를 만족시키기에는 한계가 있을 수 있다. 예를 들어, 만성질환을 앓고 있는 노인은 일상생활에 있어서 어려움이 있기도 하지만 동시에 신체적 간호와 재활이 필요할 때가 있다. 이 때 일상생활에 도움이 필요한 경우에는 간병인과 같은 요양인력이 필요하지만, 간호가 필요한 경우에는 의사나 간호사 및 물리치료사 등 전문인력으로부터 서비스가 필요하다. 따라서 자기 직종의 부족한 점을 보완하기 위해 반드시 타 전문인력이나 시설과의 연계를 통하여 통합된 관리체계가 이루어져야 할 것이다.

4. 재정안정화

현재 노인장기요양보험은 건강보험과 연계하여 건강보험료에 일정한 추가보험료를 부과하는 방식으로 재원을 조달하고 있다. 문제는 초기단계에서는 건강보험 보험료의 세대당 부담액에 약 4% 정도의 추가부담이 발생하지만 시간이 가면서 그 부담수준이 늘어나 결국 10% 정도의 추가부담이 발생할 것으로 예상되고 있다. 따라서 이 정도의 부담에 대해서 국민들의 동의를 구하고 이해시키는 것이 앞으로 해결해야 할 중요한 과제이다. 장기적인 재정추계와 재원확보 방안에 대한 명확한 분석이 반드시 필요하고 늘어날 국민부담에 대한 사회적 합의와 공감대 형성을 위한 정부의 다양한 시도가 요구된다.[29]

본인부담제도와 관련해서는 노인요양보험이 장기적 급여의 성격을 갖고 있기 때문에 수급자의 경제사정에 따라 장기적인 본인부담으로 인해 빈곤문제나 심지어 이로 인해 수급권 자체를 포기하는 문제가 발생할 수 있다.[30]

---

29) 박나영, "노인수발보험제도 도입에 있어서 문제점 및 개선방안," 광운대학교 정보복지대학원 석사학위논문, 2006, 51쪽.

30) 부명숙, "한국 노인수발보험의 도입방안," 탐라대학교 경영행정대학원 석사학위논문, 2007, 60쪽.

특히 본인부담이 면제인 국민기초생활수급노인에 비해 본인부담을 내야 하는 차상위계층에게는 큰 부담이 될 수밖에 없다. 따라서 본인부담부분을 줄이는 제도적 보완장치가 마련되어야 할 것이다.

〈참고문헌〉

김근홍, "수발보험 도입의 전제와 주요제도 내용에 대한 정책적 시사점 : 독일 수발보험의 전반적 내용분석을 중심으로," 「한국사회복지정책」, 제18호, 2004.

김태희 역, "독일요양보험의 발전 및 현황과 미래," 「강원법학」, 18권, 2004.

두미균, "노인 요양보험제도의 비교연구," 한일장신대학교 기독교사회복지대학원 석사학위논문, 2004.

박나영, "노인수발보험제도 도입에 있어서 문제점 및 개선방안," 광운대학교 정보복지대학원 석사학위논문, 2006.

부명숙, "한국 노인수발보험의 도입방안," 탐라대학교 경영행정대학원 석사학위논문, 2007.

안소희, "노인장기요양보험제도의 도입에 따른 문제점 및 개선방안에 관한 연구," 목원대학교 산업정보대학원 석사학위논문, 2008.

이명수, "노인장기요양보험제도에 관한 연구," 한양대학교 행정·자치대학원 석사학위논문, 2007.

이상광, "독일 요양보호법상의 양호제도," 「한독법학」, 13권, 2002.

이운송, "노인장기요양보험의 문제점과 개선방안에 관한 연구," 원광대학교 행정대학원 석사학위논문, 2006.

이인호, "노인수발보험제도의 국가간 비교와 시사점," 「사회복지개발연구」, 제12권 제2호, 2006.

이 정, "일본의 노인문제와 개호보험제도에 관한 고찰," 「노동정책연구」, 제2권 제2호, 2002.

이향미, "노인장기요양보장제도의 개선방안에 관한 연구," 원광대학교 행정대학원 석사학위논문, 2006.

정재훈, "노령사회에 대비하는 새로운 가능성," 「사회복지」, 제148호, 2001.

차홍봉, "노인장기요양보호사업 비교연구 : 미국의 경험을 중심으로," 「한국노년학」, 제13권 제1호, 1993.

최문경, "한국, 독일, 일본의 노인장기요양보호제도 비교연구," 경남대학교 행정대학원 석사학위논문, 2005.

최은영 외, 「OECD 국가의 노인장기요양서비스 체계 비교와 정책적 함의」, 한국보건사회연구원, 2005.

황경성·김용택,「일본의 고령자 보건복지-개호보험제도」, 학지사, 2001.
홍완식, "독일의 간호보험에 관한 법적 고찰,"「사회과학연구」, 제10집, 1999.
통계청,「2006년 장래인구추계」, 2006.
경향신문, 2008년 6월 4일.
조선일보, 2008년 5월 28일.
한겨레신문, 2008년 6월 10일.

Eustis, N., *Long-Term care for Older Persons: A Policy Perspective*, 1984.
Kane, R. L. & Kane, R. A., *Long-Term Care: Principles, Programs and Policies*, 1987.

제 6 장

고령화사회에서 노인학대에 대한 형사법적 대처*

* 이 논문은 2007년도 정부재원(교육과학기술부 학술연구조성사업비)으로 한국학술진흥재단의 지원을 받아 연구되었으며(KRF-2007-321-B00162), 경찰법연구, 제6권 제2호(2008), 239면 이하에 실린 글을 수정한 것이다.

Ⅰ. 고령화사회에서 노인의 지위와 노인학대

1990년대에 접어들면서 산업화에 따른 가족해체가 급속히 진행되었으며 출생률 또한 급속히 감소하기 시작하였는데, 이런 현상은 우리 사회의 고령화현상이 급속히 진행되는 결과를 낳고 있다. 출생률은 2003년에 이미 1.17명으로 감소한데 비해서 노인의 평균수명은 2001년에 남성 72.8세, 여성 80.1세로 증가하여 노인이 전체 인구에서 차지하는 비율도 점차 증가하고 있다.

노령인구가 증가되고 있음에 비해서 61세 이상 노인들이 처해 있는 사회·경제적인 상황 및 사회복지의 상황은 노인들에게 좋은 것이라고 말할 수는 없을 것이다. 경제적인 지위에 있어서 노인들은 이전에 다니던 직장으로부터 퇴직한 상태인 경우가 대부분이며, 또한 연금을 통해서 생활하는 수가 극히 적다는 점을 고려하면 대부분의 노인들은 그들의 의식주 및 기본적인 수요의 충족을 그들의 자녀들에게 의존하고 있다. 이런 상황은 노인들이 직장으로부터의 퇴직과 함께 사회적인 지위와 가정 내에서의 지위가 자녀들에 의존적인 위치로 변화되고 있다. 이러한 지위의 변화는 노인들에게 소외감과 좌절감을 불러일으키는 것과 동시에 가정 내에서 다른 구성원들과의 갈등 가능성이 높아지게 된다는 것을 말해 준다. 즉, 노인들은 경제적인 자원과 수단을 소유하지 못함으로써 사회적인 위치에서 소수자의 영역에 처하게 되고, 사회적 영향력이 급격하게 쇠퇴해 갈 뿐만 아니라 대부분의 사회활동들로부터 배제당하는 상황에 처하게 된다는 것이다.

노인들의 경우 신체적인 근력과 유연성의 약화와 더불어 다양한 질병들에 노출되거나, 만성질환의 피해자가 될 가능성이 높아진다는 점도 노인의 사회복지에서 중요한 문제라고 할 수 있다. 더욱이 치매나 고혈압에 따른 질환들의 경우 노인들의 독립적인 생활유지를 불가능하게 만든다는 점은 사회복지비용의 증가를 가져오는 중요한 요인이 되고 있다. 이와 같은 독립적 생활능력의 상실에 대해서 충분히 대처할 수 있는 노인복지 시스템이 갖추어지지 못한 우리나라의 상황에서는 노인들은 더욱더 열악한 처지에 놓이게 된다고 하겠다.

이와 같은 사회・경제적인 맥락은 노인학대와 노부모에 대한 유기행위와 같은 범죄행위의 발생 가능성을 높이는 데 상당한 영향을 미치는 것으로 보인다. 노인들의 경우 사회・경제적으로 소외되는 상황에서는 자신에 대한 학대나 유기에 대해서 적극적으로 대처하지 못하거나, 자신에 대한 범죄를 범죄로서 인지하지 못하는 경우가 나타날 수 있기 때문이다. 또한, 노인들이 가정 내에서 피부양자로서 지위를 유지하는 상황에서는 다른 가족구성원과의 갈등을 촉발하게 되거나 이런 갈등상황에서 폭행이나 상해의 범죄피해자가 될 수도 있기 때문이다. 또한, 독립적인 생활 가능성을 상실한 노인들의 경우 이를 부양하는 가족구성원들에게 과중한 가사노동을 부과하게 될 뿐만 아니라, 이로 인한 갈등이나 스트레스로 인하여 노인들을 학대하거나 유기하려는 동기를 유발할 가능성도 있는 것으로 보인다. 요양시설 내에서 생활하는 노인들에게도 이와 유사한 상황들이 존재하게 된다.

위에서 이미 살펴본 바와 같이 노인들의 경우에도 범죄피해자가 되는 상황은 일반인과 마찬가지로 동일하게 존재한다고 볼 수 있다. 그러나 노인들이 처한 사회・경제적인 지위가 노인들이 범죄피해자가 될 가능성을 높이는데 그치지 않고 범죄발생 이후에 범죄인지와 범죄수사 및 범죄자처벌, 그리고 피해회복의 절차에서 노인들이 보다 상대적으로 열악한 상황과 위치에 처하게 만들 가능성이 크다는 점에 주목할 필요가 있다. 이 점이 본 연구에서 노인학대의 문제에 초점을 맞추어야 할 필요성이 제기되는 맥락이라고 할 것이다.

Ⅱ. 노인학대의 정의

노인학대의 개념을 정의하고자 한다면 법률에서 규정하고 있는 개념을 기준으로 하는 방법과 사회과학에서 일반적으로 논의되는 개념을 기준으로 하는 방법이 있다. 대체로 법에서 규정한 개념은 범죄행위자를 처벌하려는 목적을 갖고 있으므로 보다 엄격하고 상세한 규정을 필요로 한다.

먼저 형법상의 개념을 살펴보면 매우 협의로 규정되어 있음을 알 수 있다. 형법상 '유기와 학대의 죄'에 관한 장의 제273조에 '학대죄' 규정이 있다. 제273조의 학대란 "자기의 보호 또는 감독을 받는 사람을 학대"하는 것이다. 이 규정의 내용이 이 글에서 논의하고자 하는 노인학대라는 개념을 모두 포괄한다고는 할 수 없다. 그리고 형법 제271조 '유기죄'를 포함한다고 하더라도 노인학대의 다양한 유형들을 모두 포괄할 수 없다. 제271조의 유기란 "노유, 질병 기타 사정으로 인하여 부조를 요하는 자를 보호할 법률상 또는 계약상 의무 있는 자가 유기"하는 것이다. 형법의 유기와 학대의 개념에서는 노인에 대해서 행해지는 경제적 착취나 노인에 대한 일상적인 방임행위를 포괄하기 어렵다.

사회적으로 문제되고 있는 노인학대의 개념에는 노인을 대상으로 행해지는 육체적인 가해행위뿐만 아니라, 정신적인 가혹행위 및 유기와 방치행위 및 부당한 처우들도 포함된다고 볼 필요가 있다. 이러한 문제들이 포괄적으로 다루어져야만 노인학대라는 사회문제에 대한 해결책이 제시될 수 있을 것이다. 또한 논의가 진행됨에 따라서 분명해지겠지만, 노인학대에 대한 사회적인 대응이 일부 가해행위에만 국한될 경우 노인과 관련된 복합적인 갈등과 노인시설들의 문제들이 그대로 방치됨으로써 노인을 피해자로 하는 범죄들이 계속적으로 반복되는 악순환을 막을 수 없다고 생각되기 때문이다. 예를 들면, 노인요양시설 내에서 이루어지는 노인에 대한 부당한 처우와 신체적인 학대를 가해자 한 사람의 처벌로 귀결시킨다면, 노인요양시설 내에 상존할 수 있는 기타 위험요인들을 등한시하게 됨으로써 다른 노인에 대한 다른 가해행위나 유기의 반복적 발생을 막을 수 없게 된다는 점이 그 이유이다.

노인복지법에서는 형법상의 유기·학대죄의 개념보다 넓은 의미에서 노인학대를 정의하고 있다. 노인복지법 제1조의 제4호에서는 "노인학대라 함은 노인에 대하여 신체적·정신적·정서적·성적 폭력 및 경제적 착취 또는 가혹행위를 하거나 유기 또는 방임을 하는 것을 말한다"라고 규정한다. 그리고 제39조의9에서 노인학대의 몇 가지 형태들을 금지되는 행위로서 다음과 같이 규정하고 있다.

1. 노인의 신체에 폭행을 가하거나 상해를 입히는 행위
2. 노인에게 성적 수치심을 주는 성폭행, 성희롱 등의 행위
3. 자신의 보호·감독을 받는 노인을 유기하거나 의식주를 포함한 기본적 보호 및 치료를 소홀히 하는 방임행위
4. 노인에게 구걸을 하게 하거나 노인을 이용하여 구걸하는 행위
5. 노인을 위하여 증여 또는 급여된 금품을 그 목적 외의 용도에 사용하는 행위

그러나 이하에서 살펴보는 바와 같이 노인복지법 제39조의9에서 규정한 행위유형은 '노인학대'라는 개념을 엄격하게 획정하기 위한 몇 가지 중요한 요소들이 빠져 있다고 생각된다. 노인복지법 자체가 '노인복지의 증진'이라는 포괄적인 목표를 지향하는 법률이기 때문에 노인의 복지에 위해가 되는 모든 범죄행위를 학대의 개념에 포함시키고 있다. 이 개념을 통해서는 노인학대라는 개념의 명확한 경계확정이 어려워 보인다. 따라서 노인학대라는 개념을 통해서 노인이 처한 각각의 사회적 상황들에서 발생하는 갈등과 일탈행위들을 명확하게 파악하려고 한다면 '학대'라는 개념을 보다 상세하고 구체적으로 경계를 그을 필요가 있다. 우선 국어적인 정의에 의한다면 '학대'라는 말은 "부당하게 처우함" 또는 "가혹한 짓으로 남을 괴롭힘, 포악한 대우"[1]를 의미한다. 이에 대응되는 영어로는 maltreatment 또는 mistreatment가 있다. maltreatment는 "거칠게 또는 무례하게 다루다 또는 대우하다"라는 의미를 갖고 있다. mistreatment는 "나쁘게, 그릇되게 또는 부당하게 다루다 또는 대우하다"는 의미를 갖는다.[2] 이것들과 유사한 용어로는 abuse 또는 ill-treatment가 있다.

이런 언어적 정의를 통해서 노인학대의 의미를 정의한다면 그것은 노인을 부당하게 대우하거나 처우하는 것을 말한다고 하겠다. 노인학대를 나타내는 외국 연구문헌의 표현은 주로 elder abuse 또는 elder mistreatment라는

1) 이기문 감수, 새국어사전, 동아출판사, 2002, 2694면.
2) *Oxford English Dictionary*, Clarendon Press, 1989.

용어가 주로 쓰이는 듯하다. 외국의 연구들에서 노인학대는 가정내 노인학대와 시설내 노인학대를 포함하는 개념으로 사용되고 있으며, 이런 행위들은 신체적인 학대, 성적인 학대행위 및 유기행위를 포함하는 개념으로 사용되고 있다. 더 나아가서는 정서적 학대와 경제적 착취까지도 포함하는 개념으로 정의된다.

이러한 맥락에서 노인학대를 정의한다면 "노인에 대한 요양서비스의 제공자 또는 노인과 노인을 보호하거나 부양하는 등 특별한 신뢰관계가 있는 사람에 의해서 부조를 요하는 노인에게 행해지거나 가해짐으로써 생명, 신체 또는 재산 등에 피해를 발생시키거나 또는 그에 대한 중대한 위험을 야기시키는 고의적인 행위 또는 적절한 치료나 급식 등을 제공하지 않음으로써 그런 피해를 일으키는 행위"[3]를 말한다고 하겠다. 이러한 개념정의는 사회구조적인 문제 또는 제도적인 결함으로 나타나는 노인들에 대한 부당한 처우나 급부서비스의 결여나 결함까지 포함시키는 거시적이며 제도적인 차원의 노인에 대한 부당한 처우시스템이나 서비스구조로서의 개념을 배제시키는 것이다. 또한, 정책이나 태도로써의 노인에 대한 부당처우의 개념도 노인학대의 개념으로부터 배제시키는 것이다.[4] 이런 개념까지 포함시키는 것은 특히 개인들에 의한 노인학대행위 및 그에 대한 형사법적인 대응의 문제로 한정하고자 하는 이 연구의 범위를 벗어나는 것이기 때문이다.

이 논문에서 채택한 노인학대라는 정의를 구성하는 개념요소들은 ① 행위자가 노인에 대해서 일정한 신뢰관계하에 있는 자라는 것,[5] ② 노인에 대해서 일정한 위해를 가하거나 또는 노인에게 필수적인 급부를 제공하지 않는다는 것, ③ 이러한 행위를 통해서 노인의 생명이나 신체 등에 일정한 위험을 발생시킨다는 것이다. 외국의 많은 연구들은 이러한 노인학대의 개념에

---

3) Bonnie, Richard/Wallace, Robert, *Elder Mistreatment : Abuse, Neglect and Exploitation in an Aging America*, National Academy Press, 2003, p.1, 40면; 이연호, 노인학대, 위험요인과 피해, 한국학술정보, 2005, 25면.

4) 사회학적 연구에서 나타나는 이런 거시적 개념들에 대해서는 Podnieks, E./Kosberg, J./Lowenstein, A., *Elder Abuse: selected papers from Prague World Congresson Family Violcncc*, IIMTP, 2003, p.166 참조.

5) Bonnie, Richard/Wallace, Robert, *op. cit.*, p.40.

노인의 재산에 대해서 일정한 피해를 발생시키는 행위도 포함시키고 있다. 이 중에서 ①의 개념요소가 필요한 이유는 이 요소를 통해서 행위자와 노인의 관계를 제한시키지 않을 경우에 노인에 대해서 행해지는 수많은 범죄행위들이 무차별하게 노인학대의 개념에 포섭될 수 있기 때문이다. 그에 대해서 ②, ③의 개념요소는 노인학대라는 언어적 의미로부터 직접 파생되는 요소들이라고 파악할 수 있다. 또한 이들 개념요소들은 서로 상이한 행위유형들을 포함할 수도 있지만, 그런 행위가 발생하는 사회적 맥락들이 유사하다는 점에서 서로 중첩되어 나타나는 경우가 많은 것으로 파악되기 때문이다.

이에 대해서 이미 언급한 바와 같이 형법 제273조에서 말하는 학대란 '육체적·정신적으로 고통을 주는 가혹한 대우를 하는 것'[6]을 말한다. 제2항에서는 직계존속에 대한 학대행위를 가중하여 처벌하고 있다. 제2항에서는 행위자인 직계비속이 자신 또는 배우자의 직계존속을 학대하는 행위를 말하므로 노인학대행위이기 때문에 가중하여 처벌하는 것은 아니다. 직계비속이 직계존속을 학대하였다는 점에 의해서 행위의 불법성이 가중되기 때문이다. 따라서 노인학대의 경우 행위자와 피해자 사이에 직계존·비속의 관계가 없을 경우 대부분 제1항에 의해서 처벌된다. 형법 제271조의 유기란 "노유, 질병 기타 사정으로 인하여 부조를 요하는 자를 보호할 법률상 또는 계약상 의무 있는 자가 유기"하는 것이다. 이 개념을 통해서 요양서비스 제공자 등에 의한 방임이나 방치행위를 처벌할 수 있다. 그러나 형법의 유기학대의 개념으로는 노인에 대해서 행해지는 경제적 착취나 노인에 대한 일상적인 방임행위를 포괄하기 어렵다.

반면에, 노인복지법 제39조의9에서 규정한 '금지행위'들은 형법이 포섭하지 못하는 불법적인 노인학대행위들을 포섭할 수 있다. 그러나 행위주체를 한정하지 않음으로 인해서 노인에 대해서 행해지는 여러 범죄들이 그 행위주체가 누구이며 피해노인과의 관련성 여부에 관계없이 노인학대의 개념에 포함된다. 이런 규정형식은 노인을 모든 상황에서 두텁게 보호할 수 있다는 장점은 있다. 그러나 이런 개념은 노인학대가 발생하는 사회적인 맥락에 대한

6) 임웅, 형법각론, 법문사, 2006, 118면.

고려가 없다는 점 때문에 지속적으로 발생하고 반복되는 노인학대의 연결고리를 명확하게 파악하지 못할 우려가 있다고 생각된다.

따라서 이 연구에서는 사회학적인 정의를 받아들이되 행위주체를 '노인과 신뢰관계가 있는 자'와 같이 피해노인에 대해서 일정한 관련을 갖는 자로 한정하여 정의하고자 한다. 즉, 위에서 밝힌 세 가지 개념요소들을 중심으로 노인학대를 정의할 필요가 있다고 생각된다. 이와 같이 노인학대를 개념정의함으로써 노인에 대해서 행해지는 다양한 권리침해 및 범죄행위의 양태들을 다 포괄할 수 있으며, 또한 노인학대가 발생되는 사회적인 맥락과 발생의 메커니즘을 정확히 파악할 수 있다고 판단된다. 이하에서는 이런 노인학대의 개념을 기초로 해서 다양한 노인학대의 행위들의 양태들을 살펴보고 그 원인을 검토하도록 한다.

Ⅲ. 노인학대의 다양한 행위유형들과 노인학대의 원인

1. 노인학대의 다양한 행위유형들

이미 언급한 바와 같이 이 글에서 노인학대란 "노인에 대한 요양서비스의 제공자 또는 노인과 특별한 신뢰관계가 있는 사람에 의해서 부조를 요하는 노인에게 행해지거나 가해지는 고의적인 폭행 또는 상해행위, 심각한 위험을 야기시키는 행위 또는 적절한 치료나 급식 등을 제공하지 않는 행위"를 말한다. 여기에서는 위에서 밝힌 노인학대의 개념요소들에 따라서 노인과 일정한 신뢰관계에 있는 개인 행위자들에 의해서 행해지며, 노인을 신체적・정신적으로 학대 또는 유기하거나 또는 필요한 급부를 제공하지 않는 행위들로 한정하여 그 다양한 형태들을 검토해 보고자 한다.

노인과 일정한 신뢰관계에 있는 자라는 것은 노인에 대해서 일정한 부양을 행하여야 할 사람, 즉 자녀, 가족 등이거나 또는 일정한 계약관계 등에 의해서 노인을 보호할 의무가 있는 자, 예를 들면 요양시설의 관리자 또는 요양서비스 제공자 등을 의미한다. 노인학대에 해당되는 행위들은 노인에 대해서 신체적 또는 정신적 위해를 가하는 행위와 같은 적극적인 행위뿐만 아니라, 단순히 방치하는 유기행위 및 필요한 급부를 제공하지 않는 행위를 포함한다. 유기행위나 급부를 제공하지 않는 행위의 경우에는 1회의 행위로 곧바로 범죄가 된다고 파악하기는 어렵지만, 이런 행위가 반복되거나 또는 이러한 행위로 노인의 생명 또는 신체에 위험을 발생케 한 경우에 노인학대가 된다고 파악할 필요가 있다. 노인의 재산 또는 권리에 대한 침해행위의 경우에는 노인의 무지, 착오나 사려 없음을 이용하여 노인의 재산이나 권리를 편취하거나 횡령하는 행위는 노인학대에 포함된다고 보아야 할 것이다.

이러한 개념요소들에 의할 때 노인학대에 해당하는 행위들에는 다음과 같은 행위들이 파악된다. 우선 가장 쉽게 발견되는 행위는 노인의 신체에 대해서 유형력을 행사하거나 가해행위를 함으로써 고통을 가하거나, 신체상해 등을 입히거나 생명에 대한 위험을 발생시키는 신체적 학대행위이다. 또한, 행위자가 노인의 동의 없이 강제로 추행하거나 또는 성관계를 갖는 성적 학대행위, 노인에 대해서 욕설 또는 협박을 하거나 위협 등의 괴롭히는 행위를 함으로써 정신적·심리적으로 불안 또는 공포심을 느끼게 만들거나, 또는 모멸감 등을 느끼게 하는 언어·심리적 학대행위, 노인의 재산이나 자산을 노인의 동의 없이 임의로 처분하거나 또는 노인의 무지 또는 착오를 이용하여 노인의 재산을 임의로 취득 또는 처분함으로써 위법하게 이익을 얻는 경제적 착위행위가 노인학대에 해당된다. 그리고 노인을 부양하여야 할 법률적인 의무 있는 자가 피부양자인 노인에 대해서 기본적인 필요를 충족시키기 위한 행위들을 하지 않는 방임 또는 방치행위, 그리고 노인을 보호할 법률상의 의무를 지닌 자가 노인이 거주하고 있는 장소와 멀리 떨어진 장소에 방치하거나 유기하는 행위도 노인학대에 포함된다고 볼 수 있다.

2. 노인학대의 발생원인

노인학대가 왜 발생하는가에 대해서는 다양한 사회학적인 설명들이 주장되고 있다. 현재 이러한 이론들에 대해서는 학대의 원인에 대한 하나의 설명이 옳다고 주장되기보다는 각각의 이론들이 노인학대를 설명하는데 일정한 설명력을 갖고 있다고 평가된다.[7] 노인학대의 발생원인을 설명하는 이론으로는 상황모델(situational model) 이론, 교환이론(exchange theory), 사회적 구성주의 이론(social construction theory) 및 생태학적(ecological framework) 이론이 주장된다.

(1) 상황모델이론

노인학대가 발생하는 원인을 피해노인과 학대자가 위치한 상황의 특성과 누적되는 스트레스에 초점을 맞추어서 설명하는 이론이다.[8] 이 이론은 노인부양이 힘들고 많은 스트레스를 불러일으키기 때문에 노인학대가 발생하게 된다고 설명한다.[9] 예를 들어, 노인과 부양자가 서로 상호작용하는 과정에서 노인의 의존성이 증가하게 되면 부양자의 스트레스가 증가하게 되고, 이는 노인에 대한 학대의 가능성을 높이는 결과를 가져올 수 있다는 부양자 스트레스 모델이 여기에 속한다.

상황모델이론에서는 부양과정의 스트레스 누적뿐만 아니라 빈곤과 같은 만성적 스트레스가 노인과 가족구성원간의 학대발생 가능성을 높이는 요인이 되는 것으로 본다. 빈곤이나 경제적 위기와 함께 여러 가지 다른 문제들이 발생하게 되면 가족구성원간에 스트레스가 누적되고, 특히 이런 스트레스의 부정적 영향을 완화시켜 줄 수 없는 사회적 지지원이 없는 가족의 경우에 노인학대가 발생할 가능성이 높아진다고 주장한다.[10] 이 이론에 대해서는 동일한 상황에 놓인 가정들에서도 어떤 가정에서는 노인학대가 발생하는데 대해서 학대가 발생하지 않는 가정들이 존재하는 이유가 무엇인가에 대해 사회적 지원 개념 외에 다른 설득력 있는 설명이 제시되지 못한다는 반론이 제기된다. 또한, 가해자의 약물중독이나 정신이상 등 개인적 특성이 학대발생에

7) 김선희 외, 노인학대 전문상담, 한국가족복지학회, 2005, 29-30면; 이연호, 전게서, 37-39면.

8) 김선희 외, 전게서, 30면.

9) Brandl *et al., Elder Abuse Detection and Intervention*, Springer, 2007, pp.38-39.

10) 김선희 외, 전게서, 31면.

기여하는 점을 충분히 고려하지 못한다는 비판이 있다. 또한, 이 이론은 대처방법에서 노인학대의 발생으로 보호받아야 할 자가 노인이 아니라 스트레스를 받는 부양자라는 부당한 결론에 이르게 된다는 비판도 있다.[11] 또한 학대를 당하는 노인이 오히려 가해자보다 덜 의존적이라는 주장도 제기된다.

(2) 교환이론

이 이론에 의하면 모든 사회적 상호작용은 그 관계로부터 얻어지는 보상과 비용의 비율이 적정한 균형을 이룰 때 긴장과 갈등이 없이 유지되며, 그렇지 않을 때 관계가 해체되거나 갈등상황으로 나아간다고 한다. 보상과 비용의 적정한 균형이 이루어지는 교환관계에 대한 기대, 즉 상호성의 규범(norm of reciprocity)이 깨어지는 것에 대한 부정적인 반응으로써 노인학대가 발생한다고 한다.[12] 불균형적 관계에서 자신의 통제를 행사하기 위한 부정적 반응이 신체적 학대와 같은 적극적인 행동으로 나타나는 반면에 그 관계를 회피하는 때에 노인에 대한 방임으로 나타난다고 한다.[13]

교환이론에 의하면 노인은 보호를 받기 위해서 부양제공자에게 의존적이 되는 반면에 가해자는 피해자인 노인이 동등한 보상으로 교환하지 않는다고 생각한다고 한다. 가해자는 보상을 통제할 수 있는 능력이 있으며 자신의 학대행위에 대해서 아무런 처벌도 가해지지 않는다고 생각한다는 것이다. 왜냐하면 가해자가 부양자로서 노인에게 제공한 것과 비교해 볼 때 자신에게 보상으로 돌아오는 것은 거의 없으므로 노인에 대해서 처벌을 행할 수 있는 권한이 있다고 믿기 때문이라는 것이다. 또한, 가해자가 피해자에게 의존하는 정도가 가해자에 대한 피해자의 의존성보다 클 경우에도 가해자의 무력감으로부터 가해행위가 나타날 수 있다고 한다. 예를 들면, 노령의 부인이 신체거동이 불편한 남편을 보살피는 경우에 남편의 무력감이 부인에 대한 학대로 나타날 수 있다고 한다.[14]

---

11) Brandl *et al., op. cit.*, pp.38-39.

12) 김선희 외, 전게서, 32면; Gelles, Richard, *Family Violence*, Sage, 1990, p.17.

13) 김선희 외, 전게서, 32면.

14) Brandl *et al., op. cit.*, p.43.

(3) 사회적 구성주의 이론

이 이론에서는 연령에 기초하여 나타나는 노인에 대한 편견, 부정적 인식과 해석 등은 노화과정의 자연적 결과물이 아니라, 우리 사회의 불평등구조와 그 안에서 노인의 '강요된 의존성'에 의해 만들어진 사회적 구성물이라고 본다. 그리하여 노인학대란 노인이 전체 사회에서 주변화되는 과정에서 발생하는 것이라고 한다.[15]

(4) 생태학적 이론

이 이론은 인간의 행동을 개인, 가족 및 사회환경체계와의 상호작용 속에서 이해하려는 체계론적 관점을 강조한다. Kemp는 인간발달의 생태환경을 기초로 하여 가족 내에서 발생하는 학대행위를 설명하면서 미시, 중간 그리고 거시체계로 구분한다. 이때 개인적 수준의 특성들을 미시체계로, 가족특성을 중간체계로 그리고 지역사회와 사회에서 일어나는 현상을 설명하는 요인들을 거시체계로 구분한다.[16] 생태학적 이론에 의한 연구들에 의하면 미시적 체계적 요인들로서는 성별, 연령, 교육수준 등이 있는데 여성노인, 고령노인, 교육수준이 낮은 노인들 그리고 의존성이 높은 노인들이 학대받을 가능성이 높은 것으로 나타나고 있다.[17] 중간체계적 요인들로는 부양책임을 가진 자녀에 의한 학대가 많으며,[18] 노인의 부양기대가 높을수록 학대받을 가능성이 높은 것으로 나타난다고 한다. 거시체계적 요인으로는 노인을 존경하지 않는 문화나 노인에 대한 부정적 견해가 지배적인 사회에서 학대가 일어날 가능성이 높다고 한다.[19]

15) 김선희 외, 전게서, 35면.
16) 알란 켐프, 가족학대・가족폭력, 나남출판, 2001, 52면 이하.
17) 배진희・정미순, "노인학대 영향 요인의 성별 비교 연구," 노인복지연구, 여름호(통권 36호, 2007), 40-41면; 김선희 외, 전게서, 35면; 알란 켐프, 전게서, 401-402면.
18) 배진희・정미순, 전게 논문, 42면.
19) 배진희・정미순, 전게 논문, 43면; 알란 켐프, 전게서, 395면.

Ⅳ. 노인학대의 실태와 학대행위의 특성

1. 노인의 학대경험에서 나타난 노인학대의 실태

노인학대 행위는 그 성질상 외부에서 인지하기 곤란한 행위유형들이라고 할 수 있다. 학대를 당한 노인들이 학대경험을 발설하는 것이 여러 가지 이유로 곤란하다는 점이 학대가 발생하는 환경들 속에 잠재되어 있기 때문이다. 따라서 공식통계에 나타나는 유기·학대죄로 검찰이나 경찰 등 수사기관에 인지된 행위들은 실제로 존재하는 학대행위의 일부에 지나지 않는 것으로 파악된다.

1999년도에 실시된 조사에 의하면 전체 응답 노인 중 8.2%에 해당하는 노인들이 그들의 자녀 및 가족원으로부터 학대를 당한 경험이 있다고 응답하고 있다. 학대를 당한 노인은 남성이 8.3%, 여성이 8.2%로 성별에 따른 차이가 나타나지 않았다. 조사에 의하면 연령이 높을수록 학대의 경험이 많은 것으로 나타나고 있다. 74세 이하의 노인의 경우 7.7%가 학대를 경험하였음에 반하여, 75세 이상의 노인들의 경우 9.9%가 학대를 당하였다고 응답하고 있다.[20] 피해노인들의 성별·연령별 학대경험을 보면 65세에서 74세의 노인에서는 남성이 5.4%가, 여성이 8.4%가 학대를 경험한 것으로 나타나고 있다. 이에 대해서 75세 이상의 노인들에서는 남성노인들 중 16.1%가 학대를 경험한 반면에 여성 노인들 중 7.2%가 학대를 경험한 것으로 나타나고 있다.[21]

학대행위의 유형별로는 신체적 학대나 폭력의 경우가 상대적으로 적은 것으로 나타나는데, 전체 노인의 0.3%만이 신체적 학대나 폭력을 경험한 것으로 응답하고 있다. 반면 언어·심리적 학대가 7.7%로 학대유형의 다수를

20) 조애저·김승권·김유경, 노부모 학대 실태에 관한 사례연구, 한국보건사회연구원, 1999, 83면.

21) 상게서, 85면.

차지하는 것으로 나타나고 있으며, 그 외 경제적 착취가 2.1%, 방임은 2.5% 그리고 기타 학대경험 비율이 1.0%로 나타나고 있다.[22] 이러한 조사결과는 노인의 보호자나 부조자로부터 폭언이나 모욕을 받은 적이 있다는 노인이 17%, 2~3일 방치된 적이 있다는 노인이 14.8%로 나타난 1995년 실시된 이전의 조사결과[23]와 유사한 것이다. 최근에 형사정책연구원에서 실시된 조사에서도 노인에 대한 학대의 유형은 언어・심리적 학대(38.27%), 방임(37.47%), 경제적 착취(21.02%) 그리고 신체적 학대(3.23%)의 순으로 언어・심리적 학대가 다수를 차지하는 것으로 나타나고 있다.[24]

2. 노인학대에 의한 피해와 학대 피해노인의 육체적・정신적 증상

학대를 당한 노인 중 신체적 증상을 보인 경우는 8.5%로 나타나고 있는데, 그 이유는 신체적 학대가 언어・심리적 학대보다 상대적으로 적게 행해지기 때문인 것으로 보인다. 노인들이 가장 많이 경험한 증상은 '두통으로 머리가 띵한 경우'였고, 심각한 신체적 증상은 '팔다리가 부러지는 골절상' 및 '정신과 치료를 받는 정도의 쇼크' 등으로 나타났다. 학대에 따른 신체적 증상은 여성보다 남성에게서 많이 발견되었고, 연령별로는 74세 이하의 노인층이 75세 이상의 노인층보다 2.7배 높은 것으로 나타났다. 가해자가 며느리인 경우(7.1%)보다 아들인 경우(10.0%)에 신체적 증상을 많이 보이는 것으로 나타났다. 또한, 가해자와 동거하고 있는 노인(6.8%)보다 가해자와 함께 살고 있지 않은 노인의 경우(10.0%)에 신체적 증상이 더 많이 나타났다.

정신적 증상의 경우에는 노인학대를 당한 노인의 76.6%가 정신적 증상을 갖고 있는 것으로 나타났다. 이 점은 노인학대의 주된 유형이 언어・심리적 학대라는 점을 반영하는 것으로 볼 수 있다. 피해노인들은 평균 1.3 종류

---

22) 상게서, 86면.

23) 이건종・전영실, 노인의 범죄 및 범죄피해에 대한 연구, 한국형사정책연구원, 1995, 128면.

24) 김지영, 세대간 갈등과 노인학대, 한국형사정책연구원, 2005, 136면.

의 정신적 증상을 가진 것으로 나타났다. 가장 많이 나타난 증상은 '자신에 대한 실망, 무력감, 자아상실'(30.8%)과 '매사에 불안, 우울함'(29.7%) 등이었으며 또한 '죽고 싶다는 생각'을 한 경우도 22.0%나 되는 것으로 나타났다.[25] 학대의 결과로 피해노인에게 정신적 증상이 나타난 학대의 유형은 언어・심리적 학대와 경제적 착취 및 방임이었고, 신체적 학대는 다른 학대유형에 비해서 비교적 정신적 증상으로 발전하는 경우가 적은 것으로 나타났다.

그리고 신체적 건강상태가 나쁠수록 학대결과가 정신적 증상으로 나타나는 비율이 높은 것으로 나타났다(좋음: 66.7%, 보통: 78.6%, 나쁨: 80.4%). 또한 증상도 건강상태에 따라 다르게 나타났는데, 건강이 좋거나 보통인 경우 많이 나타나는 정신적 증상은 각각 '자신에 대한 실망, 무력감, 자아상실'(55.0%)과 '매사에 불안, 우울함'(42.9%) 등이었으며, 건강이 나쁜 경우에 가장 많이 보이는 증상은 '매사에 불안, 우울함'(31.6%)과 '죽고 싶다는 생각'(28.1%)으로 나타나 건강이 나쁠수록 부정적인 심리상태를 나타냈다.[26]

학대결과 정신적 증상이 나타난 경우를 성별로 보면 남성노인보다 여성노인에게서 나타나는 비율이 높았다. 증상별로 보면 남성노인들은 '자신에 대한 실망, 무력감, 자아상실'과 '매사에 불안, 우울함'이 각각 35.7%로 가장 많이 나타나는 증상이었으며, 여성노인들은 '자신에 대한 실망, 무력감, 자아상실'(29.9%)과 '매사에 불안, 우울함'(28.6%)의 순으로 높은 비율을 보였다. 이 외에 '죽고 싶다는 생각'은 여성노인의 비율(23.4%)이 남성노인(14.3%)보다 훨씬 높았다.[27] 연령별로는 75세 이상의 노인층보다 74세 이하의 노인층에서 정신적 증상이 많이 나타났다. 74세 이하의 노인들은 '죽고 싶다는 생각'을 하는 비율(24.3%)이 75세 이상의 노인들(11.8%)보다 더 높았고, 74세 이하의 노인들에서는 '자신에 대한 실망, 무력감, 자아상실'(41.2%)과 '매사에 불안, 우울함'(35.3%)이 74세 이하의 노인들보다 더 높은 비율로 나타났다.

가해자별로는 가해자가 며느리인 경우(78.6%)에 아들이나 다른 가족구성원인 경우(75.0%)보다 피해노인이 정신적 증상을 보인 경우가 약간 더 많

---

25) 조애저 외, 전게서, 95면.
26) 상게서, 97-98면.
27) 상게서, 96면.

았다. 그리고 가해자와 동거하는 경우(72.7%)보다 동거하지 않는 경우(80.0%)의 노인에게서 정신적 증상이 많이 나타났다. 가해자별 정신적 증상을 보면 며느리인 경우에는 '자신에 대한 실망, 무력감, 자아상실'과 '매사에 불안, 우울함'이 각각 30.8%로 가장 많이 나타났고, 가해자가 아들인 경우에는 '자신에 대한 실망, 무력감, 자아상실'(34.2%)이 가장 많았다.[28]

가해자의 동거 여부에 따른 증상에 있어서는 동거 여부와 관계없이 모두 '자신에 대한 실망, 무력감, 자아상실'이 많이 나타났으며, 특히 동거하지 않는 노인(80.0%)에게서 높게 나타났다. 이 외에 '매사에 불안, 우울함'(34.2%)과 '죽고 싶다는 생각'(23.7%)은 동거노인에게서 많이 나타났다.

Ⅴ. 노인학대에 대한 형사법적 대응방안

노인을 학대하는 다양한 행위들에 대해서는 우선적으로 노인복지법 제39조의9에서 규정한 금지행위들을 위반한 것이 되므로, 동법 제55조의2에서 제55조의4의 규정들이 적용되고 그 규정에 따른 형벌들이 부과될 것이다. 그러나 노인복지법의 규정으로 포섭하지 못하는 학대행위들에 대해서는 형법에서 규정하고 있는 제재들이 부과될 수 있을 것이다. 이하에서는 노인복지법 제39조의9의 금지규정들이 그 적용을 예정하고 있는 것으로 생각되는 학대행위들과 법규의 해석론에 대해서 살펴본다.

1. 노인복지법 제39조의9에 의한 노인학대의 규제

노인복지법 제39조의9에서는 제1호에서 제5호까지 노인에 대한 학대행위를 금지하고 있다. 그러나 이 규정들은 정확한 의미에서 노인학대만을 금지하고 있는 규정은 아니라고 보아야 한다. 행위주체를 노인학대라고 규정하

28) 상게서, 98-99면.

기 위해서 필수적인 일정한 관련성, 즉 예를 들면 피해노인과 가해자 사이의 일정한 보호나 부양의 관계를 요건으로 하고 있지 않기 때문이다. 물론 노인복지법 제1조의2에서 '부양의무자'나 '보호자'에 대해서 정의를 내리고 있지만, 제39조의9 규정에 위 정의규정에 따른 행위자들만이 금지행위의 주체가 될 수 있다는 제한을 두지 않고 있다. 따라서 이런 관련성이 없는 행위자들도 노인을 행위객체로 제39조의9에서 금지하고 있는 행위들을 하는 경우에는 동법 제55조의2 이하의 규정들에서 정한 제재를 받게 된다.[29] 물론 피해노인과 가해자 사이에 노인을 보호하거나 부양서비스를 제공하는 관계가 있는 자가 금지행위들을 하는 경우에 제39조의9가 적용된다는 점은 분명하다. 따라서 이하에서는 피해노인과 가해자 사이에 일정한 신뢰관계 등이 존재한다는 점을 전제로 노인학대를 한 행위자들에게 적용될 수 있는 노인복지법 제39조의9의 규정들을 논의하기로 한다.

(1) 신체적 학대행위

노인복지법 제39조의9 제1호는 노인의 신체에 폭행을 가하거나 상해를 입히는 행위를 금지하고, 동법 제55조의2에서 상해에 대해서는 7년 이하의 징역 또는 2천만원 이하의 벌금에 처하도록 규정하고 있으며, 제55조의3에서 폭행에 대해서는 5년 이하의 징역 또는 1천 5백만원 이하의 벌금에 처하도록 규정하고 있다. 그러나 제39조의9 제1호는 이 논문에서 규정한 대로의 엄격한 의미에서의 노인학대를 금지행위의 대상으로 하는 규정은 아니라고 파악해야 한다. 왜냐하면 행위주체에 대한 제한이 없기 때문이다.

가해자가 피해노인을 보호하거나 부양하는 자인 경우가 노인에 대한 신체적 학대행위에 해당하게 된다. 예를 들면, 노인을 부양하는 자녀가 노인을 폭행한 경우에 제39조의9 제1호에서 정한 금지행위를 한 것에 해당한다.[30] 또한, 요양시설 내에서 노인을 간호하거나 기타 요양서비스를 제공하는 자가

---

29) 제39조의9에서 행위주체에게 피해노인과 일정한 신뢰관계 등이 있을 것을 요건으로 하지 않은 것은 전체 형법의 체계에서 볼 때 문제가 있다고 생각된다. 이 점은 이후 논의한다.

30) 자녀가 존속을 상해한 경우에는 동조와 형법 제257조 제2항이 경합하지만 무거운 죄인 형법규정이 적용된다.

노인을 폭행하거나 하는 경우도 동조에서 정한 노인학대를 행한 것이 된다.

노인에 대해서 폭행을 가하는 행위란 노인의 신체에 대해서 및 노인을 향하여 유형력을 직·간접적으로 행사하는 행위가 모두 포함된다. 따라서 신체에 대한 직접적인 폭행행위뿐만 아니라 신체를 향해서 가해지는 간접적인 물리력의 행사도 포함되는 것으로 해석된다. 흉기 기타 위험한 물건 등을 휴대하고 노인에 대해서 폭행이 행해진 경우에는 동조와 '폭력행위등처벌에관한법률' 제3조 제1항의 규정이 상상적 경합을 하게 된다. 또한, 노인에게 폭행을 가하여 중상해나 사망의 결과를 야기하거나 상해를 입혀서 사망의 결과를 야기한 경우에는 노인복지법 제39조의9 제1호가 아니라 형법 제258조 및 제259조가 적용된다.

(2) 성적 학대행위

노인복지법 제39조의9 제2호는 노인에게 성적 수치심을 주는 성폭행, 성희롱 등의 행위를 금지하고 5년 이하의 징역 또는 1천 5백만원 이하의 벌금에 처하도록 규정하고 있다. 이 규정에서 금지하는 행위는 강제추행 및 강간행위뿐만 아니라 성적 수치심을 일으키는 기타의 성희롱행위를 금지하고 있다. 그러나 이 규정들에 규정된 법정형은 형법 제297조 강간죄나 제298조 강제추행죄에서 규정한 법정형보다 낮기 때문에 강간이나 강제추행의 경우에는 적용될 여지가 없다고 하겠다. 성적 수치심을 주는 성희롱의 경우에도 금지되는 행위유형이 너무 불명확하고 그 행위의 범위가 너무 넓어서 실제로는 적용이 불가능한 규정이라고 판단된다.

(3) 경제적 착취행위

경제적 착취행위에 해당하는 노인학대 행위에는 노인복지법 제39조의9 제4호와 제5호의 행위가 있다. 제4호의 행위는 "노인에게 구걸을 하게 하거나 노인을 이용하여 구걸하는 행위"이다. 제5호의 행위는 "노인을 위하여 증여 또는 급여된 금품을 그 목적 외의 용도에 사용하는 행위"이다. 제4호에 위반한 행위는 동법 제55조의3에 의해서 5년 이하의 징역 또는 1천 5백만원 이하의 벌금에 처하도록 규정하고 있다. 제5호에 위반한 행위는 동법 제55조의4에 의해서 3년 이하의 징역 또는 1천만원 이하의 벌금에 처하도록 규정하고 있다.

동조 제4호의 행위는 그 성질상 형법 제324조의 강요죄에 해당하는 행위이지만, 노인복지법상의 동조 제4호가 우선 적용되는 경우라고 하겠다. 동조 제5호의 행위는 그 목적외 이용만을 규정하고 있으나, 목적외 이용을 위해서 증여 또는 급여된 물품을 노인으로부터 절취 또는 강취한 경우 및 노인을 기망하여 교부받은 경우 등에 대해서는 규정하고 있지 않다. 이 경우에는 노인복지법 제39조의9보다 형법 제329조 절도죄 규정, 제333조 강도죄 규정 또는 제347조 사기죄 규정이 우선적용되거나 또는 노인복지법 제39조의9와 동시에 적용될 수 있다. 또한, 증여 또는 급여된 금품의 목적외 사용이 형법상의 횡령이나 배임을 구성하는 경우에는 노인복지법 규정과 형법 제355조의 규정과 상상적 경합관계에 있으므로 법정형이 무거운 형법규정이 적용되게 된다. 따라서 노인복지법 제39조의9 제5호의 행위는 그 행위가 형법상의 횡령이나 배임에 해당하지 않는 좁은 범위 내에서만 적용될 수 있다. 또는, 행위자가 형법 제328조에 규정된 바 피해노인과 일정한 범위의 친족에 해당되어 친족상도례가 적용되기 때문에 형법상의 범죄에 규정된 형벌이 면제되거나, 피해노인의 고소가 없는 경우에만 적용될 수 있다.

(4) 방임 및 방치행위

제39조의9 제3호는 “자신의 보호 또는 감독을 받는 노인을 유기하거나 의식주를 포함한 기본적 보호 및 치료를 소홀히 하는 방임행위”를 금지하고 있으며, 이를 위반한 행위에 대해서는 동법 제55조의3에 의해서 5년 이하의 징역 또는 1천 5백만원 이하의 벌금에 처하도록 규정하고 있다. 따라서 질병 기타 사정에 의해서 보호의 필요가 있는 노인뿐만 아니라 일정한 신뢰관계에 의해서 행위자의 보호를 받는 노인에 대한 유기행위는 형법이 아닌 동조의 규정의 적용을 받게 된다. 그러나 자녀가 자신의 직계존속을 유기한 경우에는 동조의 규정이 아닌 형법 제271조 제2항이 적용된다.

노인복지법 제39조의9의 제3호 전단의 규정은 형법 제271조의 유기죄에서 정한 행위와 유사한 정도로 피해노인을 위험에 빠뜨린 경우(추상적 위험범)에 성립한다고 해석할 수 있다. 그러나 후단의 행위, 즉 "의식주를 포함한 기본적 보호 및 치료를 소홀히 하는 방임행위"가 추상적 위험범인가 또는 거동범인가 여부에 대해서는 해석상 문제의 소지가 있다. 또한, 동규정이 고의범뿐만 아니라 과실범까지 포함하는 규정이라고 한다면 입법형식적으로 문제가 있다고 생각된다.

(5) 소 결

앞에서 기술한 바와 같이 노인복지법 제39조의9 각호에서 정한 금지행위들을 통해서 노인에 대해서 행해지는 다양한 학대행위들이 해석상으로 포섭될 수 있다. 그러나 형법규정들과 비교하여 검토해본 결과에 의하면 동조규정이 적용될 수 있는 여지는 넓지 않은 것으로 생각된다. 동조 제1호에 규정된 신체적 학대행위의 경우에 피해노인에 대해서 중상해나 사망의 결과가 발생한 경우에는 형법의 해당 규정이 우선적으로 적용되며, 제2호도 대부분의 성적 학대행위에 적용될 수 없다. 또한, 동조 제3호가 예정하고 있는 경제적 착취행위의 경우에도 횡령이나 배임과 행위유형이 중복되는 상황이 많을 것으로 예상되므로, 행위자가 피해노인과 일정한 친족관계에 해당하여 친족상도례에 관한 형법 제328조 규정이 적용됨으로써 형법상 횡령죄나 배임죄의 형벌이 면제되거나, 친족의 고소가 없는 경우에만 제39조의9 제5호의 규정이 적용될 수 있을 것이다.

또한 노인복지법 제39조의9 각호의 행위들은 행위주체가 피해노인과 일정한 신분관계나 보호나 부양과 같은 신뢰관계가 있을 것을 요건으로 하지 않으므로, 누구든지 제한 없이 노인학대의 행위주체가 될 수 있다. 그러나 노인학대의 행위주체를 동법 제39조의9와 같이 제한 없이 인정하게 되는 경우에 형법규정과 관련하여 법규의 해석 및 법적용의 관계가 불명확하게 될 가능성이 있으며, 또한 노인복지법의 전체 체계와도 일치하지 않게 될 가능성이 있다고 생각된다.

이하에서는 일반적으로 논의되는 여러 가지 노인학대의 행위유형들에 대해서 적용될 수 있는 형법규정들의 해석론과 적용의 문제를 살펴보기로 한다.

2. 노인학대의 여러 유형들에 대한 형법적 규제

본 논문의 노인학대의 개념정의에 따라서 여기서는 “노인에 대한 요양서비스 등의 제공자 또는 노인을 보호하거나 부양하는 등 노인과 특별한 신뢰관계가 있는 사람에 의해서” 행해지는 학대행위만을 형법적용의 대상으로 고찰하기로 한다.

(1) 신체적 학대행위

노인에 대해서 폭력을 행사하거나 신체에 상해를 입히는 행위들로서 형법 제257조 이하의 상해죄 규정들 및 제260조 이하의 폭행죄 규정들이 적용될 수 있다. 폭행으로 상해의 결과를 일으키거나 폭행이나 상해행위를 통해서 사망의 결과를 발생시킨 경우에는 각각 폭행치사상죄와 상해치사죄가 적용된다. 폭력행사의 방법이 체포나 감금인 경우에는 형법 제276조 이하의 체포감금죄의 규정들이 적용될 수 있다. 또한, 자기의 보호 또는 감독을 받는 노인에 대해서 신체적 학대가 행해진 경우에는 형법 제273조의 학대죄가 적용될 수 있다. 예를 들면, 노인에게 불결한 식사를 제공하거나 수면이나 휴식을 하지 못하도록 함으로써 고통을 가하는 행위가 여기에 해당된다.

가정 내에서 직계비속이나 그 배우자에 의해서 신체적 학대가 행해진 경우에는 ‘가정폭력범죄의처벌등에관한특례법’에 따른 보호처분 등이 법원에 의해서 행위자에게 부과될 수 있다(동법 제40조 제1항).

(2) 성적 학대행위

노인을 성폭행하거나 또는 강제추행하는 행위들로서 형법상의 강간죄나 강제추행죄의 규정들이 적용된다. 이 이외의 행위들에 대해서는 ‘성폭력범죄자의처벌및피해자보호등에관한법률’의 관련된 규정들이 적용될 수 있다. 행위자가 노인을 ‘흉기를 휴대하거나 2인 이상이 합동하여’ 강제로 간음하거나 추행한 경우에는 동법 제6조가 적용되며, ‘친족관계에 있는 자가’ 강제로 간음하거나 추행한 경우에는 동법 제7조가 적용되어 가중처벌된다. 또한, ‘신체장애나 정신상의 장애로 인하여 항거불능인 상태에 있음을 이용하여' 여성노인을 간음하거나 또는 노인을 추행한 경우에는 동법 제8조가 적용된다.

(3) 언어 · 심리적 학대행위

노인을 언어로 모욕하거나 학대하는 행위로서 이런 학대행위에 대해서는 형법 제283조의 협박죄가 적용될 수 있다. 행위자가 언어로써 노인의 명예를 공연히 훼손하거나 또는 모욕한 경우에는 제307조의 명예훼손죄와 제311조의 모욕죄가 적용될 수 있다. 행위자가 언어로써 노인을 학대하여 정신적으로 고통을 가한 경우에는 형법 제273조가 적용될 수 있다.[31] 다만, 언어로 학대한 경우에 학대죄가 성립하기 위해서는 학대행위의 정도가 생명·신체의 안전을 위태롭게 할 정도여야 한다. 또한, 노인을 폭행 또는 협박하여 권리행사를 방해하거나 의무에 없는 일을 하게 한 경우에는 형법 제324조의 강요죄가 성립한다. 가해자가 피해노인이 아끼는 물건이나 애완동물을 손괴함으로써 효용을 해하는 행위를 한 경우에는 형법 제366조의 재물손괴죄가 성립할 수 있다.

(4) 경제적 착취행위

노인에 대해서 구걸하게 강요하거나 또는 노인을 이용하여 노인을 동반하고 행위자가 구걸 등의 행위를 하는 경우에는 형법 제324조의 강요죄가 성립될 수 있다. 노인의 재물을 절취하거나 또는 자신이 관리하는 노인의 재산을 횡령하는 행위에 대해서는 형법상의 절도죄(제329조)와 횡령죄(제355조, 제356조)가 성립될 수 있다. 노인을 기망하거나 또는 협박하여 노인의 재물이나 이익을 교부받거나 취득하는 행위에 대해서는 사기죄(제347조)나 공갈죄(제350조)가 성립할 수 있다.

(5) 방임 및 방치행위

노인을 보호하거나 부양하여야 할 의무가 있는 자가 노인을 유기하거나,

31) 김일수 · 서보학, 형법각론, 박영사, 2007, 113면; 박상기, 형법각론, 박영사, 2008, 99면; 손동권, 형법각론, 율곡출판사, 2006, 106면; 임웅, 전게서, 119-120면.

또는 필요한 식사나 의복, 주거 등을 제공하지 않음으로써 노인의 생명 또는 신체에 대해서 위험을 발생할 수 있게 하는 행위를 한 자에 대해서는 형법상의 유기죄(제271조 제1항, 제2항)가 성립할 수 있다. 이러한 행위를 함으로써 노인의 생명에 대해서 위험을 발생하게 한 자에 대해서는 중유기죄(동조 제3항, 제4항)가 성립한다.

3. 노인복지법에 의한 노인학대 규제 및 피해노인의 보호조치

노인복지법은 노인학대를 예방하고 발견하기 위해서 일정한 조치를 취할 것을 국가 및 지방자치단체에 대해서 요구하고 있다. 우선 노인학대에 관련된 업무를 담당할 노인보호전문기관의 설치이다. 이 노인보호전문기관은 다음과 같은 업무를 수행하는데, 즉 1. 노인학대의 예방 및 방지를 위한 홍보, 2. 학대받은 노인의 발견・상담・보호와 의료기관에의 치료의뢰 및 노인복지시설에의 입소의뢰, 3. 노인학대행위자, 노인학대행위자로 신고된 자 및 그 가정 또는 업무, 고용 등의 관계로 사실상 노인을 보호・감독하는 기관이나 시설 등에 대한 조사, 4. 노인학대행위자에 대한 상담 및 교육, 5. 그 밖에 학대받은 노인의 보호를 위하여 필요한 사항이 그것이다. 단, 대통령령이 정하는 범위 안에서 다른 노인복지시설을 노인보호전문기관으로 지정한 경우에는 이를 설치하지 않을 수 있다(제39조의5).

노인복지법에서는 누구나 노인학대를 알게 된 때에는 노인보호전문기관 또는 수사기관에 신고할 수 있도록 하고 있으며, 일정한 직에 있는 자들, 즉 의료법 제3조 제1항의 의료기관에서 의료업을 행하는 의료인, 노인복지시설의 장 및 그 종사자, '장애인복지법' 제58조의 규정에 의한 장애인복지시설에서 장애노인에 대한 상담・치료・훈련 또는 요양을 행하는 자, '가정폭력방지및피해자보호등에관한법률' 제5조 및 제7조의 규정에 의한 가정폭력관련 상담소의 상담원 및 가정폭력피해자보호시설의 종사자 그리고 노인복지상담원 및 사회복지사업법 제14조의 규정에 의한 사회복지전담공무원에 대해서는 그 직무상 노인학대를 알게 된 때에는 즉시 노인보호전문기관 또는 수사기관에 신고하도록 의무를 부과하고 있다(제39조의6).

또한, 노인학대행위에 대해서 신속하게 대처하기 위해서 동 법률에서는 제39조의6의 규정에 의하여 노인학대 신고를 접수한 노인보호전문기관의 직원이나 사법경찰관리에 대해서는 지체없이 노인학대의 현장에 출동하여야 할 의무를 부과하고 있다(제39조의7 제1항). 또한, 제1항의 규정에 의하여 현장에 출동한 자는 학대받은 노인을 노인학대행위자로부터 분리하거나 치료가 필요하다고 인정할 때에는 노인보호전문기관 또는 의료기관에 인도하여야 하도록 함으로써 피해노인에 대한 보호와 원조를 규정하고 있다(제2항).

피해노인들이 학대행위에 대한 수사절차나 재판절차 등에서 자신의 의사를 명확히 표현함으로써 피해자로서의 권리를 확보하도록 하기 위하여 학대받은 노인의 법정대리인, 직계친족, 형제자매, 노인보호전문기관의 상담원 또는 변호사는 노인학대사건의 심리에 있어서 보조인이 될 수 있도록 하고 있다. 다만, 변호사가 아닌 경우에는 법원의 허가를 받아야 한다(제39조의8 제1항). 또한, 법원은 학대받은 노인을 증인으로 신문하는 경우 본인, 검사 또는 노인보호전문기관의 신청이 있는 때에는 본인과 신뢰관계에 있는 자의 동석을 허가할 수 있다(제2항). 동조 제1항과 제2항의 규정을 수사절차에도 준용하도록 하고 있다.

4. '가정폭력범죄의처벌등에관한특례법'을 통한 노인학대의 규제

노인학대의 행위자와 피해노인 사이에 일정한 친족관계가 있는 경우에는 '가정폭력범죄의처벌등에관한특례법'[32] 등 처벌이 적용될 수 있다. 이 법률에 의하면 가정폭력이란 가족구성원 사이의 신체적・정신적 또는 재산상 피해를 수반하는 행위를 말한다(법 제2조 제1호). 가족구성원에는 배우자(사실상 혼인관계에 있는 자를 포함) 또는 배우자 관계에 있었던 자, 자기 또는 배우자와 직계존비속 관계(사실상의 양친자 관계를 포함)에 있거나 있었던 자, 양부

32) 이하에서 '가정폭력등처벌법'이라 한다.

모와 자의 관계 또는 적모와 서자의 관계에 있거나 있었던 자, 동거하는 친족 관계에 있는 자가 포함된다(동조 제2호). 예를 들면, 부양이나 보호을 받는 노인이 자신을 보호하거나 부양하는 배우자인 노인을 학대하는 경우이거나 또는 노인을 보호하거나 부양하는 자녀 또는 그 배우자가 노인을 학대하는 경우에 이 법률에 따른 조치들이 적용될 수 있을 것이다.[33)]

그러나 노인들이 학대나 폭행을 당하는 여성 배우자들과는 달리 가정폭력의 피해자가 되는 경우에도 훨씬 더 열악한 상황에 처하게 된다는 점을 고려할 때 '가정폭력등처벌법'이 적용되기는 곤란한 문제점들이 나타날 것으로 생각된다. 학대를 당하는 노인들의 경우 정신적・신체적 능력이 일반인에 비하여 상당한 정도로 약화되어 있기 때문에 노인들을 자신이 생활하는 장소로부터 이전시킴으로써 보호하거나 또는 가정폭력의 가해자인 다른 가족구성원을 격리시키는 것은 노인들에게 감내할 수 없는 심리적 충격을 가져오게 된다는 점이 고려되어야 할 필요가 있다. 이와 같은 법적용의 곤란이 나타날 수 있는 이유는 '가정폭력등처벌법'이 가정폭력의 주된 피해자로서 여겨지는 여성 배우자나 학대당하는 자녀들을 보호하기 위한 목적을 갖고 있다는 점에서 찾을 수 있을 것이다. 이런 점을 고려한다면 노인학대에 대해서는 '가정폭력등처벌법'보다는 노인복지법상의 규제나 보호조치가 더 적합할 수 있다. 다만, 노인복지법의 적용이 활성화되기 위해서는 여성단체들의 적극적인 지원을 받음으로써 보다 더 피해자에게 적합한 법률적 지원과 구조를 제공하고 있는 '가정폭력등처벌법'의 적용사례들과 보호조치의 실제 사례들이 노인복지법의 적용과 집행에서 고려될 필요가 있다고 생각된다.

33) 이호중, "가정폭력범죄의 처벌에 관한 특례법 10년의 평가," 형사정책연구, 제19권 3호, 2008, 131면 참조.

Ⅵ. 노인학대에 대한 형사법적 대응의 문제점과 개선방향

1. 노인복지법 제39조의9를 통한 형사제재의 문제점

노인복지법은 노인학대를 범죄행위로 규정하고 있는 단일한 법률이라는 점에서는 의의를 갖는다고 할 수 있다. 그러나 여러 유형의 노인학대행위를 법률위반행위로서 규정하고 있는 입법형식 및 법체계에 있어서 노인복지법 제39조의9 각호 및 제55조의2에서 제55조의4까지의 벌칙규정은 여러 가지 문제점을 지니고 있는 것으로 판단된다. 이하에서 노인복지법 제39조의9 각호에서 규정하고 있는 금지행위의 유형들과 동법 제55조의2에서 제55조의4까지의 벌칙규정이 내포하고 있는 문제점들을 검토하도록 한다.

(1) 한정되지 않은 노인학대의 행위주체의 문제

노인복지법은 제39조의9 제1호 행위들에서 노인학대의 행위주체를 일정한 신분관계가 있는 자로 한정하지 않고 있는데, 바로 이 점 때문에 55조의3의 벌칙규정은 형법의 일반원칙과 관련하여 문제를 일으킬 수 있다고 생각된다. 예를 들어, 동법 제39조의9 제1호는 노인에 대한 폭행과 상해를 처벌하도록 규정하고 있고, 제55조의2와 제55조의3에 의해서 상해는 7년 이하의 징역 또는 2천만원 이하의 벌금에 그리고 폭행은 5년 이하의 징역 또는 1천5백만원 이하의 벌금에 처하도록 규정하고 있다. 그러나 후자의 폭행에 대한 벌칙은 형법상의 폭행죄(2년 이하의 징역) 또는 학대죄(2년 이하의 징역)의 유사한 구성요건과 비교해 본다면 제55조의3이라는 특별법을 통해서 형벌이 가중된 규정으로서의 성질을 갖게 된다.

폭행이나 학대행위와 관련해서 제55조의3을 통해서 형벌이 가중된 근거에 대해서는 노인이라는 행위객체에 대한 범죄행위이므로 형벌이 가중된 것이라는 설명이 가능하다. 그러나 이런 근거에 의해서 형벌을 가중하는 것이 합리적인 것인가 하는 의문이 제기될 수 있다. 왜냐하면 노인학대로서의 폭행이 가중되는 이유가 노인이 공경의 대상이기 때문이라거나, 노인의 신체조건이 약하므로 보호의 필요성이 더 크기 때문에 노인이라는 객체를 폭행하였다는 점에서 불법이나 책임이 가중되기 때문이라고 주장할 수 있다. 그러나 이러한 논리라고 한다면 15세 이하의 어린이 또는 환자나 임산부를 대상으로 하는 폭행이나 학대에 대해서도 같은 이유로 형벌가중을 주장할 수 있을 것이기 때문에 그 합리성이 매우 의심스럽다고 하지 않을 수 없다. 결국 제55조의3을 통해서 노인이라는 객체에 대한 폭행을 가중 처벌하는 것은 헌법상 '법 앞의 평등원칙'에 위배된다는 결론에 이르게 된다.[34] 또한, 실제로 발생할 수 있는 사례로서 예를 들면 요양서비스를 받는 남성노인이 자신을 보호하고 부양서비스를 행하는 자신의 배우자를 폭행하는 경우에도 가중된 처벌규정이 적용될 수 있다는 문제점도 발생한다. 이런 예와 같은 경우라면 노인학대의 행위자가 노인인 경우에는 노인이라는 객체에 대한 폭행이나 학대를 특별히 가중하여 처벌하는 것이 그 법률적 귀결도 실제에 있어서 형사정책적으로도 타당하지 못하다는 결론에 이를 수 있다. 결론적으로, 노인복지법 제39조의9 제1호에 따라서 제55조의3이 유독 노인에 대해서 폭행을 하는 경우에만 형벌을 가중하고 있는 것은 헌법상의 '법 앞의 평등원칙'을 위반하고 있다는 의심을 들게 만들 뿐만 아니라 형사정책적으로도 의심스러운 결과를 가져온다고 하겠다.

노인복지법 제39조의9 제1호의 금지행위가 헌법원칙에 위배된다는 위헌론의 의심을 벗어나기 위해서는 제1호의 행위주체를 직계비속이나 요양시설 내의 서비스 제공자 등과 같은 피해노인을 보호하거나 부양하는 등의 일정한 신뢰관계 있는 자로 한정할 필요가 있다고 하겠다. 이런 제한을 통해서 제55조의3에 의한 형벌가중이 노인에 대한 보호의무 있는 자의 가해행위라는 불법성을 통해서 정당화될 수 있기 때문이다.

34) 존속살인죄의 위헌론과 유사한 논리로 노인복지법 제55조의3에 의한 가중처벌에 대한 위헌 주장이 가능하다. 배종대, 형법각론, 홍문사, 2006, 76면 이하; 임웅, 전게서, 30-31면 참조.

(2) 형사법 전체 체계와의 부조화

노인복지법 제39조의9 각호의 행위와 그 위반행위에 대한 동법 제55조의2부터 제55조의4까지의 벌칙규정들은 형법 각칙과 관련하여 그 적용에 있어서 복잡한 경합의 문제를 발생시킨다는 문제점이 있다. 우선 제1호의 행위에서는 금지행위에 대해서 노인복지법을 적용할 것인가 또는 형법 각칙을 적용할 것인가의 문제를 사안의 성격과 형량들을 관련되는 모든 형법규정들과 비교해 보아야 한다는 문제가 발생한다. 또한, 노인에 대한 폭행이나 상해 등의 신체적 학대행위를 통해서 무거운 결과가 발생한 경우에 대해서 노인복지법에 형사처벌 규정이 없다는 점도 법적용에서 일반 형법규정과의 경합문제를 일으킬 수 있다.

위에서 언급한 바와 같이 행위주체가 한정되지 않은 상태에서는 노인복지법의 입법목적을 고려하여 노인복지법이 적용되어야 할 것인가 또는 형법이 적용될 것인가 판단되어야 한다. 예를 들면, 노인에 대해서 고의에 의한 가해행위의 결과로 상해가 발생한 경우에 노인복지법이 형법에 대해서 특별법의 성격을 지니므로 노인복지법이 적용될 수 있을 것이다. 그러나 이를 법조경합이 아니라 상해죄와 제39조의9 제1호의 상해행위가 법익을 달리하는 범죄로서 상상적 경합이 된다고 판단한다면 형법 제40조에 따라서 중한 죄에 정한 형으로 처벌될 것이다. 이때 징역형과 벌금형을 함께 고려한다면 제55조의2에 의해서 더 중한 벌금형이 규정된 제1호의 행위가 중한 형이 된다. 그러나 폭행이나 상해행위에 의해서 중한 결과가 발생한 경우에는 노인복지법의 규정들은 적용될 여지가 없게 되며 형법의 규정들이 우선하는 결과가 된다.

또한, 동법 제39조의9 제2호에서 규정하고 있는 "노인에게 성적 수치심을 주는 성폭행, 성희롱 등의 행위"에서 성폭행이 강간이나 강제추행을 의미한다고 보면, 이런 행위에 대해서 5년 이하의 징역 또는 1천 5백만원 이하의 벌금에 처하는데, 여기 규정된 형량은 형법상의 강간죄(3년 이상의 유기징역)나 강제추행죄(10년 이하의 징역)보다 법정형이 낮기 때문에 실제로 적용될 가능성이 없는 규정이라고 하지 않을 수 없다. 민약에, 그림에도 불구하고 특별법이라는 이유로 이들 규정을 적용한다고 한다면, 노인을 객체로 하는 강간죄나 강제추행의 경우에는 노인이 일반인에 비해서 부당한 취급을 받게 되는 결론에 이르게 된다. 이런 결론이 타당하지 않다고 한다면 제2호의 행위에서 규정하고 있는 성폭행은 강간이나 강제추행에 이르지 않는 다른 범죄유형으로 해석해야만 할 것이다.35)

노인복지법 제39조의9에 규정된 금지행위에 정한 처벌규정들은 경제적 착취행위로 규정된 제5호의 경우에도 형법 각칙의 규정들과 끊임없이 경합의 문제가 발생하게 된다는 문제점을 갖고 있다. 복잡하고 해결하기 어려운 이런 경합이 발생하는 이유는 노인복지법 제39조의9 및 제55조의2부터 제55조의4까지의 벌칙규정들이 노인학대에서 발생할 수 있는 다양한 사안들에 대해서 적용될 수 있는 완벽한 체계를 갖추지 못하고 있기 때문에 이런 문제가 발생한다고 하겠다. 따라서 이들 규정에 대해서는 형법 각칙과 관련한 체계적인 검토와 개정이 필요하다고 생각된다.

(3) 금지행위 유형들의 불명확성

이미 언급한 바와 같이 제39조의9 제2호에서 규정하고 있는 "노인에게 성적 수치심을 주는 성폭행, 성희롱 등의 행위"에서 금지되는 행위가 무엇인가 하는 점이 명확하지 않다는 문제점이 있다. 제2호의 성폭행이나 성희롱이 형법에서 규정하고 있는 강간이나 강제추행이 아닌 제3의 성범죄 유형이라고 한다면 그에 대한 정확한 개념규정이 필요하다고 하겠다. 하지만 동조에 규정된 내용만으로는 그 금지되는 행위가 무엇인가를 알 수 없다고 생각된다. 따라서 이 규정들은 죄형법정주의 원칙상의 명확성의 원칙을 위배하는 것으로 판단되며 따라서 법관의 자의적인 법적용을 야기할 수 있다고 생각된다.

더욱이 행위주체가 한정되지 않은 상태에서는 시민의 자유영역을 심각하게 훼손할 수 있는 법규정이라고 생각된다. 예를 들면, 노인요양시설 직원이 포르노잡지를 공공연히 들고 다니거나 또는 노인 앞에서 공공연하게 보는

35) 제2호에서 규정한 행위가 강간이나 강제추행이 아니라면 어떤 행위를 의미하는가의 문제가 제기되며, 이는 형벌규정의 명확성이나 구성요건적 정형성에 대한 의심으로 이어진다.

행위에 대해서도 노인에게 성적 수치심을 주는 성희롱행위라는 해석이 가능한데, 이 경우 5년 이하의 징역형은 행위불법성에 비추어 과도한 형벌이라고 할 수 있기 때문이다.[36] 이런 점에 비추어 보면 제2호의 행위유형은 법관에 의한 자유로운 법해석이 가능한 규정이라고 의심하지 않을 수 없다고 하겠으며 명확성의 원칙에 위배된다고 할 것이다.

또한 제39조의9 제5호는 "자신의 보호 또는 감독을 받는 노인을 유기하거나 의식주를 포함한 기본적 보호 및 치료를 소홀히 하는 방임행위"를 금지하고 있으나, 행위자에게 고의가 있을 것을 요하는가 여부가 명확하지 않다. 고의범은 물론이고 과실행위까지 포함하여 처벌하는 규정이라고 해석할 경우에, 후단의 행위가 어떠한 결과발생도 필요 없는 거동범이라고 해석하게 되면 부당한 처벌이라는 비판이 가능하다.

2. 노인학대에 대한 형사법적 규제의 한계와 개선방향

사회적으로 문제되고 있는 노인학대에는 노인을 대상으로 행해지는 육체적인 가해행위뿐만 아니라 정신적인 가혹행위 및 유기와 방치행위 및 부당한 처우들도 포함된다. 이러한 문제들은 포괄적으로 다루어져야만 노인학대라는 사회문제에 대한 해결책이 제시될 수 있다는 성격을 갖는 것으로 판단된다. 이런 성격으로 말미암아 노인학대에 대한 사회적인 대응이 일부 가해행위에만 국한될 경우, 노인과 관련된 복합적인 갈등과 노인시설들의 문제들이 그대로 방치됨으로써 노인을 피해자로 하는 범죄들이 계속적으로 반복되는 악순환을 막을 수 없게 된다는 것이 사회학적 연구들이 내리고 있는 결론이다. 예를 들면, 노인요양시설 내에서 이루어지는 노인에 대한 부당한 처우와 신체적인 학대를 가해자 한 사람의 처벌로 귀결시킨다면, 노인요양시설 내에 상존할 수 있는 기타 위험요인들을 등한시하게 됨으로써 다른 노인에 대한 다른 가해행위나 유기의 반복적 발생을 막을 수 없게 된다는 것이다.

36) 형법 제243조 음화반포등죄, 제244조 음화제조등죄 및 제245조 공연음란죄에 규정된 법정형이 1년 이하의 징역, 500만원 이하의 벌금, 구류 또는 과료인 점과 비교해볼 때 그러하다.

이런 노인학대행위의 성격에도 불구하고 국가나 사회가 취하고 있는 일반적인 대응은 주로 형벌을 통한 범죄예방과 행위자의 교정이 대체적인 방향이라고 할 수 있다. 그러나 이런 형사법적인 대응을 통해서는 노인에 대한 복지제도와 밀착되어 있거나 노인복지 서비스와 밀접한 관련을 지니고 있는 노인학대의 문제를 해결하기는 역부족이라고 하지 않을 수 없다. 예를 들면, 노인부양에 대한 부담이 가중되는 상황에서 이를 해결하기 위한 국가나 사회의 지원이나 협력이 확보되지 못한 상황에서 과중한 스트레스를 받고 있으며, 이를 가해행위로 표출하게 된 가해행위자만을 처벌함으로써 문제를 해결하려고 하는 것은 문제의 근원적인 해결에는 이르지 못하게 되는 문제가 있다고 하겠다.

따라서 노인학대의 문제를 해결하기 위해서는 노인복지에 대한 전체적인 체계의 순기능이 필수적이라고 할 수 있다. 또한, 노인학대가 발생한 가정이나 시설에 대해서 문제의 원천을 파악하고 이를 종합적으로 해결할 수 있는 문제해결을 위한 위원회나 태스크포스의 구성이 필수적이라고 생각된다. 이를 위해서는 사회복지전문가, 상담심리전문가, 의사, 의료전문가, 법조인 및 회계전문가 등으로 구성되는 종합적인 문제해결팀이 법제화되어야 할 것이다. 이들 문제해결팀 구성원들이 자신의 전문지식을 통해서 파악한 노인학대의 원인들에 대한 해결방법을 모색하고 이를 적용할 수 있는 제도적인 장치와 기반이 필요하다고 생각된다. 이런 종합적 해결방법의 모색이 고령화사회에서 계속적으로 변화될 노인학대의 문제를 해결할 수 있다고 생각된다.

Ⅶ. 결 론

노인들에 대한 범죄피해 발생은 노인들이 신체적인 힘과 정신적인 능력이 약화됨에 따라서 범죄자들에게 손쉬운 범죄대상으로 생각될 수 있다는 점에 그 주요한 원인이 있다고 생각된다. 또한, 노인들에 대한 학대나 유기 등의 범죄의 경우 그 행위자들이 노인들의 가족인 경우가 많으므로, 이들과의 관계단절이 노인들에게는 감당할 수 없는 충격을 미치게 된다는 점이 노인들로 하여금 그 행위자에 대한 처벌을 꺼리게 만드는 주요한 원인으로 작용한다고 할 수 있다. 이러한 상황에서는 노인학대 범죄자들에 대한 형사처벌도 상당한 곤란을 겪게 될 수 있을 뿐만 아니라, 노인들이 학대나 유기행위로부터 당한 피해를 구제하기 위한 절차들도 그 적절한 효과를 확보하기 어려운 상황에 놓이게 될 것이다.

이러한 문제에 적절히 대처하기 위해서는 노인들이 사법기관 등에 대해서 갖고 있는 신뢰를 고양시킬 필요가 있으며, 또한 노인들이 자신들의 권리확보 및 피해구제에 대해서 정확한 판단을 하도록 담보해 줄 수 있는 제도적 장치들의 마련이 필요하다. 이러한 문제들은 단순히 형사사법절차나 범죄피해구제절차의 개선만을 통해서 확보될 수는 없다. 단순한 법률제도나 절차의 개선은 노인들을 완전한 의사표현능력을 갖춘 주체로서 상정할 경우에만 그 효과를 거둘 수 있기 때문이다. 소수자의 권리보호를 위해서는 그 소수자가 갖추지 못한 의사소통구조를 복원시키려는 노력이 동시에 진행되어야만 진정한 소수자보호가 이루어질 것이다.

〈참고문헌〉

[국내문헌]

구현아, 노인범죄의 특성과 대책에 관한 연구, 치안정책연구소, 2007.

김선희・김혜경・박충선・최용민・최정혜・한동희・허영숙・현은민・홍달아기, 노인학대 전문상담, 한국가족복지학회, 2005.

김일수・서보학, 형법각론, 박영사, 2004.

김지영, 세대간 갈등과 노인학대, 한국형사정책연구원, 2005.

박상기, 형법각론, 박영사, 2008.

배종대, 형법각론, 홍문사, 2006.

배진희・정미순, "노인학대 영향 요인의 성별 비교 연구," 노인복지연구 2007, 여름호(통권 36호), 35-61면.

손동권, 형법각론, 율곡출판사, 2006.

이건종・전영실, 노인의 범죄 및 범죄피해에 대한 연구, 한국형사정책연구원, 1995.

이연호, 노인학대, 위험요인과 피해, 한국학술정보, 2005.

이호중, "가정폭력범죄의 처벌에 관한 특례법 10년의 평가," 형사정책연구, 제19권 3호, 2008, 127면 이하.

임 웅, 형법각론, 법문사, 2006.

조애저・김승권・김유경, 노부모 학대 실태에 관한 사례연구, 한국보건사회연구원, 1999.

알란 켐프, 가족학대・가족폭력, 나남출판, 2001.

[외국문헌]

Baumhover, Lorin A./Beal, S. Colleen, *Abuse, Neglect, and Exploitation of Older Persons*, Jessica Kingsley Publishers, 1996.

Bonnie, Richard/Wallace, Robert, *Elder Mistreatment : Abuse, Neglect and Exploitation in an Aging America*, National Academy Press, 2003.

Brandl, B./Dyer, C. B./Heisler, C./Otto, J. M./Stiegel, L./Thomas, R., *Elder Abuse Detection and Intervention*, Springer, 2007.

Brogden, Mike, *Geronticide; Killing the Elderly*, Jessica Kingsley Publishers, 2001.

Ferraro, Kenneth F.(ed.), *Gerontology: Perspectives and Issues*, 1990.

Hart, Anne, *How to Stop Elderly Abuse*, Writer Club Press, 2002.

Nerenberg, Lisa, *Elder Abuse Prevetion*, Springer, 2008.

Payne, Brian K., *Crime and Elder Abuse; An Integrated Perspective*, Charles C. Thomas Publisher, 2005.

Podnieks, E./Kosberg, J./Lowenstein, A., *Elder Abuse: selected papers from Prague World Congresson Family Violence*, HMTP, 2003.

제 7 장

말기의료와 말기환자의 자기결정권 존중을 위한 입법*

* 이 논문은 "안락사 유형별 규범해석과 사회적 인식도," 형사법연구, 제20권 제2호(2008년 여름호); "미국의 자연사법(Natural Death Act) 규범과 의료인의 면책규정이 주는 시사점," 비교형사법연구, 제10권 제1호, 2008. 7; "생전유언, 의료지시서, 자연사법 입법의 사회적 함의," 의료법학, 제9권 제1호, 2008. 6; "주요국가 존엄사법 분석과 평가," 한국입법학회 토론회 발표문, 2009. 7 논문들을 재구성하여 편집한 것이다.

Ⅰ. 들어가는 말

안락사 논쟁은 사형제도, 낙태와 관련해서 우리 사회의 주요 쟁점사항이다. 이 논쟁은 이미 20~30년 전부터 이루어져 왔으며, 윤리적·사회적 논쟁의 중심에 있었을 뿐 아니라 형법 영역에서도 찬반의 논쟁을 불러일으킨 사안으로 아직 사회적으로 해결책을 찾지 못하고 있다. 의학기술의 발달로 첨단 생명연장 장치 및 시술들이 개발되고 있으며, 우리 주변에는 회복 가능성이 전혀 없이 지속적인 식물상태에 있는 환자들을 찾아 볼 수 있다. 하지만 회복 불가능하고 치료할 수 없는 말기상태의 환자가 자발적인 의사로써 죽을 권리를 명백한 의사표현으로 지속적으로, 또한 철회 없이 요청하고 있더라도, 현재 의료진은 환자의 의사표시를 존중하여 생명연장 시술을 보류하거나 중단할 수 없다. 현행법상 해당 의료진의 행위는 촉탁·승낙에 의한 살인죄, 살인방조죄 내지 진료거부금지 위반행위 등으로 형사책임을 부담한다.

아직 우리 사회에서는 존엄한 죽음의 지속적인 선택(durable preference for death)에 대한 환자의 요청(patient's request)과 관련해서 이를 문서화하거나 일정한 형식을 구비하여 확인하는 제도를 가지고 있지 않을 뿐 아니라, 생전유언(living will) 또는 의료지시서(advanced directives)를 전혀 활용하고 있지 않는 실정이다. 미국의 경우 모든 주에서 생전유언 또는 의료지시서에 관한 규정을 마련하고 있으며, 환자의 의사표시 및 말기상태임을 확인하고 이를 증명하는 서식과 절차에 따라 말기환자의 생명연장 시술을 보류하거나 중단하는 것을 허용하는 규정을 두고 있다. 즉, 대부분의 주 법률은 환자의 생전유언이나 사전 의료지시서에 따라 말기상태의 환사의 생명연장 시술을 보류하거나 중단함으로써 자연적인 죽음의 과정을 야기한 의료진의 행위에 대해 면책규정을 두고 있으며, 워싱턴 주를 비롯하여 몇 개의 주 법률은 그 법안명을 자연사법(Natural Death Act)으로 부르고 있다.

이 연구에서는 말기의료 상황에서 존엄하게 죽을 권리를 주장하는 환자들에게 제시할 수 있는 하나의 내안으로서 외국의 자연사법에 관한 세부규정을 고찰하고자 한다. 자연사법 규범의 요건으로, i) 의료에 대한 본질적인 자기결정권, ii) 말기상태 등에서의 생명유지 장치의 보류나 중단에 대한 지시, iii) 의사에 의한 연명치료 중단이나 보류, iv) 의료제공자 및 의료기관의 책임면제 등을 제시하고 있다. 이러한 비교법적 고찰은 안락사 논쟁에서 사회적으로 합의를 도출하고 있지 못하고 표피적인 논쟁에만 머물고 있는 우리 사회의 안락사 논쟁에 보다 구체화되고 실질적인 제도적 장치를 마련할 것을 촉구하는 계기를 마련하는 의미를 가진다. 말기환자의 인권적 차원에서의 논의의 시작이 요구되는 현실에서 말기상태에서의 죽을 권리에 대한 논의와 이러한 권리 요청에의 신중한 심사, 충분한 설명에 근거한 동의 의사표시의 절차와 방식에 대한 제도적 장치 및 치료보류와 중단행위의 대상범위, 절차과정의 법제화를 준비하는 기초자료로서의 의미를 가지고자 한다.

Ⅱ. 존엄하게 죽을 권리와 자기결정권

1. 존엄하게 죽을 권리의 헌법상의 권리성

(1) 헌법적 근거로서 자기결정권

안락사의 문제는 1960년대 이후 '인간답게 살 권리'에 대응하여 '인간답게 죽을 권리'라는 주장에서 시작되었다.[1] 인간이 인간답게 살 권리가 있음을 전제로 그러한 인간다운 삶의 선택 및 결정권을 보장받는다면, 마찬가지로 스스로 인간답게 죽을 권리도 긍정될 수 있으며, 그 과정에 대한 선택 및 결정권을 보장받을 수 있다고 하여야 한다.[2] 이와 같이 죽음에 대한 권리가 보장된다면 그 실정법적 근거를 어디에서 찾을 수 있으며, 헌법상으로 보장

1) 박상기, 형법각론, 박영사, 2005, 26면.

2) 인간은 비인간적인 비참한 모습으로 죽어가는 것보다는 스스로 인간답게 죽을 수 있는 권리를 긍정하는 것이 정당하다는 입장이다. 허일태, "안락사에 대한 연구," 형사정책연구, 제4권 제4호, 1993, 46면.

된다면 그로부터 안락사에 대한 권리가 도출될 수 있는지, 어느 범위 내에서 가능한지를 물을 수 있다. 특히 말기환자의 경우 그 스스로 판단능력이 감퇴해지거나 행위능력이 제한되지만, 한편으로 그들의 의사결정에 대해서는 어떠한 이유에서이건 사회적으로 배제되거나 차별되어서는 안된다.[3]

첫째, 죽음에 대한 권리를 인간의 존엄과 가치에서 헌법적 근거를 찾는 견해가 있으며, 대부분의 접근방식이다. 존엄한 죽음에의 기초를 헌법 제10조 인간의 존엄과 가치에서 찾으며, 존엄한 죽음의 영역에서는 자신의 생명에 대한 처분 가능성이 문제가 되는 것이 아니라 존엄한 죽음에의 방해, 임종환자의 자기결정권의 존중이 오히려 논의의 초점이 될 수 있다. 헌법에 상응한 질서에 의하면 인간은 가능한 고통 없이 자연사할 권리를 가지며, 누구든지 임종환자의 의사에 반하여 과잉의 치료를 하여 죽음을 지연시키고 고통을 줄 권한은 가지고 있지 않다. 그러므로 인간의 존엄과 가치는 일반적 인격권으로 이해할 수 있다.[4] 인간의 존엄과 가치를 누리기 위하여서는 필요한 것이면 그 모두가 헌법 제37조제1항의 경시되어서는 아니될 자유와 권리라고 할 수 있고 그 중에 자기결정권도 포함된다고 한다.[5] 자기결정권은 개인이 일정한 사적 사항에 관하여 공권력으로부터 간섭 내지 침해 없이 스스로 자유롭게 결정하여 자신의 사적 영역을 형성할 수 있는 권리를 말하며, 공권력

3) 현행 민법은 이러한 판단능력이 부족한 성년자를 보호하기 위하여 한정치산제도와 금치산제도, 이를 전제로 한 후견제도를 두고 있으나, 너무 경직적으로 적용되어 판단능력을 상실해가는 노인이나 신체적 장애가 있는 자를 보호하기에는 적합하지 않다. 말기의료에서 상당수 노인환자들이 해당되는 경우가 많은 점을 비추어 보아, 성년후견제도는 이러한 상황의 노인들의 자기결정권을 존중하고 정신능력의 감퇴로 인하여 완전한 의사무능력에 빠지지 않는 한 잔존능력을 존중하려는 것이다. 기존의 고령 노인에 대한 후견제도의 내용이 재산관리를 중심으로 이루어져 왔는데, 이것으로는 노인으로부터의 신상감호의 다양한 요청을 충족시킬 수 없다. 따라서 노인의 사무를 처리할 때 노인의 의사를 존중하고 노인의 심신상태 및 생활의 상황을 배려하여 노인의 의료처치, 복지에 부합하게 사무처리를 할 수 있는 대리결정자로서 성년후견인제도를 새롭게 마련할 필요가 있다. 특히 말기의료의 단계에서 예기치 않은 상황이 발생할 때 고령 노인의 의사를 존중하여 본인의 의사결정을 집행해 줄 대리인을 선임하도록 하는 것이 필수적으로 요구될 수 있다. 백승흠, "우리나라에서의 성년후견제도의 도입과 그 검토," 고령사회와 성년후견제도, 한국법제연구원, 2003. 12, 122면.

4) 일반적 인격권은 인격에 대하여 소극적으로 침해받지 않을 권리와 적극적으로 보호받을 권리를 포함하고 있다. 성낙인, 헌법학, 법문사, 2001, 305면.

5) 권영성, 헌법학원론, 법문사, 2005, 279면.

에 대한 부작위청구권으로서 본질적인 자유권이다.[6]

미국의 자연사법(Natural Death Act)에는 다음과 같은 원칙규정을 두고 있다. "성인은 말기상황에서 생명연장 장치를 보류하거나 중단하는 결정을 포함하여 그들 자신에게 의료처치를 제공하는 것과 관련된 의사결정을 통제할 근본적인 권리(fundamental right)가 있다."[7] 이와 같이 성인은 자신의 신체에 대한 의료처치와 관련된 통제권을 가지고 있으며, 이 권리의 적용범위는 말기상태나 영구적인 의식불명 상태에서의 생명연장 장치의 보류나 중단도 포함된다. 노스캐롤라이나 주 법률에 의하면 환자가 자신의 생명을 생명유지장치에 의해서 연장하지 않겠다는 희망을 법률이 정한 바에 따라 선언의 방법으로 표시하였다면, 이 선언(declaration)의 의사표시는 어떠한 경우에도 무효화할 수 없다고 규정하고 있다.[8] 자연사법 규정을 두고 있는 콜럼비아 특별구 대법원은 1985년 판례에서 의사결정능력이 있는 연방의료기관의 말기환자는 인위적인 생명연장 장치를 제거함으로써 곧 죽음에 이르게 되더라도 환자의 자발적인 의사표시에 따라 이를 제거하도록 결정할 권리를 가지고 있다고 판시하고 있다.[9]

둘째, 자기결정권의 헌법상 근거를 행복추구권에서 찾는 견해이다. 행복추구권은 본질적으로 개인의 자기운명결정권을 내용으로 하는 것이며, 이러한 자기운명결정권에는 예컨대 성적 자유권 등과 같은 일반적 행동자유권과 개성의 자유로운 발현권이 포함된다. 오히려 자기의 생명에 대한 진지하고도 합리적인 그리고 임의로 행하여진 자기결정이야말로 생물학적 개체인 동시에 사회적 인격체로서 존재하는 인간이 행복을 추구하는 하나의 방식이라고 한다.[10]

---

6) 김강운, "헌법상의 자기결정권," 법학연구, 제20집, 2005, 169면.

7) West Revised Code of Washington Annotated Currentness, Title 7. Public Health and Safety, Chapter 70.122. Natural Death Act, Legislative findings.

8) North Carolina General Statues Chapter 90. Medicine and Allied Occupations Article 23. Right to Natural Death §90-321.

9) Tune v. Walter Reed Army Medical Hosp., 1985, 602 F. Supp. 1452.

10) 김성규, "피해자의 승낙에 관한 법리로서의 자기결정권," 비교형사법연구, 제8권 제1호, 한국비교형사법학회, 2006. 7, 33면.

(2) 헌법적 근거와 관련된 미국의 연방대법원 판례

미국에서의 치료중단과 관련된 주목할 만한 판례로는 카렌 퀸란(Karen Quinlan) 사건, 낸시 크루젠(Nancy Cruzen) 사건을 들 수 있다. 이 두 판례들은 헌법적 근거를 각각 개인의 프라이버시권 또는 개인의 자유권으로 파악하였다.

먼저, 헌법상의 개인의 프라이버시권에 근거한다는 판례로서 카렌 퀸란 사건(1976)에서 뉴저지 주 대법원은 "식물인간 상태에 있는 환자의 연명치료 거부권은 헌법상 보장된 프라이버시권리에 해당한다"라고 판시하면서 인공호흡기를 제거하는데 동의하는 판결을 내렸다.[11] 여기서 인공호흡기 제거의 전제조건으로 세 가지 요건을 제시하고 있는데, 주관적 요건으로 후견인으로서의 선택(죽을 권리에 대한 선택)이 최선의 판단이라고 인정되어야 하며, 객관적 요건으로 환자에 대한 '죽음의 선택'이 사회 대 다수인에 의하며 수용될 수 있어야 한다. 또한, 의학적 요건으로 책임 있는 의료진이 환자의 회복 가능성에 대한 부정적 판단 및 '생명연장 장치의 제거가 적절하다'는 판단을 하여야 할 뿐 아니라, 환자가 입원중인 병원의 윤리위원회에서도 이를 승인하는 경우에는 허용된다고 보았다.

그 다음으로 헌법상의 자유권에 근거를 둔 판례로서 크루젠 사건(1990)[12]

11) 퀸란은 1975년 마약과 알콜을 함께 복용하고 난 뒤 혼수상태에 빠졌고, 식물인간상태가 지속되었으며, 인공호흡 장치를 달고 지냈다. 퀸란의 아버지는 후견인으로서 소생이 불가능하다는 의사의 진단과 가톨릭 교회법에는 희망이 없는 환자에게 비통상적인(extraordinary) 방법을 사용하면서까지 연명시켜야 할 윤리적 의무가 없다는 신학적 해석에 따라 품위와 존엄 속에 죽을 수 있도록 인공호흡기를 제거해 줄 것을 병원 당국에 요청하였다. 해당 의료기관이 이를 거부하면서 퀸란의 아버지는 뉴저지 주 법원에 퀸란에 대해 '생명연장 장치의 제거를 허가해 달라'고 신청하였는데, 제1심법원은 이를 기각하면서 인공호흡기 제거는 명백한 살인행위라고 판시하였다. 그러나 1976년 3월 31일, 뉴저지 주 대법원은 의사와 법원 당국이 찬성한다면 인공호흡기를 제거해도 좋다는 판결을 내렸다. Quinlan, 355 A. 2d 647(N.J. 1976), cert. denied 429 U.S. 922, 97 S. Ct. 319, 50 L. Ed. 2d 289(1976).

12) 25세의 Nancy Cruzan은 1983년 1월 늦은 저녁에 교통사고로 인해 회생할 수 없는 두뇌능력의 상실로 진단되었다. 그녀는 지속적인 식물인간 상태(persistent vegetative state)로 진단되었으며, 자발적인 호흡은 가능하여 인공호흡기가 필요 없었지만 그녀의 복부에 영양 공급을 위한 튜브가 삽입되었다. 교통사고후 6년간 그녀의 부모는 주병원에게 영양과 수액 공급을 중단하고 그녀를 죽게 해달라고 요청했고, 낸시의 부모는 법에 이를 호소하

에서 연방대법원은 의사능력이 있는 사람은 원하지 않는 의료처치를 거절하는데 주요한 자유권적 이익을 가지고 있다고 판시하였다.13) 즉, 의사결정능력이 있는 말기환자들이 생명연장의 의료처치를 거부할 기본적인 권리가 있음을 부정하지는 않았다.14) 자신의 몸을 통제할 수 있다는 보통법상의 원리는 환자의 동의 없이 수술을 하는 경우 이는 고의적인 행위로 불법에 해당하며, 그 손해에 대해 배상책임을 질 수 있다는 내용도 포함하고 있다.15) 동일한 논거에 따라 원하지 않는 의료처치를 거부할 권리는 자신의 신체를 통제할 권리의 내용으로 파악할 수 있다. 따라서 크루젠 사건에서 연방대법원은 미국 헌법상의 자유권의 내용 속에는 의사결정능력이 있는 환자가 생명연장의 수분과 영양 공급을 거절할 권리도 포함되어 있다고 판시하였다.16) 즉, 연방대법원의 판결은 로 대 웨이드(Roe vs Wade) 사건이나 퀸란 사건처럼 헌법상의 사생활 보호권에 초점을 두지 않고, 치료를 거부할 합법적인 권리는 미국 수정헌법 제14조에서 보호된 자유이익(protected liberty interest)이라는 원리하에 있음을 인정하였다.17)

였다. 순회법원 판사는 인위적인 생명연장 시술을 거부할 권리가 있다고 판시하였지만, 미주리 주 대법원은 원심판결을 파기하였다. Cruzan v. Director, Missouri Dept. of Health, 497 U.S. 261, 284, 110 S. Ct. 2841, 2854, 111 L. Ed. 2d 224(1990).

13) 연방대법원은 피고에게 항정신성약의 처방을 거절할 자유권적 이익이 수정헌법 제14조의 적정절차 규정하에 인정된다고 판시하였다. Washington v. Harper, 494 U.S. 210, 221-22 (1990).

14) 다만, 연방대법원은 개인의 권리와 관련되는 주의 이익의 균형을 취하는 방편으로 현재 의사결정능력이 없는 환자가 아닌 제3자가 환자를 대신해서 수분과 영양의 공급을 거부하는 권리를 행사하기 위해서는 환자의 이전 의사표시에 대한 분명하고 명백한 증거를 필요로 한다는 주 법률의 손을 들어 주었다. 미주리 주 법률은 환자를 대신하는 대리인이 환자의 죽음을 초래하는 방법으로 영양공급을 중단하기 위해서는 어떠한 조건적 상황이 존재해야 하고, 이 전제조건들이 절차적 안전장치로 필요하다고 보았기 때문이다. 크루젠 사건에서 대법원은 미주리 주법률이 생명연장을 위한 수분과 영양 공급을 거부하는 권리를 공격하려는 형태로 입법된 것은 아니라고 판시하였다. Cruzan, 497 U.S. at 280.

15) David L. Sloss, "The Right to Choose to How to die : A Constitutional Analysis of State Laws Prohibiting Physician-Assisted Suicide," *Stanford Law Review*, April, 1996, 48 Stan. L. Rev. 937, at 942.

16) 크루젠 사건은 연방대법원이 최초로 죽을 권리에 대한 심의에 동의하였다는 점에서 중요한 의미를 가진다. 판례에서는 "죽을 권리의 헌법화"(Constitutionalizing the Right to Die)라는 표현을 쓰고 있다. Furrow/Greaney/Johnson/Jost/Schwartz, *Health Law*, 2000, West Group, p.821.

17) 크루젠 사건에서 연방대법원은 의사결정능력이 있는 환자가 원하기 않는 의료시술을 거

2. 우리나라의 존엄한 죽음 관련 판례

(1) 충고에 반한 자의퇴원 사건 판결

1997년 이전에는 의료계의 일부 관행에 의해서 회복 불가능한 중환자에 대해서 치료중단 내지 보류를 요청하는 경우 이를 수용하는 예들이 있었지만, 이를 문제삼아 환자 가족과 의료진에 대해서 처벌을 주장하거나 실제 이를 처벌한 예를 찾기 어려웠다. 1997년 의료계의 관행과는 달리 의료진의 치료중단에 대한 형사처벌을 논한 사건이 일명 보라매병원 사건이었다. 이 사건은 의식불명 상태에 빠졌으나 응급처치와 수술을 통해 자가호흡은 힘들지만, 인공호흡을 통한 산소호흡기를 부착한 채 중환자실에서 치료를 받고 있던 환자를 치료비 부담을 우려하는 환자 보호자의 강력한 퇴원 요구에 의해 조기퇴원시킴으로써 사망하게 한 사건으로, 엄밀한 의미에서 말기상태의 회복 불가능한 환자의 적격기준을 전제로 하는 존엄사 내지 연명치료 중단의 사례에 해당한다고 할 수 없다. 하지만 이 사건은 고등법원 판결문에서 죽음을 피할 수 없는 말기상태의 환자에 대해서 치료중지를 제한적으로 허용될 수 있다는 안락사 허용 여부를 언급한 최초의 판례로서 의의가 있다.

1998년 서울지법 남부지원 형사1부는 치료중단을 행한 의료진과 환자 보호자에게 살인죄의 유죄판결을 선고하였다.[18] 항소심 법원인 서울고등법원 재판부는 "생존 가능성이 있는 환자의 사망 위험성을 인식하고도 그를 퇴원시킨 것은 단순한 윤리적 책임을 넘어선 범죄행위"라고 하였으며, 다만, 퇴원요구를 만류하거나 필요한 의료조치를 한 점에서는 살인이 아니라 살인방조로 보아야 한다고 밝혔다. 고등법원 재판부는 이 사건이 불러일으킨 안락사 논쟁에 대해서 "치료의 중지는 죽음을 피할 수 없는 말기상태의 환자에

부하는데 자유권(liberty interest)을 가지고 있고, 의료장비에 의한 인공적인 영양과 수액의 공급은 다른 형태의 치료와 같이 다루어지는 의료적 처치의 한 형태라는데 동의했다. Ronald Dworkin/Thomas Nagel/Robert Nozick/John Rawls/Thomas Scanlan/Judith Jarvis, "Assisted Suicide : The Philosopher's Brief Amicus Curiae in Support of Respondents," *A Health Law Reader-An Interdiciplinary Approach*, Carolina Academic Press, 1999, pp. 397-399.

18) 서울지방법원 남부지원 1998. 5. 15. 선고 98고합9판결.

대해서만 의사의 양심적 결단에 따라 제한적으로 허용될 수 있을 뿐이고 그 허용범위와 방법에 대해서는 사회적으로 진지한 논의와 합의가 있어야 할 것"이라고 판시하였다.[19] 하지만, 대법원은 안락사 부분에 대한 판단을 유보하고, 다만 "전문의와 레지던트인 의료진이 인턴에게 피해자를 집으로 후송하고 호흡 보조장치를 제거할 것을 지시하는 등의 적극적 행위를 통하여 환자 보호자의 부작위에 의한 살인행위를 도운 것이므로, 이를 작위에 의한 방조범으로 본 원심의 판단은 정당한 것으로 수긍할 수 있다"고 판시하였다.[20]

(2) 인공호흡기 제거 청구사건 판결

인공호흡기 제거 청구사건의 원고는 2008. 2. 18일 폐암 발병 여부를 확인하기 위하여 피고 병원에서 기관지내시경을 이용한 폐종양 조직검사를 받던 중 과다출혈 등으로 인하여 심정지가 발생하였다. 이에 피고 병원의 주치의 등은 심장 마사지 등을 시행하여 심박동기능을 회복시키고 인공호흡기를 부착하였으나 원고는 저산소성 뇌손상을 입고 중환자실로 이송되었다. 이 사건의 당사자인 원고는 이미 의식이 회복 불가능한 상태로서 현재 원고에 대하여 이루어지고 있는 이 사건 치료는 원고의 건강을 증진시키는 것이 아니라 생명 징후만을 단순히 연장시키는 것에 불과하여 의학적으로 의미가 없고, 원고는 평소 무의미한 생명연장을 거부하고 자연스러운 사망을 원한다는 의사를 표시한바 있어 이 사건 치료의 중단으로서 인공호흡기를 제거할 의사가 있다고 판단하여, 피고 병원에 인공호흡기 제거를 청구하였다.

이 청구사건의 제1심판결(2008가합6977)은 2008년 11월 28일 선고되었으며, 피고는 원고에 대하여 인공호흡기를 제거하라는 것이 주문내용이었다.

---

19) 서울고등법원 2002. 2. 7. 선고 98노1310판결.

20) 대법원은 "원심이 피고인들에게 정범의 고의가 없다고 본 것은 앞서 본 바와 같이 잘못이나, 방조의 고의를 인정한 조치에는 법리오해의 위법이 있다 할 수 없고, 따라서 피고인들의 이 사건 범행은 방조범의 성립에 요구되는 정범의 고의와 방조의 고의를 모두 갖추고 있는 것이어서, 위와 같은 원심의 잘못은 판결 결과에 영향이 없다 할 것이다. 결국, 원심의 판단에는 방조범의 고의에 관한 법리 및 의학적 권고에 반하는 환자의 퇴원(discharge against medical advice)에 있어 의사(醫師)의 고의에 관한 법리를 오해하는 등의 위법이 없으므로, 이 부분의 상고이유 주장은 받아들일 수 없다"고 판시하였다. 대법원 2004. 6. 24. 선고 2002도995판결.

제1심판결의 주요 내용은 피고 병원에게 원고에 대한 인공호흡기를 제거할 의무가 있다고 하기 위해서는 i) 회복 가능성 및 치료의 의학적 무의미성, ii) 환자의 의사의 요건을 구비하여야 한다고 판시하였다. 항고심인 고등법원 판결(2008나116869)은 제1심에서의 인공호흡기 제거의 청구를 인정하고 있으며, 이 사건에 관한 사실인정과 판단에 있어서 부분적으로 견해를 달리하고 있거나 보충하여 추가판단하는 외에는 제1심의 판결이유를 그대로 인용하고 있다.

2009년 5월 21일의 대법원 판결(2009다17417)도 원심의 판단은 회복 불가능한 사망의 단계에 이르렀을 경우의 환자의 자기결정권 및 환자 의사추정에 관한 법리에 부합되는 것으로서 수긍할 수 있으므로, 헌법위반이나 법리오해의 위법이 없다고 판단하여 상고를 기각하였다. 대법원 판결에 의하면 환자의 신체 침해를 수반하는 구체적인 진료행위가 환자의 동의를 받아 제공될 수 있는 것과 마찬가지로 그 진료행위를 계속할 것인지 여부에 관한 환자의 결정권 역시 존중되어야 하며, 환자가 그 진료행위의 중단을 요구할 경우에 원칙적으로 의료인은 이를 받아들이고 다른 적절한 진료방법이 있는지를 강구하여야 할 것이다. 또한, 회복 불가능한 사망의 단계에 이른 후에 환자가 인간으로서의 존엄과 가치 및 행복추구권에 기초하여 자기결정권을 행사하는 것으로 인정되는 경우에는 특별한 사정이 없는 한 연명치료의 중단이 허용될 수 있다고 판단하였으며, 환자가 회복 불가능한 사망의 단계에 이르렀을 경우에 대비하여 미리 의료인에게 자신의 연명치료 거부 내지 중단에 관한 의사를 밝힌 경우에는 비록 진료 중단 시점에서 자기결정권을 행사한 것은 아니지만 사전의료지시를 한 후 환자의 의사가 바뀌었다고 볼 만한 특별한 사정이 없는 한 사전의료지시에 의하여 자기결정권을 행사한 것으로 인정할 수 있다고 보았다. 한편, 환자의 사전의료지시가 없는 상태에서 회복 불가능한 사망의 단계에 진입한 경우에는 환자의 의사를 확인할 수 있는 객관적인 자료가 있는 경우에는 반드시 이를 참고하여야 하고, 환자가 평소 일상생활을 통하여 가족, 친구 등에 대하여 한 의사표현, 타인에 대한 치료를 보고 환자가 보인 반응, 환자의 종교, 평소의 생활태도 등을 환자의 나이, 치료의 부작용, 환자가 고통을 겪을 가능성, 회복불가능한 사망의 단계에 이르기까지의 치료과정, 질병의 정도, 현재의 환자 상태 등 객관적인 사정과 종합하여 환자가 현재의 신체상태에서 의학적으로 충분한 정보를 제공받는 경우 연명치료 중단을 선택하였을 것이라고 인정되는 경우라야 그 의사를 추정할 수 있을 것이라고 판시하였다.

Ⅲ. 소극적 안락사, 존엄사에 관한 규범 해석

1. 소극적 안락사, 존엄사의 개념 정의

소극적 안락사란 부작위에 의한 안락사로서 회복이 불가능한 환자에게 적극적인 생명연장의 수단을 사용하지 않는 경우를 말한다.[21] 즉, 인공적인 생명유지 장치를 부착하지 않는다든지 치료를 중단함으로써 생명단축을 초래하는 경우[22]를 말한다. 예를 들어, 사기가 임박하고 현대의학의 견지에서 불치의 환자에 대하여 치료중단 등 생명연장을 위한 더 이상의 조치를 하지 않거나, 이미 부착된 생명유지 장치를 제거함으로써 예상보다 빨리 죽음에 이르게 하는 경우이다. 소극적 안락사의 경우 의사의 치료의무와 아울러 환자의 치료동의권의 문제가 쟁점이 된다.[23] 일부 학자들의 경우 소극적 안락사를 존엄사(death with dignity)의 용어와 동일하게 사용하고 있거나, 존엄사를 별도로 구분하지 않고 소극적 안락사 또는 부작위에 의한 안락사에 포함시키고 있다.[24]

이에 반해 소극적 안락사와 존엄사를 개념적으로 구분하는 견해에 의하

21) 배종대, 형법각론, 홍문사, 2003, 69면; 이정원, 형법각론, 법지사, 1999, 43면.

22) 김성천 · 김형준, 형법각론, 동현출판사, 2006, 27면.

23) 박상기, 앞의 책, 26면.

24) 존엄사를 소극적 안락사의 한 유형으로 보거나 소극적 안락사는 존엄사의 문제로 다루어진다고 한다. 오영근, 형법각론, 대명출판사, 2002, 27면; 존엄사를 소극적 안락사에서 파생된 확장개념으로 보기 때문에 구별 여부에 따른 실익이 없다고 한다. 김동림, "안락사의 유형과 형법적 문제," 강원법학, 제6권, 강원대학교 비교법연구소, 1994, 169면.

면, 존엄사란 식물인간 상태와 같이 환자에게 의식이 없고 그의 생명이 단지 인공심폐기에 의하여 연장되고 있는 경우에 품위 있는 죽음을 위하여 생명연장 조치를 중단하는 것으로 정의하고 있다.[25] 존엄사를 넓게 광의의 안락사라는 개념으로 정의하면서, 존엄사는 회복 가망이 없는 불치의 질병으로 사경을 헤매는 환자에 대하여 그가 의식이 있는 경우에는 그 의사에 따라, 의식이 없는 경우에는 그의 추정적 의사나 환자 보호자의 의사에 따라 그가 인간다운 죽음을 맞이할 수 있도록 인위적으로 그의 생명을 단축하게 하는 행위라고 한다.[26] 안락사는 고통완화의 목적(for the relieving the patient's intolerable and incurable suffering)으로 행하는 것이 중요한 개념요소이기 때문에, 존엄사는 인간의 존엄성을 유지하면서 품위 있는 죽음(death with dignity)을 맞게 하기 위한 것이라는 점에서, 사기에 임박한 환자의 극심한 고통 제거에 초점을 두고 있는 안락사 개념과 구분될 수 있다.[27] 그러므로 환자가 진지한 동의를 할 수 있는 의식이나 결정능력이 없을 때에는, 예컨대 식물인간이 되어 고통 없이 오로지 생명연장 장치의 도움으로 생물학적 생명만 지속되는 경우에는 안락사의 문제로 취급할 것이 아니라, 존엄사의 문제로서 안락사와는 다른 각도에서 접근해야 할 것이다.[28]

2. 소극적 안락사의 허용 여부와 그 논거

우리 형법의 해석으로 소극적 안락사의 경우 '사회상규에 위배되지 않는 행위'(형법 제20조)로서 위법성이 조각된다고 보는 것이 다수설의 견해이다.[29]

25) 이형국, 형법각론, 법문사, 2007, 21면; 오영근, 앞의 책, 28면; 박상기, 앞의 책, 26면; 정영일, 형법개론, 박영사, 2004, 376면.

26) 이재상, 형법각론, 박영사, 2003, 22면; 허일태, 앞의 논문, 78면.

27) 식물인간 상태에 있는 경우만이 아니라 의식이 있는 경우에도 인공적인 생명연장 조치를 계속하지 않고 인간으로서의 존엄성을 유지하면서 죽음을 맞도록 하는 행위를 의미한다. 단지 의식이 없는 상태의 환자의 경우에만 제한되는 것이 아니라, 의식 여부와 관계없이 불치의 질병으로 죽음에 직면한 환자가 자발적인 의사로써 죽을 권리를 요구하며, 이에 따라 인위적인 생명연장 조치를 중단하는 경우를 존엄사라고 넓게 해석할 수 있다. 이인영, "존엄사," 한림법학포럼, 제14권, 한림대학교 법학연구소, 2004, 153면.

28) 김기춘, 형법개론시론, 삼영사, 1984, 149면.

29) 임웅, "적극적 안락사의 비범죄화론," 우범 이수성선생화갑기념논문집, 동성사, 2000, 150

이에 반해 소극적 안락사를 의사의 일종의 치료행위로 보아 업무로 인한 행위로서 위법성이 조각되거나,[30] 피해자의 승낙에 의한 행위로서 위법성이 조각된다고 보는 견해,[31] 환자의 승낙이 있는 경우에는 피해자의 승낙으로, 의사의 일방적인 치료중단의 경우에는 추정적 승낙에 의해 정당화될 수 있다는 견해[32]도 있다.

소극적 안락사를 허용하는 배경에는 의사에게 진료의무를 강제할 수 없으며, 환자에게 역시 고통의 연장을 법이 강제할 수 없다는 논리를 제시하고 있다. 즉, 환자의 의사에 따라서 생명연장의 적극적 수단을 취하지 않으면 환자의 진료거부권 행사로서 적법행위로 보아야 하며, 의사에게는 환자의 의사에 반하여 그의 생명과 고통의 연장을 강제할 수 있는 권리가 없기 때문이라는 주장이다.[33] 동일한 취지로, 의사는 환자의 요구에 따라 독극물을 주사하여서는 안되는 것과 마찬가지로, 환자의 치료거부 의사를 무시한 채 환자의 생명연장과 이에 따르는 고통을 연장해서는 안된다고 한다.[34] 즉, 환자의 자기결정권 내지 치료거부권을 존중하고, 생명권의 내용으로서 자연적인 죽음의 권리와 인간으로서의 존엄성을 유지하는 사망의 권리를 존중해야 한다는 의미이다.[35] 환자가 고통스럽다고 하더라도 무조건 환자의 생을 연장하기만 해야 한다고 법이 강제할 수 없는 것이다.[36]

이에 반해서 소극적 안락사를 엄격한 요건하에서만 제한적으로 인정하자는 견해가 있다. 회복이 불가능한 환자에 대한 인공적인 생명연장이 의학

면; 김성천・김형준, 앞의 책, 28면; 김재봉, "치료중단과 소극적 안락사," 형사법연구, 제12호, 한국형사법학회, 1999. 11, 172면.

30) 정성근・박광민, 형법각론, 삼지원, 2002, 24면.

31) 박상기, 앞의 책, 26면.

32) 이재상 교수에 의하면 소극적 안락사의 허용한계를 환자의 승낙이 있는 경우와 의사의 일방적인 치료중단의 경우를 나누어 검토할 필요가 있으며, 환자가 의식이 없거나 기타의 이유로 의사를 표현할 수 없는 경우에는 의사에 의한 일방적인 중단도 환자의 추정적 승낙에 의하여 정당화될 수 있다고 한다. 여기서 환자의 유언은 추정적 의사를 판단함에 있어 중요한 의미를 가진다. 이재상, "안락사," 경희법학, 제24권 제1호, 1989, 67면.

33) 배종대, 앞의 책, 69면;

34) 박상기, 앞의 책, 26면; 결정의 자기책임성에 의심이 없는 한 환자의 자기결정권을 존중해야 한다. 정현미, "안락사와 형법," 형사정책연구, 제5권 제4호, 1994 겨울호, 200면.

35) 이재상, 앞의 책, 22면.

36) 김성천・김형준, 앞의 책, 28면.

적으로 더 이상 의미를 가질 수 없는 정도에 이르렀을 때에만 정당화된다는 견해[37]와 특히 환자의 의식이 없는 때에는 생명 연장 조치의 제거에 대한 환자의 추정적 승낙이 인정되고, 환자의 법정대리인이나 가족의 촉탁・승낙이 있는 경우에만 2인 이상의 전문의들의 신중한 판단으로 의식회복이 불가능한 환자의 사망시기가 임박하여 더 이상 치료하는 것이 의학적으로 하등의 의미를 갖지 않을 정도의 단계에 들어섰을 때에만 허용된다는 견해이다.[38] 또한, 환자가 죽음을 지연시켜 줄 것을 요구했음에도 불구하고 의사가 생명 연장 조치를 취하지 않았을 때에는 부작위에 의한 살인죄의 불법비난을 면할 수 없지만, 뇌사상태에 있는 환자에 대해서는 더 이상의 치료가 불필요할 뿐만 아니라 반드시 요구되는 것도 아니기 때문에 치료를 담당했던 의사에게 보증인적 의무가 없고, 따라서 부작위에 의한 살인죄의 구성요건에 해당하지 않는다는 견해도 있다.[39]

한편 소극적 안락사의 경우 위법성의 판단이 문제되는 것이 아니라 구성요건해당성의 단계에서 문제된다는 견해가 있다.[40] 먼저 소극적 안락사가 구성요건에 해당하기 위해서는 보증인의 의무위반이 있어야 하는데, 치료 가능성이 소멸되고 사기에 임박한 환자에 대해서는 의사의 치료의무도 끝나게

37) 생존 가망성이 없는 환자에 대한 치료중단의 사회적 의미가 있는 호흡기 제거는 허용된다고 주장하면서, 목적이 없어진 치료중단은 환자가 자연스럽게 죽을 수 있는 길을 열어주는 것이기 때문에 그것은 생명유지의무의 부작위와 구별된다고 한다. 배종대, 앞의 책, 69면; 동일한 취지로 소극적 안락사가 식물인간에게 행해지는 경우 식물인간 상태가 더 이상 되돌려지지 않는 불가항력적인 의식상실의 상태에 이른 경우에 한하여 법적으로 허용된다는 견해를 취하고 있다. 이상돈, 의료형법, 법문사, 1998, 212면.

38) 이형국, "안락사의 형법적 의미에 관한 소고," 현대법학의 이론(이명구박사화갑기념논문집), 고시연구사, 1996, 508-509면. 이 경우 환자의 의사에 따라 생명유지 장치를 제거하기나 기타 치료행위를 중난하는 경우는 살인죄의 구성요건해당성이 없다는 견해를 취하고 있다.

39) 김재봉, 앞의 논문, 171면; 같은 견해로 소극적 안락사가 뇌사자나 식물인간에 대하여 행하여진 경우에는 환자의 생존시의 의사가 있고, 또는 환자의 추정적 의사에 합치하는 환자 가족의 승낙이 있어 환자가 더 이상 되돌릴 수 없는 의식상실의 상태에 이른 경우라면 살인죄의 구성요건에 해당하지 않는다. 이상돈, 치료중단과 형사책임, 법문사, 2002, 25면.

40) 의사에게는 환자의 의사에 반하여 그의 생명이나 고통의 연장을 강제할 수 있는 권리가 없기 때문이다. 이것은 의사의 진료권에 해낭하지 않는다고 보는 견해이다. 배종대, 앞의 책, 69면.

된다고 보아야 하기 때문에 더 이상 치료의사의 작위의무가 존재하지 않으며, 따라서 소극적 안락사의 경우 부진정부작위범의 구성요건해당성이 있는 행위가 되지 않는다는 주장이다.[41] 구성요건해당성이 조각된다는 논거 이면에는 의사의 진료의무와 관련된 재량권과 환자의 자기결정권이나 존엄을 유지할 권리는 서로 비교 형량할 수 있다고 보며, 소극적 안락사의 상황은 의사의 생명유지의무가 점점 축소되고 의사의 재량권이 확대된다는 논거를 제시하고 있다.[42]

또한 소수 견해이기는 하지만, 소극적 안락사를 허용할 수 없다는 견해가 있다. 그 논거로써 생명연장을 위한 더 이상의 조치를 취하지 않음으로써 예상보다 빨리 죽음에 이르도록 하는 인위적인 생명단축의 행위이기 때문에 의사가 생명연장 조치를 취하지 않았을 때에는 부작위에 의한 살인죄의 죄책을 인정해야 하며,[43] 촉탁・승낙에 의한 살인죄의 위법성을 당연히 인정할 수 있다고 주장한다.[44]

3. 존엄사의 허용 여부와 그 논거

개념적으로 소극적 안락사와 존엄사를 구분하는 경우 대부분의 학자들은 존엄사를 허용하고 있다. 그 논거로서 일종의 치료행위로 보아 위법성이 조각된다고 하거나,[45] 사회상규에 위배되지 않는 행위로 위법성이 조각된다고 본다.[46] 헌법과 형법의 생명권 보호정신에도 반하지 아니하며, 윤리학이

---

41) 이정원, 앞의 책, 47-48면.

42) 이상돈, 앞의 책, 212-213면; 허일태 교수는 환자에 대한 의사의 생명유지의무의 존속 여부는 일차적으로 환자 자신의 자결권에 기초해야 된다고 하면서, 환자가 임종의 길로 불가피하게 접어들어 자결권 행사가 명백히 불가피한 경우 환자의 보호자나 가족의 동의가 있는 경우 담당의사는 치료의무 대신에 그 환자가 아름다운 죽음을 맞이할 수 있도록 배려해야 할 의무로 전환된다고 한다. 허일태, 인간적인 법을 찾아서, 세종출판사, 1997, 143면.

43) 김일수・서보학, 형법각론, 박영사, 2004, 28면.

44) 수명이 아직 꽤 남아 있는 환자에게 회복, 소생의 가능성이 없다는 이유로 식사나 치료를 중단하여 사망을 재촉하는 것은 형법상의 살인죄나 촉탁・승낙에 의한 살인죄의 위법성을 가지고 있다고 본다. 정영일, 앞의 책, 376면.

45) 정성근・박광민, 앞의 책, 24면.

나 종교의 영역에서도 일반적으로 인정되므로 살인죄의 위법성을 부인해야 한다고 주장한다.[47]

한편 존엄사의 경우 위법성의 판단이 문제되는 것이 아니라 구성요건해당성이 조각된다는 견해가 있다.[48] 왜냐하면 의사에게 생명연장 조치를 취할 작위의무가 없기 때문에 살인죄의 구성요건에 해당하지 않는다는 견해이며, 그 논거로는 환자의 자기결정권의 행사에 따라 의사의 치료의무가 없다는 점을 들고 있다. 즉, 사람의 생명에 대한 권리는 사람의 자연적인 죽음과 인간다운 죽음에 대한 권리를 포함한다고 해야 하며, 환자의 생명을 유지해야 할 의사의 의무도 환자에게 소생이나 치료의 가능성이 소멸되고 사기가 임박하여 죽음을 피할 수 없게 된 때에는 인정할 수 없다는 것이다.[49]

4. 소 결

안락사(euthanasia)라는 말은 좋은 죽음(good death)을 의미하는 그리스어에서 유래하였다. 즉, *eu* (좋은)와 *thanatos* (죽음)이라는 단어가 합친 것이다. 이런 어원에 따라 영어로는 '편안한 죽음'에 더 가까운 뜻을 가진 용어로 사용되며, 독일어로는 안락사를 '죽음에의 도움'이라고 한다. 이러한 안락사의 개념에는 삶과 죽음, 삶과 고통을 합리적으로 교량하려는 합리주의적 사고가 바탕하고 있다. 상황의 변화에 따라 환자의 죽음의 과정을 자의적으로 조정한다거나 합리적으로 관리한다는 접근에서 출발하였다고 할 수 있다. 우

46) 이재상, 앞의 책, 23면; 배종대 교수에 의하면 정당화요건으로 간접적 안락사에서 말한 정당화요건(환자의 촉탁・승낙은 제외)을 갖추어야 할 뿐만 아니라 보호자의 동의도 있어야 한다. 그러므로 담당의사가 아닌 제3사가 치료중단의 사회적 의미로 시행하지 않는 호흡기 제거는 살인죄의 죄책을 면할 수 없다고 한다. 담당의사의 위임을 받은 의사는 권한있는 제3자가 될 수 있다(배종대, 앞의 책, 70면); 오영근, 앞의 책, 29면.

47) 정영일, 앞의 책, 377면; 인간에게는 존엄생(life with dignity)의 권리와 함께 존엄사(death with dignity)의 권리도 천부적 인권으로 부여되어 있다는 점을 고려해야 하며, 그렇기 때문에 인공적인 생명연장 장치에 의한 연명의 상황에서 행해진 존엄사의 경우에는 시술자의 위법성이 조각되어야 한다고 해석한다. 김기춘, 앞의 책, 162면.

48) 이정원, 앞의 책, 44면; 전지연, "현행 형법에 따른 안락사의 허용 여부에 대한 검토," 명형식 교수 화갑기념논문집, 1998, 172면; 김재봉, 앞의 논문, 153면.

49) 이재상, 앞의 책, 23면.

리 사회에서 안락사의 허용 여부에 대한 논쟁이 일어날 때 이러한 논쟁의 기초라고 할 수 있는 '안락사'의 용어에 대해 일부는 소극적 안락사의 용어로 말하기도 하고, 일부는 적극적 안락사를 포함하여 논하기도 하며, 의사표시를 할 수 없는 신생아이거나 미성년자의 경우 비자의적 안락사도 포함하여 안락사의 용어를 사용하기도 한다. 또한 통상 말하는 소극적 안락사의 유형 중에서도 인공호흡기를 제거하는 것과 영양튜브를 제거하는 것을 각각 달리 평가하여 영양튜브를 제거하는 것은 적극적 안락사에 해당한다는 시각도 있다. 이와 같이 논의의 출발점인 안락사 용어가 통일적이고 일의적인 개념으로 정의되고 있지 않는 실정이다.

이와 같이 안락사 분류와 관련된 다양한 용어 사용으로 인해 통일된 견해가 부재하다 보니 학자들마다 서로 상충되는 개념을 가지고 각각의 안락사의 유형에 대한 허용한계를 다르게 판단하고 있는 실정이다. 법학자나 철학자, 윤리학자, 정책입안자 등이 말하고 있는 안락사 개념 범주가 제각각이거나 개념상 모호하기 때문에 서로 공통된 의견의 합의점을 찾기가 쉽지 않으며, 공론화하여 입법을 마련하는 데에 큰 장애요인으로 작용하고 있다. 2009년 8월 한국보건의료원에서 3회에 걸쳐 개최한 "연명치료의 중단, 사회적 합의를 위한 토론회"에서 밝힌 사회적 합의문에서는 "안락사 및 의사조력자살은 반대한다"라고 명시하고 있다. 이 경우의 안락사 용어는 적극적 안락사의 의미로 사용되었음을 알 수 있다.

오늘날 생명연장 장치의 기술개발에 따라 사람들은 더 이상 출산과 임종이라는 일대의 사건을 집안에서 맞이하지 않는다. 대부분 고령의 환자들이 집에서 임종을 하기를 원하지만 치료중단을 하고 집으로 퇴원을 하기가 현실적으로 불가능하다. 말기치료 단계에서 대부분의 환자들은 통증이나 육체적 고통보다는 장기간의 투병과정에서의 일어날 수 있는 자아상실과 같은 인격성을 위협하는 증상들을 두려워하며, 마지막 수단으로 원하지 않는 치료를 거부할 권리, 존엄하게 죽을 권리 등을 요구하는 것이다. 안락사의 의도가 고통완화의 목적으로 행하는 것이라면, 존엄사는 인간의 존엄성을 유지하면서 품위 있는 죽음을 맞게 하기 위한 것이라는 점에서 양자의 구분이 가능할 수 있다. 소극적 안락사와 존엄사를 구분하여 오로지 생명연장 장치의 도움으로 생물학적 생명만 지속되는 경우에는 존엄사의 문제로 접근하여 이를 검토하는 것이 필요하며, 존엄사의 허용 여부에 대해서는 그 사회의 생명문화 및 죽음대비문화의 성숙도, 대안적 치료를 선택할 수 있는 의료보장제도의 확충 등과 같은 여건들을 고려하여 결정하고 이를 법제화해야 할 것이다.

의학계에서는 안락사보다는 보다 넓은 개념을 사용하여 죽음을 둘러싼 의료상황을 설명하고자 하는 방법으로 무의미한 연명치료 중단의 용어를 사용한다. 치료중단이란 의사가 환자에 대하여 이미 개시한 치료행위를 중지하거나 새로운 치료행위를 개시하지 않는 것을 말한다. 그런데 여기서 사용되는 무의미한 치료라는 개념은 의학적 관점에서 볼 때 통상 환자에게 의료행위를 시행하는 것이 더 이상 의미가 없다고 판단되는 경우를 말하지만, 환자가 더 이상 치료를 원하지 않는 경우의 무의미한 치료도 있을 수 있고, 환자가 치료를 원하지만 의학적으로 의미가 없는 경우도 포함될 수 있다. 특정 환자에게 계속되는 연명치료가 의미가 있는지 여부는 결국 해당 사례별로 의료진이 구체적인 기준에 따라 개별적으로 결정해야 할 것이기 때문에 일률적으로 확정된 기준을 가지고 논할 수 없는 불명확성이 내재하고 있다는 비판이 가능하다. 따라서 사회적으로 수용 가능한 연명치료 중단의 전제조건들에 대한 검토가 존엄사의 논의과정에서 무엇보다 필요하다.

Ⅳ. 주요 국가의 존엄사 입법

존엄사 관련 입법은 두 가지 유형으로 구분할 수 있다. 첫째, 연명치료를 중단하거나 보류하는 행위를 허용하여 자연사의 과정으로 이어지도록 규정하고 있는 자연사법 내지 생전유언법(Living Will Act)의 입법형태를 유지하고 있는 미국의 대부분의 주 법과 오스트리아의 '환자자기결정법', 대만의 '안녕완화의료조례' 등의 유형이다. 둘째, 의사조력 자살행위를 허용하는 입법형태를 유지하는 미국의 오레곤 주와 워싱턴 주의 '의사조력자살법(존엄사법)', 네덜란드의 '요청에 의한 생명종결과 조력자살법', 벨기에의 '안락사에 관한 법률' 등의 유형이다.

1. 미국 각 주의 생전유언법, 자연사법[50)]

(1) 법률의 명칭

'죽을 권리'가 어떻게 실현될 수 있는가에 관한 문제는 이미 1976년 뉴저지 주 대법원의 카렌 퀸란 사건 판결 이후로 사회가 직면한 심각한 문제로 인식되었다. 카렌 퀸란 사건이 안락사에 대하여 여론의 갑작스러운 변화를 일으킨 것은 아니지만, 이 사건의 영향으로 죽음에 있어 시간과 장소, 방법을 통제할 수 있는 개인의 권리에 대한 인식을 구체화할 수 있었다.[51)] 특히 의사결정능력이 있는 말기환자가 생명연장 의료처치를 거부할 수 있는 권리를 보호하기 위하여 많은 주에서 생전유언(living will)의 규정을 포함하는 자연사법(Natural Death Act)을 제정하기 시작하였다.[52)] 자연사법 입법은 생전유언의 문서를 허용하는 캘리포니아 주의 초기의 노력에서 찾아볼 수 있다.[53)] 생전유언에 관한 입법은 환자가 말기상황에 있고 더 이상 스스로 의료적 의사결정을 할 수 없는 상황의 경우, 생명연장 시술을 보류하거나 중단하도록 담당의사에게 지시하는 선언(declaration)을 행하였다면, 환자의 의사에 따라 시행하도록 하는 법률을 말한다.[54)] 일반적으로 생전유언은 말기상황 또는 영구적인 의식불명 상태에서 생명연장 시술을 피하려는 의사로 표현되지만, 그 반대의 의사(opposite intent)도 역시 표현할 수 있다. 생전유언은 대부분 서면으

50) 이인영, "미국의 자연사법 규범과 의료인의 면책규정이 주는 시사점," 비교형사법연구, 제10권 제1호, 2008. 7. 참조.

51) In re Quinlan, Supreme Court of New Jersey 355 A. 2nd 647(N.J. 1976); 궁극적으로 개인의 권리는 주의 이익을 넘어설 수 있으며, 만약 퀸란이 의사결정능력이 있었을 때 그러한 선택을 하였다면 법에 의해서 지켜져야 한다고 판시하였다. Jerry Menikoff, *Law and Bioethics*, Washington D.C.: Georgetown Univ. Press, 2001, p.248.

52) 퀸란 사건 이후 사건보고서가 출판되는 2년 이내에 어떠한 상황에서 어떠한 처치를 할 수 있는 지 여부에 대해서 문서화된 의료지시서를 인정하는 입법을 몇몇 주가 채택하였으며, 이러한 법령을 생전유언법 때로는 죽을 권리에 관한 법, 즉 자연사법으로 불렀다. Furrow et. al., *op. cit.*, p.843.

53) Jerry Menikoff, *op. cit.*, p.269.

54) David L. Sloss, *op. cit.*, at 945.

로 작성되며, 환자가 인지하고 선택을 할 수 있을 때의 상황을 고려하여 그러한 상황이 실현된다고 하더라도 미리 환자가 작성한 선택방안대로 실행될 수 있게 작성하도록 하고 있다.[55]

또한, 대부분의 주는 생전유언뿐 아니라 더 나아가 의료지시서(advanced directives)에 관한 주 법령을 두고 있다.[56] 미국의 모든 주는 생전유언에 관한 법률을 가지고 있다고 할 수 있으며, 주와 주 사이 법률의 내용은 상당히 다양하다.[57] 예를 들어, 많은 주는 지속적인 대리권이나 생전유언을 행하거나 철회하는 경우 주에서 승인하는 양식을 갖출 것을 요구하고 있으며, 서면으로 작성된 문서로써 구비할 것을 요구한다. 그러나 몇몇 주에서는 반드시 서면에 의할 것을 요구하지 않고, 의사소통의 형식 정도인 구두의 진술로써도 가능하며, 두 가지 형식 모두를 인정하는 경우도 있다. 예를 들어, 플로리다 주 법률에 의하면 생전유언을 입증된 서면문서(witnessed document in writing) 또는 구두진술(witnessed oral statement)로서 개념정의하고 있다.[58] 이와 같이 주마다 상이한 차이가 있었기 때문에 1989년에 말기질병환자의 권리에 관한 통일법전(Uniform Rights of the Terminally Ill Act)이 만들어졌지만, 실제 주 입법 내에서의 그 효력은 극히 제한적이었다.[59] 1994년의 의료서비스결정에 관한 통일법전(Uniform Health Care Decision Act)에서는 개인의

---

55) Aaron Ridley, *Beginning Bioethics*, Bedford/St. Martin's, 1998, p.164; Bette-Jane Crigger (editor), *Cases in Bioethics*, Bedford/St. Martine's, 1998, p.292.

56) 생전유언은 통상 말기적 상황에서만이 적용되는데 반해, 의료지시서는 포괄적이라고 할 수 있으며, 말기질환의 경우가 아니라도 생각하거나 느낄 수 없는 회복될 수 없는 두뇌손상의 경우에도 적용할 수 있다. 사전의료지시서란 의사결정을 가진 어떤 사람이 환자 자신이 법적으로 온전하게 행위할 수 없을 때인 미래의 상황을 대비하여 자신을 대신하여 행위할 사람을 지정하거나 자신에 대해 어떠한 진료행위를 시행할 것을 결정하는 문서(written documents)를 말한다. 만약, 자신이 의사결정능력이 없게 될 경우 재정적인 그리고 의학적 결정을 내릴 지속적 대리권(durable power of attorney)을 다른 사람에게 부여하는 것이다. 생명에 대한 사전유언과는 달리 대리의사결정권자(surrogate decision-maker)가 새로운 혹은 예기치 않은 상황에서도 통제력을 행사할 수 있도록 허용하는 것이다. Jerry Menikoff, *op. cit.*, p.270.

57) 50 States Statutory Surveys Right to Die.

58) Florida Statutes Title XLIV, Civil Rights Chapter 765, Health Care Advance Directives Part I. General Provisions 765. 101 Definition.

59) Furrow et. al., *op. cit.*, p.843.

지시(individual instruction)는 의료서비스 여부에 관한 결정을 사실상 통제할 수 있을 것이라고 되어 있으며, 1999년에는 세 개의 주가 이러한 통일법전을 채택하였다.[60]

법률에 정해진 요건과 절차를 구비한 생전유언이나 의료지시서에 따라, 의료진이 환자의 생명연장 의료처치를 보류하거나 중단하여 자연적인 죽음의 과정에 이르게 하는 것을 허용하는 내용을 담고 있는 규범을 자연사법이라고 한다. 예를 들어, 워싱턴 주의 경우 공공보건과 안전에 관한 법률(Title 70. Public Health and Safety) 부분으로서 자연사법 규정(Chapter 70.122 Natural Death Act)을 두고 있다. 아이다호 주의 경우에는 보건과 안전에 관한 법률(Title 39. Health and Safety) 부분으로서 의료동의와 자연사법(The Medical Consent and Natural Death Act)의 장을 두고 있다. 콜럼비아 특별구의 경우 보건치료와 안전(Title Human Health Care and Safety)의 부분으로서 죽음에 관한 장의 하위부분으로 자연사(Natural Death)에 관한 규정을 두고 있다. 미주리 주의 경우 치료보류에 의한 죽음(Death resulting from withholding treatment)에 대한 규정을 두고 있다.[61] 유사한 규정으로 아칸소 주 법률에서는 말기환자 또는 영구적 의식불명환자의 권리에 관한 법률(Arkansas Rights of the Trminally Ill or Permanently Unconscious Act)의 명칭으로 사용하고 있다. 노스캐롤라이나주의 경우 자연사 권리(right to a natural death)에 관한 규정을 두고 있으며, 주 법률에 자연사의 요청을 기재하는 사전의료지시서 서식을 첨부하고 있다.[62]

(2) 허용행위 : 의사의 치료 보류 또는 중단행위

말기상태에 있는 적격환자에 대해 의사는 연명치료를 보류하거나 중단할 수 있지만, 그 가능한 범위는 모든 형태의 연명치료 처치를 말하지는 않는

60) *Id.*

61) Missouri Code Title XXVI. Trade and Commerce, Chapter 404 Transfer to minors-Personal Custodian and Durable Power of Attorney §404. 845 Death resulting from withholding treatment.

62) North Carolina General Statues Chapter 90. Medicine and Allied Occupations Article 23. Right to Natural Death §90-321.

다. 몇몇 주의 경우 인공호흡기의 제거 등의 생명연장 처치에 국한하고 있으며, 전체 절반 정도의 주에서는 치료중단을 할 수 있는 처치의 내용에는 영양공급이나 수분 공급을 포함하고 있지 않다.[63] 환자의 의료지시서에 따라 생명연장 처치를 보류하거나 중단하는 것은 어떤 의도에서든 자살방조나 살인죄를 구성하지 않지만, 간호사나 의사 또는 다른 의료관계 종사자도 어떠한 조건에서든 치료의 보류나 중단에 참여할 것을 법률이나 계약에 의해 강요받을 수 없다. 워싱턴 주 법률에 의하면 어느 누구도 연명치료의 중단이나 보류에 참여를 거부하였다는 이유로 고용이나 직업적 권한에서 차별을 받아서는 안된다고 규정하고 있다.[64]

(3) 허용조건 : 연명치료 중단 및 보류의 전제조건

대부분의 주의 경우 주치의사뿐 아니라 다른 의사를 포함하여 둘 이상의 의료진에 의해서 환자의 말기상태에 대한 확인이 이루어질 것을 요한다.[65] 여기에서 말하는 말기상태(terminal condition)는 질병으로 인하여 치료할 수 없거나 회복할 수 없는(incurable and irreversible) 상태를 의미한다.[66] 콜럼비아 특별구 법률에 의하면 말기상태라 함은 상해나 질병에 의해서 야기된 치료할 수 없는 상태를 의미하며, 이러한 상태는 생명유지 장치를 유지하더라도 조만간 죽음을 야기하고 생명유지 장치는 다만 환자의 죽음의 순간을 연기하는 데에 불과한 기능을 하는 상태를 말한다.[67] 그런데 좁은 의미의 말기상태뿐 아니라 영구적 무의식 상태(permanent unconscious condition), 돌이킬 수 없는 혼수상태나 지속적인 식물인간 상태에서의 합리적 회복 가능성이

63) Furrow et. al., *op. cit.*, p.844.

64) Washington Code, Title 7. Public Health and Safety, Chapter 70.122. Natural Death Act. 70.122.051. Liability of Health Care Provider or Facility.

65) District of Columbia Code, Title 7. Human Health Care and Safty, Subtitle A. General, Chapter 6. Death, Subchapter II. Natural Death § 7-621 Definitions. (2); Arkansas Code Title 20. Public Health and Welfare, Subtitle 2. Health and Safety, Chapter 17. Death and Disposition of the Dead, Subcapter 2. Arkansas Rights of the Trminally Ill or Permanently Unconscious Act, § 20-17-201. Definitions (9).

66) Uniform Rights of Terminally Ill Act, §3, 9B U.L.A. 170(Supp. 1999).

67) District of Columbia Code, Title 7. Human Health Care and Safty, Subtitle A. General, Chapter 6. Death, Subchapter II. Natural Death § 7-621 Definitions. (3).

없는 것처럼 합리적인 의학적 판단 내에서 치료가 불가능하거나 회복이 불가능하다고 의학적으로 평가되는 상태도 말기상태에 포함시키고 있다. 이와 같이 말기상태의 적용범위를 확대하게 된 계기를 이룬 것이 크루젠 사건이었으며, 이 사건 이후 많은 주에서는 예를 들어 오하이오 주와 아칸소 주에서는 연명치료의 중단과 보류를 회복할 수 없는 혼수상태, 지속적인 식물인간 상태, 영구적인 무의식상태의 경우에도 적용할 수 있다.[68]

의료지시서(health care directive)는 법률이 정한 기준에 따라 작성자에 의하여 자발적으로 작성된 서면 문서를 의미하며, 그 내용은 말기상태나 영구적 무의식상태에서 생명유지 장치를 보류하거나 중단하는 지시를 하는 것이다.[69] 워싱턴 주 법률의 의료지시서에는 "환자는 의료관리결정능력을 가지고 있으며, 의지대로, 자발적으로 다음의 상황에서 인위적으로 생명을 연장시키는 것을 원하지 않음을 밝힌다"라는 형태로 되어 있다. 작성자는 담당의사에 의한 말기상태 진단이나 두 명의 의사로부터 영구적으로 무의식상태임을 진단받고, 생명유지 장치의 적용이 죽음의 과정을 인위적으로 연장하기만 하는 경우, 그러한 처치를 보류하거나 중단할 것을 지시한다는 내용을 담고 있다.[70] 노스캐롤라이나 주 법률에 의하면 환자는 의료서비스 결정을 할 수 없거나 의사소통을 할 수 없다고 주치의에 의해 진단・확인되는 경우를 대비하여 사전에 생명연장 여부에 대한 자신의 의향을 표시하는 의료지시서를 작성할 수 있다.[71]

환자의 의료지시서 작성시 두 명의 증인이 참석하여야 하고 이에 대해 서명할 것을 요구한다. 미국의 대부분의 주는 적어도 생전유언 및 선언

68) Furrow et. al., *op. cit.*, p.844.

69) 의료지시서의 주요 내용으로 지속적인 대리권의 위임이 자리잡게 된 계기는 1990년대의 초이다. 지속적인 대리권의 위임은 환자로 하여금 환자의 가치를 가장 잘 이해하고 이를 적용한 사람을, 즉 그가 의사결정능력이 없을 때 그의 치료 여부를 결정할 사람을 정하게 한다. Furrow et. al., *op. cit.*, p.847.

70) Washington Code, Title 7. Public Health and Safety, Chapter 70.122. Natural Death Act. 70.122.030. Directive to withhold or withdraw life-sustaining treatment.

71) 노스캐롤라이나 주 법률상의 의료지시서의 서식은 자연사에 대한 나의 희망(My Desire for a Natural Death)이라는 표제어를 가지고 있다. North Carolina General Statues Chapter 90. Medicine and Allied Occupations Article 23. Right to Natural Death §90-321. Right to a natural death.

(declaration)을 증명할 두 명의 성인인 증인과 그의 서명을 요구한다.72) 몇몇 주에서는 증인이 환자와 혈연관계 또는 혼인관계를 가지고 있거나 유산상속이나 재산상의 이해관계가 있는 자를 제외해야 하며, 환자의 치료비에 대한 재정적 부담을 지고 있는 자도 제외하고 있다. 또한, 의료진이거나 의료진이 고용한 자 또는 의료기관이 고용한 자 등을 제외하고 있다.73)

의료진은 연명치료를 중단하는 경우 먼저 말기환자의 상태에 대한 확인을 하여야 한다. 주치의는 환자가 말기상태에 있는지 여부를 증명하고 확인해야 할 의무가 있다.74) 이는 서면으로 작성되어야 하며, 이러한 확인과정을 거쳐야만 치료 보류와 중단의 의사표시를 행한 환자는 적격환자로서 인정된다. 이러한 환자에게 생전유언이나 사전의료지시서에 따라 의사는 치료를 보류하거나 중단할 수 있다.

대부분의 주는 사전의료지시서 내지 생전유언에 관한 규정의 절차와 서식을 구비하여 이에 따른 의료진의 행위는 자살방조나 살인으로 보지 않는다.75) 규정에 따른 치료중단이나 보류는 자비로운 살인이나 환자의 자살에 조력하는 행위, 안락사의 행위로 해석하지 않으며, 또한 이러한 죽음을 자살로도 평가하지 않는다.76) 또한 의료진의 고의 내지 과실로 인하여 자연적인

72) District of Columbia Code, Title 7. Human Health Care and Safty, Subtitle A. General, Chapter 6. Death, Subchapter II. Natural Death, §7-622. Declaration-Execution; form.

73) 워싱턴 주 법률에 의하면 증인들은 선언자의 의지나 유언서에 의하여 혹은 법적 효력에 의하여 선언자의 사망으로 인해 선언자의 재산에 대한 상속권이 부여되지 않는 자여야 한다. 이울러 증인은 담당의사가 아니어야 하며, 환자로 두고 있는 의료기관이나 담당의사의 고용인이어서도 안되고, 또한 지시의 시행시점에 선언자의 사망으로 인하여 선언자의 재산에 대한 상속권을 주장할 수 있는 사람이어서는 안된다. 70.122.030. Directive to withhold or withdraw life-sustaining treatment.

74) District of Columbia Code, Title 7. Human Health Care and Safty, Subtitle A. General, Chapter 6. Death, Subchapter II. Natural Death, §7-625. Physician' duty to confirm terminal condition.

75) Missouri Code Title XXVI. Trade and Commerce, Chapter 404 Transfer to minors-Personal Custodian and Durable Power of Attorney §404. 845 Death resulting from withholding treatment; District of Columbia Code, Title 7. Human Health Care and Safety, Subtitle A. General, Chapter 6. Death, Subchapter II. Natural Death, §7-628. Exclusion of suicide; effect of declaration upon issuance.

76) California Code, Division 4. 7. Health Care Decisions, Part 1. Definitions and General, Chapter 2. General Provisions §4656. Effect of Death resulting from withholding or

죽음의 과정 이외의 방법으로 생명을 종료시키는 것을 허락하지 않으며 이에 대한 처벌규정을 두고 있다. 예를 들어, 타인의 의료지시서를 위조・변조하거나 고의로 은닉하거나 선언자의 희망과 반대로 연명치료의 보류나 중단을 야기할 의도로 개정 워싱턴 주 법률 70.122.040조에 해당하는 철회사실을 보류함으로써 이러한 행위로 인해 연명치료의 보류나 중단을 직접적으로 야기하여 결국 사망을 촉진한 자는 개정 워싱턴 주 법률 9A.32.030조에서 정의된 일급살인죄의 소추대상이 된다. 타인의 지시서를 선언자의 동의없이 고의로 은닉, 삭제, 손상, 파괴하는 것은 범죄에 해당한다. 오히려 의사표시를 행한 환자의 동의를 구하지 않고 환자의 선언을 의도적으로 은폐하거나, 취소하거나, 훼손하거나, 말소하는 행위를 한 자는 벌금형이나 징역형으로 처벌하고 있다.77)

2. 오스트리아의 '환자자기결정법'

(1) 법률의 명칭

오스트리아의 경우 2006년 5월 8일 공포되고 2006년 6월 1일부터 시행된 환자지시법(환자자기결정법)은 환자의 생전유언에 관한 연방법으로서 성격을 가진다.78) 이 연방법률은 생전유언의 필요성과 효과에 대해서 규정하고 있다. 생전유언이 환자의 의사를 표시하고 있을 경우 생전유언은 구속력을 가지거나 또는 참작하여야 한다(제1조).

(2) 허용행위 : 생전유언에 따른 의료처치의 거부

생전유언의 구속력과 관련해서 거부의 대상이 되는 의료처치는 분명하게 표현되어 있어야 하며, 또는 생전유언의 전체 내용으로부터 명확하게 나

---

withdrawing health care.

77) District of Columbia Code, Title 7. Human Health Care and Safty, Subtitle A. General, Chapter 6. Death, Subchapter II. Natural Death, §7-627. Extent of medical liability; transfer of patient; criminal offense.

78) 이 법은 생전유언의 필요성과 효과에 대해서 규정하고 있다(제1조).

타나야 한다(제4조). 다만, 생전유언을 찾는데 소비하는 시간이 환자의 생명 또는 건강을 심각하게 위협한다면, 환자에 대한 응급처치는 이 연방법에 의해서 영향을 받지 않을 것이다(제12조).

(3) 허용조건 : 생전유언의 구속력 요건

이 연방법에 의하면 생전유언은 환자가 의료처치를 거부하고, 그리고 처치의 순간에 환자가 이해할 수 없거나 판단 또는 표현할 수 없다면 유효한 것이 될 의사표시의 선언이다. 이 연방법에 의하면 환자는 생전유언을 행하는 순간에 그의 현재의 건강상태 여하를 불문하고 생전유언을 행하는 사람이다(제2조). 생전유언은 오직 개인적으로 실행되어져야만 한다. 환자는 생전유언을 행할 수 있는 통찰력과 판단력을 소유하고 있어야 한다(제3조). 생전유언이 자유롭고 진지한 선언에 기초하지 않거나 또는 착오, 기망, 기만 또는 물리적·정신적 강요에 의해서 시도된 경우에는 무효이다(제10조).

구속력있는 생전유언의 증서 작성에 앞서 의료처치를 위한 생전유언의 성격과 결과에 관한 정보를 포함하는 종합적인 의료상담이 선행되어야 할 것이다. 설명하는 의사는 그의 이름과 주소, 개인적으로 문서에 서명하게 함으로써 설명을 행한 사실을 문서로 기록하여야 하고, 환자의 통찰력과 판단력을 확인하여야 한다. 그리고 의사는 환자가 상당하게 생전유언의 결과를 심사숙고하였는지 여부의 사실과 그 이유, 예를 들어 환자 그 자신이나 그의 가까운 친척이 예전 또는 현재의 질병과 관계가 있는 처치와 관련되어 있다는 이유 등을 진술하여야 한다(제5조).

만약 생전유언을 대리인, 공증인, 환자 변호인의 법률상의 동업자가 참석한 가운데 서면으로 작성되고, 일시가 표시되어 있다면, 그리고 환자가 언제든지 철회의 가능성뿐 아니라 생전유언의 결과에 대해서 정보(설명)를 받았다면, 해당 생전유언은 구속력을 가진다(제6조).

그런데 생전유언은 환자가 의사표시를 통해 만료기한을 짧게 정하지 않았다면, 생전유언의 증서 작성으로부터 5년이 경과한 때에는 해당 생전유언은 구속력을 잃는다. 제6조에서 언급한 형식적인 요구조건의 준수에 관해 적정한 의학적 정보가 제공된 이후에는 효력을 회복할 수 있다. 그래서 다시 새로운 5년의 기한이 시작된다. 생전유언의 내용에 대한 부가적인 수정은 철회로 보고 있으며, 구속력 있는 생전유언의 증서 작성과 관련된 조항이 이에 따라 적용되어야 할 것이다. 각각의 부가적인 수정과 관련해서 생전유언의 만료기한은 전체 생전유언을 위해 재설정된다. 환자가 이해하고 판단 또는 표현하는 능력을 상실하였기 때문에 생전유언을 갱신할 수 없는 한 생전유언은 구속력을 잃을 것이다(제7조).

하지만 제4조 내지 제7조에서 언급한 모든 조건을 충족하지 않은 생전유언은 환자의 의사를 입증하는 데에 참작할 수 있다(제8조). 환자의 의사를 입증하는 데에 참작하기 위해서 특별히 다음의 사항들이 고려되어야 할 것이다. i) 환자가 생전유언을 작성하는 때에 생전유언의 결과는 물론 생전유언과 관련되어 있는 질병의 상태를 어느 정도까지 평가하고 있었는지, ii) 거부의 대상이 되는 의료처치를 구체적으로 어떻게 명시하고 있는지, iii) 문서의 작성 이전에 종합적인 의학적 정보제공이 어떻게 있었는지, iv) 구속력 있는 생전유언의 형식적 요구조건으로부터 해당 생전유언이 어느 정도 벗어나 있는지, v) 종종 얼마나 생전유언이 갱신되었는지, vi) 가장 최근에 갱신된 날짜를 얼마나 되돌릴 수 있는지 등이다(제9조).

3. 대만의 호스피스완화의료법

(1) 법률의 명칭

대만의 경우 2000년 5월 자연사법(the Natural Death Act)이라는 이름으로 의회를 통과하였지만, 2000년 6월 '안녕완화의료조례'(호스피스완화의료법; the Hospice and Palliative Act)의 명칭으로 제정・공포되었다. 이 법에서는 완화의료에 대한 정의, 완화의료의 신청절차 및 요건, 심폐소생술 시행 거부요건, 의사의 호스피스의료 사전고지의무 및 기록보존 등에 관한 규정을 두고 있으며, 말기환자가 될 경우 완화의료 수용에 대한 사전신청서(living will cards) 제도를 두고 있다. 완화의료법의 입법목적은 치유될 수 없는 말기환자의 의료소망을 존중하고 그 권익을 보장하기 위해서이다(제1조).

(2) 허용행위 : 안녕완화의료의 실시

이 법률에서 안녕완화의료라 함은 말기환자의 고통을 줄이거나 없애기 위하여 완화성, 지지성, 안정의료를 시행하여 돌보거나 심폐소생술을 시행하지 않는 것을 말한다(제3조 1호). 또한, 심폐소생술이라 함은 임종, 빈사, 또는 생명징후가 없는 환자에 대해서 기관내 삽관이나 체외의 심장마사지, 구급약물주사, 심장전기충격, 심장인공격동, 인공호흡 기타 구급치료행위를 실행하는 것을 가리킨다(제3조 3호). 의사는 일정한 요건을 구비한 경우 말기환자에게 심폐소생술을 시행하지 않는다(제7조). 의사가 말기환자를 위하여 안녕완화의료를 실시할 때에는 치료방침을 환자 또는 그 가족에게 고지하여야 한다(제8조).

(3) 허용조건 : 심폐소생술 불시행의 전제조건

먼저, 말기환자[79]는 완화의료를 선택하는 의원서(신청서)를 작성하여야 한다. 의원서에는 다음의 사항이 최소한 명기되어 있어야 하며, 의원인[80]이 서명하여야 한다(제4조).

i) 의원인의 성명, 국민신분증번호 및 주소 또는 거소

ii) 의원인이 안녕완화의료를 수용한다는 의향과 그 내용

iii) 의원서의 작성연월일

20세 이상의 완전행위능력을 지닌 사람은 의원서를 작성할 수 있다. 의원서의 작성자는 미리 의료위임대리인을 정해야 하며, 서면으로 위임의도를 확실히 기재하고 그 의도를 표현할 수 없는 시에는 대리인이 대신 서명한다(제6조).

심폐소생술을 시행하지 않는 경우의 전제조건은 다음과 같다(제7조).

i) 두 명의 의사[81]에게 말기환자로 확실히 진단 받아야 한다.

---

79) 대만의 법률에 의하면 말기환자란 심한 부상이나 병에 걸려 의사의 진단에 의해 치유가 불가능하다고 판단될 뿐만 아니라, 의학상의 증거로 단기간 내에 병세가 사망이 불가피한 정도까지 진전된 사람을 말한다(제3조 2호).

80) 대만의 법률에 의하면 의원인은 의원서를 작성하여 안녕완화의료의 전부 또는 일부를 선택한 사람을 말한다(제3조 4호).

81) 두 명의 의사 중 한 명은 반드시 관련 전문의의 자격이 있어야 한다(제7조제2항).

ii) 의원인이 서명한 의원서가 있어야 한다. 다만, 미성년자가 의원서에 서명할 때에는 반드시 법정대리인의 동의가 있어야 한다. 말기환자가 의식불명이거나 신청의사를 명확히 밝힐 수 없을 시에는 신청서는 최근친이 제출한 동의서로 대체한다. 단, 말기환자가 의식불명이거나 신청의사를 명확히 밝힐 수 없기 전에 명시한 의사표시와는 상반되어서는 안된다(제7조제3항). 위의 최근친의 범위는 ① 배우자, ② 혈족인 직계비속 성인, ③ 부모, ④ 형제자매, ⑤ 조부모, ⑥ 증조부모 또는 3촌인 방계혈족, ⑦ 1촌인 직계인척이다(제7조제4항). 최근친이 동의서를 작성함에는 1인이 이를 행하여야 하며, 최근친의 의사표시가 일치하지 않는 때에는 위에 열거한 선후에 의거하여 그 순서를 정한다. 후순위자가 이미 동의서를 제출한 때에는 만약 선순위자에게 다른 의사가 있는 경우에는 심폐소생술 불시행 결정 이전에 서면으로써 이를 표시하여야 한다(제7조제5항).

한편, 의사는 말기환자에게 완화의료를 시행할 때 반드시 치료방침을 환자 또는 그 가족에게 확실히 알려 주어야 한다. 다만, 환자가 명확한 의사표시로써 질병의 상황을 알고자 하는 때에는 그것을 환자에게 고지하여야 한다(제8조). 의사는 말기환자에게 호스피스의료를 시행할 때 반드시 규정에 따른 사항을 진료기록부에 상세하게 기재해야 한다. 의원서 또는 동의서도 병력서와 같이 보존하여야 한다(제9조).

4. 미국 오레곤 주의 의사조력자살법

(1) 법률의 명칭

보건부 법령 제13편 보호절차, 대리권한, 신탁 중 제127장 대리권한, 의료지시서, 정신치료를 위한 선언, 존엄한 죽음에 관한 규정 중에서 제127장 127.800조항부터 127.995조항까지 '존엄한 죽음에 관한 오레곤 주 법'(The Oregon Death with Dignity Act)으로 인용되고 있다. 하지만, 입법의 성격으로는 의사조력자살법의 내용을 담고 있다.

(2) 허용행위 : 의사조력자살

오레곤 주 법률은 환자의 자살조력에의 유효한 요청은 합법적이며, 그러므로 의사는 법적 책임의 부담없이 그러한 요청에 응할 수 있다고 규정하고 있다.[82] 이 법률에 따른 의사의 행위는 어떤 의도에서건 법적인 자살이나 조력자살, 살인을 구성하지 않는다. 또한, 이 법에 따라 선의로 참여한 자는 민사적・형사적 책임이나 직업적 징계를 받지 아니하고, 선의의 참여자에 대하여 비난, 징계, 자격정지, 자격박탈, 권한정지, 회원의 자격박탈이나 다른 처벌을 과할 수 없다.[83] 만약, 담당 의료진이 적격환자의 요구를 이행할 수 없거나 이행하기를 원치 않는다면, 새로운 의료진에게 환자를 전원조치하고, 새로운 의료진의 요구가 있으면 의료기록의 사본을 제공해야 한다.

(3) 허용조건

의사조력자살의 형태로 이루어지는 의사의 말기처치가 형사적인 책임을 면하기 위해서는 i) 존엄한 죽음을 위한 투약에 대한 서면요청, ii) 적격환자의 요건이 구비되어 있어야 하며, iii) 담당의사의 투약처방에 따라 시행되었으면, iv) 의료제공자의 책임면제규정에 따라 처벌받지 아니한다.

먼저, 적격환자의 요건으로 오레곤 주에 거주하면서 말기질병[84]으로 고통받고 있으며, 의사능력이 있고, 죽음에 이르고자 하는 자발적 의사표시를 한 18세 이상의 성인이어야 한다. 이러한 요건을 구비한 적격환자는 오레곤 주 개정법률에 따라 인도적이고 존엄한 방식으로 사망에 이르는 투약에 대한 서면 요청을 할 수 있다.[85] 환자의 서면 요청은 일정한 양식에 따라야 하며, 최소한 2인이 입회한 증인의 자발적 서명과 환자의 의사능력에 대한 인식과

---

82) Tom L. Beauchamp/James F. Childress, *Principles of Biomedical Ethics*, Oxford University Press, 2001, p.148.

83) The Oregon Death with Dignity Act, 127.880 §3.14 Construction of Act.

84) 오레곤 주 법률에서 말하는 말기질병은 합리적인 의학적 판단으로 6개월 이내에 사망에 이르게 되는 의학적으로 확인된 회복 불능의 질병을 말한다. 통상 주의 경우 회복 내지 치료 불가능, 단기간 내의 죽음에 이르는 과정, 의학적 확인 등의 요소를 기준으로 한다.

85) The Oregon Death with Dignity Act, 127.805 §2.01. Who may initiate a written request for medication.

신뢰에 대한 증명이 포함되어 있어야 한다. 첫 구두 요청 이후 최소한 15일을 기다려야 하고, 그 이후 환자가 서면 요청(written request)을 하여야 한다. 환자는 삶을 마감하기 위한 투약을 해달라는 요청을 최소한 48시간의 간격을 두고 두 번 구두로 해야 한다.[86] 담당의사와 자문의사의 견해로 환자가 정신적・심리적 장애나 우울증으로 고통받고 있다면, 환자가 상담을 하도록 해야 하며, 상담으로 환자가 정신적・심리적 장애나 우울증으로 고통받지 않는다는 결정이 있어야 한다.[87] 환자는 자신의 정신적 상태와 관계없이 언제나 어떤 방법으로든 자신의 요청을 철회할 수 있으며, 담당의사는 환자에게 철회의 기회를 제공하지 않고는 처방할 수 없다.

담당의사는 환자가 말기질병을 가지고 있는지, 의사능력이 있는지, 자발적인 요청을 하는 지를 확인하여야 한다. 또한 의사는 환자에게 그의 증세, 예후, 처방된 대로 행한 투약에 따른 잠재적인 위험, 투약에 따르는 가능한 결과, 통증완화 간호, 호스피스간호, 통증 통제 등의 실행 가능한 대안들에 대하여 정보를 제공하여야 한다.[88] 이러한 정보에 근거해서 다른 대안들에 대한 심사숙고한 거부(A considered rejection of alternatives)가 존엄사를 정당화하는 요건이 된다.[89]

담당의사가 투약의사로 기재되어 있다면, 환자의 불편함을 최소화시키려는 효과를 도와주는 보조투약을 포함한 모든 투약은 직접 시행해야 한다.[90] 그리고 약사와 만나서 약사에게 처방전을 알려야 한다. 서면처방전은 직접 혹은 우편으로 전달해야 하고, 약사는 환자나 담당의사 혹은 환자의 대리인에게 약물을 제공해야 한다.[91]

---

86) 환자의 최초의 구두 요청과 의사의 처방전 사이에는 적어도 15일간의 기간이 있어야 한다. 환자의 서면 작성에 의한 요청과 의사의 처방전 작성간에는 48시간의 공백이 있어야 한다.

87) The Oregon Death with Dignity Act, 127.825 §3.03. Counseling referral.

88) Oregon Death With Dignity Act, Section 3.01(2) (Attending Physician responsibilities); Jerry Menikoff, *op. cit.*, p.352.

89) Tom L. Beauchamp/James F. Childress, *op. cit.*, p.148.

90) 의료제공자로 하여금 투약시행기록 사본의 제출을 요구할 수 있다. The Oregon Death with Dignity Act, 127.855 §3.09. Medical record documentation requirements.

91) R. Munson 저, 박석건・정유석 외 옮김, 의료문제의 윤리적 성찰, 단국대학교출판부, 2001, 171면.

5. 네덜란드의 의사조력자살법

(1) 법률의 명칭

네덜란드의 경우 2001년 4월 안락사 합법화 법안이 네덜란드 상원을 통과하여 2002년 4월부터 시행되었으며, 이 법률은 형법과 매장 및 화장법을 개정하는 형식으로 이루어졌다. 이 법률의 정식명칭은 '요청에 의한 생명종결과 조력자살의 심사절차 및 형법과 장례법 개정법률'(Review procedures of termination of life on request and assisted suicide and amendment to the Penal Code and the Burial and Cremation Act)이다.[92]

(2) 허용행위 : 요청에 의한 생명종결과 조력자살

이 법률에서 말하는 조력자살(assisted suicide)은 다른 사람의 자살을 고의로 도와 주거나, 또는 그것을 위해 형법 제294조제2항 2문에서 언급한 수단을 다른 사람에게 구해 주는 것을 의미한다. 기존의 형법이 요청에 의한 생명종결과 자살조력에 대해 처벌규정을 두고 있는 것을 이 법률의 요건을 구비한 경우에는 범죄를 구성하지 않고 처벌하지 않는다. 이 법률에 따라 형법 제293조와 제294조가 아래와 같이 개정하고 있다.

형법 제293조 ① 타인의 의사표시와 진지한 요청에 따라 타인을 살해한 자는 12년 이하의 징역형 또는 15번째 범주의 벌금에 처한다.

② 전 항의 행위가 '요청에 의한 생명종결과 조력자살에 관한 법률' 제2조에 의해 정해진 말기치료의 기준을 이행한 의사에 의해 행해졌다면, 그리고 의사가 '매장 및 화장에 관한 법률' 제7조제7항의 규정에 따라 지역 병리학자에게 신고하였다면 범죄가 되지 않는다.

형법 제294조 ① 자살을 행하도록 타인을 교사한 자는 자살이 행해졌다면 3년 이하의 징역형 또는 4번째 범주의 벌금에 처한다.

② 고의로 자살을 행하도록 타인을 도와 주거나 그에게 할 수 있는 수단

---

92) 이 법률을 약칭해서 요청에 의한 생명종결과 조력자살법(Termination of Life on Request and Assisted Suicide Act)으로 부르며, 국가 차원에서 안락사를 세계 최초로 입법화한 법률이다.

을 제공해 준 자는 자실이 행해졌다면 3년 이하의 징역형 또는 4번째 범주의 벌금에 처한다. 제293조제2항은 필요한 변경을 가하여 적용할 수 있다.

(3) 허용요건 : 말기처치의 전제조건

이 법률에서 언급한 말기처치는 의사[93]가 i) 환자에 의한 요청이 자발적이고 심사숙고된 요청임을 확신하고, ii) 환자의 고통이 지속적이고 참을 수 없음을 확신하고, iii) 환자에게 예상되는 상황을 알리고, iv) 환자가 자신의 상황에서 다른 합리적인 해결책이 없음을 확신하고, v) 독자적인 의사가 말기처치의 조건에 대한 서면의견을 환자에게 제출하면서 i)~iv)에 해당하는 부분을 최소한 서로간의 상담절차를 거친 경우에는 의사는 말기처치로써 환자를 사망에 이르게 하거나 자살조력을 행할 수 있다.[94]

이 법률에 따라 말기처치의 기준을 충족하는 상황에서 의사에 의해 말기처치가 이루어졌다면, 그리고 의사가 매장 및 화장에 관한 법률 제7조제2항에 따라 이 지역의 병리학자에게 신고하였다면 위법하지 않다.[95] 또한, 환자의 고통이 지속적이고 참을 수 없이 지속되며, 치유 가능성이 없는 환자여야 하기 때문에, 의사는 환자의 고통이 참을 수 없는 정도라는 것을 입증할 수 있어야 한다.

만약, 16세 또는 그 이상의 환자가 더 이상 자신의 의사를 표시할 수 없지만, 이전에 이러한 상태에 이르기 전에 그의 이익에 대한 상당한 이해를 할 수 있었고, 생명의 종결에 대한 요청을 담고 있는 서면진술을 작성하였다

93) 주치의는 최소한 한 명 이상의 안락사 혹은 조력자살 요청을 다루어본 경험이 있는 의사의 자문을 구하여야 한다. Termination of Life on Request and Assisted Suicide Act, Chapter II. Requirements of Due Care. Article 2. 1. b.

94) Termination of Life on Request and Assisted Suicide Act, Chapter II. Requirements of Due Care. Article 2. 1.

95) 부검을 행한 자가 자연사라고 확신하면 사망증명서를 발급하여야 한다. 말기처치의 경우 즉시 지역검시관에게 사망의 원인에 관해 통보해야 한다. 만약, 지역검시관이 사망증명서를 발급할 수 없다는 의견을 갖고 있다면, 즉시 검사에게 보고하고 출생, 사망, 결혼 등록원에 통보해야 한다. 문제가 있으면 지역검시관은 즉시 지역심의위원회에 보고해야 한다. Termination of Life on Request and Assisted Suicide Act, Chapter III. Regional Review Committees for Termination of Life on Request and Assisted Suicide. Paragraph 4: Duties and Powers. Article 10.

면 의사는 이러한 요청을 이행할 수 있다. 앞에서 언급한 말기처치의 전제조건은 필요한 변경을 가하여 적용할 수 있다.96) 미성년자가 16세에서 18세 사이의 연령에 달하고 그의 이익에 대해 상당한 이해를 할 수 있다면, 친권을 행사하고 있는 부모 일방 또는 부모 모두 그리고 (또는) 후견인이 이 의사결정과정에 참여한 후에 의사는 환자의 요청을 이행할 수 있다. 12세와 16세 사이에 있는 연령의 미성년자는 그의 이익에 대한 상당한 이해를 할 수 있다면, 친권을 행사하고 있는 부모 일방 또는 부모 모두 그리고 (또는) 후견인이 생명종결 또는 조력자살에 대해 동의하는 것을 전제로 의사는 환자의 요청을 이행할 수 있다. 앞에서 언급한 말기처치의 전제조건은 필요한 변경을 가하여 적용할 수 있다.

(4) 말기처치에 관한 심의위원회 등의 검증절차

촉탁살인 및 자살방조에 관한 사례를 심의하기 위해 지역위원회(regional committees)를 두고 있다. 위원회는 어떤 비율이든 한 명의 법률전문가, 의장, 한 명의 의사, 윤리적 또는 철학적 쟁점에 대한 전문가 한 명이 포함되어 있는 홀수의 위원으로 구성된다.97) 위원회는 위 각 범주의 각각의 부위원들(deputy members)을 포함할 수 있다. 정위원 및 부위원들은 장관에 의해 위촉되며, 임기는 6년이다.

위원회의 임무는 '매장과 화장에 관한 법률' 제7조제2항의 규정에 따라 신고된 촉탁 살인이나 조력자살의 사례에서 해당 의사가 이 법률 제2조의 전제조건에 근거하여 이행했는지 여부를 평가한다. 즉, 위원회는 보고서98)에 기초하여 말기처치를 한 의사가 말기처치의 요구조건을 준수하였는지 여부를 평가한다. 위원회는 의사에게 의사의 행위에 대한 적절한 평가를 위하여

96) Termination of Life on Request and Assisted Suicide Act, Chapter II. Requirements of Due Care. Article 2. 2.

97) Termination of Life on Request and Assisted Suicide Act, Chapter III. The Regional Review Committees for Termination of Life on Request and Assisted Suicide. Article 3.

98) 의사는 정부에 환자의 병력과 함께 의사조력사망이나 안락사에 대한 모든 요건을 만족시켰다는 것을 확인하는 보고서를 제출해야 한다. Termination of Life on Request and Assisted Suicide Act, Chapter III. Regional Review Committees for Termination of Life on Request and Assisted Suicide. Paragraph 4: Duties and Powers. Article 8.

필요한 경우에는 추가적으로 서면 또는 구두로 보고할 것을 요청할 수 있다. 또한, 위원회는 의사의 행위에 대한 적절한 평가를 위하여 필요한 경우에는 사체부검의, 자문의사, 참여한 처치제공자 들에게 질의할 수 있다.[99] 위원회는 만약 의사가 말기처치의 조건에 따라 이행하지 않았다는 의견을 가지고 있다면 검찰과 지역 의료감찰관에게 통보한다.[100]

6. 벨기에의 안락사법

(1) 법률의 명칭

2002년 5월 28일 공포된 벨기에 법률의 명칭은 안락사에 관한 법률(The Belgian Act on Euthanasia)이다.

(2) 요청에 의한 생명 종결

이 법률에 의하면 안락사는 누군가의 요청에 의하여 당해 사람이 아닌 다른 사람에 의해서 생명을 의도적으로 종결하는 것으로 정의하고 있다.[101] 안락사를 시행하는 의사가 일정한 조건을 충족하면 형사법상의 범죄를 행한 것으로 보지 않는다.

(3) 요청에 의한 안락사 시술의 전제조건

안락사를 시술하는 의사가 형법상의 범죄를 행하는 것이 아니기 위해서는 다음의 요건을 구비하여야 한다.[102] i) 환자는 성인에 달하거나 후견을 벗어난 미성년자이고, 그리고 요청의 순간에 법적으로 자격을 갖추고 의식이

99) 위원회는 보고를 받고 6주 이내에 의사에게 초기 견해를 서면으로 통보해야 한다. Termination of Life on Request and Assisted Suicide Act, Chapter III. Regional Review Committees for Termination of Life on Request and Assisted Suicide. Paragraph 4: Duties and Powers. Article 9.

100) Termination of Life on Request and Assisted Suicide Act, Chapter III. Regional Review Committees for Termination of Life on Request and Assisted Suicide. Paragraph 4: Duties and Powers. Article 9.

101) The Belgian Act on Euthanasia of May, 28th 2002, Chapter I. Section 2.

102) The Belgian Act on Euthanasia of May, 28th 2002, Chapter II. Section 3 §1.

있어야 하며, ii) 요청은 자발적이고, 충분히 고려되고, 반복적이고 그리고 외부의 압력에 의한 결과가 아니어야 한다. iii) 환자는 질병이나 사고로부터 야기된 심각하고 치료할 수 없는 질환(disorder)에 기인한 더 이상 완화시킬 수 없는 계속적이고 참을 수 없는 육체적 또는 정신적 고통의 상태에 있는 의학적으로 무의미한 조건에 놓여 있어야 하며, iv) 해당 의사는 이 법에서 정한 조건과 절차를 준수하여야 한다.

그리고 해당 의사는 자신의 행위에 관해 의사에 의해 부과된 추가적인 조건에의 권리침해 없이 안락사를 시행하기 전에 해당 의사는 아래의 사항을 하여야 한다.

① 환자에게 건강상태와 기대여명에 대해 설명하고, 안락사에 대한 환자의 요청과 가능한 치료법, 완화치료과정의 시행과 그 결과에 대해 의논하여야 한다. 환자와 함께 의사는 환자의 상황에서 다른 합리적인 대안이 없다는 믿음을 가져야 하고, 환자의 요청이 완전히 자발적이라는 믿음을 가져야 한다.

② 환자의 계속적인 육체적 또는 정신적 고통을 인식하여야 하고, 지속적인 성격의 환자의 요청에 대해 인식하고 있어야 한다. 결국 환자의 상태를 고려하면서 해당 의사는 상당한 시간의 경과를 통해 여러 차례 환자와 상담을 하여야 한다.

③ 환자의 질환의 심각하고 치료 불가능한 특성에 대해 다른 의사와 자문하여야 하고, 그러한 자문을 받는 이유를 설명하여야 한다. 자문의사는 의무기록을 재점검하고 환자를 조사하고 그리고 완화할 수 없는 계속적이고 참을 수 없는 환자의 육체적 또는 정신적 고통을 인식하여야 한다. 자문의사는 자신의 조사결과에 대해 보고한다. 자문의사는 담당의사로부터 마찬가지로 환자로부터 독립적이어야 하고, 문제가 되는 질환에 대해 의견을 줄 수 있는 자격을 갖추어야 한다. 담당의사는 이러한 자문의 결과를 환자에게 알려 준다.

④ 환자와 정규적으로 접촉하는 간호팀이 있다면 환자의 요청에 대해 간호팀이나 그 구성원들과 상의하여야 한다.

⑤ 만약, 환자가 그렇게 원한다면 환자가 지정한 친지와 환자의 요청에

대해 상의하여야 한다.

⑥ 환자는 그 자신이 만나기를 원하는 사람들과 자신의 요청에 대해 상의하는 기회를 가졌다고 확신할 수 있어야 한다.

한편, 만약 의사가 환자가 곧 빠른 시일 내에 사망할 것이라고 예상되지 않는다면 의사는 역시 아래의 사항을 하여야 한다.

① 정신과의사 또는 문제가 되는 그 질환의 전문가인 제2의 의사에게 자문을 구해야 하고, 그러한 자문을 받는 이유를 설명하여야 한다. 자문의사는 의무기록을 재점검하고, 환자를 조사하고 그리고 완화할 수 없는 계속적이고 참을 수 없는 환자의 육체적 또는 정신적 고통을 인식하여야 하고, 자발성과 충분한 심사숙고 및 안락사 요청의 반복적 성격을 확인하여야 한다.

② 환자의 서면 요청과 안락사 시행 사이에는 적어도 1개월의 기간을 허용하여야 한다. 환자의 요청은 서면으로 작성되어야 한다. 서면에는 환자에 의해 작성되고 날짜와 서명이 기재된다. 만약, 환자가 이러한 행위를 할 수 없다면 환자에 의해 지정된 사람에 의해 작성된다. 지정받은 자는 성인에 달해야 하고, 그리고 환자의 사망으로 인하여 어떠한 물질적인 이해관계를 가지고 있지 않아야 한다. 지정받은 자는 환자가 자신의 요청을 서면으로 작성할 수 없다는 것과 그 이유를 표시하여야 한다. 그러한 경우에 그 요청은 서면에서 이름이 거명되는 의사의 면전에서 작성되어야 한다. 이 문서는 의무기록에 첨부되어야 한다. 환자는 언제든지 그의 요청을 철회할 수 있으며, 그 경우 문서는 의무기록에서 떼어져서 환자에게 돌려준다.[103]

(4) 의료지시서에 따른 생명종결

의료지시서에 따라 안락사를 시행한 의사는 일정한 전제조건을 구비한 경우에는 범죄를 행한 것이 아니다.[104] 만약, 더 이상 의사를 표시할 수 없는 경우를 대비하여 모든 법적으로 자격이 있는 성인 또는 후견을 벗어난 미성년자는 의사가 아래의 사항을 확인하고 난 후에 의사에게 안락사를 시행할 것을 지시할 수 있는 의료지시서를 작성할 수 있다.

103) The Belgian Act on Euthanasia of May, 28th 2002, Chapter II. Section 3 §4.

104) The Belgian Act on Euthanasia of May, 28th 2002, Chapter III. Section 4 §2.

- 환자는 질병이나 사고에 기인한 심각하고 치료 불가능한 질환으로부터 고통을 받는다.
- 환자는 더 이상 의식이 없다.
- 이러한 상태는 현재의 의학적 수준에서는 불가역적이다.[105)]

의료지시서에는 위임을 얻은 한 명 또는 그 이상의 사람이 선호에 따라서 지정될 수 있으며, 그 자는 담당의사에게 환자의 의사를 알린다. 환자의 담당의사, 자문의사, 간호팀의 구성원은 위임을 얻은 사람으로 행위할 수 없다.

의료지시서는 어떠한 경우에도 작성될 수 있다. 다만, 그것은 두 명의 증인의 면전에서 작성되어야 하며, 적어도 그 중의 한 명은 환자의 죽음과 관련하여 물질적인 이해관계가 없어야 한다. 그리고 그것은 초안을 작성한 자, 증인 그리고 적용 가능하다면 위임을 얻은 자에 의해서도 작성연월일을 기재하고 서명해야 한다. 만약, 의료지시서를 작성하기를 원하는 사람이 영구적으로 물리적으로 의료지시서를 작성하거나 서명할 수 없다면, 그 자는 성인이고 해당자의 죽음과 관련하여 물질적인 이해관계가 없는 증인 두 명이 출석한 가운데 서면으로 자신의 요청을 작성하기 위하여, 성인이고 그리고 해당자의 죽음과 관련하여 물질적인 이해관계를 가지고 있지 않는 사람을 지정할 수 있다. 이 경우 의료지시서에는 해당 자가 서명할 수 없고 그리고 왜 그런지 그 이유를 표시하여야 한다. 의료지시서에는 날짜를 기재하여야 하고, 작성자, 증인, 그리고 적용할 수 있다면 위임을 받은 자가 서명하여야 한다. 의료지시서는 언제든지 수정되거나 또는 철회할 수 있다.

(5) 의료지시서에 따른 의사의 행위의 전제조건

의료지시서에 따라 안락사를 시행하는 경우 아래의 조건들을 충족하여야 한다.

① 환자가 질병 또는 사고에 기인한 심각하고 치료 불가능한 질환으로부터 고통을 받는다.

② 환자가 의식불명이다.

---

105) The Belgian Act on Euthanasia of May, 28th 2002, Chapter III. Section 4 §1.

③ 이러한 상태가 현재의 의학적 수준에서는 불가역적이다.

④ 해당 의사가 이 법률에서 정한 조건과 절차를 준수하여야 한다.

또한, 해당 의사가 자신의 행위에 관해 의사에 의해 부과된 추가적인 조건에의 권리침해 없이 안락사를 시행하기 전에 반드시 아래의 사항들을 하여야 한다.

① 환자의 의학적 상태의 불가역성에 대하여 다른 의사에게 자문을 구하여야 하고, 그러한 자문을 받는 이유를 설명하여야 한다. 자문의사는 의무기록을 자문하고, 환자를 조사한다, 그는 그 조사결과를 보고한다. 의료지시서에 위임받은 자의 이름이 거명하고 있을 때에는 거명된 자에게 담당의사는 자문의 결과를 알려야 할 것이다. 자문의사는 담당의사와 마친가지로 환자로부터 독립적이고, 문제가 되는 질환에 대해 자문을 행할 자격을 갖추어야 한다.

② 만약에 환자와 정규적으로 접촉하는 간호팀이 있다면 의료지시서의 내용에 대해 간호팀이나 그 구성원들과 상의하여야 한다.

③ 의료지시서에 위임을 받은 자가 지정되어 있다면 그 자와 요청에 대해서 상의하여야 한다.

④ 의료지시서에 위임을 받은 자가 지정되어 있다면 위임을 받은 자는 환자의 친족과 의료지시서의 내용에 대해서 상의하여야 한다.

자문의사의 보고서를 포함해서 담당의사의 행위와 그 결과 이외에 의료지시서도 환자의 의무기록에 빠짐없이 기록되어야 한다.

Ⅴ. 존엄사 입법 논의가 주는 사회적 함의

1. 생전유언 및 의료지시서 작성의 제도적 정착

(1) 말기상태 환자의 생전유언 및 의료지시서 작성

말기상태에 불가피하게 맞닥뜨리는 환자들에게는 의료가 해줄 수 있는 이득에는 어느 정도 한계가 있음은 명백하다. 어떤 경우에는 기술적으로 취할 수 있는 모든 조치를 다 취하지 않고 중단하는 것이 더 좋을 수 있다는 것을 의미한다. 그렇기 때문에 사람들은 만일 자신에게 사고나 질병 등으로 치료 불가능하거나 회복 불가능한 상태에 이르렀을 때를 대비하여 자신의 의사를 밝혀 둘 필요성을 느끼게 되었다. 자신의 생명에 대한 유언(living will)은 자신의 의사를 표현할 수 없는 상황에 대비하여 자신의 죽음과 신체기관의 이식, 치료방법의 결정에 대해서 남기는 의사표시이다. 통상 생전유언은 6개월 이내에 사망하게 될 환자에게 적극적인 치료를 해야하는지 여부의 의미를 일반적으로 이해할 수 있는 말기상태에 있는 환자에게 적용된다.[106] 이러한 생전유언은 대부분 서면으로 작성되며, 환자들이 인지하고, 선택을 할 수 있을 때 앞으로의 상황을 고려해서 그러한 상황이 일어난다고 하더라도 미리 환자가 작성한 선택방안대로 실행되도록 의사를 표현하는 것을 말한다.[107] 미국의 몇몇 주의 경우 완전한 의사능력을 가지고 있는 성인에게만 적용 가능하며, 일부 주의 경우에는 말기상태로 인해 환자의 의사능력이 완전하지 않을 우려 때문에 말기상태의 환자에게는 문서의 작성을 허용하지 않는다.[108]

생명에 대한 유언의 장점은 개인이 명시적으로 자신이 어떻게 치료를 받겠다는 의사를 표시하도록 하여, 그 결과 의식불명인 상태이거나 혼수상태가 된다고 하더라도 자신의 의사대로 계속해서 삶에 대한 통제력을 행사할 수 있게 한다는 점이다. 현재 우리나라의 경우 생명에 대한 유언에 대한 입법을 마련하고 있지 않지만, 미국의 경우 많은 주들은 '자신의 생명에 대한 유언제도'를 대부분 합법화하고 있다. 예를 들어, 생명에 대한 유언제도를 최초로 입법한 캘리포니아 주의 '자연사(natural death) 조례'에서는 환자가 자신을 돌보는 자들에게 바라는 치료형태가 무엇인지를 명시적으로 표명하는 자신의 생명에 대한 유언(living will)을 허용하며, 따라서 환자를 다루는 의료진들은 기계적인 또는 인공적인 생명연장 시술을 보류하거나 중단할 지 여부에 대해 미리 심사숙고하고, 이를 정할 수 있도록 정보를 제공하고 생전유언장

106) Jerry Menikoff, *op. cit.*, p.269.
107) Aaron Ridley, *op. cit.*, p.173.
108) Furrow et. al., *op. cit.*, p.843.

을 작성할 수 있도록 기회를 환자에게 주어야 한다.

환자에게 예측하지 못하는 상황으로 인해 또 다른 의사결정이 요구되는 시점에 환자가 의식불명 또는 식물상태에 있다면 기존의 이와 무관하게 표시된 사전의 의사결정은 예측 못한 상황에 아무런 소용이 없게 된다. 이러한 한계점이 있기 때문에 의사표시를 대신해 줄 대리인을 지정하는 사전의료지시서(advanced directives)가 이를 보충해 준다.109) 사전의료지시란 통찰력이 있고 판단력이 있는 사람이 자신이 표현능력을 잃는 경우에 대비해 구체적으로 일정한 질병의 경우에 원하는 의학적 조치의 종류와 범위를 정하여 사전에 지시서를 작성하는 것이다.110) 현재 의사결정을 가진 어떤 사람이 환자 자신이 법적으로 온전하게 행위할 수 없을 때인 미래의 상황을 대비하여 자신을 대신하여 행위할 사람을 지정하거나 자신에 대해 어떠한 진료행위를 시행할 것을 결정하여 작성된 문서(written documents)를 말한다.111) 만약, 자신이 의사결정능력이 없게 될 경우 재정적 내지 의학적 결정을 내릴 지속적 대리권(durable power of attorney)을 제3자에게 부여하여 대리의사결정권자(surrogate decision-maker)를 통해서 새로운 혹은 예기치 않은 상황에서도 통제력을 행사할 수 있도록 하는 것이다.112)

(2) 성년후견제도와 의학적 미란다고지

말기환자의 경우 그 스스로 판단능력이 감퇴해지거나 행위능력이 제한되지만, 한편으로 그들의 의사결정에 대해 어떠한 이유에서이건 사회적으로 배제되거나 차별되어서는 안된다.113) 현행 민법은 이러한 판단능력이 부족

109) *Id.*, p.842.

110) 구인회, "독일과 오스트리아에서의 사전의료지시," 제4회 가톨릭생명윤리연구소 학술대회 자료집, 2008. 5, 27면.

111) Jerry Menikoff, *op. cit.*, p.269.

112) 사전지시서와 밀접하게 연관되어 있는 것으로 '심폐소생술 금지(DNR)지시'이며, DNR지시는 호전의 기미가 보이지 않는 중대한 질병을 앓고 있는 환자가 심장마비를 일으키는 경우 심폐소생술을 시행하지 말고 그 환자가 자연적 죽음을 맞이하도록 내버려 두라는 지시이다. DNR지시는 생명을 지탱시켜 주는 치료를 중단하기에 앞서 이루어지며 환자로 하여금 자연적인 죽음에 이르게 하는 첫 단계로 간주할 수 있다. Scott B. Rae/Paul M. Cox 지음, 김상득 옮김, 생명윤리학, 살림출판사, 2004, 373면.

113) 백승흠, 앞의 논문, 122면.

한 성년자를 보호하기 위하여 한정치산제도와 금치산제도,[114] 이를 전제로 한 후견제도를 두고 있으나, 너무 경직적으로 적용되어 판단능력을 상실해가는 노인이나 신체적 장애가 있는 자를 보호하기에는 적합하지 않다. 말기의료에서 주로 노인환자들이 해당되는 경우가 많은 점을 비추어 보아, 성년후견제도는 이러한 상황의 노인들의 자기결정권을 존중하고 정신능력의 감퇴로 인하여 완전한 의사무능력에 빠지지 않는 한 잔존 능력을 존중하려는 것이다.[115] 기존의 고령노인에 대한 후견제도의 내용이 재산관리를 중심으로 이루어져 왔는데, 이것으로는 노인으로부터의 신상감호의 다양한 요청을 충족시킬 수 없다. 따라서 노인의 사무를 처리할 때 노인의 의사를 존중하고 노인의 심신상태 및 생활의 상황을 배려하여 노인의 의료처치, 복지에 부합하게 사무처리를 할 수 있는 대리결정자로서 성년후견인제도를 새롭게 마련할 필요가 있다. 특히, 말기의료의 단계에서 예기치 않은 상황이 발생할 때 고령노인의 의사를 존중하여 본인의 의사결정을 집행해줄 대리인을 선임하도록 하는 것이 필수적으로 요구될 수 있다.

독일의 경우 노인이 동의능력이 결여되었다면 선정된 성년후견인이 그 직무범위 내에서 피성년후견인을 대신하여 동의를 하면 되지만, 치료행위의 경우 의사의 조치에 의해서 피성년후견인이 사망하거나 또는 중대하고 장기에 걸친 건강상의 손해를 입는 경우와 같이 '이유있는 위험성'이 있는 경우는 원칙적으로 후견법원의 허가를 받도록 하고 있다.[116] 일본의 경우 민법 규정에 따라 성년후견인은 성년피후견인의 생활, 요양, 간호 및 재산의 관리에 관한 사무를 함에 있어서 성년피후견인의 의사를 존중하며, 또한 그 심신의 상태 및 생활상황을 배려하여야 한다고 규정하여 노인의 요양과 간호관련 신상배려의무를 인정하고 있다.

---

114) 한정치산선고는 심신이 박약하거나 재산의 낭비로 자기나 가족의 생계를 궁박하게 할 염려가 있는 때이고, 금치산선고는 심신상실인 때를 요건으로 한다. 형식적 요건으로 모두 본인, 배우자, 4촌 이내의 친족, 후견인 또는 검사가 청구해야 한다.

115) 백승흠, 앞의 논문, 122면.

116) 독일에서의 후견법원은 성년후견인의 성년후견활동 전반을 감독할 의무가 있다. 특히 법률의 규정에 의하여 허가를 요하는 행위뿐 아니라 건강상태와 치료를 위한 검진에 있어서의 동의 또는 일정한 요건하의 의사의 시술, 불임수술에 있어서의 동의, 시설수용 또는 수용유사조치의 경우에도 후견감독이 미친다. 백승흠, 앞의 논문, 63면.

미국의 경우 말기암환자 내지 노인환자들의 생명에 대한 자기결정권의 존중의지를 1990년의 연방법률인 '환자 자기결정권법'(Patient Self-Determination Act)에 반영하였다. 이 법률상의 자기결정권에 관한 절차규정을 '의학적 미란다고지'로 불리기도 한다.[117] 이 법률에 의하면 연방정부의 보조를 받는 병원이나 양로원 기타 요양기관들은 노인환자가 입원할 때 치료의 거절이나 거부를 할 수 있는 환자의 권리를 서면으로 반드시 알려 주어야 한다. 따라서 해당 노인에게 자기의 결정을 집행해 줄 기관을 선택하도록 하고, 또한 선택한 기관이 취하고 있는 관행과 정책을 설명해 주어야 한다. 또한, 그 기관은 노인환자가 죽음에 대한 합리적인 결정을 할 수 없는 상황에 대비하여 특정한 사람을 대리의사결정권자(surrogate decision-maker)로 지정해야 하는 등 대리인지정에 대한 사전지시를 하였는지 여부를 기록해야 한다. 이러한 의학적 미란다고지 절차는 요양시설 등이 환자의 사전지시를 존중한다는 것을 명시하고 노인들에게 이를 알려주기 위해서 규정한 것이며, 의료지시서의 활용을 증가시키기 위한 의도도 포함되어 있다.

2. 존엄한 죽음에 대한 환자의 자기결정권 존중문화

(1) 인간답게 죽을 권리의 요청

존엄한 죽음(death with dignity), 즉 존엄사란 무의식의 식물상태에 있는 환자가 단지 그의 생명이 단지 인공심폐기에 의하여 연장되고 있는 경우에 품위있는 죽음을 위하여 생명연장 장치를 중단하는 것으로 정의하고 있다.[118] 회복의 가망이 없는 불치의 질병으로 사경을 헤매는 환자에 대하여 그가 의식이 있는 경우에는 그 의사에 따라, 의식이 없는 경우에는 그의 추정적 의사나 환자 보호자의 의사에 따라 그가 인간다운 죽음을 맞이할 수 있도록 인위적으로 그의 생명을 단축케 하는 행위라고 할 수 있다. 그러므로

117) Furrow et. al., *op. cit.*, p.845.

118) 이형국, 형법각론연구 I, 법문사, 1997, 21면; 오영근, 앞의 책, 28면; 박상기, 앞의 책, 26면.

식물상태나 무의식의 혼수상태에 있는 경우에만 제한되는 것이 아니라, 의식이 있는 경우에도 인공적인 생명연장 장치를 계속하지 않고 인간으로서의 존엄성을 유지하면서 죽음을 맞도록 하는 행위를 의미한다. 즉, 환자의 의식 여부와 관계없이 불치의 질병으로 죽음에 직면한 환자가 자발적인 의사로써 존엄하게 죽을 권리를 주장하며, 이에 따라 인위적인 생명연장 장치의 중단을 요청할 수 있다.

이와 같이 자연사 과정에서의 치료의 중단이나 보류는 자신의 의지로 치료를 거부 또는 중단을 요청함으로써 이루어지기 때문에 반드시 자의성이라는 요건을 필요하다. 자의성 내지 자발성이란 질병으로 고통을 받고 있는 환자가 안락사에 대해서 진지하게 요청하였음을 말하며, 존엄한 죽음에의 요청은 단순히 환자 본인이 명시적으로 표현한 동의서가 있다는 것만으로 요건을 충족하는 것이 아니라, 그렇게 표명된 동의가 진정한 동의인지 여부를 파악하는데 더 신중해야 한다.[119] 환자의 자기결정권이 발현되는 과정과 절차적 심사 여부가 중요한 요소로서 존엄한 죽음의 지속적인 선택(durable preference for death)에 대한 환자의 요청(patient's request)이 전제되어야 한다.[120]

(2) 죽음에 대한 개인 의사 존중의 문화 형성

현재 우리 의료현장에서 말기 및 임종환자의 연명치료 중단을 결정하는 실질적 주체는 환자가 아닌 환자 가족이나 의사이다. 치료결정에 결정적인 영향을 미치는 주체는 의사와 보호자로서, 이는 환자의 의사표명능력 부재의 탓도 있지만 근본적으로 아직까지 우리나라 의료현장에서는 의사들이 의료비의 실질적인 책임자인 보호자의 의견을 더 존중하고 있는 실정이다. 이는 환자의 자기결정권이 윤리적으로 우선시되어야 함에도 불구하고 여전히 치료결정에 있어서는 아직 그 후진성을 벗어나지 못한 것이라고 지적하고

119) 명시적인 동의서가 있다는 것만으로 안락사에 대한 진정한 동의라는 것이 보증되지 않는다. 충분한 정보에 의거한 동의가 되어야 하며, 그 전제조건으로 동의자가 동의능력을 지녔을 뿐만 아니라 자발적으로 동의를 해야 하며, 동의에 필요한 실질적인 정보의 공개 등의 정보요소가 요구된다. 마지막으로 동의자 본인이 실제로 결정하여야 한다. 스콧 래 & 폴 곡스 시음, 심상득 옮김, 앞의 책, 300-303면.

120) Gregory E. Pence 저, 구영모 외 2 옮김, 의료윤리, 광연재, 2003, 146면.

있다.[121)]

말기의료의 단계에서 환자의 진정한 의사결정을 파악하는 것은 쉽지 않다. 존엄하게 죽을 권리의 요구는 기본적으로 현재의 상황을 이해하고 판단하여 더 나아가 죽음에의 의사결정을 할 수 있는 능력을 전제한다. 충분한 정보에 근거한 동의를 얻기 위한 첫 단계는 환자가 이러한 능력을 갖고 있는지를 확인하는 일이다. 물론 이 과정이 쉽지는 않을 것이다. 예를 들어, 노인 환자의 가족들 사이에서 환자를 보호하고자 하는 의지나 이해관계가 다른 경우에는 의견이 일치되기가 어려울 뿐만 아니라, 치료비 부담이나 상속 등의 경제적 문제로 인해 갈등구조가 생긴다면 온전한 정신상태에서 결정을 하는 것을 기대하기 어려울 것이다. 가족들의 입장을 생각해서 진의 아닌 의사표시로 죽을 권리를 요구할 수도 있고, 그런 상황 하에서 환자가 막연히 판단능력이 상실되었을 것이라고 판단하여 환자의 진심의 의사표시가 가족들에 의해서 무시당할 수도 있을 것이다.

존엄사의 허용 내지 연명치료를 중단하기 위한 필수적인 요건으로 죽음의 지속적인 선택(durable preference for death)에 대한 환자의 의사표현이 필요하다. 죽음에 직면한 환자가 자발적인 의사로써 죽을 권리를 요청하며 이러한 명백한 의사표현이 지속적으로 철회 없이 유지된다면, 이에 따라 인위적인 생명연장 장치를 중단하는 의료진의 행위들이 정당화될 수 있다. 특히 죽음을 앞둔 경우의 심폐소생술 반대의사표시나 치료거부와 같은 환자 생명과 직결되는 의사결정의 경우 노인인 환자로부터 1회의 동의를 얻는 것만으로는 부족하다고 할 수 있다. 그래서 2~3회의 동의를 요구하며, 동의와 동의 사이 반드시 1주일이나 3~4일 정도의 시간적 여유를 두고 노인환자로부터 동의를 얻어야 할 것이다. 이때의 동의는 환자가 자기의 의사를 말이나 글로 '예'라고 분명히 나타내는 명시적 동의(explicit consent)를 의미한다. 최종 의사표시의 경우 서면동의가 필요하며, 경우에 따라서는 동의의 객관성을 확보하기 위해서 환자의 보호자 또는 의료진의 입회가 필요할 것이다. 생전유언 내지 의료지시서의 작성을 허용하는 입법에서는 증인의 입회와 서면동의, 구

121) 손명세 · 김상득 · 김소윤, "안락사 기준에 관한 국제비교연구," 의료 · 윤리 · 교육, 제3권 제1호, 2000, 65면.

두동의의 요건들을 엄격하게 구비할 것을 요구하고 이에 대한 심사 내지 검증절차를 구비하고 있다.

말기상태 환자의 의사표시가 있더라도 환자에게 진정한 의사능력을 지녔다는 의심이 있을 경우에는 의사는 반드시 정신과 전문의에게 환자의 정신능력에 대해 문의해야 한다. 협진의 결과 의사결정능력에 이상이 없다고 판단된 환자에게 의사는 환자가 이해할 수 있는 용어를 선택하여 죽음의 선택과 그에 따른 처방책, 예상징후 등을 충분히 설명하고, 경우에 따라서는 환자에게 질문의 기회를 주면서 언제든지 동의를 취소할 수 있다는 사실도 알려주어야 한다.[122]

3. 말기의료에서의 의료의 한계에 대한 사회적 성찰

(1) 말기의료에서 실행 가능한 대안들에 대한 모색

우리나라의 경우 집착적 의료행위로 인한 의학적으로 무의미한 생명연장이 경우에 따라서는 환자에게 신체적·정신적 고통을 야기하고 환자의 가족에게도 정신적·경제적 부담을 가져오고 이러한 사회적 비용의 증가로 이어지지만, 의료인의 경우 기존의 의료관행에 따라 또는 법적 책임을 면하기 위해 막연하게 연명치료가 이루어진다고 한다.[123] 또한, 의사들 역시 죽어가는 말기치료 단계의 환자들에게 호스피스의료 또는 통증완화의료의 선택에 대해, 또는 연명치료 중단 여부에 대해 대부분 설명하지 않고 있다. 죽음과 관련된 최선의 결정을 내리기 위해 환자와 가족들에게 정보가 필요하며, 만약 누군가 하나밖에 없는 것 중에서 골라야만 하는 상황이라면 자율적 결정

122) 워싱턴 주 자연사법에 의하면 환자가 의료지시서의 내용의 취지를 완전히 이해할 수 있고 감정적·정신적으로 이 지시서에 포함된 결정을 할 수 있어야 하며, 이 지시서에 서명하기 전에 이 지시서의 용어들을 추가, 삭제 혹은 변경할 수 있고, 언제든지 이 지시서의 변경은 워싱턴 주의 법률이나 연방헌법에 따라 법적으로 유효함을 이해하고 있어야 한다. 70.122.030. Directive to withhold or withdraw life-sustaining treatment. 그런데 의료지시서는 환자의 정신상태나 자격에 관계없이 언제든지 철회될 수 있다. 70.122.040. Revocation of directive.

123) 신현호, 삶과 죽음, 권리인가 의무인가, 육법사, 2006, 89면.

권이 있다거나 자유로운 선택을 할 수 있었다고 할 수 없다. 의사는 말기상태의 환자가 진지하게 요청하는 경우 환자의 치료거부권을 신중하게 검토할 필요가 있으며, 이러한 환자의 결정을 무시하거나 효력이 없는 것으로 미리 단정해서는 안된다.[124] 이와 아울러 의사는 환자에게 의료처치 또는 수술과 관련된 대안들을 설명해야 하고, 의료적 사실과 의학적 견해 사이의 혼란상태에 환자를 두게 해서는 안될 것이다.[125]

미국 오레곤 주의 존엄한 죽음에 관한 법률(Death with Dignity Act)에 의하면 의사는 환자에게 그의 증세, 예후, 처방된 대로 행한 투약에 따른 잠재적인 위험, 투약에 따르는 가능한 결과, 통증완화간호, 호스피스간호, 통증통제 등의 실행 가능한 대안들에 대하여 정보를 제공하여야 한다.[126] 이러한 정보에 근거해서 다른 대안들에 대해 심사숙고한 거부(A considered rejection of alternatives)가 의사조력자살을 선택하게 된 그리고 이를 정당화하는 요건으로 보고 있다.[127]

(2) 연명치료의 중단, 보류에 대한 긍정적 수용

연명치료(life-sustaining treatment)라 함은 환자의 주된 병적 상태를 바꿀 수 없지만, 생명을 연장시키는 치료이다. 환자의 주된 병적 상태와 그 원인을 없애기는 힘들지만, 단지 죽음을 발생시키는 과정만을 차단하려고 한다. 단순히 생명의 의학적 징후만이 계속되도록 하는 데 목적이 있으며, 여기에는 인공호흡기의 부착, 투석, 항생제 투여, 인공영양 공급, 수액 공급 등의 치료방법이 사용된다.[128] 대부분 적극적 치료 내지 치유치료의 경우에는 치료를 중단한다고 해서 환자가 곧바로 사망하지는 않지만, 연명치료의 경우 이를 중단하는 경우 가까운 시기에 사망의 결과가 도래한다. 하지만, 이에 대해서

124) Gregory E. Pence, 앞의 책, 146면.
125) George P. Smith, *Human Rights and Biomedicine*, Hague : Kluwer International, 2000, p.207.
126) Oregon Death With Dignity Act, Section 3.01(2) (Attending Physician responsibilities); Jerry Menikoff, *op. cit.*, p.352.
127) Tom L. Beauchamp/James F. Childress, *op. cit.*, p.151.
128) 신현호, 앞의 책, 89면.

말기상태나 사기가 임박한 회복 불능의 환자에 대한 연명치료를 계속함으로써 죽음의 과정을 고통스럽게 연장해 나가는 것보다 삶의 길이는 다소 짧아졌지만, 치료를 중단하고 삶의 질을 유지할 때가 더 나을 수 있다는 물음[129]이 제기되며, 이에 대해 최근의 국민들의 인식도는 연명치료의 중단에 대해 긍정적으로 평가하고 있는 것을 살펴볼 수 있다.[130]

2005년의 치료중단과 관련된 조사결과에서 회복 불가능의 환자가 치료중단의 의사표시를 하였다면 치료를 중단할 수 있다는데 대다수 응답자들이 동의하는 태도를 보였다. 즉, 불의의 사고로 식물인간의 상태에 이른 환자가 뇌의 손상 등으로 회복 불가능한 경우 환자 본인이 사전에 더 이상 치료를 받지 않겠다는 의사표시를 했다면, 이를 존중해서 치료를 중단할 수 있는 지 여부에 대해 전체 응답자 중 87.9%가 치료를 중단할 수 있다고 응답하였다. 이에 반대한다는 응답은 10.9%에 불과하여 회복 불능의 식물인간 상태에서의 치료 중단에 대다수가 긍정적인 응답을 보였다.

Ⅵ. 말기환자의 자기결정권 존중을 위한 입법 제안

1. 입법의 필요성

인공호흡기 제거 청구사건의 고등법원 판결문에서 "생명유지 기술이 고도로 발달해 있고 그러한 기술이 나날이 발전하고 있는 현대의 의료현실에서

129) 말기환자에게 적용되는 치료가 때로는 환자의 이해와는 전혀 동떨어진 오히려 고통이나 불행을 강요할 수 있다는 점도 충분히 예상될 수 있으며, 불확실하고 고통스러운 생명을 연장하는 치료는 일종의 의료집착적 행위로서 이는 어쩌면 병 자체에 대한 집착이라기보다는 환자에 대한 집착을 보여주는 비극적인 현실이라고 지적한다. 이동익, "사전의료지시서 논의와 내용에 관한 윤리적 고찰," 가톨릭대학교 생명대학원 개원기념 학술대회 자료집, 2008. 5, 105면.

130) 일반국민을 대상으로 하는 인식도 조사기간은 2005년 8월 1일-31일이다. 조사대상자 1,025명은 전국 거주 만 20세 이상 성인남녀로서 제주도를 제외한 지역에서 인구대비율에 따라 표본을 추출하였다.

위와 같은 사례는 많이 발생할 것으로 보이지만, 구제적인 기준이 또는 법적 근거가 마련되어 있지 않다. 또한 무의미한 연명치료를 중단한다는 명목으로 실제로는 회생 가능성이 있는 환자에 대하여 고의 또는 선부른 판단으로 치료를 중단하여 사망을 초래하는 일이 발생할 가능성이 우려된다"는 점을 지적하며, "국가는 구체적인 입법을 통하여 국민의 기본권을 구체화할 필요가 있는데, 연명치료 중단 등의 문제를 아무런 기준의 제시 없이 당해 의사나 환자 본인, 가족들의 판단에만 맡겨두는 상황이 지속되는 것은 바람직하지 않으며, 개개의 사례들을 모두 소송사건화 하여 일일이 법원의 판단을 받게 하는 것도 비현실적이다"라고 판시하고 있다.

이와 같이 연명치료의 중단을 요청할 수 있는 권리가 현행법상 헌법상으로 인정되는 기본권적 성격을 가지고 있다면, 혹시 발생할 수 있는 부작용 내지 폐해를 막기 위해서는 어느 범위에서 어떠한 절차와 방식으로 할 수 있는가에 대한 충분한 논의와 검토가 불가피하며, 그 기준이 입법론적으로 제시되어야 할 필요가 있다. 입법상의 기준은 한편으로 헌법상에서 명시한 인간의 존엄과 가치의 보장규정에 따라 참기 어려운 고통 속에 있는 죽음을 기다리는 환자의 인간다운 죽음을 진정으로 도와 줄 수 있는 길을 열어 주면서, 다른 한편으로 안락사의 남용을 최대한 방지하는 제도적 장치를 마련해야 할 것이다.[131] 우리의 의료현실이나 죽음에 관한 사회적 인식이 이미 연명치료 중단과 의사조력자살을 입법화한 국가와 확연히 다르기 때문에 환자의 죽음의 과정에 대한 자기결정권과 관련된 문제를 어떠한 방식으로 해결할 것인지 대한 논의는 우리 상황에 맞게 이루어져야 할 필요가 있다.

생명권 보호영역에서 엄격한 보수주의적 색채를 가지고 있는 독일의 경우 입법논의가 1986년에 제안된 안락사법안[132]을 중심으로 이루어졌는데, 입법안의 서문에는 법안의 목적이 생명보호원칙을 이완시키는 것이 아니라 형법의 한계를 명확히 하기 위한 데에 있음을 밝히고 있다. 이 안락사법안은 특별법 형식을 취한 것이 아니라 형법 제16장의 생명에 대한 범죄행위[133]를

131) 허일태, "안락사에 대한 연구," 47면.

132) Alternativeentwurf eines Gesetzes über Sterbehilfe vorgelegt von Jürgen Baumann u.a., 1986.

규정할 것을 제안하였다.[134] 독일의 입법논의 배경 중의 하나가 지금까지 판례가 일관성 없는 태도를 보이므로 법적 불확실성의 제거를 위해서는 입법이 필요하다고 하다는 점에 기초하였다. 우리나라와 같이 연명치료 중단에 관한 전제요건 등이 법제화되지 않은 상황에서 매번 연명치료 중단과 관련된 소송이 법원에 제기되었을 때 법원이 기준설정과 관련된 역할을 제대로 할 수 있을지 의문이며, 말기환자의 연명치료의 계속 여부에 대한 의사결정에 사법참여를 매번 요구하는 것은 가족과 의료기관에게 부담을 줄 뿐 아니라 무규범으로 인한 불확실성과 혼란이 가중될 수 있다.

2. 입법 제안의 기본 골격

(1) 말기환자의 상태에 관한 요건

인공호흡기 제거 청구사건의 대법원은 말기환자의 상태에 관한 요건을 회복 불가능한 사망의 단계라고 표현하고 있으며, 의학적으로 환자가 의식의 회복 가능성이 없고 생명과 관련된 중요한 생체기능의 상실을 회복할 수 없으며, 환자의 신체상태에 비추어 짧은 시간 내에 사망에 이를 수 있음이 명백한 경우라고 판시하였다. 만약, 환자가 회복 불가능한 사망의 단계에 진입한 경우, 환자는 전적으로 기계적인 장치에 의존하여 연명하게 되고, 전혀 회복 가능성이 없는 상태에서 결국 신체의 다른 기능까지 상실되어 기계적인 장치에 의하여서도 연명할 수 없는 상태에 이르기를 기다리고 있을 뿐이므로, 의

133) 형법 개정안 제214조 생명연장 장치를 중단 또는 개시하지 않는 자는 다음의 경우 위법한 행위를 한 것이 아니다. ① 당해인이 이것을 명시적 또는 진지하게 요구하는 경우, ② 의사의 소견에 의하면 당해인이 회복불가능한 정도로 의식을 상실한 경우 또는 심각한 장애를 가지고 있는 신생아의 경우에는 결코 의식을 가질 수 없는 경우, ③ 의사의 소견에 의하면 당해인이 치료의 개시 또는 계속에 관하여 지속적으로 의사표시를 할 수 없고 당해인이 가망없는 고통상태의 계속 및 경과를 고려하고, 특히 목전에 급박한 죽음을 고려하여 치료를 거부한다는 것을 신뢰할 만한 근거에 기하여 상정할 수 있는 경우, ④ 죽음이 목전에 급박한 경우에 고통상태와 치료의 가능성을 고려해볼 때 의사의 소견에 의하면 생명유지 조치의 개시 또는 계속이 적절하지 않은 경우이다.

134) 이 법안은 1986년 개최된 독일법학회에서 검토되었으나 안락사 규정을 포함한 개정법률안은 지지를 얻지 못하고 폐기되었다.

학적인 의미에서는 치료의 목적을 상실한 신체 침해행위가 계속적으로 이루어지는 것이라 할 수 있다. 이는 죽음의 과정이 시작되는 것을 막는 것이 아니라 자연적으로는 이미 시작된 죽음의 과정에서의 종기를 인위적으로 연장시키는 것으로 볼 수 있다.

이와 같이 대법원은 의사의 치료의무의 한계로서 회복 불가능한 사망의 단계를 요건으로 하지만, 말기환자의 상태에 관한 요건에 대해서는 다양한 견해가 있다. 먼저, 단계별로 환자의 상태가 뇌사상태인 경우만 소극적 안락사를 허용할 수 있다는 견해가 있다. 즉, 뇌사는 이미 사망한 것으로 보고 있기 때문에 치료 중단의 문제가 생기지 않지만, 아직 이를 사망으로 인정하지 않은 경우에도 뇌사상태의 경우에만 한해서 치료중단을 결정할 수 있다는 견해가 있다. 환자가 뇌사상태에 있는 경우에만 치료 중단이 가능하다는 견해에 의하면, 해당 환자에게 더 이상의 치료가 불필요할 뿐만 아니라 반드시 요구되는 것도 아니기 때문에 부작위에 의한 살인죄의 구성요건에 해당하지 않는다고 본다.[135] 하지만 이 견해에 따르면 허용되는 치료 중단의 범위를 너무 좁게 파악한다는 문제점을 안고 있다.

그 다음 단계로서 환자의 불가역적 의식상실의 시점을 의사의 생명의무의 한계로 인정하며, 기본적으로 환자의 상태가 불가역적인 의식상실의 상태에 있어야 한다는 견해이다. 식물인간 상태의 환자가 불가역적 의식상실의 상태에 이르렀는가를 확정하여 이에 해당하는 경우에만 의사의 치료 중단을 통한 안락사가 허용된다고 한다.[136] 무의식의 식물상태는 뇌 손상으로 인하여 보통 혼수상태에 계속 잠들거나 의식이 느껴지지 않는 상태로서 인간으로서의 지적 정신적 작용을 하지 못한다. 의식상실이 몇 주 이상 지속될 경우 신체는 식물적 생존유지에 필요한 기능만을 유지할 수 있기 때문에 지속적 식물상태라고 한다. 식물상태의 지속은 뇌 손상의 정도, 무의식상태의 기간, 증상의 경과에 대한 예후에 달려 있으며, 식물상태에 있는 많은 사람들은 수개월 혹은 수년간의 영양과 그 밖의 치료를 제공받아야만 살아갈 수 있다.

135) 김일수 · 서보학, 앞의 책, 26면.

136) 전지연, "안락사의 형사법적 처벌가능성," 한일법학, 제23 · 24집, 한일법학회, 2006, 144면.

생각건대, 식물상태의 경우 일반적으로 환자는 불가역적 의식상실에 이르는 것이 보통이나 식물상태에 있는 모든 환자가 불가역적 의식상실에 있다고 볼 수 없다. 지속적 식물상태에 있다고 하여 항상 치료 중단이 허용되는 것은 아니며 불가역적 의식상실에 이르렀다는 것이 확인되어야만 치료 중단을 취할 수 있다. 식물상태의 환자가 아직 불가역적 의식상실 상태에 이르지 않았을 때에는 의사는 생명유지의무가 있으므로, 환자에 대한 치료 중단이 허용되어서 안 될 것이다.

또 다른 표현의 형태로 말기상태라는 용어를 사용하기도 한다. 미국의 자연사법에 의하면 말기상태(terminal condition)란 질병으로 인하여 치료할 수 없고 회복할 수 없는(incurable and irreversible) 상태를 의미한다.[137] 콜럼비아 특별구 법률상의 말기상태라 함은 상해나 질병에 의해서 야기된 치료할 수 없는 상태를 의미하며, 이러한 상태는 생명연장 장치를 유지하더라도 조만간 죽음을 야기하고 생명연장 장치는 다만 환자의 죽음의 순간을 연기하는 데에 불과한 기능을 하는 상태를 말한다.[138] 한편 워싱턴 주 법률에서는 말기상태라 함은 치료 불가능하고 회복 불가능하여 단기간 내에 죽음을 맞이하며, 생명연장 장치를 이용하여 죽음의 과정을 인위적으로 연장하는 상태라고 개념정의하고 있다.[139] 그런데 일부 주의 경우 넓은 의미로 접근하여 영구적 무의식상태(permanent unconscious condition), 돌이킬 수 없는 혼수상태나 지속적인 식물인간 상태에서의 합리적 회복 가능성이 없는 것처럼 합리적인 의학적 판단 내에서 치료가 불가능하거나, 회복이 불가능하다고 평가되는 상태도 말기상태에 포함시키고 있다.

한편, 사망의 과정이라는 기간적 관점에서 환자의 상태를 규정하는 입법례가 있는데, 미국의 오레곤 주 법률의 의사조력자살법이 그 예이다. 의사조력자살을 합법화하고 있는 미국의 오레곤 주 법률에서 말하는 말기질병(terminal disease)은 합리적인 의학적 판단에 의하여 의학적으로 확인되고 6

137) Uniform Rights of Terminally Ill Act, §3, 9B U.L.A. 170(Supp. 1999).

138) District of Columbia Code, Title 7. Human Health Care and Safty, Subtitle A. General, Chapter 6. Death, Subchapter II. Natural Death §7-621 Definitions. (3).

139) Washington Code, Title 7. Public Health and Safety, Chapter 70.122. Natural Death Act. 70.122.030. Directive to withhold or withdraw life-sustaining treatment.

개월 이내에 사망에 이르게 될 치료 불가능하고 회복 불가능한 질병을 의미한다.[140] 유사한 입법례로 대만의 안녕완화의료조례의 경우 말기환자라 함은 심한 부상이나 병에 걸려 의사의 진단에 의해 치유가 불가능하다고 판단될 뿐만 아니라, 의학상의 증거로 단기간 내에 병세가 사망이 불가피한 정도까지 진전된 사람을 말한다고 정의하여 단기간내 사망과정의 진전을 전제로 하고 있다.[141]

또한 환자의 상태가 치료 가능성이 없다는 점과 환자의 고통이 극심하다는 점의 결합된 요소가 있어야만 적극적 안락사 시술이 가능한 입법례로서는 네덜란드의 안락사법을 들 수 있다. 이 법의 적용범위는 환자의 고통이 지속적이고 참을 수 없이 계속되며, 치유 가능성이 없는 환자여야 하며, 의사는 환자의 고통이 참을 수 없는 정도라는 것을 입증할 수 있어야 한다.[142]

미국의 많은 주 법률은 담당의사뿐 아니라 다른 의사를 포함하여 둘 이상의 의료진에 의해서 환자의 말기상태에 대한 확인이 이루어질 것을 요한다.[143] 벨기에의 안락사법에 의하면 환자의 질환의 심각하고 치료 불가능한 특성에 대해 다른 의사와 자문하여야 하고, 그러한 자문을 받는 이유를 설명하여야 한다. 자문의사는 의무기록을 재점검하고 환자를 조사하고 그리고 완화할 수 없는 계속적이고 참을 수 없는 환자의 육체적 또는 정신적 고통을 인식하여야 한다. 자문의사는 자신의 조사결과에 대해 보고한다.

대만의 완화의료법에 의하면 환자가 심폐소생술 불시행을 원하고 있는 경우에 1인의 관련 전문의가 포함된 2인의 의사로부터 말기환자 진단확정이

140) The Oregon Death with Dignity Act, 127.800 §1.01. Definition.

141) 석희태, "중화민국 안녕완화의료조례의 연혁과 내용," 대한의료법학회, 2008 추계학술대회 자료집, 5면.

142) 네덜란드의 안락사법은 약칭해서 생명의 종료에 대한 요청과 조력자살법(Termination of Life on Request and Assisted Suicide Act)으로 부르며, 국가 차원에서 안락사를 세계 최초로 입법화한 법률이다.

143) District of Columbia Code, Title 7. Human Health Care and Safty, Subtitle A. General, Chapter 6. Death, Subchapter II. Natural Death §7-621 Definitions. (2); Arkansas Code Title 20. Public Health and Welfare, Subtitle 2. Health and Safety, Chapter 17. Death and Disposition of the Dead, Subcapter 2. Arkansas Rights of the Trminally Ill or Permanently Unconscious Act, §20-17-201. Definitions (9). 아칸소 주 법률에서는 의사 2인이 확인・조사해야 한다는 규정을 두고 있다.

있어야 한다.[144] 이 경우 2인의 의사는 동일시기에 진단하거나 동일 의료기관에 소속한 의사에 한정되지 않는다.[145]

(2) 환자의 의사와 관련된 요건

1) 환자의 의사의 진지성과 합리성

환자의 의사는 진지한 것이어야 하며, 합리적인 것이어야 한다. 연명치료에 관한 환자의 자기결정권의 행사는 인간생명에 직접 관계된 것이므로 사회적 타당성이 있어야 하고, 순전히 경제적인 부담 때문이라거나 또는 자살의도에 기인하는 경우에는 허용될 수 없는 것이다. 환자의 추정적 의사를 판단함에 있어서 회생 가능성을 함께 고려하지 않을 수 없으며, 만약 회생 가능성이 전혀 없고 장기간에 걸쳐 연명치료를 해온 경우 등이라면 환자의 의사를 다소 완화하여 추정할 수 있을 것이다. 또한, 일시적이나마 환자가 의식을 회복할 가능성이나 상태가 변화할 가능성, 환자가 겪는 통증, 환자의 나이, 나아가 가족이 겪는 고통의 사정들도 환자의 의사를 추정하는데 있어 함께 고려할 필요가 있다. 인공호흡기 제거 청구사건의 대법원은 환자가 회복 불가능한 사망의 단계에 이르렀을 경우를 대비하여 미리 의료인에게 연명치료의 거부 내지 중단에 관한 의사를 밝히고 사전의료지시를 한 경우에는 자기결정권을 행사한 것으로 인정할 수 있다고 판시하였다. 다만, 환자의 사전의료지시서가 없는 경우, 대법원은 환자의 평소의 가치관이나 신념에 비추어 연명치료를 중단하는 것이 객관적으로 환자의 최선의 이익에 부합한다고 인정되어, 환자에게 자기결정권을 행사할 수 있는 기회가 주어지더라도 연명치료 중단을 선택하였을 것이라고 볼 수 있는 경우에는 그 연명치료 중단에 관한 환자의 의사를 추정할 수 있다고 하는 것이 합리적이고 사회상규에 부합한다고 판단하였다.

2) 환자 의사의 자의성 확인

연명치료 내지 응급의료처치의 중단이나 보류의 의사표시는 그 결과 사

144) 대만의 완화의료법 제7조제1항.

145) 대만의 완화의료법 시행세칙 제4조에 의하면 관련 전문의는 말기환자로 진단될 중대한 상병에 관련되는 전문영역 범위의 전문의를 말한다고 규정하고 있다.

망이라는 결과가 발생하기 때문에 반드시 자의성이라는 요건이 필요하다. 자의성 내지 자발성이란 질병으로 고통을 받고 있는 환자가 자신의 죽음에 대해서 진지하게 요청하였음을 말한다. 즉, 죽음에의 지속적인 선택(durable preference for death)에 대한 환자의 표현(patient's expression)을 말한다.

하지만 의료현장에서 환자의 진정한 의사표시를 확인하는 것은 간단하지 않다. 죽을 권리의 요구는 기본적으로 그 요구를 표하는 자가 현재 상황을 이해하고 해석할 수 있으며, 나아가 스스로 의사를 결정할 수 있는 능력을 전제한다. 충분한 정보에 근거한 동의를 얻기 위한 첫 단계는 환자가 이러한 능력을 갖고 있는지를 확인하는 일이다. 물론 이 과정이 쉽지는 않을 것이다. 예를 들어, 자신이 실낱같은 치료의 가망성을 기대하면서 생명을 연장하려고 자식에게 경제적 부담을 줄 것을 부담스럽고 미안해 하는 경우가 있을 수 있는데, 자식들의 눈치를 봐서 치료중단을 요청할 수도 있고, 경우에 따라서는 진의 아닌 의사표시로 죽고 싶다고 말할 수 있는 것이다.[146] 심한 질병으로 고생해본 사람들은 고통으로 힘든 순간이 되면 왜곡된 비합리적 생각을 하게 되기가 쉽고, 비록 명백한 의사표시를 했더라도 그 후 환자의 의사가 불명확해지고 바뀔 수도 있다.[147] 미국의 일부 주의 경우에는 말기상태로 인해 환자의 의사능력이 완전하지 않을 우려 때문에 말기상태의 환자에게는 치료중단이나 보류 등의 의사표시를 행하는 문서 작성을 허용하지 않는다.[148]

특히 환자의 가족들 사이에서 환자에 대한 보호 의지나 이해관계가 다른 경우에는 의견이 일치되기가 어려울 뿐만 아니라, 치료비 부담이나 상속 등의 경제적 문제로 인해 갈등구조가 생기다면 온전한 정신상태에서 결정을 하는 것을 기대하기 어려울 것이다. 이런 경우 환자가 합리적인 사유능력, 올바른 판단력, 비교형량에 따른 판단력 등을 지니고 있는지를 측정할 수 있는 객관적인 기준이 존재하지 않을 뿐 아니라, 실제로 의료현장에서는 환자가 그러한

146) 윤종행, "안락사와 입법정책," 비교형사법연구, 제5권 제2호, 한국비교형사법학회, 2003. 7, 471면.

147) 위의 논문, 472면.

148) Furrow et. al., *op. cit.*, p.843.

능력을 소유하고 있는지 확인할 만한 테스트 기준도 없는 실정이다.[149]

이 경우 환자의 의사의 자의성을 확인할 수 있는 방법으로는 담당의사의 확인절차에 의존할 수밖에 없다. 말기상태의 환자의 의사표시가 있더라도 환자에게 진정한 의사능력을 지녔다는 의심이 있을 경우에는 담당의사는 반드시 정신과 전문의에게 환자의 정신능력에 대해 문의해야 한다. 협진의 결과 의사결정능력에 이상이 없다고 판단된 환자에게 의사는 환자가 이해할 수 있는 용어를 선택하여 죽음의 선택과 그에 따른 처방책, 예상징후 등을 충분히 설명하고 경우에 따라서는 환자에게 질문의 기회를 주면서 언제든지 동의를 취소할 수 있다는 사실도 알려주어야 할 필요가 있다.[150]

3) 추정적 의사의 인정

대부분의 치료 중단은 상당 기간 동안 치료를 계속하였지만 회생 가능성이 거의 없는 경우로서 많은 환자들은 의식불명의 상태에 있거나 의식불명의 상태에 빠지기 전에 치료 여부에 대한 명확한 의사표시가 없었던 경우이다. 우리나라에서는 치료 계속 여부에 대한 결정이 대부분 가족들에 의해서 이루어진다는 점을 고려할 때, 설령 본인이 치료중단의 의사표시를 명확히 한 후 의식불명의 상태에 빠졌다고 할지라도 환자 본인의 가족들이 반대하는 경우에는 치료를 계속할 수밖에 없는 경우도 생기며, 그 반대로 환자의 의사가 불명확한 경우에도 환자의 가족들이 치료중단의 결정을 한 경우에는 대부분 의료진들은 그 결정을 존중한다. 이와 같이 환자가 의사를 표명할 수 없거나 충분히 명확하게 표시되어 있지 않은 경우에 환자의 추정적 의사를 인정하여야 할지 여부가 문제가 된다. 추정적 의사표시의 인정여부에 대해서는 다음과 같이 견해의 대립이 있다.

---

149) 한국의료윤리교육학회 편, 의료윤리학, 계축문화사, 2001, 42-43면.

150) 워싱턴 주 자연사법에 의하면 환자가 의료지시서의 내용의 취지를 완전히 이해할 수 있고 감정적・정신적으로 이 지시서에 포함된 결정을 할 수 있어야 하며, 이 지시서에 서명하기 전에 이 지시서의 용어들을 추가, 삭제 혹은 변경할 수 있고 언제든지 이 지시서의 변경은 워싱턴 주의 법률이나 연방헌법에 따라 법적으로 유효함을 이해하고 있어야 한다. 70.122.030. Directive to withhold or withdraw life-sustaining treatment. 그런데 의료지시서는 환자의 정신상태나 자격에 관계없이 언제든지 철회될 수 있다. 70.122.040. Revocation of directive.

먼저 부정설의 입장에 의하면 생명 대 생명은 서로 형량될 수 없으며, 특히 생명 이외의 다른 법익은 생명보다 더 우선시될 수 없다. 따라서 환자가 임종을 눈앞에 두고 극심한 고통에 시달리는 상황이라 의사결정을 할 수 없는 상황에서 치료를 중단하는 것은 원칙적으로 허용하지 않으며, 그러한 경우라도 적어도 통증완화에 대한 치료를 행해야 하기 때문에 의사는 이 경우에도 환자에 대한 치료의무가 있는 것으로 보아야 한다는 견해이다.[151]

이에 반해서 긍정설의 입장에 의하면 생명연장 장치의 중단의 경우에는 일반적 치료행위의 경우와는 달리 법정대리인 및 친족의 동의에 대한 법적 구속력을 인정할 수 없으며, 직접 개인의 삶과 죽음에 대한 고도의 인격적 문제와 관련되므로 누구도 대신 결정할 수 없다는 논거에 바탕하고 있다. 따라서 환자가 의사능력이 없는 경우 치료 중단은 가족의 의사가 아니라 전적으로 환자의 추정적 의사에 비추어 결정해야 한다.[152] 왜냐하면 환자의 의사를 추정하는 것은 환자의 자기결정권 내지 사생활권의 존중이라는 치료행위의 본질에 부합하기 때문이다.[153] 추정적 의사를 확인하는 과정에서 구체적인 환자의 특정 의사와 관계된 모든 정황을 고려해야 한다. 경우에 따라 환자가 사전에 자신은 희망없는 상황에서 연명치료를 원하지 않는다는 의사를 표시했을 수도 있다. 이러한 사전의사표시나 문서로 작성된 환자의 사전의사가 고려되어야 하며,[154] 그 밖에 가족의 견해도 추정적 의사판단에 도움이 될 것이다.[155] 만약, 환자가 자유로운 의사능력을 가지고 그의 상황을 착오없이 인식한 상태에서 미리 인위적인 생명연장이나 진통조치에 대하여 진지하게 진술한 것으로 생전유언서가 작성되었다면 환자의 의사를 추정하는 하나의 자료가 될 수 있을 것이다. 그 밖의 환자의 의사를 추정할 근거는 환자가 이전에 나타낸 구두 또는 서면에 의한 의사표시, 환자의 종교적 신념 또는

151) 정규진, "생명유지치료의 한계에 관한 형법적 고찰," 법학연구, 제30집, 한국법학회, 2008, 357면.

152) 정현미, "치료중단의 한계와 형사책임," 형사정책연구, 제15권 제4호, 한국형사정책연구원, 2004 겨울, 179면.

153) 전지연, 앞의 논문, 142면.

154) 환자의 가치체계나 죽음에 대한 생각을 고려해야 하며, 특히 환자가 승낙능력을 보유하고 있었던 때에 표시한 의사가 매우 중요한 고려사항이 된다.

155) 정현미, "안락사와 형법," 형사정책연구 20, 한국형사정책연구원, 1994. 12, 201면.

가치관, 환자의 나이를 고려한 예상수명이나 고통감수 등이라고 한다.[156)]

치료 중단 시점에서 환자의 의사를 추정하는 것마저도 불가능한 경우에는 환자에게 '최선의 이익이 되는 판단방법'(best interests of patient standard)의 기준에 따라 생명을 유지하기 위한 치료를 개시하거나 계속하는데 따르는 손실이 그에 따르는 이익에 비하여 명백히 우월하고, 환자의 생명유지로 인한 극심한 고통으로 인하여 환자의 생명을 유지하는 것이 비인도적이라고 판단되는 경우 치료를 중단할 수 있다.[157)] 환자가 의사를 표시할 수 없는 경우에는 어떠한 경우에도 치료를 중단할 수 없다고 하는 것은 의사에게 의학적으로 무의미한 행위를 강제하는 것이 될 것이며, 제한된 의료자원을 고려할 때 정의의 원칙에도 어긋나는 의무의 부과일 수 있다.[158)]

미국의 일부 주의 자연사법 규정에 따르면 사전지시서의 내용으로 환자가 미리 대리의사결정권자(surrogate decision-maker)를 지정하고, 새로운 혹은 예기치 않은 상황에서 환자의 의사표시를 대리행사할 수 있도록 허용하는 규정을 두고 있다. 예를 들면, 인공생명연장 장치를 사용하지 않고 있는 환자의 경우, 생전유언으로 이에 대한 의사표시를 전혀 예기치 못하였던 상황에서, 만약 그러한 예기치 않은 상황이 발생하였을 때에 신뢰할 수 있는 자에 의한 대리결정을 행하도록 하는 것을 말한다. 가족 등에 의한 대리결정의 방법은 환자의 의사로부터 독립하여 가족 등 대리인이 환자를 대신하여 치료 중단 여부를 결정하도록 허용하는 것이다. 치료 중단 여부를 결정하는 시점에서 환자의 의사를 추정하는 것마저도 불가능한 상황이므로 환자에게 '최선의 이익이 되는 판단방법'의 기준을 사용하여 생명을 유지하기 위한 치료를 개시하거나 계속하는데 따르는 손실이 그에 따르는 이익에 비하여 명백히 우월하고, 환자의 생명유지로 인한 극심한 고통으로 인하여 환자의 생명을 유지하는 것이 비인도적이라고 판단되는 경우 치료를 중단할 수 있다고 본다.[159)]

---

156) 독일 판례 BGHSt 40. 26 ff.

157) 김재봉, 앞의 논문, 163-164면.

158) 정규원, "무의미한 치료에 대한 형법적 판단," 법학논총, 제23집 제2호, 한양대학교, 2006. 12, 199면.

159) 김재봉, 앞의 논문, 163-164면.

하지만 대리인의 대리결정에 의한 치료 중단에 대해서는 부정적인 입장이 다수설이다. 이는 환자의 이해관계의 소지가 있는 가족에게 환자의 생사를 결정할 권리를 주게 됨으로써 안락사를 살인의 한 수단으로 이용할 위험성이 있으며, 더욱이 대리인이 이를 남용할 우려가 있기 때문이다.[160] 치료여부에 대한 결정이 아니라 치료 중단 결정의 경우에는 일반적 치료행위와는 달리 직접 개인의 삶과 죽음에 대한 고도의 인격적인 문제와 관련되므로 누구도 대신 결정할 수 없는 점을 논거로 들고 있다. 따라서 대리결정이 대부분 재산적 또는 신분적인 법익과 관련해서 인정되고 있다는 점에서 일신전속적이고 최고의 법익이라고 할 수 있는 생명의 경우에는 환자의 가족이나 법원이라는 제3자의 동의로 대체하는 것은 헌법에 합치되지 못할 가능성이 크다는 지적이 있다.[161]

한편, 환자의 의사가 불분명한 경우이거나 또는 환자의 의사를 추정할 것인지 여부를 결정하는 형태를 법원이 하거나, 병원 윤리위원회와 같은 제3의 기관에서 이루어지는 것이 타당하다는 견해가 있다.[162] 환자에 대한 자료들이 환자의 가족과 환자를 치료하였던 의료진에 의해서 제출될 것이고, 제3의 기관이 환자의 상태에 대한 검토와 더불어 제출된 자료의 진정성을 검토하게 될 것이다. 특히 실제 환자의 의사를 추정할 만한 정황이 전혀 없는 경우, 안락사의 남용의 위험성을 합리적으로 제거하기 위해 일방적인 환자가족의 동의에 따라 의사가 치료를 중단할 것이 아니라, 환자 가족이 치료 중단의 유효한 대리권이 있는지 법원으로 하여금 확인하게 하는 방법이다. 그러나, 중립적인 기구로서 법원이나 윤리위원회 등 제3의 기관이 여러 가지 이익을 형량하여 그에 대한 대리권의 존부를 확인하고 검증하는 방법이지만, 입법적 근거가 없이는 실제 운영되기 어렵다고 할 수 있다.[163]

160) 전지연, 앞의 논문, 142면.
161) 위의 논문, 143면.
162) 정규원, 앞의 논문, 199면.
163) 전지연, 앞의 논문, 143면.

(3) 치료 중단 행위와 관련된 요건

1) 치료 중단이 가능한 연명치료의 범위

인공호흡기 제거 청구사건의 고등법원은 중단하는 치료행위에 환자의 고통을 완화하기 위한 치료나 일상적인 진료 등이 포함되어서는 안되며, 중단을 구할 수 있는 치료는 환자 상태의 개선이 아니라 환자의 연명, 즉 사망과정의 연장으로서 현상태의 유지에 관한 것이어야 할 것이라고 판시하였다. 연명치료의 중단은 의사에 의하여 시행되어야 하며, 연명치료의 중단이 의사에 의하여 시행되어야 하는 이유는 ① 연명치료뿐 아니라 그 중단행위도 의료행위로서 의료행위는 의료인이 아니면 이를 행할 수 없는 것이고, ② 연명치료의 중단을 그 의미의 중대성을 고려할 때 그 중에서도 전문성과 자격을 갖춘 의사에 한하여 직접 시행될 필요가 있기 때문이라고 판단하였다. 일상치료(ordinary treatment)는 지나친 비용이나 고통 혹은 다른 불편함을 야기하지 않으면서 획득되거나 사용될 수 있으며, 환자에게 치료의 이득에 관한 합당한 기대를 주는 모든 의약품, 치료 또는 수술을 뜻하는 반면에, 특수치료(extraordinary treatment)는 지나친 비용이나 고통 혹은 다른 불편함을 야기하지 않고서는 획득되거나 사용될 수 없고, 설사 사용된다고 해도 환자에게 기대한 바의 합당한 효과를 주지 못하는 모든 의약품, 치료 및 수술을 지칭한다고 한다.[164] 일상치료와 특수치료의 구분은 치료 중단의 문제와 관련해서 의학적 결정을 내리는데 중요한 지침으로 작용하며, 특히 의사결정능력이 없는 환자의 경우 생명연장 장치의 중단에 관련된 사법적 판결의 근거가 되어 왔다. 의료인에게는 일상치료는 해야 할 의무가 있지만, 특수치료를 해야 할 의무는 없다는 것이다. 가톨릭 윤리신학에서는 이러한 문제해결 방식에 대해서 중요한 의미를 부여하고 있다. 1957년 교황 담화문에서 말기환자에게 정상적인 간호행위라든가 영양 공급 등 일반적인 치료수단을 사용하는 것은 의무이지만, 특수한 수단의 사용은 비록 정당하기는 하지만 항상 의무는 아니라고 하였다.[165]

---

164) 한국의료윤리교육학회 편, 의료윤리학, 계축문화사, 2003, 61면.

165) 이동익, “가톨릭 윤리신학의 안락사 이해와 불필요한 치료행위의 중단에 관한 고찰,” 가

이와 같이 일상치료와 특수치료의 구분방법을 사용하지만, 이 두 치료의 구체적이고 실질적인 구분은 몇몇 경계가 분명한 경우를 제외하고는 매우 어렵다고 할 수 있다. 의술의 발달에 따라 특수치료에 속한 치료방법이 일상치료가 되는 예가 빈번하게 발생하기 때문이다. 따라서 특수치료와 일상치료의 구분은 절대적인 것이 아니고 시간과 상황에 따라 변하는 상대적인 성격을 가지고 있으므로, 치료중단이 가능한 연명치료의 범위는 의학의 발달 및 일반국민의 인식 여하에 따라 유동적일 수 있다.[166]

지속적인 식물상태에 있는 환자의 경우 인공호흡기를 부착하고 있는 경우에는 이를 제거함으로써 곧 사망할 수 있지만, 자발적인 호흡이 가능한 경우에는 영양과 수분이 공급되고 있다면 그 이외의 다른 의료조치 없이 상당기간 연명할 수 있다. 치료 중단이 환자의 인간의 존엄과 가치를 위한 결정이라면 기본적으로 욕창 예방을 위한 체위변화, 배변과 배뇨, 통증치료 등의 기본간호가 유지되어야 함은 틀림없다. 하지만, 이 경우 영양이나 수분 공급의 조치도 절대로 중단되어서는 안된다는 입장이라면 사실 치료중단의 허용범위는 매우 축소될 수 있다. 이에 대해서 영양이나 수분 공급은 생명유지를 위해 정상적이고 통상적인 수단이므로 중단되는 치료의 범위에 넘을 수 없다는 견해,[167] 입을 통한 자연적인 것은 지속적 공급의무가 있으나 튜브를 통한 인공적인 것은 중단할 수 있다는 견해,[168] 죽음에 임박한 말기상태로서 치료 중단이 결정되는 환자의 상태이라면 영양 공급도 중지하는 것이 오히려 인도적이지 않느냐는 견해[169]가 있다. 미국의 여러 주의 자연사법률에 의하면 환자의 생전유언이나 사전의료지시서에 따라 의사는 치료를 보류하거나 중단할 수 있지만, 치료를 중단할 수 있는 처치는 모든 형태의 처치를 말하지는 않는다. 몇몇 주의 경우 인공호흡기 또는 투석과 같은 생명연장 처치에 국한하고 있으며, 전체 절반 정도의 주에서는 치료 중단을 할 수 있는 처치의

톨릭 신학과 사상, 제35호, 2001, 41면.

166) 한국윤리교육학회 편, 앞의 책, 61-63면.

167) 이동익, 앞의 논문, 43면.

168) 김재봉, 앞의 논문, 172면.

169) 이상용, "치료중단과 안락사 논의," 한국형사정책연구원, 2001, 63면.

내용에는 영양 공급이나 수분 공급을 포함하지 않고 있다.[170]

2) 의료인에 의한 연명치료의 중단

의사자격이 없는 사람에 의한 안락사는 살인행위로 애초부터 안락사와 관련이 없다.[171] 뇌 기능의 전면적인 상실이 있는 바로 그 때에 의사는 환자 가족의 동의가 있는 경우에 한해서 그 환자에게 부착된 연명장치를 차단하는 것은 살인을 하는 것이 아니라 자연사하는 것을 돕는다고 한다. 뇌사상태는 아니지만, 임종에 직면해 있다고 확실히 판단되고 환자의 추정적 의사가 존재하는 경우 의사는 더 이상 그 환자의 생명을 인위적으로 유지해야 할 의무가 없으므로 일정한 요건과 절차에 따라 의사가 생명연장 장치를 제거하는 것은 허용될 수 있다. 하지만 가족이나 제3자가 그러한 생명연장 장치를 제거하거나 중단하는 행위는 살인행위라고 할 수 있다.[172]

이와 관련해서 네덜란드 안락사법에서도 말기처치는 담당의사가 투약의사로 기재되어 있다면 그 효과를 도와주는 보조투약을 포함한 모든 투약은 직접 시행해야 한다고 규정하고 있다.[173] 미국의 오레곤 주 법률에서도 마찬가지로 담당의사가 투약의사로 기재되어 있다면 환자의 불편함을 최소화시키려는 효과를 도와주는 보조투약을 포함한 모든 투약은 직접 시행해야 한다.[174] 대만의 안녕완화의료조례상의 심폐소생술의 거부는 말기환자에게 기관내 삽관, 체외심장압박, 응급약물투여, 심장전기쇼크, 심장인공주파수변조, 인공호흡 혹은 기타 응급치료행위를 시행하는 것을 거부하는 것을 말한다. 의사는 반드시 완화의료의 치료방침을 환자 또는 그 가족에게 알려주고 난 후 완화의료를 시행하여야 한다.[175]

170) Furrow et. al., *op. cit.*, p.844.
171) 한정환, 앞의 논문, 239면.
172) 허일태, "안락사에 대한 연구," 71면.
173) 의료제공자로 하여금 투약 시행기록 사본의 제출을 요구할 수 있다. The Oregon Death with Dignity Act, 127.855 §3.09. Medical record documentation requirements.
174) 의료제공자로 하여금 투약시행기록 사본의 제출을 요구할 수 있다. The Oregon Death with Dignity Act, 127.855 §3.09. Medical record documentation requirements.
175) 의사의 고지의무 규정은 환자 내지 가족의 알권리 충족 및 새로운 선택이나 결정변경을 위한 정보제공에 그 목적이 있다. 대만 안녕완화의료조례 제8조.

한편, 미국의 경우 자연사법에 따라 환자의 의료지시서에 의해 생명연장 처치를 보류하거나 중단하는 것으로부터 어떠한 형사적인 책임을 부담하지 않지만, 간호사나 의사 또는 다른 의료관계 종사자에게 어떠한 조건에서든 치료의 보류나 중단에 참여할 것을 법률이나 계약에 의해 강요할 수 없다. 워싱턴 주 법률에 의하면 어느 누구도 연명치료의 중단이나 보류에 참여를 거부하였다는 이유로 고용이나 직업적 권한에서 차별을 받아서는 안된다고 규정하고 있다.[176] 미국의 오레곤 주 법률에 의하면 선의의 의사조력자살 참여자에 대하여 비난, 징계, 자격정지, 자격박탈, 권한정지, 회원의 자격박탈이나 다른 처벌을 과할 수 없다. 만약, 의료제공자가 적격환자의 요구를 이행할 수 없거나 이행하기를 원치 않는다면, 새로운 의료제공자에게 환자를 전원조치시키고 요구가 있으면 의료기록의 사본을 제공해야 한다.[177]

Ⅶ. 맺음말

안락사 논쟁은 사형제도, 낙태와 관련해서 우리 사회의 주요 쟁점사항이다. 이 논쟁은 이미 20~30년 전부터 이루어져 왔으며, 윤리적・사회적 논쟁의 중심에 있었을 뿐 아니라 형법 영역에서도 찬반의 논쟁을 불러일으킨 사안으로 아직 사회적으로 해결책을 찾지 못하고 있었다. 하지만, 2009년 인공호흡기 제거 청구사건을 통해서 사회적 여론의 형태로 논의되는 주제를 법원의 판결로써 사법적 견해를 경청할 기회가 주어진 것이다. 인공호흡기 제거 청구사건의 고등법원 및 대법원 판결은 연명치료 중단의 사회적 수용과 관련해서 상당히 진전된 내용을 담고 있는 것으로 평가할 수 있다. 예를 들어, 인간의 생명이 회생 가능성이 없는 상태에서 별다른 인간성의 지표 없이 단지 기계장치에 의하여 연명되고 있는 경우라면 헌법이 보장하는 자기결정권

176) Washington Code, Title 7. Public Health and Safety, Chapter 70.122. Natural Death Act. 70.122.051. Liability of Health Care Provider or Facility.

177) The Oregon Death with Dignity Act, 127.880 §3.14 Construction of Act.

에 근거하여 구체적인 사정에 따라 더 이상 연명치료의 중단을 요구할 수 있고, 그 경우 연명치료를 행하는 의사는 환자의 자기결정권에 근거한 치료 중단의 요구에 응할 의무가 있다고 보았다. 또한 연명치료 중단 등의 문제를 아무런 기준의 제시 없이 당해 의사나 환자 본인, 가족들의 판단에만 맡겨두는 상황이 지속되는 것은 바람직하지 않으며, 개개의 사례들을 모두 소송사건화하여 일일이 법원의 판단을 받게 하는 것도 비현실적이라는 입법방향성까지 제시하고 있다.

몇 가지 요점을 정리하고 부연하면 다음과 같다.

첫째, 생명에 대한 사전유언의 장점은 개인이 명시적으로 자신이 어떻게 치료를 받겠다는 의사를 표시하도록 하여, 그 결과 의식불명인 상태이거나 혼수상태가 된다고 하더라도 자신의 의사대로 계속해서 삶에 대한 통제력을 행사할 수 있게 한다는 점이다. 현재 우리나라의 경우 생명에 대한 생전유언에 대한 입법을 마련하고 있지 않다. 말기환자가 아니더라도 누구든지 죽음에 대한 가능성을 사전에 가늠할 수 없다는 점에서 말기상태가 도래할 경우를 대비하여 그러한 상황이 일어난다고 하더라도 미리 자신이 작성한 선택방안에 따라 진료 계속 여부, 중단 여부 등에 관한 의사결정이 실행되도록 하는 제도적 정착에 대한 고려가 필요하다.

둘째, 인공호흡기 제거 청구사건의 판결문에서 간과하고 있는 부분이 환자의 의사결정을 위한 의사의 설명의무 내지 상담의무에 관한 부분이다. 실제 담당의사들은 고령의 환자이거나 미성년인 경우에는 말기상황에 대해 가족과 상의하는 경우가 대부분이며, 죽음에 임박한 경우이더라도 환자들에게 죽음에의 대안에 대한 선택 가능성 여부에 대해 대부분 설명하고 있지 않다. 자의적이고 합리적인 환자의 의사표시가 있기 위해서는 특히 죽음과 관련된 최선의 결정을 내리기 위해 환자들에게 정보가 필요하며, 만약 누군가 하나 밖에 없는 것 중에서 골라야만 하는 상황이라면 자율적 결정권이 있다거나 자유로운 선택을 할 수 있었다고 할 수 없다. 의사는 말기상태의 환자가 진지하게 요청하는 경우 치료 중단 등의 방안들에 대해 신중하게 선택할 수 있도록 설명하고 상담하는 절차를 마련하여야 한다.

셋째, 치료의 중단이나 보류는 자신의 의지로 치료를 거부 또는 중단을 요구함으로써 이루어지기 때문에 반드시 환자의 자의성이라는 요건을 요구한다. 자의성 내지 자발성이란 질병으로 고통을 받고 있는 환자가 안락사에 대해서 진지하게 요청하였음을 말하며, 존엄한 죽음에의 요청은 단순히 환자 본인이 명시적으로 표현한 동의서가 있다는 것만으로 요건을 충족하는 것이 아니라, 그렇게 표명된 동의가 진정한 동의인지 여부를 파악하는데 더 신중해야 한다. 말기환자로부터 1회의 동의를 얻는 것만으로는 부족하다고 할 수 있다. 그래서 2~3회의 동의를 요구하며, 동의와 동의 사이 반드시 1~2주 정도의 시간적 여유를 두고 동의를 얻어야 할 것이다. 이때의 동의는 환자가 자기의 의사를 말이나 글로 '예'라고 분명히 나타내는 명시적 동의(explicit consent)를 의미하며, 최종 의사표시의 경우 서면동의가 필요하며, 경우에 따라서는 동의의 객관성을 확보하기 위해서 환자의 보호자 또는 증인의 입회가 필요할 것이다.

넷째, 지속적인 식물상태에 있는 환자의 경우 인공호흡기를 부착하고 있는 경우에는 이를 제거함으로써 곧 사망할 수 있지만, 자발적인 호흡이 가능한 경우에는 영양과 수분이 공급되고 있다면 그 이외의 다른 의료조치 없이 상당기간 연명할 수 있다. 치료 중단이 환자의 인간의 존엄과 가치를 위한 결정이라면 기본적으로 욕창 예방을 위한 체위변화, 배변과 배뇨, 통증치료 등의 기본간호는 유지되어야 함은 틀림없다. 하지만, 이 경우 영양 공급이나 수분 공급의 조치도 절대로 중단되어서는 안된다는 입장이라면 사실 치료 중단의 허용범위는 매우 축소될 수 있다. 통상 일상치료와 특수치료의 구분방법을 사용하지만, 이 두 치료의 구체적이고 실질적인 구분은 몇몇 경계가 분명한 경우를 제외하고는 매우 어렵다고 할 수 있다. 의술의 발달에 따라 특수치료에 속한 치료방법이 일상치료가 되는 예가 빈번하게 발생하기 때문이다. 따라서 중단되는 치료의 범주에 대한 검토와 기준설정에 대한 논의가 계속 진행되어야 할 것이다.

다섯째, 연명치료 중단에 관한 사회적 논의의 전개를 한 단계 넘어서서 환자의 자기결정권이라는 기본권의 구체화 작업의 일환으로 법제화가 필요하다. 제한된 전제조건의 범위 내에서 해당되는 환자의 적격기준에 관한 합의를 형성하고 이러한 환자들이 진지하고 지속적인 의사표시로 치료 보류와 중단을 요청하는 경우에는 이를 허용하는 방향으로 단계적인 규범화할 필요가 있다. 단순히 반복적이고 일시적인 관심촉발 현상으로서의 안락사 논쟁에서 벗어나, 말기상태의 환자들의 죽을 권리에 대한 논의와 이러한 권리 요청에의 신중한 심사, 충분한 설명에 근거한 동의 의사표시의 절차와 방식, 서식의 형태들의 구비 및 연명치료 중단행위의 대상범위, 절차과정의 구체적 법제화를 위해 쟁점별로 사회적 합의를 도출해야 할 단계로 접어들었다고 해도 과언이 아니다.

〈참고문헌〉

김기춘, 형법개론시론, 삼영사, 1984.

김성천・김형준, 형법각론, 동현출판사, 2006.

김일수・서보학, 형법각론, 박영사, 2004.

박상기, 형법각론, 박영사, 2005.

배종대, 형법각론, 홍문사, 2003.

권영성, 헌법학원론, 법문사, 2005.

성낙인, 헌법학, 법문사, 2001.

신현호, 삶과 죽음, 권리인가 의무인가, 육법사, 2006.

오영근, 형법각론, 대명출판사, 2002.

이상돈, 치료중단과 형사책임, 법문사, 2002.

이상돈, 의료형법, 법문사, 1998.

이상용, 치료중단과 안락사 논의, 형사정책연구원, 2001.

이재상, 형법각론, 박영사, 2003.

이정원, 형법각론, 법지사, 1999.

이형국, 형법각론, 법문사, 2007.

이형국, 형법각론연구 I, 법문사, 1997.

정성근・박광민, 형법각론, 삼지원, 2002.

정영일, 형법개론, 박영사, 2004.

한국의료윤리학회 편, 의료윤리학, 계축문화사, 2001.

허일태, 인간적인 법을 찾아서, 세종출판사, 1997.

구인회, "독일과 오스트리아에서의 사전의료지시," 제4회 가톨릭생명윤리연구소 학술대회 자료집, 2008.

김강운, "헌법상의 자기결정권," 법학연구, 제20집, 2005.

백승흠, "우리나라에서의 성년후견제도의 도입과 그 검토," 한국법제연구원, 2003. 12.

김동림, "안락사의 유형과 형법적 문제," 강원법학, 제6권, 1994. 강원대학교 비교법연구소.

김성규, "피해자의 승낙에 관한 법리로서의 자기결정권," 비교형사법연구, 제8권 제1호, 한국비교형사법학회, 2006. 7.

김재봉, "치료중단과 소극적 안락사," 형사법연구, 제12호, 한국형사법학회, 1999. 11.
석희태, "중화민국 안녕완화의료조례의 연혁과 내용," 대한의료법학회, 2008 추계학술대회 자료집.
손명세 · 김상득 · 김소윤, "안락사 기준에 관한 국제비교연구," 의료 윤리 교육, 제3권 제1호, 2000.
윤종행, "안락사와 입법정책," 비교형사법연구, 제5권 제2호, 한국비교형사법학회, 2003. 7.
이동익, "가톨릭 윤리신학의 안락사 이해와 불필요한 치료행위의 중단에 관한 고찰," 가톨릭 신학과 사상, 제35호, 2001.
이동익, "사전의료지시서 논의와 내용에 관한 윤리적 고찰," 가톨릭대학교 생명대학원 개원기념 학술대회 자료집, 2008.
이인영, "미국의 자연사법 규범과 의료인의 면책규정이 주는 시사점," 비교형사법연구, 제10권 제1호, 2008.
이인영, "존엄사," 한림법학포럼, 제14권, 한림대학교 법학연구소, 2004.
이재상, "안락사," 경희법학, 1989, 제24권 제1호,
이형국, "안락사의 형법적 의미에 관한 소고," 현대법학의 이론, 고시연구사, 1996.
임 웅, "적극적 안락사의 비범죄화론," 우범 우수성선생화갑기념논문집, 동성사, 2000.
전지연, "안락사의 형사벌적 처벌가능성," 한일법학, 제23 · 24집, 한일법학회, 2006.
전지현, "현행 형법에 따른 안락사의 허용 여부에 대한 검토," 명형식 교수 화갑기념논문집, 1998.
정규원, "무의미한 치료에 대한 형법적 진단," 법학논총, 제23집 제2호, 한양대학교, 2006. 12.
정규진, "생명유지치료의 한계에 관한 형법적 고찰," 법학연구, 제30집, 한국법학회, 2008.
정현미, "안락사와 형법," 형사정책연구, 제5권 제4호, 1994 겨울호.
정현미, "치료중단의 한계와 형사책임," 형사정책연구, 제15권 제4호, 한국형사정책연구원, 2004 겨울.
허일태, "안락사에 대한 연구," 형사정책연구, 제4권 제4호, 1993.

Aaron Ridley, *Biginning Bioethics*, Bedford/St. Martin's, 1998.
Bette-Jane Crigger(editor), *Cases in Bioethics*, Bedford/St. Martin's, 1998.

Furrow/Greaney/Johnson/Jost/Schwartz, *Health Law*, 2000, West Group.

George P. Smith, *Human Rights and Biomedicine*, Hague: Kluwer International, 2000.

Gregory E. Pence, 구영모 외 옮김, 의료윤리, 광연재, 2003.

Jerry Menikoff, *Law and Bioethics*, Washington D.C.: Georgetown Univ. Press, 2001.

R. Munson, 박석건・정유석 외 옮김, 의료문제의 윤리적 성찰, 단국대학교 출판부, 2001.

Scott B. Rae/Paul M. Cox, 김상득 옮김, 생명윤리학, 살림출판사, 2004.

Tom L. Beauchamp/James F. Childress, *Principles of Biomedical Ethics*, Oxford University Press, 2001.

Albert R. Johnson, *The Birth of Bioethics*, Oxford University Press, 1998.

David L. Sloss, "The Right to Choose to How to die: A Constitutional Analysis of State Laws Prohibiting Physician-Assisted Suicide," *Stanford Law Review*, April 1996, 48 Stan. L. Rev.

David Orentlicher, "The Legalization of Physician Assisted Suicide : A very Modest Revolution," *A Health Law Reader-An Interdiciplinary Approach*, Carolina Academic Press, 1999.

Ronald Dworkin/Thomas Nagel/Robert Nozick/John Rawls/Thomas Scanlan/Judith Jarvis. "Assisted Suicide: The Philospher's Brief Amicus Curiae in Support of Respondents," *A Health Law Reader-An Interdiciplinary Approach*, Carolina Academic Press, 1999.

제 8 장

노인과 국제법*

* 이 논문은 2007년도 정부재원(교육과학기술부 학술연구조성사업비)으로 학술진흥재단의 지원을 받아 연구(KRF-2007-321-B00162)된 것이며, 서울국제법연구, 제15권 제2호(통권 29호, 2008. 12)에 기고한 것이다.

Ⅰ. 도 입

1. 고령화로 인한 사회의 변화

최근 노년인구는 다른 어느 연령인구보다도 빠르게 증가하고 있다. 60세 이상의 노인 인구수는 2005년 기준으로 선진국의 경우 전체인구의 21%, 개도국은 8%이고, 2050년이 되면 선진국의 경우 32%, 개도국은 20%가 될 것으로 예상된다. 2050년경 노인인구의 80%(약 16억명)는 현재 개도국으로 분류된 국가에서 생활할 것으로 예상하고 있다.[1]

'노인'을 일컫는 영어 표현은 매우 다양하다. '경제적 · 사회적 및 문화적 권리에 관한 국제규약'(International Covenant on Economic, Social and Cultural Rights: ICESCR)에 기초한 견해에 따르면 'older person', 'the aged', 'the elderly', 'the third age', 'the ageing'의 용어들이 여러 국제문서에서 혼용되고 있는데, ICESCR에 따라서 설치된 규약인권위원회(Committee on Economic, Social and Cultural Rights: CESCR)는 유엔 총회 결의 제47/5호 및 제48/98호에서 사용된 'older persons'를 사용하기로 하였다.[2] 유엔 통계자료에서는 관행상 60세 이상의 사람들을 '노인'(older persons)으로 지칭한다. 한편, 유럽연합의 통계기관인 Eurostat는 65세 이상의 사람들을 '노인'으로 간주하는데, 그 이유는 65세가 가장 통상적인 정년연령이기 때문이다.[3]

노인인구가 증가하면서 사회적으로 여러 가지 변화를 가져오게 되었다. 일반적으로 노인이 되면서 의료비 증가, 연령으로 인한 구직상의 차별, 노인을 사회의 '골칫거리'로 보는 시각 등으로 인하여 노인의 권익이 갈수록 위협받고 있다. 개도국의 경우 여성의 취업 증가와 부모 혹은 노인 모시기에 대

1) 노령인구의 분포 등 개괄적인 사항은 다음 문헌을 참조. UN DESA, World Economic and Social Survey 2007-Development in an Ageing World, E/2007/50/Rev.1, ST/ESA/314, 2007.

2) A/RES/47/5 'Proclamation on Ageing'; A/RES/48/98 'Implementation of the International Plan of Action on Ageing'

3) CESCR 일반논평 제6호, para. 9.

한 사회 전반의 인식이 달라지면서, 노인을 보호하는 역할을 주로 수행했던 가족의 기능이 급격히 변화하고 있다. 선진국도 노인이 주거할 수 있는 공공시설의 확충을 포함하여 노인을 위한 장기요양서비스 등 여러 가지 서비스를 고안해야 할 형편이다. 노인에 대한 연령차별, 노인성 질환의 증가, 노년층의 경제적 빈곤은 악순환 구조에 있기에 범국가적 혹은 자치단체별 대응이 필요하다.

2. 주요 인권협약과 노인

보편적 국제기구로서 유엔 그리고 지역기구를 중심으로 한 유럽, 미주, 아프리카 지역의 인권체제 등 인권을 보호하는 제도가 다양하고, 이들 각 체제들은 자기들 나름의 고유한 인권조약과 해당 조약의 이행 여부를 감시하는 장치를 마련하고 있다. 그러나 이들 인권조약 체제를 통하여 여성, 장애인, 아동, 난민, 실향민 등 개인의 인권 분야가 국제사회에서 관심을 끌고 있는 것에 비해 노인 인권에 관한 관심은 그다지 높지 않다.[4] 아직까지 노인의 인권을 보호하는데 필요한 사항을 포괄적으로 다루는 국제조약은 없지만, 세계인권선언 제25조에서는 모든 개인이 누리는 사회보장권과 관련해서 특별히 노인을 염두에 둔 규정을 두고 있다.[5]

현행 국제법상 노인의 보호와 가장 관련이 깊은 것은 '시민적 및 정치적

---

4) 주요 국제인권법 교재들에서도 여성, 어린이, 장애인, 난민 등 집단에 대한 인권은 별도의 장을 두어 다루고 있지만, 노인의 인권에 대해서는 전혀 다루고 있지 않아 인권법 차원의 노인의 권리를 독립적인 보호대상으로 보지 않고 있다. Henry U. Steiner et al., *International Human Rights in Context*, 3rd ed., OUP, 2008; Christian Tomuschat, *Human Rights-Between Idealism and Realism*, 2nd ed., OUP, 2008; Rhona K.M. Smith, *International Human Rights*, 2nd ed., 2005; Mashood A. Baderin, Robert Mccorquodale (ed.), *Economic, Social and Cultural Rights in Action*, OUP, 2007; Asbjørn Eid et al. (ed.), *Economic, Social and Cutural Rights*, 2nd Rev. ed., Martinus Nijhoff Publishers, 2001.

5) 세계인권선언 제25(1)조의 규정은 다음과 같다. "모든 사람은 식량, 의복, 주택, 의료, 필수적인 사회 역무를 포함하여 자신과 가족의 건강과 안녕에 적합한 생활수준을 누릴 권리를 가지며, 실업, 질병, 불구, 배우자와의 사별, 고령, 그 밖의 자신이 통제할 수 없는 상황에서의 다른 생계 결핍의 경우 사회보장을 누릴 권리를 가진다."

권리에 관한 국제규약'(International Covenant on Civil and Political Rights: ICCPR) 그리고 ICESCR이다.[6] 노인은 이들 국제규약에 따른 인권을 향유하는 개인에 포함된다.

이들 국제규약 중 특히 노인과 관련되는 규정은 ICCPR 제2조제1항 및 ICESCR 제2(2)조의 '차별금지' 그리고 ICESCR 제9조의 사회보장권이라고 할 수 있다. 이 외에도 '사회보장의 최소기준에 관한 국제노동기구(ILO) 협약 제102호'(C102 Social Security (Minimum Standards) Convention, 1952)와 '병환, 노령, 유족연금에 관한 ILO협약 제128호'(C128 Invalidity, Old-Age and Survivors' Benefits Convention, 1967)에서는 의무적인 고령보험체제를 구축하도록 요구하면서, 수급개시연령은 국내법에서 정하도록 하였다. 미주인권협약의 추가 의정서(Protocol of San Salvador) 제17조,[7] 유럽사회헌장(European Social Charter) 제23조,[8] 유럽연합 기본권 헌장(Charter of Fundamental Rights of the European Union) 제25조,[9] 인간 및 인민의 권리와 의무에 관한 아프리카헌장(African Charter on Human and People's Rights and Duties) 제18(4)조[10]와 같은 지역협정에서도 노인과 관련된 규정을 두고 있다.

6) ICCPR과 ICESCR은 우리나라에 대해서 1990년 7월 10일 발효하였다.

7) 산살바도르의정서(Protocol of San Salvador)는 'ADDITIONAL PROTOCOL TO THE AMERICAN CONVENTION ON HUMAN RIGHTS IN THE AREA OF ECONOMIC, SOCIAL AND CULTURAL RIGHTS'을 말하며, 제17조의 관련 규정은 다음과 같다. "Everyone has the right to special protection in old age(모든 사람은 고령시 특별히 보호받을 권리를 갖는다) …."

8) 제23조(The right of elderly persons to social protection)의 관련 규정은 다음과 같다. "With a view to ensuring the effective exercise of the right of elderly persons to social protection(노인의 사회적 보호권을 효과적으로 행사할 수 있도록), …."

9) 관련규정은 다음과 같다. "The Union recognises and respects the rights of the elderly to lead a life of dignity and independence and to participate in social and cultural life(연합은 노인들이 존중받고, 독립적으로 삶을 영위하고 사회생활 및 문화생활에 참여할 권리를 인정하고 존중한다)."

10) 관련규정은 다음과 같다. "The aged and the disabled shall also have the right to special measures of protection in keeping with their physical or moral needs(노인과 장애인도 각자의 신체적 혹은 정신적 필요에 부응하여 특별한 보호조치를 받을 권리를 갖는다)."

Ⅱ. 국제법상 노인이 갖는 권리의 특징

1. 양면성

세계인권선언에서는 모든 인권을 동일하게 취급하였지만, 국가들은 '시민적·정치적 권리'(CPR)와 '경제적·사회적·문화적 권리'(ESCR)로 인권을 구분하기 시작하였다. 인권을 양 갈래로 구분하게 된 것은 동서냉전 기간중 중앙집중적인 계획경제를 표방하는 국가들이 ESCR을 선호하고, 시장경제를 표방하는 국가들이 CPR을 선호함으로써 각 진영에서 CPR과 ESCR을 구현하기 위한 조약 초안을 마련하였기 때문이다.[11] CPR과 ESCR에 대한 인식의 차이는 1980년대에도 지속되었는데, 미국은 경제적·사회적 권리에 대한 생각은 억압적인 정부가 쉽게 악용할 수 있다고 하면서 이러한 권리에 대해서 논의조차 하지 않으려고 하였다. 이에 대해서 중국은 빈곤과 식량 부족이 만연해 있고 사람들의 기본적인 요구사항이 보장되지 않고 있다는 이유로 시민적·정치적 권리를 폄하하였다.[12]

그러나 인권의 현대적 개념에 따르면, 인권은 개인의 권리에 대해서 국가의 간섭 혹은 국가권력의 남용을 차단하는 소극적 측면과 함께, 국가가 정책을 마련하거나, 적절한 재원과 지원을 배분해야 한다는 적극적 측면을 동시에 갖는다.[13] 따라서 사회권으로서 적절한 주택권은 강제퇴거 당하지 않을

---

11) Report of the UN Commissioner for Human Rights, Social and Human Rights Questions : Human Rights, E/2006/86, para. 7; ESCR은 19세기 산업화가 급격히 진행되면서 빈곤과 풍요의 양극화가 심해지자 이에 대한 반작용으로 등장하였다. 1936년 소련 헌법에서는 ESCR을 예시하였으며, 사회주의 및 공산주의 이론가들이 이러한 권리를 실정법 규정으로 만드는데 많은 영향을 미치게 되었다. Joseph Wronka, *Human Rights and Social Justice* (2008), 18.

12) Henry J. Steiner, Philip Alston, and Ryan Gooman, *International Human Rights in Context*, 3rd ed., OUP(2008), 370.

13) 이와 같이 경제적·사회적·문화적 권리와 시민적·정치적 권리 사이의 이분법적 논리에서 벗어나 두 권리의 관계가 '불가분적'(indivisible)이며 '상호의존적'(interdependent) 관계에 있음은 그 동안 여러 국제문서를 통해 확인되고 강조되었다. 세계인권선언 제22조; ICCPR 및 ICESCR 전문; Proclamation of Teheran(1963 5. 13), proclaim 13; Vienna

권리와 함께 국가가 주택에 대한 접근권을 촉진하는 조치를 취하도록 하는 것을 포괄한다. 이와 마찬가지로, 시민권으로서 공정한 재판을 받을 권리는 국가로부터 법적 지원을 받을 권리와 함께 자의적인 구금을 당하지 않을 권리도 포함한다. 노인 인권은 이 두 가지 측면을 모두 갖는다고 할 수 있다.

2. 점진적 이행 여부

노인의 권리는 ESCR을 보호하는 조약에서 인정하고 있고, 이들 조약에서는 노인과 관련하여 노령연금 규정을 두거나, 다른 사회보장권과 함께 규정하기도 한다.14) 그런데, 이들 중 일부 조약에서는 노인의 권리를 '점진적으로 이행해야 할 권리'(rights of progressive implementation)라고 규정하는 경우도 있다.15) 이러한 규정 방식은 다른 인권조약으로서, 예컨대 ICESCR 제2조 제1항의 "이 규약의 각 당사국은 … [중략] …. 점진적으로 달성하기 위하여, … [중략] … 자국의 가용자원이 허용하는 최대한도까지 조치를 취할 것을 약속한다" 또는 ICCPR 제2(1)조의 "이 규약의 각 당사국은 … [중략] … 어떠한 종류의 차별도 없이 이 규약에서 인정하는 권리들을 존중하고 확보할 것을 약속한다"와 규정방식이 다르다.

바로 이러한 점에 착안하여, ESCR의 경우 CPR과 달리 국가들이 ESCR을 즉각 이행할 의무가 없다는 해석이 있었다. 이에 대해서 CESCR는 일반논평(General Comment) 제3호에서 ESCR을 점진적으로 실현한다는 의미는 국가들이 활용 가능한 재원의 최대한도 내에서 달성해야 할 목표이기에 지금 당장 완전히 실현하지 않아도 된다는 것을 의미하지만, ESCR을 현실적으로 완전히 실현하는 것이 여의치 않으면 당사국은 탄력적으로 다른 방도를 모색해서

Declaration and Programme of Action(1993. 6. 25) 제5조 참조.

14) 산살바도르의정서 제9조 "every person has a right to social security in his or her old age"; 유럽사회헌장 제12조 "parties will establish social security systems"; ICESCR 제9조 "every person should be granted access to social security."; ILO협약 제102호 제4부에서는 '노령연금급여'에 관하여 규정하고 있다.

15) 산살바도르의정서 제17조의 두 문장(Chapeau)에서는 다음과 같이 규정하고 있다 "Everyone has the right to special protection in old age. With this in view the States Parties agree to take progressively the necessary steps to make this right a reality and …."

실현해야 할 의무를 부담하는 것이기에, 당사국은 가능한 신속히 그리고 효과적으로 목표달성을 위하여 움직일 의무를 부담한다고 하였다. 특히, CESCR는 식량, 건강, 주택, 교육에 관한 권리가 모든 당사국이 '최소한도로 반드시 이행해야 할 의무'(minimum core obligation)라고 하면서, 이러한 의무가 설정되지 않는다면, ICESCR의 '존재의 이유'(*raison d'être*)가 없을 정도라고 하였다.[16]

실제로 산살바도르의정서만 조약 전체 규정에 적용되는 '점진적 이행'(progressive implementation)에 관해서 총칙 규정을 두고 있고,[17] 노인의 권리가 ESCR로 파악된다고 해도 CPR과 연계되어서 즉각 집행해야 할 사항들이 많이 있다. 예컨대, 공정한 재판을 받을 권리와 차별받지 않을 권리는 강제퇴직, 건강 혹은 사회보장과 관련된 재판의 지연, 사형 형벌과 같은 면에서 노인을 보호하는데 활용될 수 있다. 또한, 잔혹하고 굴욕적인 대우를 금지하는 규정은 징역형 복무, 수용기간, 보건시설의 비인간적 대우로부터 노인을 보호할 수 있으며, 특히 재산권은 노인의 연금 및 사회보장수급권을 보호하는데 활용될 수 있다.

3. 특별히 보호받을 집단의 권리

노인의 권리를 사회권 혹은 시민권의 특정 인권에 결부하기보다, 노인을 특별히 관심을 기울일 필요가 있는 집단으로 취급함으로써 노인에 대한 보호를 제고할 수 있다. 국제인권법이 발달하면서 취약집단이 다른 사회구성원들에게 보장된 인권을 향유할 수 있도록 이들을 대상으로 특별한 조치를 취해야 한다는 개념이 형성되었다. 노인을 위한 유엔 원칙을 보더라도 독립성, 참여, 요양, 자기실현, 존엄이라는 측면에서 노인은 매우 취약한 상태이다. 이를 위하여, 세계인권선언뿐만 아니라 지역적 수준의 인권조약에서 구현하

16) CESCR 일반논평 제3호, "The nature of States parties obligations(Art. 2, par.1)," 14/12/90, para. 10.

17) 산살바도르의정서 제1조 "signatory states agree to adopt economic and technical measures to the extent allowed by their available resources."

고 있는 법 앞의 평등원칙을 넓게 해석하여 적극적 조치 혹은 '적극적 차별'(positive discrimination) 조치를 시행할 수 있다.

Ⅲ. 유엔의 노인 인권관련 활동

1. 비엔나 행동계획

1982년 오스트리아의 비엔나에서 개최된 세계고령화회의(World Assembly on Ageing)에서 '고령화관련 비엔나 행동계획'(Vienna International Plan of Action on Ageing: 비엔나 행동계획)이 채택되었고, 이 계획은 1982년 유엔 총회의 승인을 받았다.[18] 비엔나 행동계획은 각국 정부와 시민사회가 인구의 고령화에 효과적으로 대처하고 경제개발과 관련한 노인의 잠재력 및 노인수발 문제를 다루기 위한 것이다. 비엔나 행동계획은 유엔의 국제인권규약에서 정하고 있는 기준과 연계하여, 각 회원국들이 실행해야 할 구체적인 조치를 상세히 나열하고 있기 때문에 노인인권의 국제적 보호에 유용한 지침이 될 수 있다.

2. 유엔 노인원칙

1991년, 유엔 총회는 유엔 노인원칙(United Nations Principles for Older Persons)을 채택하였다.[19] 이 유엔 원칙은 노인의 독립성, 참여, 요양, 자기실현, 존엄 분야에 대해서 18개 사항을 제시하고 있는데, 각각 ICESCR에서 규정하는 권리와 밀접하게 연관되어 있다. 이 유엔 원칙 서문에서는 유엔헌장

18) United Nations, Vienna International Plan of Action on Ageing, New York: United Nations, 1982, GA Res. 37/51, 〈http://www.un.org/ageing/vienna_intlplanofaction.html〉

19) United Nations. United Nations Principles for Older Persons. New York: United Nations, 1991. GA Res. 46/91, 〈http://www.un.org/NewLinks/older/99/principles.htm〉.

에서 인정하는 인간의 기본권과 세계인권선언, 두 건의 국제인권규약에서 규정하는 권리, 특정 집단에 보편적 기준을 적용하기 위한 각종 선언에 유념하면서, 1982년에 채택한 비엔나선언, 협약, ILO 및 세계보건기구(WHO)에서 정한 기준을 각국이 추진하도록 촉구하고 있다.

3. '노인의 해' 선포와 비엔나 행동계획의 시행 독려

1992년, 유엔 총회는 비엔나 행동계획 10주년을 맞이하여 '고령화에 관한 선언'(Proclamation on Ageing)을 채택하였다.[20] 유엔 총회는 노인 여성들이 사회에 기여하였지만 제대로 인정받지 못한 점을 감안하여 이들을 지원하고, 노인 남성이 소득을 얻을 수 있는 연령 이후에도 계속 자기계발을 할 수 있도록 지원하고, 노인을 돌보는 가족을 지원하고, 전 세계적인 목표에 부응하여 국제협력을 확대하도록 독려하면서, 1999년을 '노인의 해'(International Year of Older Persons)로 선포하였다. 한편, 같은 해 유엔은 '고령화에 관한 국제행동계획의 시행: 노인과 개발의 통합'(Implementation of the International Plan of Action on Ageing: integration of older persons in development)을 채택하여[21] 2001년까지 달성할 여러 가지 목표를 제시한 바 있다.

4. 코펜하겐 사회발전 세계정상회의

1995년 3월, 덴마크 코펜하겐에서 열린 '사회개발을 위한 세계정상회의'(World Summit for Social Development)에서 채택된 '행동계획'(the Programme of Action)에서는 사회통합의 기본적인 목적을 염두에 두면서, '모든 연령을 위한 사회'(The Society For All Ages)라는 개념을 도입하였다. 이 접근방식은

20) United Nations. Proclamation on Ageing, New York: United Nations, 1982, GA Res. 47/5, 〈http://www.un.org/documents/ga/res/47/a47r005.htm〉.

21) United Nations. Implementation of the International Plan of Action on Ageing: integration of older persons in development. New York: United Nations, 1992. GA Res. 47/86, 〈http://daccessdds.un.org/doc/UNDOC/GEN/N93/168/23/IMG/N9316823.pdf?OpenElement〉.

"상호주의와 형평에 입각하여, 한 세대는 다른 세대를 위해 서로 노력(invest)해야 하고 그러한 노력의 결과는 공유되어야 한다"는 여러 세대간 인식을 담고 있다.[22)]

5. 마드리드 계획

유엔 총회는 1999년과 2000년 결의를 통해서 2002년 제2차 세계고령화대회(Second World Conference on Ageing)를 개최하였다. 1982년 비엔나에서 개최된 제1차 고령화 세계대회가 사회복지 차원에서 선진국의 고령화 상황에 집중했다면, 2002년 4월, 마드리드에서 개최된 제2차 고령화세계대회는 개도국내 고령화 상황이 주요 의제였다.

제2차 세계고령화대회에서 159개 참가국은 마드리드 계획(International Plan of Action: Madrid Plan)을 채택하여,[23)] 개발권 및 고령화에 관한 의제 채택, 연령에 근거한 차별 철폐를 위시하여 모든 인권과 기본적 자유권의 증진 및 보호를 촉구하였다.

6. 유엔전문기구: ILO의 활동

ILO는 협약 제111호(C111 Discrimination(Employment and Occupation) Convention, 1958)에서는 모든 회원국은 노동자단체와 사용자단체와 협의하여, 연령으로 인하여 특별히 보호받거나 지원을 받아야 한다고 여겨지는 사람들에게 특히 필요한 사항을 충족하기 위하여 고안된 특별한 조치가 차별이 아닌 것으로 결정할 수 있도록 하였다.[24)] 이러한 맥락에서 ILO는 권고 제162

---

22) United Nations. The Copenhagen Declaration and Programme of Action. World Summit for Social Development, 6-12 March 1995. New York: United Nations, 1995. Chapter 4: Social Integration, 〈http://www.un.org/esa/socdev/wssd/pgme_action.html〉.

23) United Nations. Madrid International Plan of Action on Ageing. Report of the Second World Assembly on Ageing.Madrid. 8-12 April 2002. New York: United Nations, 2002. 〈http://www.un.org/esa/socdev/ageing/madrid_intlplanaction.html〉.

24) ILO의 제 협약에 대해서는 〈http://www.ilo.org/ilolex/english/convdisp1.htm〉 참조.

호(R162 Older Workers Recommendation, 1980)에서 '노인근로자'(older workers)를 고령화로 인해 취업상 애로를 겪는 모든 사람으로 정의하면서, 노인근로자들이 직장 내에서, 그리고 사회보장・퇴직면에서 차별 받지 않기 위한 기준을 마련하도록 권고하였다.[25] ILO의 권고 제122호(R122 Employment Policy Recommendation, 1964)에서는 노인을 포함한 취약집단에 관한 고용정책에 대해서 언급하면서, 노인근로자들이 구조적 변화에 적응하는데 어려움을 겪을 때 이들을 특별히 배려하도록 권고하였다.

ILO협약 제142호(1975)에서는 취업지도 및 훈련과 관련해서 노인을 포함한 모든 개인들이 평등하고 차별 없이 자신에게 가장 이익이 되고 자신이 원하는 바에 따라서 노동 능력을 개발하고 활용할 수 있도록 해야 한다고 규정하였다. ILO협약 제156호(1981)에서는 가족을 돌보느라 퇴직하였다가 재취업하게 된 근로자(남녀를 불문함)에게도 취업진로와 훈련이 제공되도록 하였다. 그러나 ILO는 노인의 인권과 밀접한 관계가 있는 주제를 다루면서도, ILO협약에서 연령 기준을 특별히 규정하지 않고 있다.

Ⅳ. 경제적・사회적・문화적 국제인권규약과 노인의 권리

현재 노인의 국제적 지위와 관련해서 가장 많이 관련되는 인권관련 국제문서는 ICESCR이다. ICESCR의 감독기관은 CESCR이다. CESCR는 1995년에 노인의 경제적・사회적・문화적 권리에 관한 일반논평 제6호에서 국제법 수준에서 가장 포괄적으로 노인의 권리를 분석한 바 있다.[26] 일반논평 제6호는 전 세계적으로 노인의 권리를 보호하기 위하여 ICESCR의 적용범위를 확대하였다. CESCR는 일반논평 제6호에서 노인의 권리를 포괄적으로 자세히

25) ILO의 제 권고에 대해서는 〈http://www.ilo.org/ilolex/english/recdisp1.htm〉 참조.

26) CESCR 일반논평 제6호, "The economic, social and cultural rights of older persons," 08/12/95.

언급함으로써 CESCR가 마련하는 다른 일반논평들의 지침이 되도록 하였다.

ICESCR 제9조에 있는 '사회보험을 위시하여 사회보장에 대한 모든 사람의 권리'(the right of everyone to social security, including social insurance)라는 구절이 묵시적으로 노령연금수급권을 인정한다고 해도 ICESCR에서는 노인의 권리를 명시적으로 언급하고 있지 않다.[27] 그러나 규약이 모든 사회구성원들에게 완전히 적용된다는 점에서 보면, 노인이 규약에서 인정하고 있는 권리 일체를 향유할 권리가 있다는 점은 명확하다. 이러한 입장은 비엔나 행동계획에서도 충분히 반영되었다. CESCR는 ICESCR이 모든 사회구성원에게 완전히 적용되기에, 노인은 규약에서 인정하고 있는 권리 일체를 향유할 권리가 있다고 하면서, 비엔나 행동계획을 원용하였다. 또한, CESCR는 노인의 권리를 보호하기 위하여 특별한 조치가 필요할 경우, 당사국들은 규약에 의하여 자신들이 활용 가능한 재원을 최대한도로 활용해야 한다고 하였다.

일반논평 제6호는 ICESCR이 묵시적으로 연령에 근거한 차별을 금지하는지의 여부도 논의하였다. CESCR는 ICESCR이나 세계인권선언 어느 쪽도 연령을 근거로 한 차별 금지를 명시하지 않은 것은 당시에는 인권의 발전을 예측하지 못한 것뿐이고, 노인의 법적 지위를 국제적으로 고려하지 않았기 때문은 아니라고 하면서, '기타의 신분'(other status)을 근거로 한 차별 금지에[28] 연령이 포함될 수 있다고 하였다.[29]

현재 유엔인권조약에 따라서 마련된 체제 중에서 별도로 노인을 특정해서 다루는 장치가 없기에 CESCR이 노인 보호의 국제적 이행을 감시할 수 있을 것이다. CESCR는 회원국으로부터 노인의 지위에 관한 정보를 별로 받지

27) *Ibid.*, para. 10.

28) ICESCR 제2(2)조에서는 규약 당사국들이 "인종, 피부색, 성, 언어, 종교, 정치적 또는 기타의 의견, 민족적 또는 사회적 출신, 재산, 출생 또는 기타의 신분"(race, colour, sex, language, religion, political or other opinion, national or social origin, property, birth or other status) 등을 근거로 차별할 수 없도록 하였다.

29) CESCR 일반논평 제6호, "The economic, social and cultural rights of older persons," para. 12; ICESCR, 제2(2)조와 거의 동일한 규정이 ICCPR 제26조이며, 여기에서도 '기타의 신분'(other status)이라는 구절을 사용하고 있다. 해석상 두 개의 국제규약에서 공히 사용하고 있는 'other status'는 모두 나이를 근거로 하는 차별을 포함하는 것으로 해석되고 있다. Manfred Nowak, *U.N. Covenant on Civil and Political Rights-CCPR Commentary*, 2nd rev. ed., N.P. Engel(2005), 46.

못하고 있다는 점을 토로하면서도 장차 규약에서 인정하고 있는 개별 권리와 관련해서 노인의 처지를 모든 보고서에서 적절히 다루도록 요구하겠다는 점을 강조하였다.[30]

1. 제3조: 남녀동등권

당사국은 ICESCR 제3조에 따라서 남성과 여성이 모든 경제적·사회적·문화적 권리를 누림에 있어서 동등한 권리를 갖도록 해야 한다. '동등한 권리'의 결과 남성과 여성은 '연령'을 이유로도 차별할 수 없다.[31] 남녀동등권에 관한 제3조는 구체적인 개별 권리를 규정하고 있는 ICESCR의 제3부(제6조 내지 제15조)와 함께 이해해야 한다.[32]

CESCR는 당사국이 노령연금수급권이 생기는 유급노동을 하지 않은 채 가족을 돌보는데 인생 전부 혹은 일부를 소비하였고, 배우자유족연금권도 없어서 심각한 상황에 처한 여성 노인들에게 특히 주의를 기울여야 한다고 하였다.[33] 그러한 상황을 대비하고 ICESCR 제9조와 고령화에 관한 선언(the Proclamation on Ageing) 제2(h)항을 충분히 이행하기 위하여, 당사국은 성별과 상관없이 국가법령으로 정한 연령에 도달하면 보험료를 납입하지 않더라도 모든 개인에 대해서 노령연금수급권 혹은 다른 형태의 지원을 제공해야 한다고 하였다. 여성의 기대수명이 상대적으로 더 길고, 기여연금이 없는 경

30) '국가별 보고서작성지침'에서는 제6조와 관련하여 '노인노동자'를 위시한 특정 부류 노동자의 취업, 실업, 비정규직채용 상황, 수준, 추세를 언급하도록 하였고, 제9조와 관련해서는 노령연금, 유족연금이 있는지의 여부, 제11조의 식량권과 관련하여 취약계층으로서 '노인'이 지적되고 있으며, 제12조와 관련해서는 건강관리 비용 증가로 인해 노인의 건강권이 침해되지 않도록 정부가 취한 조치를 언급하도록 하고, 제13조와 관련해서는 연령별 교육기관 졸업 통계를 제시하도록 하고 있다. Guidelines Regarding the Form and Contents of Reports to be Submitted by States Parties under Articles 16 and 17 of the International Covenant on Economic, Social and Cultural Rights, UN ESCOR, COMMITTEE ON ECONOMIC, SOCIAL AND CULTURAL RIGHTS, UN Doc. E/C.12/1991/1.

31) CESCR 일반논평 제16호, "The equal right of men and women to the enjoyment of all economic, social and cultural rights(art.3 of the International Covenant on Economic Social and Cultural Rights)," E/C.12/2005/4, 11 Aug. 2005, para. 2.

32) *Ibid.*, para. 10.

33) CESCR 일반논평 제6호, para. 20.

우가 흔하기에 여성이 주요 수급권자가 될 것이다.

CESCR는 가사와 양육을 통해서 인간이 일정한 자질을 배양할 수 있다고 하였다. 평생 동안 생계를 책임지지 않았던 남자는 이러한 자질이 없다는 것이다. 따라서 노인을 위한 공동체 프로그램을 통해서 남성들이 가사와 양육에 대해서 이해할 수 있도록 하고, 장기적으로 남성들이 집안을 돌보도록 함으로써 가정운영이 어떠한 것인지를 알도록 하고, 여성들이 직장을 얻을 기회를 더 많이 갖도록 하는 정책이 필요할 것이다.

2. 제6조 내지 제8조: 근로권

근로권은 적절한 작업환경에서 생계유지에 필요한 소득을 얻을 권리, 개인의 자유권 및 품위유지권을 포함한다. 근로권은 다른 인권을 실현하기 위하여 필수적이며, 인간의 존엄성을 유지하는데 불가결하고 고유한 부분이다.[34] 이들 권리들은 경제적·사회적·문화적 권리 중에서 노예노동, 강제노동, 의무노동 및 차별과 같이 노동관련 침해로부터 보호받을 권리뿐만 아니라 근로의 자유, 직업선택, 근로장소의 선택과 같이 적극적인 측면도 포함한다. 근로자권리는 구직자를 위한 정보제공, 지도 및 지원의 접근과 같이 취업서비스를 무료로 받을 권리도 포함한다.

ICESCR 제6(1)조에 따르면 모든 사람은 스스로 선택하고 수락한 근로를 통해서 생계를 유지할 기회를 가질 권리가 있고, 이를 보호하기 위하여 당사국은 적절한 조치를 취하여야 한다. 이와 관련해서, CESCR는 퇴직연령에 이르지 않은 노인근로자들이 직업을 구하거나 유지하고자 할 때 취업시 그리고 직장 내에서 연령을 이유로 차별받지 않아야 하는 점을 강조하고 있으며,[35] 근로권에 관한 일반논평 제18호에서도 이 점을 재확인하고 있다.[36] ICESCR

34) CESCR 일반논평 제18호, "The right to work(art.6)," E/C.12/GC/18, 6 Feb. 2006, para. 1.

35) CESCR 일반논평 제6호, para. 22; ILO Recommendation 162(1980) concerning Older Workers, paras. 3-10.

36) CESCR 일반논평 제18호, para. 16.

제7조의 '정당하고 유리한 근로조건'(just and favourable conditions of work)을 누릴 권리는 노인근로자들이 퇴직시까지 안전한 근로조건을 누리도록 하는 데 중요하다. 특히, 노인근로자들이 자신들의 경험과 노하우를 가장 잘 활용할 수 있도록 하는 상황에서 이들을 고용할 필요가 있다.[37] 노인근로자들이 취업하고 있는 동안 고용자 및 근로자를 대표하는 조직과 관련기관이 개입하여 노인근로자들이 퇴직 후 새로운 상황을 극복할 수 있도록 퇴직 대비 프로그램을 시행해야 한다. 이러한 프로그램에서는 노인근로자들이 연금수급자로서 갖는 권리와 의무, 직업활동을 계속하거나 자원봉사활동을 할 기회 및 조건, 고령화의 부정적 효과를 이겨낼 수 있는 수단, 성인교육 및 문화활동 시설, 그리고 여가시간의 활용에 관한 정보를 제공해야 한다. 노인근로자들은 퇴직연령 이후라도 ICESCR 제8조에서 보호하는 노동조합권을 누린다.

3. 제9조: 사회보장권

ICESCR 제9조는 보장되는 보호의 유형 혹은 수준을 명시하지 않은 채, 당사국들이 모든 사람의 사회보장권을 인정해야 한다고 일반적으로 규정하고 있다. 그러나 '사회보장'(social security)이라는 용어는 묵시적으로 개인이 통제할 수 없는 이유로 생계유지수단을 상실할 모든 위험으로부터 보호하는 것을 말한다.[38]

ICESCR 제9조와 ILO 사회보장협약으로서 사회보장(최소기준)에 관한 협약 제102호(1952) 그리고 무효, 노령연금수급 및 유족연금수급에 관한 협약 제128호(1967)의 이행에 관한 규정에 따라서, 당사국은 특정 연령에 개시하는 일반적인 의무적인 노령보험체제를 마련하고 국내법상 적절한 조치를 취해야 한다.

사회보장과 관련된 국내법령의 탄력성을 제고하려면 인구구성비와 경제적·사회적 요소도 반영해야 한다. 따라서 근속연수는 적지만 육체적으로

37) ILO Recommendation 162(1980) concerning Older Workers, paras. 11-19.

38) CESCR 일반논평 제6호, para. 26.

더 강도 높은 노동을 한 노인이라면 육체적으로 덜 힘든 직업에 상대적으로 더 오래 근무한 다른 사람과 동일한 혜택을 받을 수 있어야 할 것이다. 또한, 국가는 사회보장수급권을 가졌거나 연금을 받았던 가사책임자가 사망함에 따라서 받을 수 있는 유족연금수급권을 보호하기 위한 규정도 즉시 제정해야 한다. 이러한 권리를 실행하기 위하여, 국가는 보험료납입이 없더라도 노령연금 혜택을 노인들이 받을 수 있도록 해야 한다. 이를 통해서, 퇴직연령에 이르렀지만, 아직 연금수급권 발생요건을 충족하지 않아서 노령연금이나 다른 사회보험급여를 받을 수 없고 다른 소득원도 없는 노인들이 혜택을 받을 수 있을 것이다.[39]

사회보장권을 강조하는 국제문서가 다수 있다. 예컨대, 인종차별철폐협약(International Convention on the Elimination of All Forms of Racial Discrimination) 제5조, 여성차별철폐협약(Convention on the Elimination of All Forms of Discrimination against Women) 제11조 및 제13조, 아동의 권리에 관한 협약(Convention on the Rights of the Child) 제26조 모두 각각 해당 조약이 보호하고자 하는 집단에게 사회보장수급권을 부여하고 있다.

유럽인권체제 내에서, 곤궁에 처한 사람들이 사회적 지원을 받을 권리가 인권으로 발전하였던 것과 마찬가지로, 미주간 인권체제에서 인간의 권리와 의무에 관한 미주국 선언(American Declaration of the Rights and Duties of Man) 제16조에서는 노령을 특정해서 사회보장권이 실행되도록 규정하고 있다.[40]

CESCR는 일반논평 제19호에서 ICESCR 제9조의 사회보장권을 해석하였다.[41] CESCR에 따르면 (i) 질병, 장애, 육아, 산재, 실업, 고령 혹은 가족의 사망으로 인하여 근로소득이 상실된 경우, (ii) 재정상 건강관리를 받을 여력

39) *Ibid.*, paras. 28-30.

40) 해당 규정은 다음과 같다. "Every person has the right to social security which will protect him from the consequences of unemployment, old age, and any disabilities arising from causes beyond his control that make it physically or mentally impossible for him to earn a living."

41) CESCR 일반논평 제19호, "The right to Social Security(art. 9)," E/C.12/GC/19, 4 Feb. 2008.

이 없는 경우, (iii) 아동 혹은 독자적 생활이 불가능한 성인으로서 가족의 지원을 제대로 받지 못하는 경우 이들에게 차별 없이 현금이나 현물이 지급되거나 이러한 혜택이 지속되어야 한다.[42] CESCR는 당사국이 국내법에서 사회보장이 개시되는 특정 연령을 규정하고, 직업의 성격을 고려하여 정년을 정하도록 하면서, 정년에 도달하였으나 연금납입 기준을 충족하지 못해서 노령연금 및 기타 사회보장 혜택, 지원 혹은 다른 소득원이 없는 노인에게 가용자원 내에서 기여금을 납입하지 않았어도 노령연금, 복지서비스, 등 기타 지원을 제공하도록 하였다.[43]

4. 제10조: 가족의 보호

ICESCR 제10(1)조와 비엔나 행동계획 권고 제25항 및 제26항에 따르면, 당사국은 가족을 지원・보호・강화하고, 각 사회의 문화적 가치를 지닌 제도에 따라서 가족 중 노인이 필요로 하는 바를 도와주기 위하여 모든 노력을 다해야 한다. 권고 제29항은 정부와 NGO가 노인을 둔 가정 전체를 지원하고 노인을 가정에 두고자 하는 저임금 가족을 대상으로 필요한 사회 서비스를 마련하도록 촉구하고 있다. 집에 있기를 원하는 독거노인 혹은 노인 부부에게도 이러한 지원이 이루어져야 할 것이다.[44]

요컨대, 국가는 사회활동을 하지 않는 노인을 돌보는 가족구성원, 특히 빈곤가정에 대해서 재정지원을 해야 하고, 독거노인이나 사회활동을 원하지 않는 노인 부부에 대해서도 재정적・물질적 지원으로서 교통수단, 먹을거리 제공, 방문간호, 의사왕진이 이루어지도록 해야 한다. 국가는 가족단위를 결속시키는 문화를 장려해야 하고, 양로원 건설 보다 재가노인을 돌보는 가족을 지원하는데 더 많은 재원이 활용되도록 해야 할 것이다.

---

42) *Ibid.*, para. 2.
43) *Ibid.*, para. 15.
44) CESCR 일반논평 제6호, para. 31.

5. 제11조: 적절한 생활수준에 대한 권리

유엔 노인원칙 중 제1원칙에 따르면, 노인은 '수입원 제공, 가족 및 공동체의 지원, 그리고 자력으로 적절한 식량, 물, 쉼터, 의복, 건강관리'(adequate food, water, shelter, clothing and health care through the provisions of income, family and community support and self-help)를 활용할 수 있어야 한다. CESCR는 이 원칙이 ICESCR 제11조에 담긴 적절한 생활수준에 대한 권리를 노인에게 부여하도록 하는 점에서 상당한 의미를 부여하였다.[45]

ICESCR 제11(2)조에서는 노인들이 스스로 먹을거리(food stuff)를 챙길 수 없는 경우에, 특히 국가가 노인들에게 적절한 먹을거리를 제공하도록 하고 있다. 미주인권제도상 산살바도르의정서 제17조에서는 국가가 기본생필품을 스스로 구매할 재원이 없는 사람들에게 이들 생필품 중 특히 식량을 제공하도록 규정하고 있다.

CESCR는 일반논평 제12호에서 적절한 식량에 대한 권리를 해석하였다.[46] 일반논평 제12호에 따르면, 모든 국가는 자국의 관할권하에 있는 누구든지 기아에서 벗어나는데 충분하고, 영양상 적절하며, 안전한 최소한도의 필수식량을 마련하여 활용할 수 있도록 해야 한다.

식량권은 모든 개인의 존엄권과 연결되며, 국제권리장전에서 언급하는 모든 권리를 실현하는데 필수불가결하다. 적절한 식량권의 핵심사항은 양적으로 질적으로 개인이 필요로 하는 영양을 충족할 수 있어야 하고, 해로운 물질이 없어야 한다. 또한, 개인이 속한 문화권 내에서 허용될 수 있어야 하고, 그러한 식량은 지속 가능하고, 다른 인권의 향유를 간섭하지 않는 방식으로 접근할 수 있어야 한다.

CESCR는 식량의 활용 가능성과 관련하여 먹을거리를 이송하는 시장제도가 제 기능을 해야 할 뿐만 아니라 토지의 생산성도 보호해야 한다고 보았다. 식량에 대한 접근성은 식량을 경제적인 면에서 구매 가능하고, 다른 기본

45) *Ibid.*, para. 32.

46) CESCR 일반논평 제12호, "The right to adequate food(art.11)," E/C.12/1999/5, 12 May 1999.

권의 행사를 저해하지 않는 수준의 가격을 유지하는 것이고, 노인과 같이 신체적으로 취약한 사람들이라도 식량에 접근할 수 있어야 한다.[47]

식량권 보장의무에 따라서 국가는 식량권의 향유를 보호하고 이를 집행하기 위하여 법을 제정하고 사법심사제도를 마련해야 한다. 국가는 경제적·국가적 위기시 한계상황에 있고, 취약하며, 불이익한 집단인 노인층을 특별히 보호하고, 가능하면 우선적으로 대우받도록 해야 한다. 더욱이, 국가는 식량을 정치무기로 활용하지 않을 의무를 부담한다.

비엔나 행동계획의 권고 제19항 내지 제24항에서는 주택이 노인에게 단순한 쉴 곳 이상의 것이기에, 물리적 중요성 이외에 심리적 그리고 사회적 중요성을 고려해야 한다는 점을 강조하였다. 권고 제19항에 따르면, 국가정책상 노인들의 주거지를 복구·개발·개선하고, 노인들이 자신들 주거지에 접근하고, 이를 활용할 수 있는 능력에 맞추어서 노인들이 자신들 주거지에서 가능한 오랫동안 계속 생활하도록 도와 주어야 한다. 권고 제20항은 도시재건축과 개발계획, 법에서 노인들이 사회적으로 통합될 수 있도록 지원하면서, 노인문제에 대해서 특별히 주의를 기울이도록 강조하고, 권고 제22항에서는 노인들에게 보다 더 나은 생활환경을 제공하고 적절한 운송수단을 제공함으로써 이동과 통신을 원활히 하도록 노인의 기능적 능력을 고려하도록 권고하였다.

주거권은 ICESCR에서 개별적으로 열거하고 있지 않지만, 적절한 생활수준에 포함되는 것으로 이해하고 있다. 적절한 주거의 개념은 안전하고, 평화롭고, 품위있게 생활할 장소에 대한 권리이다. 이 개념에 따르면, 국가는 사람들의 문화·기술·수요·소망을 존중하고, 담보하고, 실현해야 한다.

CESCR의 일반논평 제4호에 따르면, 누구든지 적절한 주거를 누릴 권리를 갖고 가족뿐만 아니라 개인은 '연령, 경제적 신분, 집단 혹은 다른 조직 혹은 신분 그리고 기타 요소와 상관없이'(regardless of age, economic status, group or other affiliation or status and other such factors) 이러한 권리를 누릴 자격이 있다.[48] 이러한 권리는 어떠한 형태로도 차별 시행할 수 없다.

47) *Ibid.*, para. 13.

CESCR에 따르면, 주거권은 다른 인권과 밀접히 연결되어 있기에, 단순히 쉼터 이상으로 '적절한 주거'(adequate housing)가 제공되는 것이 중요하다. 예컨대, CESCR는 주거권과 전통적인 시민권으로서 표현 및 집회결사의 자유를 연결하면서, 이러한 다른 권리를 충분히 시행하는 것이 "적절한 주거에 대한 권리를 실현하는데 필수불가결하다"고 하였다.[49]

CESCR는 주거의 '적절성'에 관하여 언급하고 있는데,[50] CESCR가 제시하는 7가지 유형은 노인에게 적절한 주거를 위하여도 고려할 수 있다.

첫째, CESCR는 보유조건을 법적으로 안정시킬 필요가 있다고 하였다. CESCR에 따르면, 어느 정도 보유기간을 확정하면, 노인들은 강제퇴거, 퇴거위협 등으로부터 보호받을 수 있다. 국가는 그러한 보호를 받지 못하는 개인에 대해서 법적 안정성을 부여하기 위한 조치를 즉각 취해야 할 것이다. 둘째, CESCR는 서비스, 자재, 시설, 기반설비면에서, 각 가정에 안전한 식수, 에너지, 난방, 조명, 위생설비와 같이 필수적인 사항이 제공되어야 한다고 보았다. 셋째, CESCR는 주거관련 비용이 공동체의 소득수준과 일치해야 한다고 보았다. 국가는 비합리적으로 임대료가 인상되지 않도록 제한할 뿐만 아니라 주거보조금 및 융자를 얻을 수 있도록 해야 할 것이다. 넷째, CESCR는 사람이 거주할 수 있도록 적당한 넓이의 공간과 냉난방 설비 등이 마련되어 기후, 건강, 구조상 위험을 차단할 수 있어야 한다고 보았다. 다섯째, CESCR는 취약집단이 적절한 주거를 충분히 지속적으로 접근할 수 있어야 한다고 하였다. CESCR는 노인을 취약집단의 한 유형으로 예시하면서, 국가별 주거계획상 이들을 우선해서 고려해야 한다고 하였다. 여섯째, CESCR는 주거로부터 직장, 학교 기타 사회적 편의시설이 근처에 위치해야 하고, 건강권을 위협하는 오염지역 근처에 있지 않아야 한다고 보았다. 마지막으로, CESCR는 주거가 특정 문화의 소산이기에, 이를 통해서 건축자재의 활용, 건축정책상 문화적 표현이 가능해야 하고, 기술발전을 포용할 수 있어야 한다고 보았다.

48) CESCR 일반논평 제4호, "The right to adequate housing (article 11(1)," 13/12/91, para. 6.

49) *Ibid.*, para. 9.

50) *Ibid.*, para. 8.

일반논평 제4호에서, CESCR는 주거권은 즉시 시행되어야 한다고 하였다. CESCR는 심지어 재원이 부족한 국가는 ICESCR에 따른 국제협력을 요청하여 가능한 한 주거권 시행을 늦추지 않아야 한다고 권고하였다.[51] 국가는 주거와 관련하여 활용 가능한 재원을 최대한도로 사용하여 가장 단기간에 모든 개인의 주거권을 실현하는데 충분한 조치를 취하여야 한다.[52] 주거권이 침해되는 경우 구제수단과 관련해서, CESCR는 퇴거 및 철거를 막기 위한 법적 소송, 보상금을 받기 위한 법적 절차, 부적당한 거주조건에 대해서 임대인을 상대로 제기하는 이의제기, 차별주장에 관하여 집단소송을 제기할 수 있는 방법을 모색하였다. 주거권은 자의적이고 강제적으로 퇴거당하지 않을 권리를 포함한다. CESCR는 강제퇴거는 일응 ICESCR에서 정하는 요건과 양립할 수 없고, 가장 예외적인 경우에 관련 국제법원칙에 따라서만 정당화될 수 있을 뿐이라고 하면서도,[53] 관련법에 따라서 그리고 인권규약 규정을 준수하여 수행하는 퇴거에 대해서는 강제퇴거 금지원칙이 적용되지 않는다고 하였다.[54]

국가는 노인들이 자신들의 재산 침해를 제대로 방어할 수 없는 경우가 대부분이기에, 이들의 재산이 자의적으로 간섭당하지 않도록 해야 한다. 노인에게 강제퇴거는 상당한 고통이다.[55] 국가는 적법절차 없이 노인의 주택이 회수되지 않도록 하고, 특히 퇴거조치로 인해서 노인의 다른 인권이 침해당한다면, 해당 노인을 강제로 퇴거시키지 않아야 할 것이다.

노인의 주거권 확보를 위하여 국가는 재정지원, 대출금 탕감, 주택개량을 포함하는 규정을 마련함으로써, 노인들이 원하는 한 현주거지에 머무를 수 있도록 해야 한다. 임대료나 대출금 상환은 노인의 재정상황이 변화되는 경우를 포섭해야 하며, 노인의 신체적 특성을 고려하여 주택 내에서 계단을 없애고, 승강기로 접근할 수 있도록 하고, 주택 관리에 필요한 설비를 제공해

---

51) ICESCR, arts. 11(1), 22, 23; CESCR 일반논평 제4호, para. 10.

52) CESCR 일반논평 제4호, para. 14.

53) *Ibid.*, para. 18.

54) CESCR 일반논평 제7호, "The right to adequate housing (Art.11.1): forced evictions," 20/05/97, para. 3.

55) *Ibid.*, para. 10.

야 한다. 노인 스스로 적절한 설비를 구할 수 없으면 국가가 그러한 설비를 제공해야 할 것이다.[56] 또한, 국가는 노인이 임대인, 부동산 개발업자, 토지 소유자 등 제3자의 자의적인 조치로 퇴거를 강요당하거나, 차별받거나 괴롭힘 등 학대당하지 않도록 보호해야 한다.

국가는 도시개발 계획수립시 노인이 처한 특별한 상황을 인식하고, 노인에게 필요한 사항을 감안해서 공동체 회관 등 기타 시설을 마련해야 한다. 또한, 노인 주민에게 교통편의를 제공하고, 노인들이 이동하거나 통신하는데 어려움이 없도록 해야 한다.[57] 국가는 주거권을 시행하기 위한 법률 제정 및 정책 개발에 노인들이 참여하도록 독려해야 한다. 국가는 주택의 수요・공급면에서 노인을 차별하는 요소가 없는지, 임대료, 주거비와 세금이 과도하지 않은지, 공공주택 공급이 적절한지, 냉난방 서비스를 제대로 활용할 수 있는지를 검토해야 할 것이다.

6. 제12조: 신체적・정신적 건강을 누릴 권리

노인들이 육체적・정신적으로 만족할 만한 수준의 건강을 누리도록, ICESCR 제12(1)조에 따라서, 당사국은 노인의 건강을 보전하기 위한 건강정책에 관한 지침을 제공하고, 비엔나 행동계획 권고 제1항 내지 제17항에 따라서 장기요양질병의 예방 및 재활 등을 고려해야 한다. 만성・퇴행성 질병은 단순히 입원치료만으로 되지 않기에 노령에 이르기까지 건강한 생활습관(음식, 운동, 금연, 금주 등)을 갖도록 함으로써 일생 전반에 걸쳐서 투자가 필요하다. 노인의 필요에 부응하는 규칙적인 건강검진과 노인의 활동능력을 유지하는 건강관리를 통해서 사회비용을 절감할 수 있다.[58] 노인은 건강을 잃었다고 해서 차별받지 않을 뿐만 아니라, 질병 혹은 정신병 검사시 차별받지

56) 산살바도르의정서 제17조에서 모든 사람은 노년에 특별한 보호를 받을 권리를 갖는다고 선언함으로써, 당사국들이 노인들에게 식량과 의료상 특별한 대우를 하도록 하였다.

57) CESCR 일반논평 제6호, para. 33(국가정책을 통해서 노인의 '이동성과 통신'을 신속히 할 필요성을 강조하고 있음).

58) *Ibid.*, paras. 34-35.

않아야 한다.

노인의 건강권은 적절한 식량, 주거, 물, 작업 조건, 그리고 환경에 대한 노인의 권리와도 연결된다. 왜냐하면 건강은 신체적인 의미뿐만 아니라 사회·경제적인 의미도 포섭하기 때문이다.[59] 노인의 건강권을 위하여 건강관리 시설·상품·서비스·프로그램이 양적으로 충분하고, 질적으로 지속 가능한 것이어야 하며, 이러한 시설이용에 차별이 없고, 신체적·경제적으로 그리고 정보면에서 접근할 수 있어야 한다. 건강권을 향유할 때, 남성과 여성의 차이를 감안하고, 일정한 정보를 공개하지 않거나, 특정 문화권 내에서 허용될 수 있어야 한다. 그리고 일정한 수준의 건강권을 유지하기 위하여 의료물품, 서비스, 설비, 의약품의 생산이 의과학적인 면에서 적절한 품질을 유지해야 한다. CESCR는 육체적일 뿐만 아니라 심리적 재활조치를 포함하여, 노인을 위하여, '예방적·치료적 그리고 재활적인 건강 처우'가 필요하다는 점을 재확인하였다.[60]

국가는 건강관련 정보를 차단하거나, 의도적으로 오도하거나, 안전하지 않은 의약품을 시장에 내놓지 않아야 하고, 의료장비와 서비스를 정치적 목적으로 활용하지 않아야 하며, 노인이 자신의 의료진료에 관하여 결정한 바에 관여하지 않아야 한다. 건강권 확보를 위하여 CESCR는 국가가 모든 노인에게 무료로 긴급서비스를 제공하도록 권고하였다. 또한, CESCR는 적절한 재원이 없는 노인에 대해서 무료로 예방 서비스 그리고 개호(간호) 서비스를 제공해야 한다고 하였다. CESCR는 국가가 노인에게 최신 건강정보를 제공하도록 제안하면서, 동시에 국가는 개인의 건강관련 정보를 공개하지 않도록 제안하였다.[61] 더욱이, 국가는 양질의 설비·상품·서비스를 노인들이 신체적으로 접근할 수 있도록 노인 근처에 있도록 하고, 노인들이 구할 수 있도록 해야 한다고 제안하였다.[62] 이러한 권리를 적절히 보장하기 위하여, CESCR

59) CESCR 일반논평 제14호, "The right to the highest attainable standard of health(art.12)," E/C.12/2000/4, 11 Aug. 2000.

60) *Ibid.*, para. 25.

61) *Ibid.*, para. 12(b)(iv).

62) *Ibid.*, para. 12(b)(ii).

는 국가가 연령, 성별, 혹은 재정능력을 근거로 차별하지 않고 설비, 물품 그리고 서비스에 접근할 수 있도록 해야 한다고 권고하였다.[63] 특히 국가는 국가적인 건강계획에서 노인 여성을 고려해야 할 것이다.[64] 노인의 건강권을 확보하기 위하여, 국가는 직장내 사고 및 질병을 줄이기 위한 예방조치를 시행하고, 기본적인 위생뿐만 아니라 안전하며 휴대 가능한 식수를 적절히 제공하고, 국민들이 방사능, 유해 화학물질과 같은 위험물질 혹은 기타 해로운 환경에 노출되지 않도록 하거나, 이러한 환경을 예방하고, 작업장 내에서 건강이 악화되지 않도록 하고, 만성질병에 걸리거나 질병 말기에 도달한 사람을 특별히 주의하고, 노인들이 정기검진을 받도록 해야 할 것이다.[65] 또한, 국가는 개인의 건강을 침해할 수 있는 유해한 문화행위를 예방해야 한다. 노인의 건강권이 침해되었을 때, 국가는 건강권 침해를 보전하기 위한 사법심사 혹은 기타 구제조치를 적절히 활용하기 위한 기준을 마련해야 한다.[66] 또한, 국가는 건강권을 시행하기 위하여 건강관리 전문가들을 양성해야 한다.[67] 요컨대 기본적인 건강관리는 국가가 자국 국민에게 부담하는 핵심의무 중의 하나이다.[68]

7. 제13조 내지 제15조: 교육권과 문화권

ICESCR 제13(1)조에 따르면 모든 사람은 교육권을 향유한다. CESCR는 모든 인권이 상호의존하고 있음을 교육권에서 찾을 수 있다고 하였다.[69] CESCR는 ICESCR 제13조는 국제인권법 분야에서 가장 넓게 그리고 포괄적으로 교육권을 규정하고 있다고 보았다.[70] 이러한 교육권은 교육을 받을 권리,

63) *Ibid.*, para. 18.
64) *Ibid.*, paras. 20-21.
65) *Ibid.*, paras. 15, 25.
66) *Ibid.*, para. 59.
67) *Ibid.*, para. 36.
68) *Ibid.*, para. 43.
69) CESCR 일반논평 제11호, "Plans of action for primary education (art.14)," E/C.12/1999/4, 10 May 1999.
70) CESCR 일반논평 제13호, "The right to education (Art.13)," E/C.12/1999/10, 8 Dec.

교육시설을 공평하게 접근하고 향유할 권리, 교육을 선택할 자유, 교육기관을 설립하고 지시할 자유, 비인간적인 규율조치로부터 학생의 보호, 학문의 자유를 포섭한다. CESCR에 따르면, 이러한 권리는 모든 형식 및 수준에서 활용될 수 있고, 접근할 수 있으며, 수락 가능하고, 상황에 따라서 적용될 수 있어야 한다.[71]

CESCR는 일반논평 제13호에서 기본적인 교육권은 연령으로 제한되지 않고, 노인에까지 확대되어야 한다고 하였다. CESCR는 기본교육이 성인교육에서 중요하기에, 국가는 모든 연령대에 적절한 방식으로 교육권에서 다루는 모든 사항을 제공해야 한다고 하였다.[72] CESCR는 취약집단의 교육접근성을 고양하기 위하여 장학제도가 필요하다고 하였다.[73] 일반논평 제13호에서 CESCR는 노인의 교육권에 관한 일반논평 제6호의 견해를 확인하였다.[74]

노인은 교육 프로그램의 혜택을 받을 권리와 노인의 노하우와 경험을 후세대에 전수할 권리를 갖는다. 이들 권리는 상이하면서도 보충적인 관계에 있다.[75] ICESCR 제15(1)(a)조 및 제15(1)(b)조에 따르면, 모든 사람이 문화생활에 참여하고 과학발전과 그 응용의 혜택을 누릴 수 있는 권리가 있다는 점을 인정하고 있다. 이에 대해서, 유엔 노인원칙의 원칙 7에서는 "노인은 사회와 통합되어야 하고, 자신들의 복지에 직접 영향을 미치는 정책의 형성 및 시행에 적극적으로 참여하고 자신들의 지식과 기술을 더 젊은 세대와 공유해야 한다"라고 하였고, 원칙 16에서 "노인은 사회의 교육, 문화, 정신적 여가에 필요한 자원에 접근할 수 있어야 한다"라고 하였다.

비엔나 행동계획 권고 제48항에서는 정부와 국제기구가 노인들이 신체적으로 더 쉽게 문화시설(박물관, 연극장, 연주회장, 극장 등)에 접근하도록 하는 프로그램을 지원하도록 장려하고 있다. 또한, 권고 제50항에서는 노인에

1999.

71) *Ibid.*, para. 6 (a)-(d).

72) *Ibid.*, para. 24.

73) *Ibid.*, para. 26.

74) *Ibid.*, para. 36.

75) CESCR 일반논평 제6호, paras. 36-38; 비엔나 행동계획 권고 제44항, 제47항, 제74항 내지 제76항.

대한 부정적 고정관념으로서 노인은 신체적 · 정신적 장애를 겪거나, 사회에서 아무런 역할이나 지위도 갖지 못하는 것으로 대중매체에 비춰지지 않도록 정부, 민간단체(NGO), 노인들 스스로가 분발해야 한다고 강조하고 있다. 이러한 노력에 언론매체, 교육기관도 참여함으로써 노인이 사회에서 배제되기보다 완전히 통합되도록 해야 할 것이다.[76]

당사국들은 비엔나 국제행동계획의 권고 제60항, 제61항, 제62항을 고려하고서 노인의 생물학적 · 정신적 · 사회적 측면에 대한 연구와 거동능력을 유지하기 위한 노력과 만성 질환과 장애를 예방하고 지연시키는 방법을 마련해야 한다. 이와 관련해서 국가, 정부 간기구 및 NGO는 노인학, 노년병학, 노인심리학을 가르치는 전문기관이 없는 국가에 그러한 기관을 수립하도록 권고하고 있다.[77]

Ⅴ. 결 론

노인은 여성 혹은 인종적, 민속적 소수민과 마찬가지로 소수자이지만, 모든 사회구성원이 반드시 노인에 이르게 된다는 점에서 다른 소수자들과 다르다. 노인은 다른 모든 '사람'들처럼 인권규약에 따라서 권리를 특별히 보호받아야 할 필요가 있는 취약집단에 속한다. 우리나라도 2007년 기준으로 65세 이상 노인인구가 총인구의 9.9%인 482만명이 되면서 사회 전체적으로 많은 노인들이 신체능력의 하락, 경제적 여건의 악화, 사회로부터의 배제를 겪고 있다. 어느새 우리나라는 노인들이 인생 후반기를 보람 있게 보낼 수 있는 법적 · 제도적 장치를 더욱 강화해야 할 상황에 이르게 되었다.

우리나라는 ICESCR에 가입함으로써 이 조약에서 규정하는 여러 사항이 단순히 개인 차원 혹은 가정 차원에서 해결해야 할 사항이 아니라 국가 전체의 책임이라는 점을 천명하였다. 물론, 우리나라 법제상 ICESCR의 권리를 근

76) CESCR 일반논평 제6호, para. 41.
77) *Ibid.*, para. 42.

거로 노인의 권리가 우리 법원에서 직접 개인의 권리로 인정받기는 쉽지 않을 것이다. 어쩌면 국가의 막대한 재정이 소요되는 사안이라는 이유로 노인의 인권을 강화하기 위한 입법이 다른 시민권의 강화보다 우선순위에서 뒤처질 수도 있다. 하지만, 많은 선진국가에서 자발적인 노인인권운동이 해당 지역구 국회의원을 움직이고 결국 정부를 움직이면서 조금씩 노인의 보호가 강화된 점을 본다면 우리나라에서 입법을 통한 노인 인권의 보호가 불가능하지는 않을 것이고, 그러한 시도가 국제인권규약을 근거로 이루어진다면 법적 정당성을 더욱 높일 수 있을 것이다.

〈참고문헌〉

이석용 외, 『국제인권법』, 세창출판사, 2005.

Baderin, Mashood A. and Robert Mccorquodale(ed.), *Economic, Social and Cultural Rights in Action*, OUP, 2007.

Eid, Asbjørn et al.(ed.), *Economic, Social and Cutural Rights*, 2nd rev. ed., Martinus Nijhoff Publishers, 2001.

Nowak, Manfred, *U.N. Covenant on Civil and Political Rights-CCPR Commentary*, 2nd rev. ed., N.P. Engel, 2005.

Steiner, Henry U. et al., *International Human Rights in Context*, 3rd ed., OUP, 2008. Tomuschat, Christian, *Human Rights-Between Idealism and Realism*, 2nd ed., OUP, 2008.

ILO Recommendation 162(1980).

UN DESA, *World Economic and Social Survey 2007-Development in an Ageing World*, E/2007/50/Rev.1, ST/ESA/314, 2007.

비엔나 행동계획(Vienna International Plan of Action on Ageing).

Guidelines Regarding the Form and Contents of Reports to be Submitted by States Parties under Articles 16 and 17 of the International Covenant on Economic, Social and Cultural Rights, UN ESCOR, COMMITTEE ON ECONOMIC, SOCIAL AND CULTURAL RIGHTS, UN Doc. E/C.12/1991/1.

CESCR General Comment No. 3, "The nature of States parties obligations(Art. 2, par. 1)," 14/12/90.

CESCR General comment No. 4, "The right to adequate housing(Article 11(1)," 13/12/91.

CESCR General comment No. 6, "The economic, social and cultural rights of older persons," 08/12/95.

CESCR General comment No. 7, "The right to adequate housing(Art. 11.1): forced evictions," 20/05/97.

CESCR General comment No. 11, "Plans of action for primary education(Art. 14),"

E/C.12/1999/4, 10 May 1999.

CESCR General comment No. 12, "The right to adequate food(Art. 11)," E/C.12/1999/5, 12 May 1999.

CESCR General comment No. 13, "The right to education(Art. 13)," E/C.12/1999/10, 8 Dec. 1999.

CESCR General comment No. 14, "The right to the highest attainable standard of health(Art. 12)," E/C.12/2000/4, 11 Aug. 2000.

CESCR General comment No. 16, "The equal right of men and women to the enjoyment of all economic, social and cultural rights(Art. 3 of the International Covenant on Economic Social and Cultural Rights)," E/C.12/2005/4, 11 Aug. 2005.

CESCR General comment No. 18, "The right to work(art.6)," E/C.12/GC/18, 6 Feb. 2006.

CESCR General comment No. 19, "The right to Social Security(Art. 9)," E/C.12/GC/19, 4 Feb. 2008.

제 9 장

노인 일자리의 창출과 고용안정을 위한 입법적 과제*

* 이 논문은 2007년도 정부재원(교육과학기술부 학술연구조성사업비)으로 학술진흥재단의 지원을 받아 연구되었음(KRF-2007-321-B00162). 이 논문은 한국사회정책학회가 발간하는 「한국사회정책」 제16집 제1호(2009. 7)에 게재되었음을 밝혀둔다.

Ⅰ. 머리말

세계의 주요 선진국은 65세 이상의 인구가 차지하는 비율이 상당한 정도로 높아지고 있는데, 산업사회의 발전과 더불어 사회의 인구구성이 날로 노령화되고 있음을 각종 통계자료에 근거하여 이를 확인할 수 있다. 우리나라도 이러한 세계적 추세에 따라 이미 노인인구가 급속도로 증가하고 있는 것을 경험적인 통계지표로 드러나고 있다.[1] 한 국가에서 노인인구(만 65세 이상의 자)의 구성이 7% 이상 차지하는 경우에 노령화사회(Aging Society)라고 일컬으며, 노인인구가 14% 이상이 되면 노령사회(Aged Society)라고 칭한다. 그리고 노인인구가 20% 이상으로 구성되면 초고령사회(Post Aged Society)라고 부르게 된다. 예전에는 노인인구가 차지하는 비율은 단지 한 국가의 인구구성에 큰 의미가 부여된 바가 없었으며, 단순한 통계숫자에 불과한 것이었다. 그러나 오늘날 사회에서 노인인구의 통계숫자가 이렇게 사회의 어떤 분수령을 결정짓는 중요한 핵심요소로 다루어지는 것은 사회학·통계학·정책학·법학의 분과별 과제를 부여하는 계기로 작동함으로써 핵심 키워드가 되어 버렸다.

선진국에서 나타나는 이와 같은 노인인구의 증가는 주요한 몇 가지 요인에서 비롯한다.[2] 첫째, 산업화와 더불어 발전된 의료수준과 그로 인한 생활조건의 개선으로 사망률이 저하됨과 아울러 평균수명이 상당한 정도로 높아졌다는 것이다. 둘째, 아동의 사망률이 저하되는 사회적 배경을 바탕으로 가족의 구성이 종전과 달리 핵가족사회로 진화되어 저출산이 일반적 현상으로 자리잡았다는 점을 꼽을 수 있다. 이에 대한 분석은 여러 관점에서 제기되겠지만 여성의 사회적 활동이나 경제활동 참여가 빠른 속도로 증가하면서

---

1) 통계청의 전망에 따르면 우리나라는 노인인구의 비율이 2010년에 11%로, 2050년에 38.2%로 상승할 것이라는 것이다. 우리나라의 이러한 노인인구의 증가율은 서구 선진국이 증가한 속도를 훨씬 앞지르는 것으로 보고되고 있다. 통계청 자료 참조.

2) 이에 대한 언급으로 김성순 외, 「고령사회의 법적 과제」(한국법제연구원, 2004), 11면 참조.

출산이 사회생활에서 큰 부담으로 작용하고 있으며, 또한 자녀의 양육에 소요되는 비용이 가파르게 상승한 측면에서 찾을 수 있다. 이유야 어떻든 우리 사회에서 노인인구는 급속도로 증가하고 있음은 부인할 수 없을 뿐만 아니라 이들에 대하여 다양한 관점에서 해결해야 할 과제들이 주어진다.

한 개인의 측면에서 보면 노령화현상[3]은 지극히 자연스러운 것이다. 사람이 태어나 사회에 참여하고 나이가 들어감에 따라 경제활동의 시장에서 은퇴한다는 것은 자연현상에 해당한다. 그러나 농경사회에서처럼 개인의 노령화가 가족단위에서 스스로 해결되는 구조 내에서는 사회적 문제가 그리 크지 않을 수 있지만, 오늘날 사회에서 한 개인의 노령화는 노동시장이나 각종 사회분배정책에서 중요한 관심사가 되지 않을 수 없게 된 것이다. 이렇게 노인 또는 고령인구에 대한 국가의 과제가 보다 적극적인 측면에서 논의될 수밖에 없는 것이 현실로 등장하였고, 그것은 각종 정책적인 측면뿐만 아니라 법학적 측면에서 제도설계의 방향을 암시하기에 이르렀다. 왜냐하면 가장 기초적인 출발점에서 보자면 노령화로 노동시장에 접근하지 못하는 고령인구는 소득의 감소를 체험하게 되고 그로 인하여 배태될 수 있는 빈곤의 파장적 효과는 각종 사회문제를 양산할 우려가 잠재되어 있기 때문이다.

아래에서는 우리 사회가 고령화사회를 넘어 고령사회로 진입하는 단계에서 노인 내지 고령인구의 일자리 창출에 관하여 접근해 보기로 한다. 이는 넓게 보자면 실제 노동시장에서 고용의 직접적 안정화를 포함하여 정년퇴직하거나 실업한 상태에 있는 고령자 등의 재고용 등이 주요한 쟁점으로 제기된다. 「노인복지법」에서 규정하는 노인을 포함하여 고령자 등의 인간다운 삶을 위해서도 일자리 창출은 중요한 목표가 되지 않을 수 없는데, 이것은 실제 노동시장에 대한 체계적 분석이 있지 않고서는 달성될 수 없다. 그 가운데는 바로 국가가 직접 고용하는 주체로 나서지 않는 한 기업이 자리하고 있기 때문에 복잡한 문제가 제기되는 것이다. 이러한 측면에서 어떻게 하면

3) 이에 대한 사회적 위험은 크게 세 가지로 요약된다. 첫째, 신체와 정신기능이 감소 내지 상실되면서 소득능력 또한 상실 내지 감소된다. 둘째, 노인성질환이 유발되면서 스스로 일상생활을 영위할 수 없게 된다. 셋째, 행동반경의 축소로 대인적 접촉이나 문화적 접촉 등 사회소통이 어려워져 노인소외가 일어난다. 이에 대한 내용은 김정순 외, 위의 책, 49면 참조.

노동시장에서 고령자 등의 고용안정과 새로운 일자리 창출이 가능할 것인지 법적인 측면에서 검토해 보기로 한다.

Ⅱ. 개념의 구분과 법적 접근방법

1. 고령자와 노인 개념의 법적 분리

이 글에서 논의되는 중요한 개념들을 사용하는 경우에 어떤 범위에서, 어떤 시각에서 활용될 것인지에 대한 구분이 있어야 할 것으로 본다. 왜냐하면 용어의 혼란이 자칫 논의의 진행을 혼란스럽게 하거나, 포용범위의 측면이나 법정책적 해결방안에 연관성을 간직하면서 서로 긴밀한 연락을 해칠 우려가 있기 때문이다.

우리는 이하에서 '고령자'라는 용어와 '노인' 또는 '노인인구'라는 단어를 함께 사용하게 될 것이다. 그리고 이 글에서 다루는 포섭범위는 '노인'에만 국한된 논의가 아니라 오히려 '고령자'에 보다 더 접근한 것이라 여겨진다. 또한, 후자의 용어가 앞으로 우리 사회에서 보다 진지하게 지속적으로 논의되어야 할 사회정책적 내지 법학적 문제에 관한 적확한 언어선택이라고 생각한다. 이러한 논의의 배경에는 이미 실정법에서 정의한 두 용어의 현실을 포착하여 그 체계에 맞춘 담론을 시작하기 위한 것이 토대가 되어 있다.

「노인복지법」에서 말하는 '노인'은 만 65세 이상의 자를 말한다. 그러나 이와 같은 기준설정이 절대적인 것은 아니다. 같은 법 제28조에서 65세에 이르지 않은 자라 하더라도 노쇠현상이 현저하여 특별히 보호할 필요가 있는 때에는 보호대상자로 포함될 수는 있는 것으로 규정하였다. 그러므로 이하 법적인 측면에서 노인을 언급하는 때에는 대체로 「노인복지법」의 규정에 따른 65세 이상의 자를 지칭한다.

우리 입법자는 한편으로 고령화사회로 진입함에 따라 이들 노인에 대한 고용과 일자리 창출에 대하여 다양한 입법을 시도하기 위하여 노력하고 있는 것과 동시에, 조기퇴직이 일상화되고 65세 이전의 다양한 고연령층에서 장기간 실업상태에 빠지지 않도록 하기 위하여 「고용상 연령차별금지 및 고령자고용촉진에 관한 법률」을 제정・시행하고 있다. 이는 종전 시행되어 왔던 「고령자고용촉진법」을 개정하면서 법명칭을 바꾸고 합리적 이유 없이 연령을 이유로 고용상 차별이 이루어지는 것을 차단하고자 하였다. 이 법에 따르면 '고령자'는 제2조에서 대통령령에 위임하고 있는데, 시행령 제2조 제1항에서 55세 이상의 자로 정의되어 있다. 또한 '준고령자'라는 용어를 사용하는데, 이는 50세 이상 55세 미만인 자로 정하고 있다(시행령 제2조 제2항).

따라서 이하에서 논의하는 일자리 창출과 고용의 법적 과제는 「고용상 연령차별금지 및 고령자고용촉진에 관한 법률」에서 정의하는 고령자를 중심으로 이루어질 것이다. 만약, 특정 계층의 고용에 관한 문제를 다룬다면 명시적으로 밝혀 논의의 혼란을 피할 것임을 밝혀둔다.

2. 고령자 속에 포함된 노인에 대한 접근

예전에는 '노인'이라면 복지의 대상으로 파악되었으며, 경제활동을 마친 은퇴자의 개념이 중심이었다. 그래서 서구의 각종 정책도 연금이나 빈곤노인의 복지나 급여에 보다 중심을 두고 있었다. 그러나 오늘날 노인은 더 이상 은퇴자의 개념으로 갇힌 폐쇄된 인식이 아니라 인간수명이 급속도로 연장됨에 따라 여전히 근로능력을 구비한 존재로서 경제활동 참여기능을 발휘할 수 있다는 데 주목하고 있다. 비록 한 개인이 노령화현상을 접하면서 신체적 능력, 인지능력, 창조능력 등의 측면에서 다소 떨어지는 것이 일반적이라고 보더라도 이들이 장기간 근로하면서 축적한 전문지식(암묵지 내지 노하우)과 숙련된 기능은 여전히 유효하게 노동시장에서 활용할 가치가 있는 것이다. 이에 노인들에게 보다 적합한 일자리의 창출이 논의되는 것이다. 노인은 복지의 대상이 되기도 하지만, 다른 한편으로 자신의 생활을 보다 적극적으로 형성해 나아갈 인격적 주체로서도 중요한 위치를 갖고 있다. 복지와 근로는 서로 이념적 가치면에서 어느 정도 상충관계에 설 수도 있지만, 이 둘은 서로 조화될 수 있을 뿐만 아니라 보완적 관계로 파악할 수도 있다.

이와 같은 관점에서 본다면 노인을 포함한 고령자는 예전과 달리 충분한 근로능력을 발휘할 수 있는 존재로서, 그리고 사회의 발전과 그 지속성을 유지하기 위한 존재로서 그 역할을 다할 수 있게 된다. 따라서 고령자에 대한 고용의 문제는 연금법・건강보험법・조세법・노동법적 문제에서 함께 고려되어야 할 복합적인 문제에 해당한다. 정책을 입안하는 자와 법제도를 설계하는 자는 모든 방법론적 관점에서 항상 고령자의 자존감을 고려해야 하며, 노동시장에서 그들의 충분한 교환 가능성을 긍정하는 인식에서 출발하여야 한다. 그래야만 지속 가능한 사회의 건설이 가능하고 세대간 연대의식 또한 견고하게 유지될 수가 있다.

Ⅲ. 고용창출의 이념적 기초

고용[4]이라는 측면은 앞서 언급한 바와 같이 근로능력을 갖춘 자가 원한다고 해서 마음대로 해결될 수 있는 사안은 아니다. 국가가 모든 고용의 주체로서 기능한다면 달리 평가할 수도 있겠으나, 우리 경제체제에서 고용은 헌법 제119조의 이념적 기반 위에서 기업이 한가운데 자리를 틀고 있기 때문에 그리 간단하게 해결될 문제는 아니라는 것을 알 수 있다. 개인의 노동은 상품과 마찬가지로 시장을 통하여 교환이 이루어지므로 손쉽게 조정할 수 있는 요소는 아닌 것이다. 근로를 통한 소득의 창출 또는 그 이상의 가치실현은 다음과 같은 헌법의 이념에 기반하고 있다.

4) 고용과 관련한 노동의 권리는 자본주의 시장경제질서를 유지하는 한 그것을 실현하는 데는 본질적인 한계가 있다. 또한, 헌법 제32조에서 규정한 노동의 권리는 사법적으로 소구(訴求)할 수 없는 권리이며, 고용기회를 요구할 권리로 이해하기는 어렵다. 이에 대한 문헌으로 전광석, 「한국사회보장법론」(법문사, 2007), 157면 참조.

1. 고령자의 개성 신장과 인격의 자유로운 발현(직업의 자유)

고용은 한 개인에게 직업을 갖게 하는 계기가 된다. 따라서 기본권주체는 직업을 통하여 인간생활에 필요한 물질적 기반을 형성함과 동시에 직업의 수행을 경험하면서 자신의 개성을 신장할 수 있다.5) 직업이 단지 소득을 획득하는 경로의 차원에서만 머무는 것이 아니라, 한 인격체의 건전한 인격함양과 자아발전의 초석이 된다는 것이다. 그러므로 고령자의 경우에 자신의 노동능력과 전문지식의 보유에도 불구하고 노동시장에서 전적으로 퇴출된다면 그것은 직업이 가져다주는 전자의 의미에서도 문제가 있지만, 특히 후자의 기능에서 삶의 존재감을 상실시킬 수 있다. 이것은 고령화사회 내지 고령사회에서 노인문제를 야기하는 중대한 시발점이 되는 것이다.

자신이 더 이상 시장에서 활용가치가 없어졌다는 상실감은 소득상실에 비하여 정신적 상실감에 더 크게 작용하여 여러 가지 연쇄적 사회문제를 야기한다. 이 부분은 노동시장에서 연령에 따른 차별의 문제와 직결되며, 이에 대한 다양한 입법적 시도가 행해지고 있다. 입법자는 「고용상 연령차별금지 및 고령자고용촉진에 관한 법률」을 통하여 이러한 현실적 문제를 극복하고자 하였다. 종전에 입법자는 사용자로 하여금 고령자 또는 준고령자임을 이유로 합리적인 이유 없이 모집, 채용 그리고 해고에서 차별을 받지 않도록 법 제4조의2에서 규정하였다가, 새롭게 제1장의2를 신설하여 '고용상 연령차별 금지'를 명시적으로 밝히고 있다. 법 제4조의4 제1항은 모집・채용(제1호), 임금, 임금 외의 금품 지급 및 복리후생(제2호), 교육・훈련(제3호), 배치・전보・승진(제4호), 퇴직・해고(제5호)로 해당 사항을 명확하게 구분하여 사업주가 연령을 이유로 합리적인 이유 없이 차별하는 것을 금지하고 있다. 그러나 입법의 정비에 못지않게 실제 노동시장에서 기업이 어떻게 잘 준수하도록 하느냐도 중요한 문제이다. 입법자는 이러한 시행을 강제하기 위하여 법 제23조의3 제2항에서 법 제4조의4 제1항 제1호의 경우에 위반한 사업주를 벌금형으로 처벌할 수 있는 조항을 마련하고 있는데, 다른 호의 경우에는

5) 이에 대한 설명으로 허영, 「한국헌법론」(박영사, 2008), 459면 이하 참조.

적어도 벌칙을 두고 있지는 않다.

2. 노인의 인간다운 생활의 실현

앞서 말한 것처럼 고용은 직업을 갖는 계기가 되는데, 이를 통하여 개인은 근로와 임금을 교환할 수 있게 되어 자신의 물질적 기반을 스스로 획득하고 그에 맞추어 생활을 설계할 수 있게 된다. 헌법 제34조 제1항은 모든 국민에게 인간다운 생활을 할 권리를 보장하고 있다. 여기서 최저생활의 보호수준이 어느 범위까지인가에 대하여는 논란이 제기되고 있다.[6] 인간이 인간답게 살기 위한 최소한의 물질적인 생활을 할 수 있는 것을 보장하는 것으로 보는 견해[7]가 있는가 하면, 또 다른 견해[8]는 물질적인 최저생활의 보장을 넘어 문화적인 최저생활까지 보장하는 것으로 보고 있다. 이에 대하여 헌법재판소는 「국가유공자예우 등에 관한 법률」 제9조 본문 위헌제청사건에서 "… 인간다운 생활을 할 권리로부터는 인간의 존엄에 상응하는 생활에 필요한 최소한의 물질적인 생활의 유지에 필요한 급부를 요구할 수 있는 구체적인 권리가 상황에 따라서는 직접 도출될 수 있다고 할 수는 있어도, 동 기본권이 직접 그 이상의 급부를 내용으로 하는 구체적인 권리를 발생케 한다고는 볼 수 없다고 할 것이다. …"라고 결정하여 물질적인 최소한의 보장으로 보았다.[9]

인간다운 생활의 기초는 물질적 기반이 조성되어야만 하는 것이 그 전제인데, 고령자는 노동시장에 접근 가능성이 희박해져 그 생활수단의 획득에 어려움을 겪을 수 있다. 물론 고령자라고 하여 모두 자신의 생활능력이 떨어지거나 낮은 수준에 있는 것은 아니며, 청・장년기의 소득 내지 각종 연금 등으로 충분히 자조적 생활부양이 가능한 자도 있다. 하지만 우리가 주목해

---

6) 이에 대한 논의에서 일률적인 논의를 벗어나 보다 세분화된 관점에서 이 물음에 답하는 견해가 제시되고 있다(전광석, 「한국헌법론」(법문사, 2007), 377면 참조).

7) 허영, 앞의 책, 517면 참조.

8) 권영성, 「헌법학원론」(법문사, 2006), 643면 참조.

9) 헌재결 1995. 7. 21, 93헌가14 참조.

야 하는 것은 그러한 물질적 여건이 충분히 뒷받침되지 못하는 계층의 문제를 해결하기 위하여 이와 같은 논의를 진행하는 것이다. 따라서 이들에게는 더 더욱 고령기에 직업이 필요하게 되며, 이를 통하여 노인빈곤[10]을 벗어나 최소한의 인간다운 삶을 영위할 수 있는 것이다. 이 부분에 관한 실증적 자료는 1998년 한국보건사회연구원의 조사 결과가 이를 뒷받침하고 있다.[11] 당시 조사대상자 가운데 66.1%가 경제적인 필요에 의해서 일을 하고 있다는 것으로 나타나고 있는데, 이것은 당시 한국의 노인인구가 각종 연금이나 지원의 측면에서 상당히 취약하고 미래설계가 충분히 이루어져 있지 않았음을 경험적 자료가 보여주고 있다. 이런 이유로 현재에도 많은 노인인구가 종전의 가족부양에 의존할 수밖에 없는 상황에서 독립적으로 자조적인 경제생활을 영위하는 데는 상당한 어려움이 존재한다.

3. 일할 권리의 보장

헌법 제32조는 모든 국민에게 근로의 권리를 보장하고 있다. 기본권주체인 국민의 입장에서는 자신의 일할 능력을 임의로 상품화할 수 있는 권리를 가지게 되는데,[12] 국가가 현실적으로 모든 국민에게 일자리를 제공할 수는 없다. 다만, 국가는 사회적·경제적 방법으로 근로자의 고용의 증진과 적정한 임금의 보장에 노력하여야 하며, 법률이 정하는 바에 의하여 최저임금제를 시행하여야 한다. 헌법 제32조에서 명시하고 있는 근로의 권리는 헌법 제33조의 노동3권과 함께 근로자에게 핵심적 기본권으로 기능하고, 특히 제32조는 국가에게 다양한 고용정책, 노동정책, 임금정책, 실업대책, 산업재해대책 등에 적극적으로 나설 의무를 부과하는 단초가 된다.

개인이 스스로 자영업을 하는 경우나 자조적인 경제생활만을 추구하는

---

10) 노인빈곤에 대한 논의로 김헌수, "노인빈곤과 그 해결책," 「건전사회교육연구」, 제5권 제1호(2000), 49면 이하 참조. 이 글에서 저자는 현대사회의 노인이 겪게 되는 경제적 어려움의 원인으로 공업화와 정년퇴직제도의 도입을 꼽고 있다(특히 55면 참조).

11) 이와 관련된 내용으로 서양열, "노인일자리 사업 참여만족에 관한 연구-전라도지역 노인을 중심으로-," 「노인복지연구」, 제24호(2004년 여름호), 31면 이하 참조.

12) 허영, 앞의 책, 495면 참조.

것이 아니라면 개인은 근로자의 지위에서 사용자에게 고용될 수밖에 없으며, 그러한 고용관계 내지 근로관계는 종속적인 성격을 지니게 된다. 근로자는 노동시장에서 자신의 노동력을 임의로 상품화하기 위하여 사용자가 제시하는 근로조건에 응할 수밖에 없는 상황에 처하므로 교섭절차에서 경제적 약자의 지위에 선다. 그러므로 국가는 근로자가 지나치게 편중된 힘의 논리에 저항하지 못한 채 '사적 자치의 원칙'이라는 미명 아래 이른바 강제된 낮은 수준의 근로조건에 빠지지 않도록 다양한 제도적 조치로써 방어해야 할 의무가 있다.

오늘날 선진국들은 산업화가 고도로 진행되면서 노동집약적인 고용형태보다 자본 내지 기술집약적인 고용형태로 변화를 거듭하였고, 이 때문에 노동시장에서는 실업이 '항상화'되는 구조가 형성되었다. 이는 청장년층의 실업이 커다란 사회적 문제가 되게 하였을 뿐만 아니라 노동시장의 유연성 확보라는 기치 아래 어쩌면 정기적인 구조조정의 단행으로 중고연령층에서 '정년퇴직'이라는 것은 한낱 취업규칙에 적힌 죽은 문자쯤으로 치부될 수 있게 되어 버렸다. 이와 같은 고용현실에서 고령자의 고용－직업을 갖는다는 것 그 자체－에 지나치게 경도되어 접근한다면 자칫 그들의 근로조건이 열악해지거나 최저임금의 보장도 어렵게 되는 방향으로 전개될 수 있는 것을 경계해야 할 것이다. 고용의 창출이나 일자리 창출이 오히려 그들의 기본권이나 삶의 여건을 고단해지도록 만들어서는 안될 것이기 때문이다.

Ⅳ. 고용정책과 노동시장

1. 고용구조와 고용의 기능적 측면

(1) 고용구조와 노령인구의 빈곤

고령자는 한 번 실업상태에 빠진 후에 재고용되기가 청장년 실업자보다 훨씬 어렵다. 사회 내에서 이루어지는 직업능력 개발도 접근하기가 쉽지 않을 뿐만 아니라 급속하게 변화하는 각종 기능과학적 지식을 습득하는 것이 그리 간단치 못하다. 그런데 고령자 내지 노인은 자신이 청장년 근로층에 속해 있었을 때에 향후 실업 내지 퇴직을 위하여 상당한 정도로 사회보장적 급여가 가능하도록 설계하였다면, 경제적 문제와 그와 더불어 파생하는 여러 노인문제 등을 스스로 해결해 나갈 수 있다. 이와 반대로 그렇지 못한 고령자 내지 노인은 또 다른 사회문제에 봉착하게 된다. 사회의 커다란 문제의 하나로 제기되는 양극화현상은 고령자 내지 노인문제에서도 그대로 나타난다. 다시 말해 노인간에도 분화현상이 심각해지고 있는 것이 현실이고, 소득의 기대상실이 기타 여러 노인문제로 이어지면서 동일집단 내에서 양극화가 두드러진다. 전문적인 일자리를 갖고 있던 고령자 내지 노인은 재고용의 측면이나 사회안전망의 구비수준이 단연 높다고 볼 수 있고, 사회적 위험에 대한 대처능력도 그렇지 못한 고령자보다 우수한 것이 사실이다.

이 같은 현상은 비단 노인의 문제에만 국한된 것이 아니지만, 더 이상 개선의 여유가 많이 부여되지 못한 노인집단에게 보다 큰 문제로 다가오는 것이다. 젊은 청장년의 실업자나 미취업자는 고용의 과정에서 이른바 '패자부활전'의 기회라도 노려볼 수 있으나, 노인의 경우에도 그러한 마당이 쉽게 주어지지 않는다. 노인의 경우에 전문능력이나 기술의 차이가 고용에서 차별로 작용하고, 그것은 궁극적으로 노동과 임금의 교환기회를 낮출 뿐만 아니라 그로 인한 소득획득의 기회상실로 이어져 빈곤[13]의 악순환에 빠질 우려가 제기된다. 고용의 한계선에서 바로 사회보장적 급여가 그 기능을 할 수밖에 없는 구조이다.

(2) 건강한 고령생활로 건강보험의 재정적 안정화에 기여

개인에게 노동은 육체적·정신적 측면에서 다양한 긍정적 기능을 가져다 준다. 주기적인 노동은 육체 및 정신에 적극적이고 활력적인 에너지를 생산케 함으로써 건강한 생활을 유지할 수 있도록 도와준다. 오늘날 고령인구가 급증하면서 건강보험의 재정지출이 상승하게 되면서 보험재정에 지속적

13) 빈곤에 대한 법학적 문제는 전광석, "빈곤문제와 법학의 과제," 「법과 사회」, 제5호(1992), 150-175면 참조.

인 압박요소로 작용하고 있는 것으로 보고되고 있다.[14] 물론 고령화 그 자체가 보험재정에 불리한 요소로 전적으로 작용하는 것은 아니고, 의료기술의 지속적 발전과 그로 인한 평균수명의 연장 등이 겹쳐지면서 인간이 비록 자연상태의 완벽한 건강생활은 아니지만 의료라는 수단에 기대어 생명을 연장할 수 있게 되면서 그에 대한 소요비용은 점차 부담으로 작용할 수밖에 없다. 이것은 고령인구의 비율이 높아지는 단순한 사실의 측면보다 구성비율의 상승과 그로 인한 의료비 지출이 일정한 함수관계를 갖게 되었기 때문이다.

이러한 상황에서 개인이 주기적으로 근로한다는 것은 육체적・정신적 안정을 이룰 수 있게 하고, 나아가 사회의 공적 보험이 장기적으로 안정화 기조로 운영될 수 있게 돕는다. 그래서 고령자 내지 노인의 고용에서는 일반 청장년층 근로자보다 근로시간이나 담당 직무면에서 다양한 고려와 보다 유연한 입법적 대처방안이 제기될 수 있다.

2. 고령자 고용정책의 방안

고령자 내지 노인의 고용정책은 고용관계에 속해 있는 집단에 대한 고용의 지속적 안정화 방안, 고령자 집단에 속한 후 실업상태에 있거나 정년퇴직한 근로자의 계속고용의 방안 그리고 노동시장에 새로운 일자리의 창출 등의 측면에서 검토해 보아야 한다.

(1) 고용의 안정화 방안

1) 해고에서 차별성의 방지

세계경제가 지역단위로 블록(Bloc)화되고 더 나아가 하나의 경제권역으로 통합되는 과정에서 예전처럼 국내시장의 경기변동에만 기업의 운영이 좌우되는 것이 아니라 세계시장의 요동에 휘말리지 않을 수 없게 되었다. 이른바 국제시장에 편입된 탓에 경기변동에 보다 취약한 경제구조가 형성되었다는 점이다. 따라서 기업은 지속적 발전 가능성과 생존전략의 추구를 목표로

14) 이에 대한 실증적 연구로 이석원・임재영, "노인 일자리 사업의 연차별 의료비 절감효과," 「한국행정학보」, 제41권 제4호(2007), 387면 이하 참조.

가능한 한 노동시장에서 보다 유연성(flexibility)[15]을 확보하고자 하였고, 그것이 우리 법체계에서 '정리해고'의 문제로 등장하였다(「근로기준법」 제24조).

물론 정리해고(경영상 이유에 의한 해고)를 하는 경우에도 엄격한 절차에 따르도록 하여 사용자가 남용하는 일이 없도록 일정한 안전장치를 마련하고는 있으나, 그 기준에 대하여 항상 노사관계에서 첨예하게 대립하고 있는 것도 사실이다. 특히, 고령자의 해고라는 문제에 이르면 연령에 따라 해고의 우선순위로 올라 고용관계에서 심각한 차별적 조치가 발생할 우려가 있는 것이다. 왜냐하면 기업은 근로자의 근속연수가 증가함에 따라 임금은 연차적으로 상승하게 되지만, 그 생산성은 임금상승률을 따르지 못하고 하락하게 된다고 보기 때문이다. 그런 이유에서 기업은 고령자의 고용을 기피하게 되고 가장 손쉬운 방안으로 고령자 해고를 최우선으로 생각하게 된다. 그러나 이러한 해고기준은 우리 헌법 제11조의 평등권 조항에 정면으로 배치되는 것이다. 헌법정신에 어긋나는 해고로부터 고령자의 고용을 보호하기 위하여 「근로기준법」 제101조 이하에서 규정하는 '근로감독관'의 역할이 중요하게 제기된다. 근로감독관은 가장 현장실무에 밝은 전문가로서 노사관계의 불이익 조치를 엄격하게 감독하고, 사후 시정조치에 대한 감독을 철저하게 할 필요가 있다. 입법적으로는 「고용상 연령차별금지 및 고령자고용촉진에 관한 법률」 제1조에서 합리적 이유 없이 연령을 이유로 하는 고용차별을 금지하고 있으며, 같은 법 제3조에서는 정부에게 차별관행을 해소하기 위한 연령차별 금지정책을 수립・시행하도록 하고 있다.[16] 법 제4조에서는 구체적인 차별금지사유의 예를 들고 있는데, 모집・채용, 임금, 임금 외의 금품 지급 및 복리후생, 교육・훈련, 배치・전보・승진, 퇴직・해고 등이 그것이다.

이와 같은 해고의 문제에서 우리 헌법 제11조가 금지하는 성별에 따른 해고의 차별 또한 논의될 필요가 있다. 여성 고령노동자가 정리해고절차에서 불리하게 작용해서는 안되기 때문에 연령과 연계한 성별에 따른 차별은 합리적 이유가 없는 해고기준으로 보아야 한다.[17]

---

15) 김정순 외, 앞의 책, 33면 참조.

16) 「근로자직업능력개발법」 제3조 제3항은 직업능력개발훈련에서도 연령에 따른 차별을 금지하고 있다.

비교법적으로 고용상 연령차별을 금지하는 구체적인 입법으로 미국의 예가 있다.[18] 미국은 1967년에 고용상 연령차별금지법(Age Discrimination in Employment Act; ADEA)을 제정하여 40세 이상의 근로자 및 구직자에 대하여 연령을 이유로 한 모든 형태의 차별을 금지하였다. 다만, 예외적으로 특정한 사업에서 진정성 있는 직업상 자격으로 기능하거나, 연령 외의 다른 합리적 요건들에 토대를 두고 있는 것인 경우거나, ADEA의 목적에 위배되지 않는 범위 내에서 연공서열제를 취하는 것 등은 허용되며, 해외 사업장의 경우에도 일정한 예외조치가 있을 수 있다.[19] 독일[20]의 경우에는 해고제한법(Kündigungsschutzgesetz)에 따라 사용자가 긴박한 경영상의 필요에 의한 해고를 할 때에 근속기간, 연령, 부양가족수 및 중증장애의 요소를 충분히 고려하지 않은 경우에 이를 부당하다고 하고 있다(제1조 제3항). 이 규정에 따라 고령자는 해고대상자의 선정시 최우선적으로 보호해야 할 대상이 된다.

2) 정년제의 개선과 확대

정년제[21]는 근로자가 일정한 연령에 도달하면 그의 의사와 무관하고 근

---

17) 「남녀고용평등과 일·가정 양립 지원에 관한 법률」은 합리적 사유 없는 성별의 차별을 금지하고 있다.

18) 자세한 언급은 서장권, "미국의 고용에서의 연령차별금지법리," 「고령자고용과 정년제의 법적 과제」(한국법제연구원, 2003), 39면 이하; 이철수, "고령자고용과 정년제의 법적 과제," 「고령자고용과 정년제의 법적 과제」(한국법제연구원, 2003), 116면 이하; 김정순 외, 앞의 책, 38면 참조.

19) (f) Lawful practices; age an occupational qualification; other reasonable factors; laws of foreign workplace; seniority system; employee benefit plans; discharge or discipline for good cause It shall not be unlawful for an employer, employment agency, or labor organization-

(1) to take any action otherwise prohibited under subsections (a), (b), (c), or (e) of this section where age is a bona fide occupational qualification reasonably necessary to the normal operation of the particular business, or where the differentiation is based on reasonable factors other than age, or where such practices involve an employee in a workplace in a foreign country, and compliance with such subsections would cause such employer, or a corporation controlled by such employer, to violate the laws of the country in which such workplace is located; 이하 생략.

20) 독일의 법제에 대한 내용은 조성혜, "독일의 고령자 고용촉진 법제," 「노동법학」, 제29호(2009. 3), 289면 이하; 고준기, "고령자 고용촉진을 위한 정년제의 문제점과 법제화방안에 관한 연구," 「한양법학」, 제21집(2007. 8), 177면 이하 참소.

21) 정년제의 법적 문제에 대한 논의는 이달휴, "우리나라의 고령자고용에 관한 법적 과제,"

로능력의 존재 여부에 관계없이 근로관계가 자동적으로 종료되는 것을 말한다.[22] 정년제는 근로관계의 종료를 연령에 결부시킨다는 것과, 그것은 해당 근로자의 근로능력과는 전혀 무관하다는 특성을 갖는다. 이러한 정년제는 근로자와 사용자에게 긍정적 측면과 부정적 측면을 함께 지닌다. 긍정적 측면을 보면, 근로자는 특별한 사유가 없는 한 자신이 근로능력만 구비하고 있다면 정년까지 안정적으로 근로관계를 유지할 수 있게 되어 소득활동이 보장될 수 있다. 그러나 정년에 이르는 순간 해당 근로자는 자신의 주관적 능력과 별개로 근로관계에서 배제되어야 하는 문제가 발생한다. 이와 달리 부정적 측면을 보면, 사용자는 근로자의 근속연수가 증가하여 비용압박이 존재하더라도 정년까지 고용을 보장해야 하기 때문에 노동시장에 탄력적으로 대처하기 어려워지며, 인사적체나 노동생산성의 저하 등으로 기업 자체의 존립에 위험이 가해질 수 있다는 것이다. 그러나 사용자는 근로자가 정년에 이르면 당연히 근로관계를 종료할 수 있는 여지가 발생한다. 이처럼 정년제는 근로자와 사용자의 두 측면에서 순기능과 역기능을 하고 있다.

정년제와 관련하여 논의해야 할 쟁점은 어떻게 하면 정년을 보다 연장할 것인가, 아니면 폐지할 것인가 그리고 정년 후 계속고용의 보장은 어떤 방법으로 해결할 것인가라는 사항이다. 이 문제를 크게 두 가지 쟁점으로 나누어서 서술하기로 한다.

첫째, 정년제의 긍정적 측면을 강조한다면 근로자의 장기고용에 이롭고 해당 정년이 지나치게 낮지 않으면 합리성을 인정할 수 있으며, 고령사회로 진입하는 단계에서 정년의 점진적 연장은 바람직하다는 것이다. 그런데 이러한 제도설계는 오늘날 우리 사회의 고용구조에서 현실성이 있느냐가 문제이다. 강력한 신분보장이 뒷받침되고 있는 공직사회라면 어느 정도 타당하고 실현 가능성이 있는 것이지만, 일반근로자의 경우에 근속연수가 점점 짧아지고 있는 냉혹한 현실을 감안한다면 노동시장에서 어느 정도로 효과가 있을

「고령사회와 고령자고용의 법적 과제」(한국법제연구원, 2003), 96면 이하 참조.

22) 일본의 최고재판소는 秋北버스 사건에서 정년제의 합법성을 인정한 바 있다. 이 사안은 기업이 취업규칙에 55세의 정년제를 신설하고 난 후 55세가 지난 근로자에게 해고통지를 한 것이 발단이 되었으며, 취업규칙의 불이익변경과 그에 대한 근로자의 동의 여부가 쟁점이 되었었다(最裁大判 昭和 43(1968). 12. 25, 民集22권 13, 3459면).

지는 의문이다. 그러므로 정년연장의 문제는 단지 이 문제 하나에서 그치는 것은 별 효과없는 정책이 되기 십상이므로 임금제도의 개선이 병행되어야 한다. 일정 시점을 기준으로 임금피크제도를 도입하여 사용자의 비용부담적 요소를 경감시켜 주면서 점진적 정년연장이 필요하다. 또한, 고령자를 계속적으로 고용하는 경우에 일정한 보조금을 지원하는 것도 하나의 방안이 될 수 있는 것이다. 그러나 이러한 정년제의 존속에 대하여 부정적 견해가 없는 것도 아니다. 이 견해의 주요 논거는 앞서 우리 현실에서 제기한 의문처럼, 일본에서도 대기업은 정년 이전부터 중고령근로자의 방출이 적극적으로 행해지고 있어 정년제의 고용보장기능은 점점 약해지고 있기 때문이라는 것이다.[23]

둘째, 정년 후의 계속고용의 보장은 우선 정년으로 퇴직해야 하는 근로자를 다시 연장하여 해당 근로자를 고용하도록 하는 것이다. 이것은 정년제의 합리성 존재를 긍정하지만, 정년 후에도 여전히 당해 근로자가 근로능력을 충분히 갖추고 있으며, 임금 등의 근로조건에 대한 합의가 이루어지면 기업은 계속하여 고용관계를 유지할 수 있게 하는 것이다. 이 제도 또한 정년제로 퇴직하는 근로자가 얼마나 존재하느냐가 관건이다. 종신고용을 기본체계로 한 일본의 입법에서는 어느 정도 효과가 있을 수 있으나, 우리의 현실여건에서 이 제도가 얼마나 현실성 있는지는 의문이다. 이런 점에서 우리의 입법체계에서 중요한 것은 정년연장이나 정년 후 계속고용의 도입이 아니라 얼마나 많은 근로자가 정년까지 안정적으로 고용될 수 있도록 하느냐에 있다. 아무리 정년제가 합리성을 갖고서 존치된다고 하더라도 정년까지 고용되는 근로자가 극소수라면 현실성 없는 무용지물의 제도설계가 될 수 있기 때문이다. 그렇기 때문에 국가가 노동시장에 개입하는 조치로 점진적인 정년보장제를 연착륙시키면서 그러한 입법적 개선으로 사용자에게 의무를 부과하는 방향으로 진행하여야 할 것이다.

정년제와 관련하여 입법자는 「고용상 연령차별금지 및 고령자고용촉진에 관한 법률」 제19조 이하에서 몇 가지 중요한 조치를 마련하고 있다. 우선

23) 노상헌, "일본의 고령사회와 정년법제," 「고령자고용과 정년제의 법적 과제」(한국법제연구권, 2003), 79면 참조.

사업자가 정년을 정하는 경우에 60세 이상이 되도록 노력할 의무를 부과하고, 상시 300명 이상의 근로자를 고용하는 사업주는 노동부령으로 정하는 바에 따라 매년 정년제도의 운영현황을 노동부장관에게 제출하여야 한다. 다음으로 정년퇴직자의 재고용의 측면에서 정년에 도달한 자가 그 사업장에 다시 취업하기를 희망할 때 그 직무수행능력에 맞는 직종에 재고용을 위하여 노력하도록 하고 있다. 이때에 당사자간의 합의에 의하여 「근로기준법」 제34조에 따른 퇴직금과 같은 법 제60조에 따른 연차유급휴가일수 계산을 위한 계속근로기간을 산정할 때 종전의 근로기간을 제외할 수 있으며 임금의 결정을 종전과 달리할 수 있다. 또한, 이 경우에 일정한 장려금 등 필요한 지원을 사업주에게 할 수 있다. 이와 같은 제도적 구비만으로 고령자의 일자리 창출이 쉽게 달성될 수 있는 것은 아니며, 장기적으로 정년제도에 대하여 강제적 규정으로 전환할 수 있는 방안을 모색하여야 할 것이다. 또한, 국가는 보다 적극적으로 정년제도와 연금제도의 연계방안을 추진하여 고령자의 근로가 갖는 순기능을 활성화시켜야 한다.

3) 공공부문 또는 제3의 부문에서 고령자 고용의 촉진

고령자 고용은 다양한 방면에서 진행되어야 하는데, 독일의 사회법전 제260조 이하의 공공부분에 대한 고용할당정책이 참고가 될 수 있을 것이다. 국가가 근로자에게 모든 일자리를 제공하는 것은 자본주의 경제체제에서 불가능한 일이지만, 각종 사회정책을 추진하는 과정에서 공공부문에 필요한 노동력을 주로 고령자의 고용기회로 적극 활용할 필요는 있다. 우리의 경우에 공공 일자리 창출이 일부 이루어지고 있기는 하지만, 그것이 실제적 소득활동의 지속성을 담보하기에 미약한 점이 존재한다.

국가, 지방자치단체, 공공단체 등이 공익목적의 사업을 시행하는 경우에 고령자를 고용하면 사용자와 맺은 임금의 상당 부분을 수행기관에게 보조하는 제도로서 활용하는 것이다. 그러나 이와 같은 제도가 늘 고용을 창출하는 측면, 즉 지속적 고용을 확보하는 데 한계가 있을 수 있기 때문에 단기성 사업이라면 그 효과가 낮을 수 있다는 문제가 있다.

오늘날 시장과 공공부문의 역할이 새로운 국면을 맞기 시작하였다. 따라서 이 두 부문은 일반대중과의 관계 측면에서 근본적인 변화를 겪게 되었고, 특히 고용이라는 측면에서 제3의 부문[24]이 이 둘의 관계 속에서 새로운 일자리 창출의 영역으로 등장하였다. 제3의 부문은 종전에 국가의 부문으로 종속되었던 기능을 흡수하기 시작하였으며, 국가의 직접적 역할에서 어느 정도 거리를 두고 독자적인 영역을 확보하기에 이른 것이다. 이 부문이 지속적으로 확대되어 가고 있는 시점에서 정부는 이 부문에서 나타나는 고용창출의 긍정적 기능을 위하여 적극적인 파트너십을 형성할 필요가 있다. 노인의 일자리 창출 또한 이들 영역에서 지속적으로 성장할 수 있을 것이다.

(2) 재고용 및 실업의 대책

현대사회는 실업의 위험이 더 크게 상존하고 있는 것이 사실이다. 그러므로 고령자는 한 번 해고되고 나면 다시 취업한다는 것이 쉬운 일이 아니다. 고령자에 접어든 시기에 해고가 되면 그 후 새로운 환경에 대한 적응과 직업능력 개발이 지속적으로 이루어져야 한다. 정부는 고령자 취업지원을 위하여 구인·구직 정보를 수집하고 구인·구직의 개척에 노력하여야 하며 관련정보를 구직자·사업주 및 관련단체 등에게 제공하여야 한다. 실업 후 재고용이 빠른 시일 내에 있기 위해서는 실업자 본인의 직업능력 개발에 대한 적극적 자세는 물론이고 고용정보에 대한 확보가 무엇보다도 중요하다. 능력은 있으되 고용기회를 잡지 못하여 자신의 능력을 사장시키는 시장의 상황이 전개되어서는 곤란하다. 따라서 정부는 취업알선의 기능을 강화하는 차원에서 '고령자고용정보센터'를 보다 적극적으로 활용할 필요가 있다(법 제10조). 또한, 구인하는 사용자가 자신들의 사업에 적합한 인재를 적절한 시기에 획득할 수 있도록 '고령자인재은행'을 통할 필요가 있다. 이러한 조직의 운영에 대하여 국가는 전문인력과 시설에 대한 인적·재정적 지원을 하여야 한다. 또한, 퇴직한 고령자의 경우에는 경력 등을 고려하여 직업지도와 취업알선 등을 전문적으로 지원하는 '중견전문인력 고용지원센터'를 지정하여 고령자 고용정책을 적극 지원하여야 한다(법 제11조의2).

---

24) 이에 관한 자세한 내용은 제리미 리프킨, 이영호 옮김, 「노동의 종말」(민음사, 2009), 352면 이하 참조.

조기퇴직한 근로자나 실업상태에 있는 고령자를 고용하는 데에 가장 문제점으로 지적할 수 있는 것은 그들의 이력에 대한 충분한 보상이 되는 임금결정이 가능한가, 그리고 실제 작업장에서 고령자를 위한 적합한 근로환경을 갖추고 있느냐이다. 지나치게 육체적 힘을 소요하는 작업은 고령자에게 알맞지 않은 작업에 해당하며, 산업재해로부터 고령자를 보호하기 위하여 이들에 대한 근로환경의 개선은 충분히 뒷받침되어야 한다. 노동부장관이 필요하다고 인정하면 고령자를 고용하고 있거나 고용하려는 사업주에게 채용, 배치, 작업시설, 작업환경 등 고령자의 고용관리에 관한 기술적 사항에 대하여 상담, 자문, 그 밖에 필요한 지원을 하게 한 것도 이러한 맥락에서 이해할 필요가 있다. 작업시설에 대한 개선비용이 상당한 정도로 소요될 경우에 국가는 해당 사업장을 실사한 후 그에 대한 추정비용을 어느 정도 지원하는 것은 장기적인 고령자 고용의 관점에서 유용한 일이 될 수 있는 것이다.

이와 같은 고령자 고용에 대한 '고용지도'에서 국가가 고령자에 대한 신체적·정신적 조건, 직업능력 등에 관한 정보와 그 밖의 자료를 제공할 경우에 개인의 신상정보가 무분별하게 사용자에게 제공되어 정보가 외부로 유출될 가능성을 차단해야 할 의무도 함께 져야 한다. 고령자가 고용을 위하여 자신과 관련된 주요 정보를 국가에게 제공하고 그 정보는 구직자·사업주 및 관련 단체에 제공되는 과정을 거치면서 왜곡된 정보가 투입되었거나 불필요하게 넓은 범위의 정보를 요구하여 정보공유가 이루어지는 상황에서는 개인의 사생활 보호라는 헌법적 가치가 손상될 우려가 잠재되어 있다. 정보의 수집은 국가가 실행하고 그에 대한 정보가 개인의 고용을 위한 목적으로 외부 민간인이나 단체에게 제공되는 경우에 철저한 보호조치가 마련되어야 한다.[25]

(3) 새로운 일자리의 창출과 그 한계

1) 일자리 창출의 의의

노동시장[26]에서 새로운 일자리를 창출한다는 것은 예전에 없었던 새로

---

25) 개인정보의 수집과 유출에 관한 헌법적 논쟁으로 헌재결 2005. 5. 26, 99헌마513(십지지문정보 사건); 헌재결 2007. 7. 21, 2003헌마282(교육정보시스템 사건).

운 유형의 일자리를 의미할 수도 있으며, 또한 이미 존재하던 유형의 일자리가 다시 재창출되거나 확장되는 것을 의미한다. 우선 새로운 유형의 일자리는 새로운 직업이 출현해야 하는 것이므로 노동시장의 형성이 어려운 구조적 문제를 안고 있다. 물론 사회가 급속도로 다변화되고 끊임없이 새로운 유형의 직종이 나타나지만, 그 가운데서 고령자의 고용과 실질적 관련성을 갖는 부분이 얼마나 존재할지는 미지수다. 왜냐하면 고령자는 이미 청장년층의 근로자와 달리 신체적・정신적・창조적 능력 등에서 일정한 제약이 존재한다는 것을 부인하기 어렵기 때문이다. 직업적 적성이나 소질의 측면에서 시대변화나 기술변화에 민감한 사안에서는 고령자를 위한 노동수요는 그 한계를 지니는 것이다. 다음으로 일자리의 재창출 내지 확장의 경우에 고령자는 종전에 자신이 가진 전문적인 기술이나 능력을 보다 향상시키는 연수교육(직업능력의 개발)을 통하여 극복할 가능성이 높다고 볼 수 있다. 기존에 존재하던 직업군에서 필요로 하는 고용은 기업의 적극적 투자가 전제되어야 가능하다. 경제질서 내에서 기업이 임금 등 생산비용을 감소시키기 위한 방편으로 생산기지를 해외로 계속하여 옮기는 상황이 전개되면 오히려 일자리는 축소되고 고용은 위축될 수밖에 없다. 이러한 문제에 당면하여 국가는 기존 기업이 새로운 고용의 수요를 창출하도록 하기 위하여 투자위축의 여건을 감쇄시키고, 고령자에 대한 고용을 확대하는 경우에 적극적인 보조금 지원정책을 추진하여야 한다. 그로 인한 적극적 투자는 고령자 개인은 물론이고 새로운 경제활동의 기회를 확산시킬 것이므로, 일자리의 창출은 궁극적으로 생산의 증가와 소득의 증가를 가져와 국가경제에도 긍정적 효과를 미칠 수 있다.

2) 일자리 창출의 한계

고령자 내지 노인에게 적합한 일자리로 제기되는 것으로 주로 서비스사업 분야, 환경미화, 건물관리직, 박물관 또는 숲 해설가, 실버산업 분야 등이 있다. 그런데 실제 고령자는 농림수산업 등 1차산업에 상당수가 종사하고 있으며, 전문기술직을 비롯한 행정관리직 또는 사무관리직 종사자는 미약한 수

26) 독일의 노동시장에서 규율은 Werner Eichhorst, Beschäftigung Älterer in Deutschland: Der unvollständige Paradigmenwechel, IZA DP No. 1985(2006) 참조.

준에 불과하다. 이러한 결과는 주로 고령자의 인구가 도시보다는 농어촌에 거주하면서 주로 1차산업에 종사하기 때문이다. 이런 분포[27]를 보면 고령자, 그 중에서도 노인이 일반 청장년층 근로자와 동일한 직종에서 근로한다는 것은 노동시장의 구조상 쉬운 일이 아니다. 우리 사회에서 청년실업이 크게 문제되고 있는 상황을 감안한다면 고령자의 고용창출이 서로 상충되는 측면이 있으며, 이 둘의 문제는 일자리 분배문제에서 어려운 점이 존재함을 알 수 있다. 다만, 청년실업의 성향이 고령자의 실업과 일정 부분에서 차이를 가져오는 점이 있는데, 청년실업은 고학력자의 3D현상이 뚜렷한 반면, 고령자의 실업은 이와는 다른 상황이다. 그러므로 이 두 실업의 문제는 부분적으로 상충되는 것이 있을지 몰라도 다른 시각에서 접근할 여지는 여전히 존재한다.

3) 사회적 기업의 육성과 일자리 창출

우리 입법자는 다양한 방식으로 일자리를 창출하기 위한 노력을 하고 있는데, 대표적으로 「사회적 기업 육성법」을 제정하여 사회서비스의 불충분한 공급을 확충하고 일자리를 창출하여 사회통합과 국민의 삶의 질을 향상시키고자 하였다. 이 법이 추구하는 목적에서 보듯이 '사회적 기업'[28]은 법에서 정한 인증절차를 거쳐 설립이 되는데, 이것은 취약계층에게 일자리를 제공함과 아울러 사회서비스를 제공하기 때문에 소득활동의 기회가 적은 고령자 등에게 유용한 고용의 기회를 제공할 수 있는 한 방편이 될 수 있다. 어느 기업이 사회적 기업으로 인증받게 되면 정부로부터 다양한 재정적 지원과 기타의 보조가 이루어질 수 있다. 특히 이들 기업이 생산하는 재화나 서비스에 대한 공공기관의 우선구매제도가 설정되어 있으며, 「조세특례제한법」에 의한 세제상 혜택이 주어지며, 각종 사회보험료에 대한 보조금의 지원이 이루어질 수 있는 제도를 형성하였다.[29]

---

27) 이에 관한 자료는 김헌수, "노인빈곤과 그 해결책,"「건전사회교육연구」, 제5권 제1호(2000), 56면 참조.

28) 이에 대한 자세한 논의는 정선희, 「사회적 기업」(다우, 2004), 8면 이하; 정선희, 「한국의 사회적 기업」(다우, 2005), 16면 이하; 한상진, 「시장과 국가를 넘어서-사회적 기업을 통한 자활의 전망」(울산대학교출판부, 2005), 155면 이하 참조.

29) 제13조(조세감면 및 사회보험료의 지원) ① 국가 및 지방자치단체는 사회적 기업에 대하여 「법인세법」, 「조세특례제한법」 및 「지방세법」이 정하는 바에 따라 국세 및 지방세를

이와 같이 사회적 기업에 대한 적극적 지원정책은 단지 해당 기업의 이익이라는 차원을 넘어 이들 기업이 새로운 고용을 창출하고 그로 인한 소득활동의 선순환을 이룩하는 데 중대한 역할을 하게 한다. 이 법이 제정되기 전에 이미 우리 사회에서 공동체 소규모 조합형식의 기업이 이와 유사한 형태로 운영되고 있었으며,[30] 해당 기업들은 사회에 상당한 반향을 불러왔으며 실제 고용창출의 효과 또한 인정할만 하였다. 이러한 형태의 기업이 지닌 장점은 바로 고령자 고용에 매우 적극적이었다는 것과 근로자의 상당 부분이 고령자로 구성되었다는 점에서 고령자 내지 노인의 일자리 창출에 긍정적 역할을 기대해 볼 만하다. 또한, 「사회적 기업 육성법」 시행령 제2조 제2호는 이미 명시적으로 「고용상 연령차별금지 및 고령자고용촉진에 관한 법률」 제2조에서 말하는 고령자를 포함하여 규정하고 있다. 앞으로 사회적 기업의 육성에 따른 고령자 고용은 새로운 전기를 마련할 수 있을 것으로 전망한다.

사회적 기업은 그 조직 형식의 면에서 민법상 법인·조합, 상법상 회사 또는 비영리 민간단체 등 대통령령이 정하는 조직형태를 갖추어야 한다. 그리고 그 조직의 주된 목적이 취약계층에게 일자리나 사회서비스를 제공하여 지역주민의 삶의 질을 높이는 등 사회적 목적을 실현하는 것이어야 한다. 또한, 보다 중요한 것으로 기업의 의사결정구조가 이미 법에서 어느 정도 제한받고 있다는 점이다. 법에서 서비스 수혜자, 근로자 등 이해관계자가 참여하는 의사결정구조를 갖추도록 강제하고 있으며, 회계연도별로 배분 가능한 이윤이 발생한 경우에는 이윤의 3분의 2 이상을 사회적 목적을 위하여 사용할 것(상법상 회사인 경우에 한한다)을 의무사항으로 규정하였다. 이처럼 사회적 기업은 일반 기업과 달리 그 목적, 의사결정구조 그리고 이윤배분의 측면에서 강한 사회적 기속을 받게 되어 있다. 이와 같은 구조는 아직은 활성화되어 있지 않지만 향후 작은 단위로 육성된다면 노인 내지 고령자의 일자리 창출에도 상당한 도움이 될 것이 분명하다. 왜냐하면 사회적 기업 그 자체가

감면할 수 있다. ② 국가는 사회적 기업에 대하여 「고용보험 및 산업재해보상보험의 보험료 징수 등에 관한 법률」에 따른 고용보험료 및 산업재해보상보험료, 「국민건강보험법」에 따른 보험료 및 「국민연금법」에 따른 연금보험료의 일부를 지원할 수 있다.

30) 이에 대한 예는 정선희, 「한국의 사회적 기업」(다우, 2005) 참조.

오로지 이윤의 극대화를 최고의 지향점으로 두고 있지는 않기 때문이다.

3. 세계화에 따른 노동시장의 환경적 변화와 고용

(1) 시장통합에 따른 고용의 변화

세계는 날로 국경을 뛰어넘는 형태로 시장을 블록화 내지 통합하는 경향으로 재빠르게 변모해 가고 있다. 시장이 통합된다는 것은 이른바 무역의 장벽이 하나씩 허물어지고 자유무역의 경계가 사라지는 것을 말한다. 이는 FTA 체결과 같은 국가간 내지 지역간 시장통합은 점차 가속도를 붙여가고 있는 현실을 눈여겨보면 알 수 있다. 비록 시장통합의 영향으로 국가간 노동력이 자유롭게 이동할 수 있는 가능성은 점차 높아지고 있으나, 그러한 효과가 국가간 노동의 구매력이 완전하게 자유로워질 것이라는 전망을 내놓기는 어렵다. 그것은 언어와 문화라는 원천적인 장벽이 존재하기 때문에 그러하고, 또한 국가간 노동력의 숙련도가 국가의 발전수준에 따라 상당한 차이를 보일 수밖에 없기 때문이다.

다만, 이러한 시장통합이 과학기술 영역의 전문직 근로자의 경우에는 보다 확장된 고용의 기회가 열릴지 모르나, 다른 영역도 마찬가지로 고용기회가 넓어질 것이라고 섣불리 단정할 수 없는 것은 자명하다. 그 가운데서도 고령자 내지 노인의 경우에 국가간 시장통합이 보다 많은 기회를 보장할 것이라고 단언하기 어렵다. 이러한 상황에서 고령자의 경우에 더욱 비숙련 근로자로서 전일제 근무보다 파트타임제 근로자로 고용될 기회는 더욱 많아질 수는 있다. 그러므로 고령자 내지 노인의 고용방식은 청장년층의 근로자보다 근로시간의 측면에서 보다 유연한 접근이 필요하다.

이와 같은 시장의 통합은 국가간의 협상에 따라 형성된 교역조건에 기속되므로 결정은 국가가 하였으나, 그 후 시장의 형성과 조정은 외부적 영향에 따라 요동칠 가능성은 훨씬 높아졌다는 점에서 국가의 경제정책은 한계를 지니는 구조가 된다. 따라서 고령자 고용을 위한 일자리 창출도 매우 급변하는 환경에서 적절한 대처를 하기가 어렵게 되고, 급속한 지식변동의 사회에서 향상교육이 그처럼 탄력적으로 대응하기가 곤란하고, 또한 고령자는 종래 자신이 거주하던 국가를 떠나 해외 노동시장에 편입하려는 결단을 내리는 것은 더 더욱 힘들다.

(2) 해외자본의 노동시장에 대한 개입과 국가정책의 약화

비록 국가간 시장이 통합되는 단계로 진입하지 않고 있더라도 국제자본은 다양한 경로를 통하여 다른 국가로 흘러들어 간다. 세계지도상에 그어진 국경은 선명하지만 자본은 국경을 자유롭게 넘나들며 그 원천과 색깔도 구별하기 어렵다. 이와 같은 점에서 국제자본은 유입되는 국가의 입장에서 보면 자국 내의 투자를 촉진할 것이며 경제의 활력을 위하여 도움이 될 것이라는 기대를 하지만, 그것은 지나친 낙관에 그칠 우려도 잠재되어 있다. 만약, 투기적 자본이 투자라는 명목을 달고 한 국가의 기업을 인수·합병후 고용시장의 구조개선[31]을 시도하고, 기업의 상대적 가치를 상승시키고서는 그 차익만 보고서 기업양도라는 수순을 밟는 경우라면 문제는 달라진다. 이러한 현상이 잦아지면 오히려 내국의 노동시장은 고용안정성이 극도로 떨어지고, 노사관계의 평화는 깨진다. 또한, 투자가 고용을 자연스럽게 창출할 것이라는 기대 또한 무너지면서 투자의 선순환을 기대할 수 없다. 왜냐하면 고용창출은 단기효과에 기대어 해결될 수 있는 문제가 아니라, 기업이 수익을 얻으면서 장기적 투자를 도모하여 생산기반을 확장할 때만 가능하기 때문이다. 단발성의 투자는 노동시장에 적극적 유인책으로 기능하지 못할 뿐만 아니라, 그 경우에 오히려 시간제 근로자나 단기간 고용에 그치게 된다.

많은 기업이 외국자본의 적극적 투자유치로 고용을 창출하고자 하지만 자칫 주주의 강력한 단기성 수익의 선호로 말미암아 기업의 수익이 주주분배와 장기적 투자를 병행치 못하는 상황이 장기간 지속되면 해당 기업의 지속적 발전은 어려움에 봉착한다. 이와 같은 구조에서 자본은 노동력의 생산성을 고려하여 독자적인 판단을 담당하게 되므로 국가의 시장개입과 조절은 매

31) 가장 단기간에 기업의 영업수익 등 비용구조를 변화시킬 수 있는 수단이 인력감축이나 인력구소소성이기 때문에 인수기업이 양도차익만 추구할 경우에 근로자의 고용 안정성은 현격하게 위태롭게 될 우려가 있다.

우 어렵게 되고, 고용정책을 위한 국가의 운신의 폭은 그만큼 줄어들게 된다.[32] 세계화(Globalization)[33]는 국가의 시장개입에 달가워하지 않기 때문이다. 그러므로 모든 외국자본이 모두 투기성이라고 할 수는 없지만, 자칫 경제의 중량감 있는 영역에서 이와 같은 문제가 발생한다면 고용창출은 장기적으로 기대하기 어렵다.

위에서 본 바와 같이 세계의 시장은 하나로 통합되어 가고 있는 것은 분명하지만, 자본과 노동이 비교적 쉽게 이동할 가능성이 존재한다고 하더라도 실제 그것이 아무런 장벽도 없이 진행될 수는 없다. 자본은 해외투자의 성격뿐만 아니라 해외투기의 성격도 함께 갖고 있으므로 한 나라의 경제에 긍정적인 면보다 부정적인 면을 나타낼 여지도 있고, 노동은 해당 국가의 기술축적과 노동의 숙련도에 따라 이동경로는 한계가 설정되고 언어와 문화라는 또 다른 문제가 존재하기 때문에 이동이 쉽지만은 않다. 그것은 특히 고령자에게는 새로운 환경에서 이루어지는 출발을 의미하므로 더 더욱 어려운 것이다. 그래서 고령자에게 노동시장이 국제적으로 확대된다는 것은 내국의 확대가 유용하지 국제적 다변화가 고용의 유인으로 이어지기는 어렵다. 다만, 긍정적인 경우라면 해당 국가에 해외자본의 적극적인 투자에 기초하여 일자리 확장이 가능한 경우는 있을 수 있다.

Ⅴ. 일자리 창출과 법적 과제

1. 조기퇴직의 문제

우리나라는 세계 여느 국가보다 조기퇴직이 일상화되는 현상에 익숙해지고 있다.[34] 종신고용은 그야말로 공무원 조직 또는 공기업 등에서나 가능

32) 이에 대한 논의로 김정순 외, 앞의 책, 76면 참조.

33) 자세한 내용은 Franz Xaver Kaufmann, Herausforderung des Sozialstaates, Suhrkamp, 1997, 118ff.

한 일이며, 일반근로자는 기업의 구조조정이나 명예퇴직 등으로 말미암아 정년을 정상적으로 채워 퇴직하는 경우는 드문 현상이 되어 버렸다. 고용불안이 사회적 합의점을 찾지 못하는 상황이 누적되면 노사관계의 평화와 균형이 깨지면서 근로자는 임금상승의 수단보다 고용안정에 더 집착하는 방향으로 전개된다. 따라서 노동조합은 단체교섭에서 고용안정을 보장받기 위하여 임금인상에 부가된 강도 높은 대결국면을 자초할 수 있다. 고용의 유연성[35]을 추구하는 기업의 입장에서 이해가 가는 측면이 없는 것도 아니지만, 기업이 지나치게 외적 유연성(양적 유연성, numerical flexibility)에만 집착하고, 내적 유연성(질적 유연성, qualitative flexibility)을 경시하는 경우에 고용관계는 매우 불안정하게 된다. 기업은 유연성의 두 가지 측면에서 적절한 조화를 모색하여야 할 것으로 생각한다. 우선 기업조직 내에서 노동력의 배치 및 전환을 모색하면서 동시에 직업훈련을 통한 유연적 접근을 시도하는 것이 중요하다. 양적 유연성에 경도된 기업은 손쉽게 고령자의 고용배제로 귀결되는 결정을 내리기가 쉽다.

앞서도 언급한 것처럼 고용에서 연령이 차지하는 비중은 상당히 높다.[36] 고령 그 자체가 내포한 문제도 있지만, 고령인력을 적절하게 재배치하고 직업훈련을 시도하려는 입법적 노력뿐만 아니라 사용자의 적극적 실천이 요구되는 것이다. 최근 정부는 입법적으로 공무원의 정년연령을 점진적으로 상향하는 조치를 취하겠다는 발표를 한 바 있다. 그런데 강력한 신분보장을 받는 공무원의 경우[37]는 국가 또는 지방자치단체의 탄력적 대응이 상당한 정도로 제약을 받기 때문에 조기퇴직이 일상화되지는 않는다. 오히려 일반근로자(비공무원)가 고용관계에서 더 불안정하고 정년제도가 별의미가 없을 정도로 시장이 형성되고 있음에 주목하여야 한다. 따라서 입법자는 정년제에 대하여

---

34) 근로자의 연령별·성별·사업장 규모별 근속기간에 대한 자료는 경제협력개발기구(OECD) 엮음, 「한국의 고령화와 고용정책」(한국노동연구원, 2005), 20면 참조.

35) 김정순 외, 앞의 책, 32면 이하 참조.

36) 연령이 고용관계에 미치는 영향에 대한 자세한 분석은 경제협력개발기구(OECD), 앞의 책, 64면 이하 참조.

37) 오늘날 공직사회도 공진과 다르게 다양한 방식으로 구조조정을 단행하고 있다. 공직구조 그 자체도 다양화되고 있기 때문에 공무원 근무관계도 새로운 전기를 맞고 있다.

상향적 조치 및 임금피크제, 그리고 정년까지 고용이 어느 기준율을 충족하는 기업에게 지원정책 내지 감세정책을 도입할 필요가 있다. 지금 존재하는 기준고용률[38]은 어느 기업 내에 고령자가 고용된 그 비율을 환산한 것이지만, 정년충족퇴직률은 해당 근로자가 그 기업에서 정년으로 퇴직하는 일정 비율을 환산하는 방법으로 하자는 것이다. 이것은 기업이 정년까지 많은 근로자를 고용하면 할수록 유리하게 입법정책을 시도하자는 것이다.

2. 연금지급연령의 변경과 소득의 보장

고령자의 일자리가 창출되기 위한 가장 근본적인 원인은 지속적인 생활을 가능하도록 하기 위한 소득의 보장이다. 물론 그 밖에 개인의 자아실현이라든지 일정한 노동을 통하여 건강을 유지하는 것 등이 부가될 수 있다. 그런데 고령화가 급속하게 진행되면서 평균수명은 연장되고 그들의 노후보장을 위한 연금기금이 유입보다 지출되는 액이 상당한 정도로 증가하게 됨에 따라 연금기금의 지출을 완화하고 재정의 장기적 안정을 도모하기 위하여 입법자는 연금지급연령을 점진적으로 연장하는 입법개혁[39]을 실행하였다. 기존에 60세가 되면 연금지급이 가능하였으나, 1998. 12. 31일에 「국민연금법」을 개정하여 2013년부터 2033년이 되기까지 연금지급연령을 1년씩 연장하여 2033년 후에는 65세가 되어야 연금지급이 가능하게 되었다.[40]

위와 같은 「국민연금법」의 개정은 연금기금의 장기적 안정과 제도의 계속성 확보 차원에서는 바람직한 일이긴 하지만, 조기퇴직이 일상화되고 있

38) 「고용상 연령차별금지 및 고령자고용촉진에 관한 법률」 제2조 제5에서 기준고용률을 정하고 있다.

39) 각국의 연금제도의 개혁방향에 대한 논의는 고준기, 「고령사회의 노동환경 변화와 고용시스템의 문제점 및 법적 대응」(집문당, 2007), 283면 이하; 권문일, "공적 연금개혁의 추세 및 유형화," 「사회보장연구」, 제14권 2호(1998), 112면 이하; Roger Geffert, Geschlechtsspezifisches Renteralter im Rechtsvergleich und im Völkerrecht, Vierteljahresschrift für Sozialrecht(1993), 217ff. 참조.

40) 「국민연금법」(1998. 12. 31. 법률 제5623호) 부칙 제3조에서 연차적으로 연금지급연령을 더하고 있다. 그 지급연령에 2013년부터 2017년까지는 1세를, 2018년부터 2022년까지는 2세를, 2023년부터 2027년까지는 3세를, 2028년부터 2032년까지는 4세를, 2033년 이후에는 5세를 각각 더한 연령을 적용한다.

는 노동시장의 현실을 감안해 보면 연금지급연령과 퇴직시점 사이에 상당한 간격이 발생할 경우에 이에 대한 대비책이 보다 철저해야 한다. 이 지점에서 고령자 고용정책은 보다 치밀한 계획 아래 실시되어야 하며, 이들에 대한 소득보장체계를 구조적으로 재점검하여야 한다. 자칫 연금제도의 개혁이 소득 없는 고령자의 안정적 경제생활을 저해할 우려의 원천이 될 수가 있다. 그러므로 기본적으로 연금이 지급되는 2033년의 65세 고령자를 위하여 정년제에 대한 제도개혁이 함께 병행될 필요가 제기된다. 입법자는 정년연령을 순차적으로 상향조정을 하면서 법이 정년보장을 어느 정도 강제하는 방향으로 개선하여야 할 것이다. 고용의 안정이 확보되지 않는 조기퇴직은 고령자의 소득원천을 상실하게 하고, 이것은 빈곤과 비인간적인 생활로 이어질 수가 있다.

3. 다양한 근로형태의 개발과 지원

고령자가 재직중인 경우에는 장기적 고용안정을 위하여 장래 해고의 위험으로부터 보호하여야 하고, 연령에 따른 차별이 이루어지지 않도록 하여야 한다. 그런데 고령자가 이미 해고된 상태에서 재고용이 이루어지기 위하여는 지나치게 엄격한 고용방식을 고집하게 되면 고용창출이 어려워진다. 따라서 이 경우에는 보다 유연성 있는 고용방식을 도입하여 사용자에게 선택의 가능성을 다양하게 보장해 줄 필요가 있다. 그러므로 고령자의 고용을 위하여 시간제 근로, 촉탁직, 계약직, 기간제, 파견근로제 등의 고용형태를 실현할 수 있다.[41] 고령자의 노동시장에서 재고용 등을 위한 유연성의 도모이다.

고령자의 단시간 근로제는 고령자가 퇴직 후 바로 연금생활로 접어드는 것을 완화시키면서 고령자의 고용을 창출할 수 있는 방안이다. 청장년층 근로자의 전일제 근로보다 다양하게 짧은 시간 근로를 할 수 있게 하여 사용자에게 고령인력을 적절하게 활용할 수 있게 하는 것이다. 파견근로와 관련하

41) 이러한 정책방안에 대한 것은 김영분, 「고령사회와 고령자고용촉진을 위한 법제개선방안」(한국법제연구원, 2004), 42면 이하 참조.

여 고령자에게는 유연한 대응이 필요하다고 하였는데, 입법자는 「파견근로자 보호 등에 관한 법률」 제6조 제3항에서 고령자의 파견근로를 연장하는 경우에 2년 이상 가능할 수 있게 하였다. 일반근로자는 파견근로를 연장하는 경우에 1년을 초과할 수 없으며, 파견근로기간은 연장한 기간을 합하여 2년을 초과하지 못하게 한 것과 대비된다. 이러한 입법체계로 사용자는 고령자 고용의 측면에서 보다 완화된 규제를 받게 되었으며, 이 방식에 의한 고령자 고용이 활성화될 가능성이 높아졌다. 또한, 「기간제 및 단시간근로자 보호 등에 관한 법률」 제4조 제1항 제4호는 고령자에 대한 고용에서 일반 근로자와 달리 2년을 초과하는 기간제 근로계약의 체결을 가능하게 하였다. 하지만 이와 같은 부분에서 고령자를 연령에 따라 차별하는지 여부가 검토될 필요가 있다. 유사한 예로 기간제 근로에서 고령자와 젊은 근로자를 차별하는 규정은 두 집단을 연령을 이유로 차별한다고 하여 유럽재판소가 적용을 금지한 사례(Mangold)가 있다.[42] 노동시장의 상황, 근로자의 개인적인 사정에 대한 고려 없이 연령만을 유일한 기준으로 기간제근로계약의 요건을 완화하는 것이 고령 실업자의 재취업이라는 목적을 달성하기 위하여 객관적으로 필요한지 여부가 의문시된다는 것이었다.[43] 같은 차원에서 법제가 약간 다른 측면이 있긴 하지만, 연령을 기준으로 고령자를 젊은 근로자와 다르게 취급하는 것이 평등권의 차원에서 문제점을 노정하고 있는 것은 분명하다. 아무리 고령자의 고용을 활성화한다는 입법목적을 인정하더라도 오로지 연령만으로 이를 연계한다는 것은 문제점이 있어 보인다.

4. 지역별 차등화된 고용정책 개발

여러 통계에서 볼 수 있는 바와 같이 현재 고령자의 대부분이 농어촌에 밀집되어 있으며, 1차산업에 상당수가 종사하고 있다. 따라서 고용을 창출하는 정책의 시행도 지역에 따라 구성된 고령자의 직업숙련도와 근로수행의지

42) 조성혜, "독일의 고령자 고용촉진 법제," 「노동법학」, 제29호(2009. 3), 299-301면 참조.
43) 위의 논문, 300면 참조.

나 능력을 세밀하게 검토하여야 한다.[44] 왜냐하면 도시에 상주하는 근로자와 농촌에 거주하는 근로자는 서로 다른 직업능력을 갖고 있으며, 또한 지역별 산업구조의 체제에 따라 실제 고령자가 제공할 수 있는 근로의 성격은 차이가 나기 때문이다. 지방자치단체를 중심으로 그 지역에 알맞은 일자리 창출이 그런 면에서 중요성을 가진다. 그 지역의 산업구조에 적합한 일자리 창출과 그로 인한 해당 지역의 고령자 고용이 상호 연계를 가질 때에만 정책은 실효를 거둘 수 있다.

정부가 지역별로 산업클러스터를 육성하는 것에 맞추어 해당 지역별 집적된 산업구조에 적합한 고령노동자를 활용하기 위하여 숙련화 과정을 필수적으로 준비하여야 한다. 국가는 평생교육의 진흥에 힘써야 하는데, 각 권역별 또는 지방분권화 과정에서 창출되는 고용시장에서 고령자가 적극적으로 진입하기 위하여 지역대학과 연계한 재교육프로그램이 활성화되어야 한다. 그런 방법에서 산학연이 함께 연결되는 시스템을 구축하여 진행하여야 할 것이다.

Ⅵ. 맺음말

이상에서 우리는 한국사회가 매우 빠른 속도로 고령화사회에서 고령사회 내지 초고령사회로 진입할 것으로 예상할 수 있음을 보았다. 고령화 그 자체가 개인에게는 고용기회의 저하 또는 각종 능력의 감퇴가 동반되는 과정이다. 궁극적으로 사회적 위험이 수반되기 때문에 개인의 문제로 치부해 버릴 수 없으며, 국가는 고령화에 대비하여 법적 및 제도적 정비에 힘을 쏟아야 한다. 그만큼 국가의 과제는 확장될 수밖에 없고, 적극적인 역할을 수행하여야 한다.

44) 이에 대한 실태조사는 이승협, “고령사회의 노인소득보장에 관한 연구,” 「사회복지정책」, 제27호(2006), 201면 이하 참조. 이 글에서 저자는 고령자 고용안정 인프라 구축은 저숙련 고령노동자의 재숙련화에 초점을 맞추어야 할 것을 강조하고 있다.

고령자는 노동시장에서 여러 방면에서 근로능력이 저하되는 이유로 갖가지 불평등하거나 선입견적 피해자의 지위에 있게 된다. 이런 이유로 고용의 확률은 떨어지고, 장기간 고용의 안정성은 보장받기 어려우며 연령 그 자체로 차별을 받게 된다. 이와 같이 노동시장에서 불리한 위치에 있는 고령자 내지 노인은 고령화사회에서 아직도 충분한 근로능력을 지니고 있다는 전제에서 고용의 창출을 위한 입법적 노력을 하지 않을 수 없다. 예전과 달리 고령 그 자체가 모든 위험을 내포한 것이 아니듯 고령자는 노동시장에서 축적된 전문지식, 노하우, 암묵지 등의 고도화된 노동능력이 잠재되어 있음을 부인할 수 없기에 적절한 활용이 필요하다. 이는 세대간 전문지식의 전수 내지 승계가 가능하게 만들고, 이를 통하여 세대간 의사소통의 계기가 마련된다.

국가가 고령자에 대한 고용창출의 중요성을 깊이 인식하지만 실제 노동시장에 개입할 수 있는 여지가 많지 않은 한계에 직면해 있다. 그렇지만 그 가운데서 연령간 차별적 제도설정의 금지, 연금법적 조치, 조세법적 지원과 감세 그리고 지방자치단체와 연계한 프로그램의 활성화 등을 통하여 고령자 일자리 창출에 진력을 다해야 한다. 근로하는 고령자의 모습은 그 사회의 다양한 방면에서 건강성을 측정하는 지표이기 때문이다.

〈참고문헌〉

경제협력개발기구(OECD) 엮음, 「한국의 고령화와 고용정책」(한국노동연구원, 2005).

고준기, 「고령사회의 노동환경 변화와 고용시스템의 문제점 및 법적 대응」(집문당, 2007).

권영성, 「헌법학원론」(법문사, 2006).

김정순 외, 「고령사회의 법적 과제」(한국법제연구원, 2004).

김영문, 「고령사회와 고령자고용촉진을 위한 법제개선방안」(한국법제연구원, 2004).

전광석, 「한국사회보장법론」(법문사, 2007).

전광석, 「한국헌법론」(법문사, 2007).

정선희, 「사회적 기업」(다우, 2004).

정선희, 「한국의 사회적 기업」(다우, 2005).

한상진, 「시장과 국가를 넘어서-사회적 기업을 통한 자활의 전망-」(울산대학교출판부, 2005).

허　영, 「한국헌법론」(박영사, 2008).

제러미 리프킨, 이영호 옮김, 「노동의 종말」(민음사, 2009).

고준기, "고령자 고용촉진을 위한 정년제의 문제점과 법제화방안에 관한 연구," 「한양법학」, 제21집(2007. 8).

권문일, "공적 연금개혁의 추세 및 유형화," 「사회보장연구」, 제14권 2호(1998).

김헌수, "노인빈곤과 그 해결책," 「긴진사회교육연구」, 제5권 제1호(2000).

노상헌, "일본의 고령사회와 정년법제," 「고령자고용과 정년제의 법적 과제」(한국법제연구권, 2003).

서양열, "노인 일자리 사업 참여만족에 관한 연구-전라도지역 노인을 중심으로-," 「노인복지연구」, 제24호(2004년 여름호).

서장권, "미국의 고용에서의 연령차별금지법리," 「고령자고용과 정년제의 법적 과제」(한국법제연구원, 2003).

이달휴, "우리나라의 고령자고용에 관한 법적 과제," 「고령사회와 고령자고용의 법적 과제」(한국법제연구원, 2003).

이석원・임재영, "노인 일자리 사업의 연차별 의료비 절감효과," 「한국행정학보」, 제41권 제4호(2007).

이승협, “고령사회의 노인소득보장에 관한 연구,” 「사회복지정책」, 제27호(2006).

이철수, “고령자고용과 정년제의 법적 과제,” 「고령자고용과 정년제의 법적 과제」(한국법제연구원, 2003).

전광석, “빈곤문제와 법학의 과제,” 「법과 사회」, 제5호(1992).

조성혜, “독일의 고령자 고용촉진 법제,” 「노동법학」, 제29호(2009. 3).

Franz Xaver Kaufmann, Herausforderung des Sozialstaates, Suhrkamp, 1997.

Roger Geffert, Geschlechtsspezifisches Renteralter im Rechtsvergleich und im Völkerrecht, Vierteljahresschrift für Sozialrecht, 1993.

Werner Eichhorst, Beschäftigung Älterer in Deutschland : Der unvollständige Paradigmenwechsel, IZA DP No. 1985(2006).

제 10 장

고령소비자 계약에 관한 소고*

* 이 논문은 2007년 정부(교육과학기술부)의 재원으로 한국학술진흥재단의 지원을 받아 수행된 연구(KRF-2007-321-B00162)로서, 2009년 8월 중앙법학 제11집 제2호(통권 제32호)에 게재된 논문임.

Ⅰ. 머리말

우리 민법은 사적 자치와 계약자유의 원칙을 근본원리로 하고 있다. 사적 자치의 원칙 또는 계약자유의 원칙은 행동의 자유의 경제적 표현으로서, "각 개인은 법적 생활관계를 자신의 의사에 따라 스스로 형성할 수 있는 권리를 가지고 자신이 원하지 않으면 의무를 부담하지 않는다"는 자기결정의 사고에서 비롯된다. 그런데 이러한 자기결정의 사고에는 역으로 자기책임의 사고, 즉 각자 자신이 내린 결정과 그에 대한 결과에 대하여 비록 그 결과가 바라던 것과 달리 나타나는 경우라고 하더라도 원칙적으로 스스로 책임져야만 한다는 사고가 결합되어 있다. 결국 자신이 스스로 판단을 하여 결정하는 한, 그 결과에 따른 이익이 자기 스스로에게 귀속되는 것과 마찬가지로 그 결과에 따른 불이익 역시 스스로 감수해야만 하며 타인에게 전가할 수 없게 된다.

계약자유의 원칙은 각자가 법률행위의 결과를 잘 판단할 수 있고, 자신의 결정에 필요한 정보 등을 누구보다도 잘 알고, 또한 수집할 수 있다는 이성적·합리적 인간관을 그 전제조건으로 하고 있다. 그런데 민법이 전제로 하고 있는 이러한 이상이 깨어진다면, 예컨대 계약의 주체가 계약교섭 등에 필요한 정보의 취득이나 평가를 자율적으로 할 수 없는 상황이라면 결국 이러한 계약자유의 원칙은 공염불에 지나지 않는다.[1] 현대사회에서는 만일에 있을 민법이 상정하는 전제조건의 불충족이라는 상황을 법적으로 극복하려는 노력을 해 왔는데, 이와 관련하여 최근 민법에서 중요한 연구과제로 다루어지고 있는 분야 중 하나가 소비자 분야이다. 우리에게도 잘 알려져 있는 바와 같이 독일은 2002년 민법 개정에서 소비자개념을 받아들여 흩어져 있던 소비자관련 법률들을 일반 사법의 영역에 포섭하여, 민법 내에서 하나의

1) 이러한 논리적 바탕위에 의사표시의 취소에 대하여 논한 문헌으로는 김상중, "계약 목적물의 시가에 관한 잘못된 관념과 계약 당사자의 보호-착오와 사기를 이유로 한 의사표시의 취소에 관한 판례의 고찰을 통한 시론적 접근-," 법조 제53권 9호(580호), 법조협회, 2005, 168면 이하 참조.

체계를 부여하려고 노력하고 있다.[2] 또한, 일본의 경우에도 2000년 4월 1일 소비자계약법이 시행된 이후 소비자계약 체결 과정의 규율을 둘러싸고 많은 논의가 이루어지고 있다.[3]

소비자법 내지 소비자의 권리가 민법에서 독자적 문제영역으로서 비중 있게 다루어지고 있는 것은 소비자가 사업자에 비하여 상대적으로 열위에 있고 대등한 계약 당사자의 지위에 있지 않다고 하는 인식에 기초하고 있다.[4] 물론, 소비자는 사업자와의 거래관계에 있어서 선택의 자유를 가지고 있고 사업자간의 경쟁을 통해 비교우위를 확보하는 경우도 있을 수 있지만, 사업자의 경우와는 달리 상품・서비스에 관한 비전문가이기 때문에 거래의 가장 중요한 내용과 관련하여 열위에 있는 것은 분명하다. 또한, 사업자는 사업활동의 수행을 목적으로 조직적으로 활동하는 자이지만, 소비자는 스스로의 생활을 위하여 부득이하게 사업자와의 거래관계에 들어가는 일반인이라는 점에서 사회적 존재로서의 지위에 차이가 있다.[5] 그런데 이러한 전형적인 약점을 가진 존재로서의 소비자상의 최정점에 위치하고 있는 것이 고령소비자(高齡消費者)라고 할 수 있다.

물론 현대의 고도화한 경제사회에서 소비자 문제는 현대사회의 구조적

2) 독일에서의 논의와 관련하여서는 김진우, "독일 소비자계약법의 동향과 전망," 외법논집 제30집, 한국외국어대학교 법학연구소, 2008. 5, 19면 이하; 이병준, "민법에서의 소비자의 지위와 소비자특별법의 민법전에의 통합," 민사법학 제39호, 한국민사법학회, 2007. 12, 205면 이하; 하경효, "소비자보호법의 통합수용,"「독일채권법의 현대화」, 법문사, 2003, 135면 이하 등 참조.

3) 일본에서의 논의와 관련하여서는 박인환, "일본 소비자계약법의 법정책과 규율구조에 관한 비교법적 고찰," 중앙법학 제6집 제1호, 중앙법학회, 2004. 4, 157면 이하; 배성호, "일본의 소비자계약법," 비교사법 제8권 1호, 한국비교사법학회, 2001. 6, 575면 이하; 서희석, "일본 소비자계약법 5년의 성과와 평가," 민사법학 제39호, 한국민사법학회, 2007. 12, 85면 이하; 최진구, "일본의 소비자계약법에 관한 소고," 민사법학 제32호, 한국민사법학회, 2006. 6, 47면 이하 등 참조.

4) 거래 및 상품에 관한 정보에 관련되는 지적인 측면과 시장에 미치는 영향력의 측면에서 열등한 지위를 논하는 문헌으로는 권오승・홍명수, "소비자보호의 계약법적 구성과 한계," 법학 제43권 제3호, 서울대학교, 2002, 103면 참조.

5) 일본에서는 일찍이 소비자계약법 제정 이전인 1960년대부터 일반 계약법 중에서 소비자법을 특별히 구분해 내어야 한다는 필요성을 민법학자들 사이에서 강하게 주장해 왔다. 이러한 구분 이유를 사업자와 소비자 사이의 입장의 차이, 즉 의존, 비전가, 정보의 3가지 점에서 구하고 있는 입장을 비롯하여 많은 일본의 논의를 소개한 문헌으로는 大村敦志,『契約法から消費者法へ』, 13頁 以下(東京大学出版会、1999年) 참조.

문제 중 하나로서 고령자의 경우로 한정되지는 않을 것이다. 그렇지만, 고령자는 사람마다 차이는 있지만 일반적으로 나이를 먹어감에 따른 심신기능의 저하로부터 판단력이나 교섭력이 감퇴하고, 사회적・경제적 활동에서 점점 멀어져감으로써 지식의 진부화가 발생하는 등 민법이 전제하는 재산관리나 거래주체로서의 인간상과 점점 동떨어져 가는 가장 약한 소비자상을 가지고 있다. 또한, 고령자는 노후대책으로써 모아둔 재산을 보유하고 있기 때문에 악질사업자의 타깃이 되기 쉽고, 일단 발생한 피해에 대한 회복도 용이하지 않다. 더구나 우리나라는 고령화가 급속하게 진행되고 있고, 고령소비자가 점하는 비율이 놀랄 만큼 커지고 있으므로 고령소비자 문제는 향후 사회적으로 큰 이슈로 될 수 있다.[6] 따라서 고령소비자 문제는 '소비자 문제'와 '고령화사회의 문제'라고 하는 현대사회가 직면하는 두 가지의 구조적 과제의 접점에 위치하면서, 소비자 문제와 관련하여 가장 근본적인 문제를 그 원론에서부터 다룰 수 있는 매력적인 주제 중 하나라 할 수 있다. 그러나 이러한 중요성에 비하여 지금까지 이 문제는 소비자보호원 등에서 정책적 입장에서만 그것도 매우 드물게 다루어져 왔고, 법적으로 어떤 체계적인 이론적 접근을 한 문헌은 눈에 잘 띄지 않는다. 본고는 이러한 관점에서 여러 가지 현대사회의 계약과 관련된 문제 중에서 그 중요성에 비하여 상대적으로 많이 다루어지지 않았던 고령소비자의 계약 문제에 대하여 논해 보고자 한다. 고령소비자층이 넓어지고 그에 따라 시장이 확대됨으로써, 고령소비자를 대상으로 하는 상품계약에 대하여 그 부당성을 다투는 예도 앞으로 더욱 많아질 것이 예상되므로, 현재의 시점에서 이러한 고령소비자 계약 문제에 대한 법적 논의는 그 어느 문제보다도 긴요하다고 할 수 있다.

6) 2000년 노인인구가 7.1%에 이르러 고령화사회에 진입한 이래 2008년 10%대에 진입하였고, 경상북도 등 일부 시・군에서는 현재 노인인구가 20%가 넘는 등 초고령사회 현상을 보이고 있다.

Ⅱ. 고령소비자 피해 양상과 법적 구제의 문제점

1. 고령자를 둘러싼 소비자 문제의 기초

고령이란 사전적으로 '늙은이로서 썩 많은 나이 또는 그런 나이가 된 사람'이라고 정의내리고 있다.[7] 한편 국내 고령자 관련 보고서나 통계조사에서는 보통 60세를 기준으로 고령자를 구분하고 있다. 이에 반하여 고령자고용촉진법에서는 고령자를 인구・취업자의 구성 등을 고려하여 대통령령이 정하는 연령 이상인 자를 말한다고 하고 있는데, 현재 고령자고용촉진법 시행령에서 55세 이상인 자를 고령자로 하고 있다. 그 외에 고령과 관련한 법률인 고령친화산업진흥법이나 저출산・고령사회기본법에서는 고령자의 정의를 내리고 있지 않다. 한편 국제연합의 세계보건기구(WHO)에서는 65세 이상을 고령자로 하고 있다.[8] 이렇게 고령자의 정의나 연령기준에 있어서는 각 법률마다 많은 차이를 보이고 있다.

고령소비자 문제를 법적으로 특별하게 다루어야만 한다는 점에 대해서는 그동안 정책보고서들이 주장하고 있는 논점들을 통해 확인하기 어렵지 않다. 그 특별한 보호 이유를 종합해보면 거의 대부분 고령소비자의 문제가 발생한 배경에서 구하고 있다. 먼저 한국소비자보호원에서는, ① 고령소비자 인구・가구구성・경제상태의 변화에 의한 소비생활의 증가, ② 사회복지 분야에 있어서의 민영화의 확대, ③ 단기간의 모델 변화와 기계화 및 쇼핑환경의 대형화에 의한 접근성 곤란 등에 의한 고령소비자의 소비환경 악화, ④ 고령소비자의 취약성 등을 이유로 특별히 고령소비자의 피해구제 문제를 논하고 있다.[9] 한편 우리보다 고령화 문제를 심각하게 고민해 온 일본의 정책보고서를 보더라도, 다음과 같이 세 가지의 측면으로 나누어 고령소비자에

7) 네이버 국어사전(http://krdic.naver.com) 참조.

8) 여기에 고령자의 연령을 구분하여, 65~74세를 전기고령자, 75세 이상을 후기고령자, 85세 이상을 말기고령자라고 하고 있다.

9) 송순영, 「고령 소비자 피해구제 활성화 방안 연구」, 한국소비자보호원, 2006, 4면 이하.

대한 법적 보호의 필요성을 정리하고 있다. 즉, ① 고령자 개인적 측면으로서 i) 신체적 기능의 저하(눈, 귀, 다리 등의 기능의 저하, 질병), ii) 정신적 기능의 저하(기억력·사고력·판단력의 저하), iii) 신체적·정신적 기능의 저하에의 불안, ② 고령자와 사회와의 관계 측면으로서, i) 퇴직 및 그에 수반하는 여가의 증대와 교류의 장의 상실, 삶의 목표의 상실, ii) 자녀의 독립(핵가족화의 진전)에 의한 독거, iii) 경제·사회의 진전과 그에 수반하는 고령자와 문화와의 차이의 증대, ③ 사회 전체 측면으로서 i) 전 인구에 대한 고령자 비율의 증대, ii) 고령화에 수반하는 새로운 비즈니스의 발전이 그것이다.[10)]

물론 이러한 고령소비자 문제에 대해서는 소비자행정, 사회보장법, 독점금지법 등의 법영역마다 여러 가지 다른 접근방법에서의 검토가 가능할 것이다. 그런데 위 문제 중 소비자 계약과 관련하여 법적으로 특별히 논의대상이 될 수 있는 것은 ① 계약 당사자인 고령자 개인적 측면으로서의 신체적·정신적 기능의 저하, ② 고령자시장의 형성과 고령자가 주된 당사자로 되는 새로운 비즈니스의 발전이라고 할 수 있다.

이 중 고령자의 개인적 측면 문제는 성년후견제도의 도입 논의 등 지금까지 민법상에서의 고령자 논의의 중심에 서 있다고 할 수 있다. 그런데 이 문제에 있어서 특히 어려운 점은 각각의 고령자의 개인차가 현저하게 다르다는 점에 있다. 의사능력제도나 행위능력제도를 통한 보호, 즉 영유아가 미성년자에 이어 성년자로 되는 과정에서의 보호문제와 관련하여서는, 개인적인 차이가 물론 있지만 연령과 동떨어져 아주 극단적이지는 않다. 그렇지만 노인측은 그 정도나 경과가 사람마다 각양각색이고 반드시 연령에 의하여 규정된다고도 볼 수 없다.[11)] 이 때문에 계약관계에서 고령자를 일괄해서 보호해야 한다는 점에는 근본적인 의문이 제기된다.

그렇다면 과연 고령소비자를 법적으로 특별하게 보호하여야 하는가, 또한 그 보호대상으로서의 고령소비자란 누구인가 하는 물음이 제기된다. 여기서 그 기준은, '고령이므로' 보호되어야 한다는 것이 아니라, 고령이라는 '전

10) 経済企画庁国民生活局消費者行政第1課 編, 『高齢化と消費者問題』, 287頁 以下(1997年).
11) 河上正二, 『民法学入門』, 232頁 以下(日本評論社, 2004年) 참조.

형적인 약점을 갖춘 소비자'이기 때문에 보호되어야 한다는 점으로 결국 논의가 귀결되어야 할 것이다. 즉, 특별법 등에서의 보호대상 범위의 기준인 연령에 따라 보호범위가 정해지는 것이 아니라 소비자로써 보호 여부가 논해져야 하는, 즉 소비자 개념 속에서 논의가 정리되어야 한다. 물론 소비자 개념도 어느 하나의 의미로 정의되기 어렵다. 다만, 그 사람의 속성에 의하여 일의적으로 정해지는 것이 아니라, 그 사람이 하는 행위의 속성으로부터 사업자와의 관계에서 상관적으로 정의된다.[12] 즉, ① 사업자와 비교하여 일반적으로 상품에 관한 충분한 정보를 갖지 못하고, ② 사업자와 비교하여 충분한 교섭력을 갖지 못하고, ③ 항상 합리적으로 행동하는 것이 아니라, ④ 회복 곤란한 손해를 받기 쉬운 특성을 가진 자가 소비자로써 파악된다. 그런데 여기서 '고령소비자'란, 이러한 '소비자 특성이 고령에 의해서 야기된 자, 즉 ① 고령으로 인하여 정신・신체적으로 미약한 상황에 처한 ② 정보・교섭력에서 열위를 가진 자'를 말한다. 그러므로 결국 고령소비자에게 어떤 법적 보호를 해야 하는가 하는 논의는 연령 등의 기준에 의해서가 아니라, 위의 소비자 특성과 관련하여 사업자와의 사이에서 상관적으로 논해져야 한다.

이러한 논의를 종합하면, 고령소비자 계약 문제를 논하기 위해서는 고령자시장의 형성과 고령자를 보호해야 할 만한 계약을 파악하고, 고령이라는 약점을 가진 소비자로서의 피해양상과 법적 보호방안을 강구하는 것이 합리적이다. 그런데 이 점을 파악하기 위해서는 먼저 고령자를 둘러싼 소비자 문제의 양상 및 문제유형을 검토할 필요가 있다.

2. 고령소비자 피해의 특성

한국소비자보호원의 2001년~2005년 고령소비자의 상담 및 구제청구에 대한 통계자료를 보면 고령소비자 문제의 양상과 문제유형을 파악할 수 있다. 그런데 판매유형별 상담 건수에서의 60세 미만과 60세 이상자의 비교표를 보면 흥미로운 사실이 나타나는데, 고령소비자 피해를 생각할 때 쉽게 예

12) 大村敦志, 『消費者法』, 25頁(有斐閣, 2003年) 참조.

상될 수 있는 방문판매와 노상판매로 인한 피해가 일반인에 비하여 2배 정도 높게 나타나는 한편, 일반판매로 인한 피해도 60세 미만자와 거의 동일하게 65% 정도로 가장 높은 비율을 차지하고 있다는 것이다.13)

한편 2001년~2005년 사이의 상담 다발품목 추이를 보면, 학습교재와 회원권, 이동통신, 신용카드가 주된 상담품목인 60대 미만과 달리 고령소비자 피해품목은 '건강식품'과 '병・의원서비스'가 수위를 차지하고 있어 확연히 구별된다.14)

위의 통계자료를 바탕으로 고령소비자 계약과 관련한 법적 문제는 크게 다음과 같은 두 가지 유형으로 나눌 수 있다. 첫째로는 연령에 관계없이 발생하고 있는 피해유형이지만, 고령자의 피해가 문제되는 경우이다. 앞의 통계자료에서도 볼 수 있듯이 아마도 대부분의 피해유형이 여기에 속하게 될 것인데, 이런 피해에 대한 법적 구제문제는 고령자가 다른 연령대에 비하여 상술에 휘말리기 쉽다는 점을 현행법상 어떻게 보호하여야 할 것인가에 초점이 맞추어질 것이다. 특히 내용을 허위로 설명하거나, 일방적으로 물품을 배

---

13) 한국소비자보호원 2001년~2005년의 상담통계자료

〈상술유형별 피해구제 건수〉

판매유형	일반판매	방문판매	통신판매	텔레마케팅	노상판매	TV홈쇼핑
60대 미만	67.49%	8.03%	3.48%	9.42%	2.20%	1.24%
60대 이상	64.92%	17.32%	2.52%	5.37%	4.38%	2.04%

14) 송순영, 전게 보고서, 24면 이하 참조.

〈연도별 '전체소비자' 피해구제 다발품목 추이〉

	2001년	2002년	2003년	2004년	2005년
1	회원권	회원권	세탁서비스	세탁서비스	세탁서비스
2	학습교재	세탁서비스	학습교재	회원권	정보이용서비스
3	세탁서비스	학습교재	회원권	학습교재	신용카드
4	건강식품	건강식품	신용카드	간편복	이동통신
5	이동통신	화물운송서비스	정보이용서비스	병・의원서비스	병・의원서비스

〈연도별 '60대 이상 노인 소비자' 피해구제 다발품목 추이〉

	2001년	2002년	2003년	2004년	2005년
1	병・의원서비스	병・의원서비스	건강식품	병・의원서비스	병・의원서비스
2	세탁서비스	건강식품	병・의원서비스	건강식품	이동통신
3	화물운송서비스	회원권	기타 주방용품	회원권	정보이용서비스
4	여행	세탁서비스	보일러 및 온수기	세탁서비스	세탁서비스
5	보일러 및 온수기	보일러 및 온수기	세탁서비스	여행	회원권

송하거나 중요한 내용을 설명하지 않음으로써 소비자를 곤혹케 하거나 하는 등의 악덕상술로 인한 계약에 있어서, 민법이나 소비자관련 법률에 의하여 고령소비자를 어떻게 구제할 수 있는가가 문제로 될 것이다.

둘째로는, 상품・서비스의 대상 자체가 고령자를 위한 것으로서, '실버마켓', '실버비즈니스'와 관련된 것이다. 특히, 노인들을 위한 건강상품이나 노인전용 의료서비스가 이에 관련될 것인데, 이 중 특히 후자에 있어서는 최근 시장이 빠르게 성장하고 있는 실버타운 등도 그 논의에 포함되게 된다. 이와 관련하여서는 2003년 1월 공정거래위원회에서 23개 실버산업 관련사업자의 불공정약관조항에 대한 시정조치를 내리는 등 이미 많은 문제점이 제기된 바 있다.[15] 물론 이 유형은 첫 번째 유형과 확연히 구별되지 않는 경우가 많지만, 실버타운과 같이 노인전용상품의 계약과 관련하여서는 약관 등에 관하여 특별한 검토를 요하는 부분이 있고, 정보제공자책임과 관련하여 사업자에게 보다 많은 의무를 요한다는 점에서 구별의 필요성이 있다.

3. 고령소비자 피해에 대한 법적 구제와 문제점

고령소비자의 피해에 대해서는 현행법상 일반소비자 보호와 관련한 다음과 같은 여러 구제책을 생각할 수 있으나, 고령소비자 계약에는 한계점을 가지고 있다.

(1) 쿨링오프(Cooling-off) 제도

고령소비자에게 있어서 많이 피해가 발생하는 판매유형은 방문판매나 전화권유판매 등이다. 그런데 이러한 특수한 판매방법으로 제공되는 일정한 상품・용역에 대해서는, '방문판매 등에 관한 법률'에 의하여 고객이 한 번 더 그 계약을 유지할지 여부를 숙려・재고하는 기간(일반적으로 계약서를 교부

15) 입주노인이 사망을 제외한 다른 이유로 계약을 5년 이내에 해지했을 때는 무조건 총 보증금의 10%를 위약금으로 부과한 경우가 많았고, 심지어 계약을 1년 이내에 중도해지한 노인들에게는 보증금의 90%를 물리기도 한 경우도 있어서, 공정거래위원회는 중병으로 다른 치료기관에 입주하는 등 불가피한 경우에도 위약금을 물리는 것은 부당하다고 하여 이러한 약관에 대하여 시정조치를 내렸다(공정위 2002약제3259).

받은 날부터 14일)이 보장되고 있다(방문판매 등에 관한 법률 제8조). 이 외에도 전자거래나 할부거래, 다단계판매 등 몇몇 법률에서 쿨링오프 제도가 규정되어 있고, 최근 생명보험에 있어서도 이 제도를 도입한 바 있다. 영업장소 이외에서 소비자에게 권유하여 계약을 체결하는 경우에도 방문판매 등에 관한 법률이 적용되므로 쿨링오프 제도는 그 적용범위가 넓다는 등의 많은 이점을 가지고 있어서, 공격적 판매기술에 약한 고령자의 경우에는 문제를 간단하게 해소하는 수단으로써 특히 중요하다.16) 그러나 쿨링오프 기간을 지나버리거나 이미 쿨링오프권을 행사할 수 없는 상태로 되어 있거나 하는 경우에는 구제책이 될 수 없다. 또한, 고령자는 쿨링오프권의 존재를 알지 못하는 경우도 많고, 경솔하게 계약한 것을 수치스럽게 생각하여 상담하지 않고 쿨링오프 기간을 도과하는 경우도 있고, 나아가 피해자라는 의식조차 없는 경우도 많아, 이러한 경우에는 실효성이 없다고 할 수 있다.

(2) 채무불이행으로 인한 계약의 해제와 하자담보책임

고령소비자를 대상으로 계약을 체결한 후 계약내용에 대한 이행을 하지 않는 등의 채무불이행이 있을 경우에는 계약을 해제할 수 있다. 아울러 처음부터 고령소비자에게 해제권의 보류에 관하여 특약을 한 경우에도 해제권이 발생한다(제543조제1항). 그러나 사업자가 자신들에게 해제권을 보류하는 경우는 있어도 고령소비자에게 해제권을 보류하도록 약정하는 경우는 매우 드물다. 또한, 가능한 한 빨리 물건을 고령소비자에게 팔아 치우는 경우가 대부분이므로 이행지체나 이행불능 등 채무불이행을 이유로 한 계약의 해제로는 고령자의 보호에 한계가 있다.

한편 매매의 목적물에 하자가 있는 경우에는 매도인에게 하자담보책임을 물을 수 있다. 특히, 방문판매원에게 현혹되거나 하는 등 고령소비자 피해가 나타나는 많은 경우에 있어서 물건에 하자가 있는 경우가 많은 것으로 나타나고 있다. 더구나 통설과 판례는 견본이나 광고에 의하여 목적물이 특수한 품질이나 성능을 가지고 있음을 표시하였음에도 불구하고 이러한 성질이

16) 河上正二, 「高齢者をめぐる契約の諸問題」, 国民生活, 6月号 13頁1999年).

나 성능을 결여하면 매도인이 하자담보책임을 진다고 하고 있으므로[17] 고령소비자에게도 유용한 구제수단이 된다. 그런데 이러한 하자담보책임은 물건에 하자가 있는 경우에만 발생하므로, 고령소비자가 정보에 어두워 자기에게 불필요한 하자없는 물건을 부주의하게 산 경우에는 그 책임을 물을 수 없다는 한계를 가지고 있다.

(3) 의사무능력을 이유로 한 계약의 무효

본인의 판단력이 현저히 저하되고 있는 경우에는 '의사능력'이 충분하지 않았다는 것을 이유로 계약의 효력을 부정할 여지가 있다. 특히 이전부터 노인성치매증의 진단을 받아 치료중인 경우나, 정신이 혼미하여 정상적인 판단력을 유지할 수 있는 상태가 아니라는 것을 증명한 경우 등에는 의사능력의 존재가 의문시될 만하다.[18] 우리나라 판례의 경우에도 비록 고령자에 대한 판례는 아니지만, 지능지수가 58밖에 안되는 38세의 사람이 한 연대보증계약,[19] 교통사고의 후유증으로 신체감정결과 지능지수는 73, 사회연령은 6세 수준의 사람이 체결한 근저당권설정계약[20]에 대하여 의사능력의 흠결을 이유로 계약을 무효라고 판단한 바 있다. 일본의 경우 최근 노인성치매의 고령자가 연대채무자로서 서명・날인한 저당권설정계약서와 론 계약서가 진정하게 성립되지 않았다고 하여 그 성립을 부정한 판결도 나오고 있다.[21] 그러나 의사무능력 상태였다는 증명이 용이하지 않음은 다언을 요하지 않으며,[22] 그

---

17) 매매의 목적물이 거래통념상 기대되는 객관적 성질・성능을 결여하거나, 당사자가 예정 또는 보증한 성질을 결여한 경우에 매도인은 매수인에 대하여 그 하자로 인한 담보책임을 부담한다(대법원 2000. 1. 18, 선고 98다18506판결).

18) 고령화사회에 대비하여 행위무능력제도의 재검토의 필요성을 논한 문헌으로는 송호열, "고령화사회에 비추어 본 행위무능력제도의 문제점과 후견제도의 확장," 재산법연구, 제23권 제2호, 한국재산법학회, 2006. 10, 37면 이하; 이영규, "행위무능력자제도에 대한 검토," 중앙법학, 제9집 제9호, 중앙법학회, 2007. 10, 319면 이하 참조.

19) 대법원 2006. 9. 22, 선고 2006다29358판결.

20) 대법원 2002. 10. 11, 선고 2001다10113판결.

21) 東京地判 平成 10. 10. 26, 金法 1548号 39頁.

22) 법률행위 당시 의사능력이 없었음을 입증하기 어려움을 극복하기 위하여, 재산상 법률행위에 있어서 일정한 자를 보호하고자 하는 객관적으로 획일화한 제도인 행위무능력자제도를 둔 이유를 생각해보면 자명하다.

보호대상으로 되는 고령자의 범위도 굉장히 한정될 수밖에 없다. 비록 하급심 판례이긴 하나 "80이 넘는 고령이라 하더라도 자기의 행위에 대한 결과를 판단할 충분한 정신적 능력이 있다"고 하여 부동산매매계약의 무효를 인정하지 않은 판결[23]이 이를 잘 말해 준다고 할 수 있다.

(4) 착오나 사기·강박을 이유로 한 계약의 취소

고령자가 법률행위 내용의 중요부분에 대한 착오가 있었고 또한 그 의사표시에 중대한 과실이 없었던 경우에는 착오를 이유로 계약을 취소할 수 있다(제109조). 또한, 사업자가 계약에 권유하는 단계에서 사기나 강박을 하여 계약이 이루어진 경우 고객에게는 계약취소권이 있다(제110조). 그러나 그 요건의 엄격성으로 인하여 일반계약에서 고령소비자를 구제하는 데에는 한계가 있다. 예컨대, 고령자가 착오를 일으켜 물건을 구매하였다고 하더라도 그것만으로는 바로 착오로 인한 취소가 인정되지 않는다. 왜냐하면 단지 동기의 착오가 있었다는 것만으로는 취소가 불가능하고, 나아가 착오를 이유로 제109조의 취소가 인정되기 위해서는 표시행위에 착오가 있었다는 것뿐만 아니라, 그 착오가 법률행위 내용의 중요부분에 있어야 하기 때문이다. 아울러 모든 기망행위가 위법하다고 할 수 없고 단순한 침묵은 기망행위로 될 수 없으므로,[24] 이렇게 위법한 사기나 강박에까지 이르지 않는 수단에 대해서는 제110조에 기한 취소를 할 수 없다.

(5) 폭리행위 또는 불공정한 법률행위를 이유로 한 계약의 무효

고령자의 궁박, 경솔 또는 무경험에 편승하여 현저하게 공정을 잃은 법률행위가 이루어진 경우 불공정한 법률행위 또는 폭리행위로서 무효로 될 수 있다. 판례도 "농촌에 거주하는 79세된 노인으로부터 한국감정원의 감정가격의 30%에도 미치지 못하는 가격으로 토지를 매수하고, 계약금으로 매매대금의 3분의 1 이상을 지급하였으며, 매매계약 다음날 중도금을 지급하여 계약금과 중도금을 합한 액수가 매매대금의 80%에 이르는 등 매매계약의 내용이

23) 대구고법 1970. 6. 2, 선고 69나331,332제2민사부판결.
24) 대법원 2002. 9. 4, 선고 2000다54406판결.

이례적인 점 등이 있는 경우 불공정한 법률행위로 볼 여지가 있음에도 이를 인정하지 아니한 원심판결에는 심리미진이나 이유불비의 위법이 있다"라고 하여 원심판결을 파기한 사례가 있다.25) 그러나 매도인이 고령자이고 문맹자이기 때문에 민법 제104조의 주관적 요건인 경솔과 무경험에 해당한다고 하기는 어렵고, 고령자에 대한 과대한 보호는 법적 안정성이나 거래안전이 침해될 수 있다.26) 또한, 제104조는 거래의 결과 자체가 완전히 불공정한 경우에만 문제로 되는 것이지 어떤 거래수단의 적절성을 논하기 위한 법적 수단으로써는 미흡하다.

(6) 불법행위에 대한 손해배상

고령소비자 계약에 있어서 가장 일반적으로 생각할 수 있는 구제책 중의 하나가 불법행위책임을 묻는 것이다. 즉, 사업자의 불충분한 설명, 기만적 태도, 집요한 권유행위 등 계약체결과정에서의 불법적 원인뿐만 아니라 계약체결 후의 이행과정에서의 불성실한 태도 등으로 인하여 어떤 손해가 발생한 경우 불법행위책임이 문제가 될 수 있고, 손해배상이 인정될 수도 있다. 특히 '계약체결상의 과실'이라고 불리는 법적 책임이나 이행과정에서의 '신의칙 위반' 등도 여기에 관련된다.27) 한편 제조물의 소비에 있어서는 그 결함으로 인한 피해에 대하여 제조물책임법상의 손해배상청구로 보다 용이하게 구제받을 수 있다. 그러나 불법행위법상의 구제를 받기 위해서는 사업자의 고의나 과실로 인하여 고령자에게 어떤 손해가 발생하였다는 입증을 해야 하는데 그러한 입증이 용이하지 않다.

이상 살펴본 바와 같이 현행법 체계하에서 고령소비자의 대부분의 피해구제에 대해서는 결국 일반소비자의 피해에 대한 법적 규율구조에 따라 그 보호가 논해질 수밖에 없다. 물론 단순히 '고령자'라는 이유만으로 계약법상

25) 대법원 1992. 2. 25, 선고 91다40351판결.

26) 김민중, "고령·문맹인 자와 체결한 폭리적 매매계약의 유효 여부-대법원 1992. 2. 25, 선고 91다40351판결," 사법행정, 통권 381호, 한국사법행정학회, 1992. 9, 72면.

27) 河上正二, 前揭論文, 15頁.

특별한 보호를 받는 것은 거래안정상 적절하지 않다고 생각한다. 그렇지만, 판단력이 저하된 '가장 현저하게 약점을 가진 전형적 소비자'인 고령자의 특수성을 법적 규율구조상 전혀 고려하지 않는 것 또한 바람직하지 않다. 따라서 이 양자의 조화를 어떻게 도모하는가가 결국 고령소비자 문제의 중핵에 놓여 있다고 할 수 있다. 여기서 그 방안으로 생각할 수 있는 것은, 한편으로 일반거래에 있어서 고령자의 판단을 지원하고, 다른 한편으로 고령자 전용상품 등에 대하여 사업자에게 보다 강화된 의무를 부과하는 것이다. 이와 관련하여 다음 장에서 자세히 논하겠다.

Ⅲ. 고령소비자 계약과 관련한 법적 인프라의 구축

1. 판단능력 쇠퇴에 대한 지원

(1) 행위무능력제도의 재검토

민법상 본인의 능력 저하에 따라 적절한 조언자와 지원자가 고령자를 보호하면서 그 자립적 활동을 뒷받침할 수 있는 제도적 정비가 중요하다는 점은 다언을 요하지 않는다. 최근 '성년후견제도'의 도입 논의는 이러한 과제에 대응하려고 하는 것이다. '성년후견제도'란 주로 판단능력이 불충분한 성년자(치매성 고령자, 지적장애자, 정신장애자 등)를 지원・보호하기 위한 제도를 말한다.[28]

통상의 경우, 사람은 '성년'(만 20세)에 달하면 법적으로는 완전히 유효한 거래행위를 단독으로 할 수 있는 능력(행위능력)을 획득하는 반면, 그로부터 발생하는 권리・의무도 모두 부담하는 것이 원칙으로 되어 있다. 다만, 정신능력이 불충분하다는 등의 이유로 그러한 부담에 견디기 어려운 자에 대해서는 어떠한 형태로든 지원하고 보호할 필요가 있으므로, 한정치산 및 금치산

28) 上揭書, 221頁.

제도를 둔 것이다. 따라서 정신능력이 불충분한 일정한 자에 대해서는 법원의 선고를 통하여 보호기관을 두게 하여, 결과적으로 한정치산 또는 금치산 선고를 받은 자는 단독으로 완전히 유효한 법률행위를 할 자격인 행위능력에 제한이 있게 된다. 현행 제도하에서는 고령자를 특별히 보호하는 규정이 없으므로, 만약 고령자가 무능력자로서 보호를 받기 위해서는 '심신박약' 또는 '심신상실'을 증명하여 법원으로부터 한정치산 또는 금치산 선고를 받을 수밖에 없다.

행위무능력자의 기준은 시대상황 및 정책적 결정에 따라 달리 정해져 왔다. 예컨대 의용민법에는 처를 행위무능력자로 규정하고 법률행위에 있어 부의 허가를 받도록 하였는데,[29] 그 입법이유를 보면, "준금치산자는 그 정신이 완전하지 않기 때문에 오로지 이에 불이익한 행위를 하지 않도록 하는 것을 도모하지 않을 수 없기 때문이나, 이에 반하여 처는 그 정신이 불완전하기 때문에 무능력으로 한 것은 아니다. 따라서 미혼여자 및 과부는 그 능력에 있어서 남자와 다를 바 없음을 원칙으로 하고 오직 유부녀는 부에 순종할 의무가 있기 때문에 행위의 성질에 따라 부의 허가를 받을 것을 요하는 것으로 하게 된다. 이것이 처와 준금치산자를 다소 다를 수밖에 없게 한 이유이다"[30]라고 한다.

29) 〈의용민법〉 제12조 ① 준금치산자가 다음의 행위를 하는 데에는 그 보좌인의 동의를 얻어야 함을 요한다.
1. 원금을 수령하거나 그것을 이용하는 것
2. 借財 또는 보증을 하는 것
3. 부동산 또는 중요한 동산에 관한 권리의 취득・상실을 목적으로 하는 행위를 하는 것
4. 소송행위를 하는 것
5. 증여, 화해 또는 중재계약을 하는 것
6. 상속을 승인 또는 그것을 포기하는 것
7. 증여나 유증을 거절하거나 또는 부담부증여나 유증을 수락하는 것
8. 신축, 개축, 증축 또는 대수선을 하는 것
9. 제602조에 정한 기간을 넘는 임대차를 하는 것
〈의용민법〉 제14조 ① 처가 다음의 행위를 하는 데에는 부의 허가를 얻어야 한다.
1. 제12조 제1항 제1호 내지 제6호의 행위를 하는 것
2. 증여 또는 유증을 수락하거나 그것을 거절하는 것
3. 신체에 속박을 받아야 하는 계약을 하는 것
② 전항의 규정에 반하는 행위는 그것을 취소할 수 있다.

30) 廣中俊雄 編著, 『民法修正案(前三編)の理由書』, 72頁(有斐閣, 1987年).

고령화사회를 맞이하여 고령자를 위하여 현행 무능력자제도를 개선하여야 한다는 목소리가 높지만, 현재의 행위무능력자제도를 그대로 유지하고 다만 고령자를 여기에 포함시키는 선에 그친다면 바람직하지 않다. 현행 행위무능력자제도는 행위능력을 박탈 내지 한정하고 후견인을 통하여 재산을 보전하게 하고 부당한 거래로부터 보호받을 수 있게 함으로써 그 제도 자체가 지나치게 경직되어 있다. 판단능력의 저하나 보호 필요성 수준은 사람마다 다양하나, 획일적으로 행위능력을 박탈하거나 제한하여 거래의 자유를 지나치게 제한하거나 일률적으로 본인의 의사를 무시하는 것은 자기결정권 존중의 관점에서 본다면 문제가 있다.[31] 본인으로서도 한정치산이나 금치산이라는 소위 '낙인'에 큰 저항감을 가지게 되고, 나아가 상대방의 입장에서도 무능력자와의 거래를 피하게 되어 결국 무능력자를 사회에서 격리시키는 부작용을 낳을 수 있다. 그나마 감정 등에 상당한 비용과 기간을 요하는 등 절차상으로도 손쉽게 이용할 수 있는 제도가 아니다. 최근 새로운 성년후견제도의 논의가 활발하나, 피보호자의 자기결정권의 존중과 잔존 능력의 활용이라는 이념하에서 고령자의 보호가 우선 검토되어야 할 것이다. 현재의 제도와 같이 본인의 행위능력을 박탈하거나 광범위하게 제한한다면 이는 고령자 보호에 적합하다고 볼 수 없다. 고령자의 행위능력은 원칙적으로 제한하지 않고 각각의 능력차에 따라 잔존 능력을 십분 활용하면서도 보호할 수 있도록 제도가 만들어져야 할 것이다.

(2) 성년후견제도의 도입에 대한 논의

이미 선진국들은 성년후견제도를 도입하였고 또한 새롭게 정비하는 노력을 기울여 왔다. 미국은 성년후견제도와 관련하여 일찍이 공적 후견제도(Public Guardianship), 단체후견제도(Group Guardianship) 등을 두고 그 개혁을 지속적으로 추진해 왔다.[32] 독일의 경우에도 1990년 민법전 개정과 함께

31) 김성숙, "민법상 후견제도의 문제점-한정치산 · 금치산제도를 중심으로," 아세아여성법학, 창간호, 아세아여성법학연구소, 1998, 184면.

32) 이에 관한 자세한 내용은 Pamela B. Teaster, Erica F. Wood, Susan A. Lawrence & Winsor C. Schmidt, Wards of the State: A National Study of Public Guardianship, 37 Stetson L. Rev. 193 (2007).

'후견법'(Betreuungsrechts, 1992년 시행)을 도입한 이래 지금까지 수차례의 개선이 이루어져 왔는데,[33] 독일 후견법의 기본적 고려방법은 정책목표인 '고령자의 자립적 생활의 촉진과 지원'에 있고, 여기에서는 필요성원칙, 보충성원칙, 개인적 후견의 강화, 본인 의사의 존중을 지향하고, 원칙적으로 본인의 행위능력의 제한을 수반하지 않는 것으로 하고 있다.[34] 가까운 일본의 경우에도 1999년 12월 1일 새로운 성년후견제도의 창설을 내용으로 하는 법률을 제정하여 공표하고 2000년 4월 1일부터 성년후견제도를 시행해 오고 있는데,[35] 그 주요 목적은 고령사회에 대한 대비이다.[36]

우리나라에서도 성년후견제도의 도입에 관한 논의는 이미 1999년 2월에 구성된 민법개정위원회에서부터 전개된 바 있고, 2006년 12월 한정치산자·금치산자제도를 성년후견제도로 변경하는 '민법 일부개정법률안'을 의원입법으로 발의한 바 있다. 아울러 법원행정처 성년후견제도연구회는 외국법제를 비교법적으로 고찰하는 한편, 민법과 가사소송법을 개정해 금치산과 한정치산을 각각 '성년후견(成年後見)'과 '한정후견(限定後見)'으로 대체하고 한정치산에 미치지 않는 심신장애를 대상으로 하는 '후원(後援)'제도를 새로 추가한 법률안과 임의후견계약에 관한 법률안을 마련한 바 있다.[37] 또한, 최근 출범한 법무부 민법개정위원회에서도 성년후견제도의 도입을 중요한 의제로 채택하고 있다. 현재의 행위무능력자제도가 제도 자체의 한계로 인하여 이미 제 기능을 다하지 못하고 있는 현실에서 이러한 성년후견제도의 도입은 매우 긴요하다고 하겠다. 일본의 경우를 보더라도 후견, 보좌, 보조라는 3종류의 제도를 두는 등 발본적 개정을 함으로써 이를 이용하는 사람이 계속하여 증가하

---

33) 독일의 성년후견제도의 추이와 상세한 상황에 대해서는 NJW에 Georg Dodegge 판사가 매년 6월 연재하는 'Die Entwicklung des Betreuungsrechts' 시리즈 참조. Vgl. Georg Dodegge, Die Entwicklung des Betreuungsrechts bis Anfang Juni 2008, NJW 2008, 2689 ff.

34) Vgl. Staudinger/Bienwald, 2006 §1896 Rn. 34 ff.

35) 상세한 제도의 내용에 대해서는 小林昭彦・大鷹一郎, 『わかりやすい新成年後見制度(新版)』(有斐閣, 2000); 新井誠・赤沼康弘・大貫正男, 『成年後見制度』(有斐閣, 2006年) 등 참조.

36) 米倉明, "高齢者問題と法―現代法の根本原則," 『タートンヌマーン』, 4号 10頁(2000).

37) 성년후견제도연구회, 「성년후견제도 연구」, 사법연구지원재단, 2007, 264면 이하.

고 있다.[38] 아울러 민법상의 대리나 위임에 의한 고령자 보호의 한계를 임의후견제도의 도입을 통하여 극복할 수 있다는 점도 큰 의의를 지닌다. 특히 고령자의 일상적인 금전관리나 자산운용에 있어서 성년후견제도는 큰 기능을 발휘할 것으로 기대된다.

다만, 성년후견제도의 도입으로 인하여 고령자에 대한 어느 정도의 능력지원이 가능하게 된다고 해도 고령자의 계약에 수반하는 여러 가지 문제가 일거에 해결되지는 않는다.[39] 우선 각국은 성년후견제도를 노인으로서 정상적인 법률행위를 할 만한 판단능력이 현저히 불충분한 자를 위한 제도로 운영하고 있어 그 보호대상이 제한된다. 특히, 고령이지만 어느 정도 판단능력이 불충분한 경우에 해당되지 않는 경우 등에 있어서는 보호의 공백이 남는다. 예컨대 일본의 경우를 보더라도 종래의 금치산과 한정치산에 대응되는 후견・보좌제도에 비하여 고령화로 능력이 현저하게 불충분하지 않은 자를 보호하기 위한 보조제도의 이용이 현저히 적은 점에 비추어 보면, 본인이 현저히 능력이 불충분하다고 우려하여 임의후견제도를 이용하려 하는 경우가 적극 활용될 것으로 기대하기에는 다소 무리가 있다.[40] 따라서 고령자를 위한 성년후견제도가 활용되기까지 사이의 공백에 있어서 계약법상의 효율적 장치를 마련할 필요가 있다.[41] 즉, 성년후견제도와 고령자를 고려한 소비자

38) 2000년 성년후견제도의 개정 후의 이용상황(家月, 61巻1号 155頁)

사건수	00년	01년	02년	03년	04년	05년	06년	07년
후견개시	6,236	8,816	11,749	14,377	14,643	17,185	29,221	21,370
보좌개시	1,298	1,885	2,822	3,409	3,634	4,421	4,866	5,373
보조개시	1,057	1,450	1,779	2,092	2,111	2,548	2,539	2,598

39) 예컨대 판매업자의 부당한 권유행위에 의하여, 혼자 살고 있는 노인이 자신에게는 별로 가치가 없는 상품을 갑자기 구입하는 계약을 체결한 경우를 상정해 보겠다. 여기에 성년후견제도하에 임명된 후견인 등이 사전에 상품선택에 관한 적절한 조언을 하거나, 대리권을 행사하여 사업자와 교섭에 나서고, 때로는 대리인이 사기 등을 이유로 계약을 취소하고, 결말이 나지 않은 때에는 소비자센터 등에 상담을 하는 등을 하면 상황은 상당히 개선될지도 모른다. 그러나 실제로 성년후견인이 항상 고령자의 곁에 있기를 기대하기는 어렵고, 상담이 있어도 그것은 보통 사후적으로 할 가능성이 높다. 여기에 만약 후견인이 그 업무를 다른 곳에 위탁하고 감독을 소홀히 한다면 성년후견제도는 용이하게 형해화할 수 있다.

40) 河上正二, 前掲書, 228頁.

41) 이러한 문제의식에서 최근 유럽의 '공통참조구조'(DCFR) 제5편 3: 제106조는 사무관리를

계약에 대한 법적 장치가 양대 축으로 작용해야만 고령자의 권리보호가 제대로 이루어질 수 있는 것이다.

2. 노인전용상품에 대한 사업자의 정보제공의무

(1) 정보격차의 문제해결을 위한 정보제공자책임

각국의 소비자계약법 입법화의 사회적 배경에는 단지 소비자분쟁의 증가에 대한 대처라고 하는 의미만 있는 것은 아니다. 시장 메커니즘 중시의 경제사회라는 큰 틀에서, 시장에서의 소비자와 사업자 쌍방이 자기책임을 가진 주체로서 활동하기 위한 필요한 시스템이 정비되어야만 한다고 하는 문제의식에 입법화의 주된 추진배경이 있다.[42] 근래에 들어 상품 또는 서비스의 다양화 및 복잡화에 수반하여 사업자는 그 행위의 반복성・계속성 때문에 정보, 교섭력 등에 있어서 일반적으로 소비자보다 우위에 서게 된다. 더구나 상대가 고령소비자라면 이러한 정보의 격차는 더욱 커진다. 이러한 경우 소비자, 사업자 쌍방의 자기책임을 묻기 위하여는, 정보 등의 격차를 시정하고 충분하게 이성적인 자기결정을 할 수 있는 상황하에서 소비자의 자유로운 의사형성이 이루어질 수 있도록 하는 환경정비가 필요하게 된다. 소비자계약법이 제정되지 않은 우리 법체계하에서 이러한 문제에 대한 해결책 중 중요한 것이 계약체결과정에 있어서의 정보제공의무이다.

본래 계약 당사자들은 자신의 목적에 적합하고 보다 유리한 계약을 체결하기 위하여 다양한 정보를 모을 것이고, 이러한 수집과 분석은 계약 당사자 스스로 하여야 한다. 예컨대 소비자가 어떤 식품을 사는 경우에는 그 식품의 유통기간, 원산지 등을 하나하나 확인하여야 하고, 자신이 획득한 정보

근거로 법정대리권이 발생하는 것을 규정하고 있다(von Bar/Clive/Schulte-Noelke(ed.), Principles, Definitions and Model Rules of European Private Law: Draft Common Frame of Reference (DCFR), Outline Edition, Sellier, European Law Publishers, 2009). 우리나라에서는 아직 이에 대한 문제의식을 가지고 있지 않은 것으로 보이나, 검토해 볼 가치는 있다고 생각한다.

42) 経済企画庁国民生活局消費者行政第1課 編, 『消費者契約法(仮称)の制定に向けに』, 6頁 (1999年 3月 12日) 参조.

에 따라 사든가 아니면 사지 않든가 해야 한다. 원칙적으로 소비자로부터의 정보제공의 요구에 대하여 사업자는 거절할 수 있고, 그 경우 소비자는 사업자에게 정보제공을 강제할 수는 없다. 소비자는 계약체결을 하지 않으면 되고, 사업자는 계약체결의 기회를 잃는 것으로 끝나기 때문이다. 그런데 상품의 종류나 가격에 따라서는 소비자로서 조사비용면이나 조사시간에 상당한 시간이 걸리게 되고, 결과적으로 포기하여 사지 않거나 또는 이런 조사를 체념하고 사든가 하게 된다. 그런데 법경제학적으로 보더라도 상품에 따라서는 정보를 가지고 있는 사업자가 정보를 공개하는 방법이 거래비용이 들지 않는 것으로 되어 바람직하다.[43] 더구나 분업화, 전문화로 특징지워지는 현대사회에서는 일반인과 전문가 또는 사업자 사이의 구조화된 정보격차를 발생시키고, 따라서 무경험의 계약 당사자가 본래 자기책임에 의하여 수행하여야 할 정보의 수집과 분석을 계약 상대방에게 의존하지 않을 수 없는 거래형태가 더욱 늘고 있다. 여기서 나온 것이 정보제공의무로서, 이것은 계약체결과정에 있어서 정보면에서 우위에 있는 계약 당사자가 상대방의 계약체결의 의사결정을 위한 중요한 사정에 대하여 정보를 제공하여야 할 법적 의무를 진다는 것이다.[44] 현대사회에서 고령소비자의 경우 이러한 정보의 격차는 일반인보다도 더욱 크므로 이러한 계약체결상에서의 정보제공의무에 대한 논의는 매우 큰 의의를 가진다.

(2) 우리 법에서의 정보제공의무에 대한 법적 근거

정보의 필요성은 소비자의 계약에서 전형적으로 나타나게 된다. 따라서 일찍부터 정보제공의무에 대한 논의가 활발했던 독일에서도, 정보제공의무와 관련한 책임근거를 소비자의 정보에 있어서의 열위성에서 찾아, 예컨대 증가하는 소비자위험에 직면하여 최종소비자에 대한 정보제공의무가 사회국가적 헌법의 명령에 합치한다고 주장되기도 하였다.[45] 독일 민법에 있어서

---

43) 織田晃子, "契約法における消費者保護と高齢者," 私法学研究, 24号 87頁(2000).

44) 박인환, "계약체결과정에 있어서의 정보제공의무-독일에서의 논의를 계기로 하여-," 서울대학교 박사학위논문, 2004. 2, 2면.

45) Norbert Reich, Schuldrechtliche Informationspflichten gegenüber Endverbrauchern, NJW 1978, 513, 519.

계약체결과정에서의 정보제공의무와 그 책임에 관한 일반규정은 존재하지 않지만, 일반적인 견해는, 계약교섭의 개시 또는 거래를 위한 준비와 접촉에 의하여 형성된 특별한 법률관계를 기초로 상대방의 이익과 법익을 고려해서 행동하여야 할 일정한 용태의무가 발생하고, 이러한 용태의무를 유책하게 위반한 경우에는 계약책임에 준하는 계약체결상의 과실책임이 발생한다고 한다.[46] 즉, 독일 민법학에서의 일반적인 견해는 계약체결과정에서의 정보제공의무의 위반을 이러한 계약체결상 과실책임의 확립된 유형의 하나로 받아들이고 있다.

우리 민법에도 정보제공의무에 관한 명문의 일반규정이 존재하지 않는다. 그러나 우리 판례는 특정한 유형 또는 개별 계약의 구체적 사정을 고려하여, 소위 '설명의무'라고 하여 이러한 정보제공의무를 인정해 왔다. 예컨대 보험설계사의 보험계약자에 대하여 부담하는 설명의무,[47] 의료사고 등에 있어서의 의사의 설명의무,[48] 투자신탁회사의 임직원의 고객에 대한 설명의무[49] 등 계약유형마다 설명의무를 인정하고 있다. 다만, 우리 판례는 설명의

---

46) MünchKomm/Emmerich, 2007, §311 Rn. 101 ff.

47) 타인의 사망을 보험사고로 하는 보험계약의 체결에 있어서 보험설계사는 보험계약자에게 피보험자의 서면동의 등의 요건에 관하여 구체적이고 상세하게 설명하여 보험계약자로 하여금 그 요건을 구비할 수 있는 기회를 주어 유효한 보험계약이 성립하도록 조치할 주의의무가 있고, 보험설계사가 위와 같은 설명을 하지 아니하는 바람에 위 요건의 흠결로 보험계약이 무효가 되고 그 결과 보험사고의 발생에도 불구하고 보험계약자가 보험금을 지급받지 못하게 되었다면 보험자는 보험업법 제102조제1항에 기하여 보험계약자에게 그 보험금 상당액의 손해를 배상할 의무를 진다(대법원 2008. 8. 21, 선고 2007다76696 판결).

48) 일반적으로 의사는 환자에게 수술 등 침습을 가하는 과정 및 그 후에 나쁜 결과 발생의 개연성이 있는 의료행위를 하는 경우 또는 사망 등의 중대한 결과 발생이 예측되는 의료행위를 하는 경우에 있어서 응급환자의 경우나 그 밖에 특단의 사정이 없는 한 진료계약상의 의무 내지 침습 등에 대한 승낙을 얻기 위한 전제로서 당해 환자나 그 법정대리인에게 질병의 증상, 치료방법의 내용 및 필요성, 발생이 예상되는 위험 등에 관하여 당시의 의료수준에 비추어 상당하다고 생각되는 사항을 설명하여 당해 환자가 그 필요성이나 위험성을 충분히 비교해 보고 그 의료행위를 받을 것인가의 여부를 선택할 수 있도록 할 의무가 있고, 의사의 설명의무는 그 의료행위에 따르는 후유증이나 부작용 등의 위험 발생 가능성이 희소하다는 사정만으로 면제될 수 없으며, 그 후유증이나 부작용이 당해 치료행위에 전형적으로 발생하는 위험이거나 회복할 수 없는 중대한 것인 경우에는 그 발생 가능성의 희소성에도 불구하고 설명의 대상이 된다(대법원 2007. 5. 31, 선고 2005다5867판결).

49) 투자신탁회사의 임직원이 고객에게 투자신탁상품의 매입을 권유할 때에는 그 투자에 따

무 위반에 대하여 대체로 불법행위에 의한 손해배상책임으로 해결하고 있다. 즉, 고의 또는 과실로 설명의무의 대상이 되는 사실에 대하여 묵비하거나 잘못된 정보를 적극적으로 제공하는 경우에는 위법한 행위가 되고 그로 인하여 손해를 배상할 책임이 발생한다는 것이다. 여기서 설명의무의 존부에 대한 판단은 불법행위 성립에 있어서 위법성 판단에 해당되고 그에 대한 고의 또는 과실의 위반은 위법한 가해행위가 된다고 한다. 다만, 우리 판례는 원칙적으로 부수적 주의의무 위반에 대해서는 계약해제권을 인정하지 않는 점을 견지해 왔다.50) 즉, 판례는 독일 민법과 같이 정보제공의무 위반 여부를 계약체결상의 과실책임으로 이론구성하지 않고, 절대권 침해가 아닌 일반적 구성요건을 취하고 있는 우리 불법행위법에 근거하여 손해배상책임으로 해결해 온 것이다.

여기서 원시적 불능에 관해서만 계약체결상의 과실책임을 명문으로 규정(제535조)하고 있는 우리 민법상, 원시적 불능을 넘어서서 널리 계약체결상의 과실을 인정할 것인가에 대한 논의를 살펴 볼 필요가 있다. 주지하는 바와 같이 다수설은 독일법의 영향 아래 이전부터 계약체결상의 과실책임을 우리 법의 해석론으로서 인정해 왔다.51) 즉, 체약을 위한 상담에 착수하면 그 순간부터 당사자는 신뢰관계에 서게 되며, 계약체결이라는 공동의 목적을 향해서 서로 협력하여야 할 긴밀한 결합관계가 이루어지고, 서로 상대방에게 손해를 주어서는 안되는 의무라든가 또는 상대방의 의사결정에 중대한 의의가 있는 사실을 밝히고 통지할 의무 등을 포함하는 신의칙상의 의무를 부담

르는 위험을 포함하여 당해 투자신탁의 특성과 주요 내용을 설명함으로써 고객이 그 정보를 바탕으로 합리적인 투자판단을 할 수 있도록 고객을 보호하여야 할 주의의무가 있고, 이때 고객에게 어느 정도의 설명을 하여야 하는지는 투자 대상인 상품의 특성 및 위험도의 수준, 고객의 투자 경험과 능력 및 기관투자자인지 여부 등을 종합적으로 고려하여야 하는데, 상품안내서 등의 교부를 통하여 투자신탁의 운용개념 및 방법과 신탁약관에서 정하는 사항에 대한 개략적인 정보를 제공한 경우에는 투자신탁설명서나 약관 등을 직접 제시하거나 교부하지 않았다고 하여 설명의무 위반이 된다고 단정할 수 없다(대법원 2006. 5. 11, 선고 2003다51057판결).

50) 대법원 2005. 11. 25, 선고 2005다53705,53712 판결; 대법원 2001. 11. 13, 선고 2001다20394, 20400 판결; 대법원 1996. 7. 9, 선고 96다14364, 14371 판결 등 참조.

51) 곽윤직, 채권각론, 제6판, 2003, 53면; 김상용, 채권각론, 개정판, 2003, 66면; 김증한 · 김학동, 채권각론, 제7판, 2006, 59면 등 참조.

하게 된다는 것이 그 인정 근거이다.52) 특히 계약체결상의 과실책임에 관한 일부 견해는 이를 보호의 흠결로 파악하여 침해자의 이행거절의 전제로서 계약해제권을 인정할 필요가 있음을 강조한다. 따라서 적어도 계약이 유효하게 성립한 경우에 있어서는 계약체결상 과실책임을 계약책임으로 이해할 필요가 있다고 하거나,53) 계약해제권을 인정하기 위하여 적극적으로 계약체결상 과실책임 법리를 활용할 것을 주장한다.54) 이에 대하여 불법행위책임설55)은, 우리 민법은 독일 민법과 달리 채무불이행과 불법행위에 관하여 포괄적인 내용의 일반조항을 두고 있기 때문에 계약체결상의 과실이 문제되는 경우들을 그 규정으로 해결할 수 있고, 따라서 명문규정이 있는 원시적 불능을 제외하고는 인정할 필요가 없다고 한다.

(3) 학설에 대한 평가

다수설의 견해는 적어도 계약매개로 접촉하게 된 당사자들 사이의 법률관계는 가능한 한 계약책임으로 처리하는 것이 사태에 보다 적합하다는 사고에 기초한 것이라 할 수 있다. 이러한 견해는 전통적으로 불법행위책임은 일반적 행동의 자유를 제약하는 것이므로 엄격한 요건하에서만 제한적으로 인정하여야 하고 책임범위도 제한하되, 그 이상의 보호 필요성에 대해서는 계약책임에 의하여 이를 구제하는 것이 타당하다는 것이다.56) 그런데 다수설의 결정적 난점은, 단순히 추상적으로 "일반불법행위법을 가지고 계약체결상의 과실이 인정되어야 하는 경우를 모두 해결할 것으로 보이지는 않는다"고 해명할 뿐, 독일법의 계약체결상의 과실책임과 같은 불가피한 법형성의 필요를 아직 충분히 밝혀내지 못했다는 점이다. 독일 민법학이 굳이 계약체결상의

52) 곽윤직, 전게서, 53면.

53) 곽윤직 대표편집(최홍섭 집필 부분), 민법주해(XII), 283면.

54) 공순진, "부수의무위반으로 인한 불리한 내용의 계약체결," 재산법연구, 제8권 제1호, 1991. 12, 111면 참조.

55) 최식, 신채권법각론, 1961, 52면; 양창수, "계약체결상의 과실," 민법연구 제1권, 박영사, 1991, 381면; 김준호, "독일계약체결상의 과실제도의 우리 민법학에의 수용 여부," 사법학의 제문제(김홍규박사화갑기념논문집), 1992, 제281면 이하 등 참조.

56) 윤형렬, "계약체결상 과실책임의 체계에 관한 연구," 연세대학교 박사학위논문, 1997, 238면 이하 참조.

과실책임이라는 법리를 형성하게 된 것은 주로 독일 민법의 불법행위규정 체계가 갖는 한계에서 비롯된 흠결을 제거하기 위한 것이다. 그러나 "독일 민법학이 흠결보충적 법형성의 방법으로 도달한 계약체결상의 과실책임의 결과들은 우리의 불법행위법상으로 충분히 문제해결이 가능하다"는 데에 대한 반론으로써, 다수설은 아직 그러한 법형성이 필요한 어떤 구체적인 사실을 발견해내지 못해 왔다.

그런데 고령소비자의 계약과 관련하여서는 그 문제점이 다르다고 할 수 있다. 뒤에서 살펴보겠으나 고령자 전용상품이거나, 고령자를 계약의 주된 상대방으로 상정하는 계약이거나, 고령자에게 위험한 물건인 경우 사업자는 일반거래보다도 고령자가 충분히 이해할 수 있도록 정보를 제공할 보다 엄격한 부수적 주의의무가 있다고 할 수 있다. 그런데 만약 사업자가 이러한 정보를 제공하지 않은 경우라면 판례 및 소수설에 의하면 불법행위법상의 손해배상으로 문제의 해결을 기대할 것이다. 그런데 고령소비자 피해가 흔히 나타나는 양상으로서 예컨대 어느 악덕사업자가 길에서 고령자들을 모아 놓고 노인들에게는 별 효용이 없다는 것을 알리지 않은 채 고가인 물건을 시가에 매매한 경우를 상정해 보자. 노인이 돌아와 후회하고 바로 철회한 경우에는 방문판매법상으로 문제해결을 기대할 수 있다. 그러나 만약 쿨링오프 기간이 지나고 자식들의 방문에 의하여 이러한 사실을 뒤늦게 안 경우에는 불법행위법상 손해배상책임으로 해결하고자 하지만, 단지 노인들을 모아놓고 물건을 정가에 판 데에 대한 과실이나 위법성을 입증하기가 용이하지 않다. 또한, 손해에 관한 전통적인 차액설에 따를 때 이러한 경우 하자없는 물건을 정가에 주고 산 경우이므로 어떤 손해가 있다는 점을 입증하기도 용이하지 않다. 그동안 설명의무 위반이 문제되었던 사건들은 예컨대 보험, 의료사고 등에 있어서 설명의무를 위반하여 피해자에게 어떤 인적 또는 물적 손해가 발생한 경우였다. 따라서 위의 고령소비자 계약에 있어서는 계약체결상의 과실책임을 인정하여 정보를 제공하지 않아 그 계약의 유효를 믿었기 때문에 받은 손해, 즉 신뢰이익을 배상하도록 하는 것이 필요하다고 할 수 있다.

그런데 이 경우 신뢰이익의 배상액과 관련하여 '원상회복적 손해배상'을 주장하는 견해도 있지만,[57] 그 배상액을 산정하기도 용이하지 않고, 그 배상액으로 노인의 피해가 어느 정도 회복될 것으로 기대하기도 어렵다. 아마도 이러한 경우에는 계약을 해소하게 하는 것이 고령자, 나아가 사업자에게 있어서도 가장 합리적인 해결책이 될 수 있을 것이라 생각한다. 여기에서 독일 법상의 정보제공의무 위반 이론과 관련하여 우리 법상 '상대방으로부터 유발된 동기의 착오이론'으로의 해결 가능성을 모색하는 견해[58]가 있어 주목된다. 특히, 우리 판례가 상대방에 의하여 유발되었거나 상대방이 원인을 제공한 동기의 착오에 대해서는 동기의 표시 여부를 묻지 않고 중요부분의 착오를 인정하고 있기 때문에 더욱 그러하다. 따라서 고령소비자에게는 사업자의 정보제공의무가 있고 그러한 정보를 제공하지 않아 고령 소비자가 효용이 있는 상품인줄로 동기의 착오를 일으킨 경우에는 계약의 취소를 인정할 수 있는 가능성이 있다고 생각한다.

(4) 정보제공의무의 판단기준

여기서 문제는 다시 원론으로 돌아가 왜 고령소비자와 거래하는 사업자에게 그토록 강한 정보제공의무가 부과되는가 하는 의문이다. 정보를 얻는 것은 일단 각 계약 당사자의 몫이므로 정보제공의무의 승인은 적극적 근거제시가 가능한 예외적인 경우로 한정되는데, 단순히 현대사회에서 고령화현상이 발생한다는 이유만으로는 이러한 근거로 미약하기 때문이다. 이러한 근거를 밝히기 위하여 독일 판례가 취하는 정보제공의무의 판단기준을 잠시 살펴보고자 한다.[59]

독일 판례가 그동안 취한 입장을 보면 먼저, 계약목적에 대한 위험(자신에게 기대 가능한 한도에서 상대방의 계약목적을 좌절시키거나 계약이행시 상대방에게 특별한 위험을 발생시킬 수 있는 사정들), 계약이행에 대한 위험(계약이행시 방해할 개연성 있는 장애) 등에 대해서는 정보를 제공할 의무가 있다고 한다.[60] 그런데 한편 정보전달의 기대 가능성 여부, 즉 당사자간의 사정에 따

57) 潮見佳男, "適正な消費者契約の実現-包括的民事ルールとしての消費者契約法," 月刊国民生活 31(5) 6頁 以下(2001年).

58) 박인환, "계약체결과정에 있어서의 정보제공의무-독일에서의 논의를 계기로 하여-," 서울대학교 박사학위논문, 2004. 2, 326면 이하 참조.

59) 독일 판례와 학설에 대하여 자세한 국내 문헌으로는 박인환, 전게논문, 14면 이하 참조.

라 정보제공의무가 달라질 수 있다고 한다. 그 중요한 기준은 ① 정보의 중요성과 상대방의 정보필요에 대한 인식(상대방이 특별한 사실의 존부에 대하여 문의를 하거나 그 사실이 중요하다고 밝혔다면, 사실을 정확히 설명할 의무)이 있거나, ② 당사자간의 신뢰관계가 강한 경우(지속적 채권관계, 은행, 교육, 할부매수인, 전문가 등에게의 의뢰 등과 같이 인적 신뢰관계가 있는 경우 정보제공의무를 발생시킴)이거나, ③ 당사자의 인적 특성(계약 상대방의 무경험, 법적·언어적 무지, 때로는 육체적 장애가 있는 경우) 등으로서, 이 경우 당사자간의 이익형량에 의하여 정보제공의무 등을 평가하여야 한다는 것이다.[61]

여기서 고령소비자와 관련하여 중요한 것은 전술한 ③에 의하여 당사자의 인적 특성에 따라 정보제공의무가 달라질 수 있다는 점이다.[62] 즉, 사업자는 경제적 관리가 안되거나 새로운 현대적 상품에 대하여 무경험인 고령자에게는 계약내용에 대한 상세한 설명을 요한다고 할 수 있다. 여기서 문제는 어느 정도의 설명을 요하는가의 이익형량의 판단기준인데, 사업자에게 직업상 또는 사업상의 경험들이 있는지와 구체적 법률행위가 얼마나 복잡한지에 따라 결정된다고 할 수 있다.[63] 결론적으로 일정한 경우에는 소비자에게 정보를 인식 가능한 상태로 두는 것만으로는 부족하고, 소비자의 이해능력에 따라 정보의 내용을 이해하도록 하는 것이 필요하다는 것이다. 여기서 어느 경우가 그러한 경우에 해당되는가 하는 점이 문제되는데, 적어도 고령자를 대상으로 하는 상품이나 고령자가 주된 계약의 상대방인 경우에는 고령자를 고려한 충분한 정보제공의무가 요구된다고 할 수 있다.

3. 특별법을 통한 계약환경의 정비

고령소비자의 부당한 계약에 대하여 계약체결상의 과실책임에 의한 신뢰이익 배상을 인정한다고 해도, 고령소비자로서는 판단기준이나 손해액 등

60) Vgl. MünchKomm/Emmerich, 2007, §311 Rn. 112 ff.
61) Vgl. MünchKomm/Kramer, 2007, §241 Rn. 131 ff.
62) Vgl. MünchKomm/Kramer, 2007, §241 Rn. 136.
63) BGH NJW 1981, 1440; ZIP 1996, 2064; NJW-RR 2004, 203; NJW 2004, 3628.

여러 가지 점에서 그 문제해결이 용이한 것만은 아니다. 이러한 문제점 때문에 보다 소비자의 권익을 보호할 수 있는 계약환경을 정비하기 위하여 독일에서는 소비자계약을 민법에 편입시켜 하나의 통일된 체계를 부여하고, 일본에서는 특별법으로서 소비자계약법을 마련한 것이다. 그 입법방식의 당부는 변론으로 하더라도 특히 고령소비자 계약과 관련하여 일정한 영역에서는 부당한 계약의 해소를 위한 특별한 법제의 마련이 필요하다고 생각한다.

현재 소비자관련 법률에서는 쿨링오프 제도를 두고 있으나, 기간이 짧고 사업자들의 판매방법이 교묘해짐에 따라 쿨링오프 기간 내에 사업자의 부당한 행위를 잘 깨닫지 못해 그 권리를 행사할 수 없는 경우가 많다. 이러한 경우는 고령소비자에게 있어서 더욱 그러하다. 고령자의 활동능력・판단능력이 점점 저하하는 것을 고려한다면 숙려를 위하여 요하는 시간도 평균인 이상으로 필요하다. 따라서 연령에 따라 쿨링오프 기간의 연장을 두는 것도 하나의 좋은 방법이라고 생각한다. 쿨링오프는 어떠한 사유를 필요로 하지 않고 법정기간 내라면 언제라도 계약을 해소할 수 있는 점에서 취소권 등보다 고령자 보호에 충실하게 되고, 자기의 행위를 주위의 의견 등을 통해서 재음미할 수 있는 기회를 준다는 점에서 일반소비자보다 고령소비자에게 훨씬 필요하므로, 그 취지를 퇴색시켜 버릴 정도로 기간이 짧아서는 안 된다고 하겠다. 이 쿨링오프 제도는 고령자에게는 소위 시간이라는 이름의 후견인이라고도 할 수 있다.

한편 현재 대표적인 고령소비자 상품 중 하나인 실버타운의 약관의 문제점이 공정거래위원회로부터 지적된 점이 있음을 앞에서 언급한 바 있는데,[64] 이와 같은 일부 노인관련 계약은 특별한 법제의 마련을 필요로 한다고

64) 공정거래위원회에서는 실버타운 약관과 관련하여, ① 부당한 특별간병비용 반환조항(특별간병비용은 입주자가 일부라도 간호를 받은 경우에는 반환하지 않고, 전혀 간호를 받지 않고 퇴소할 경우에는 무이자로 반환), ② 부당한 실비정산조항(계약해지 및 장기부재시 1개월 및 15일 단위로 생활비를 정산하거나, 생활비가 면제되지 않음), ③ 시설비의 부당한 고객부담 조항(거실 내의 장판, 융단, 창유리, 커텐 등의 설치, 수리, 대체비용을 고객이 부담토록 함), ④ 보증금을 동시에 반환하지 않는 조항(계약해지 또는 사망으로 입주자가 퇴거할 때 사업자가 보증금을 거실명도후 3일~1개월 이내에 반환하도록 함), ⑤ 부당한 계약해제 조항(질서문란, 시설에서의 생활의 어려움, 동물사육 등의 경우 최고절차 없이 예고기간을 두고 해제할 수 있게 함), ⑥ 비용의 일방적 개정조항(월생활비, 서비스

하겠다. 현행법상 노인전용상품에 불공정한 약관이 있는 경우 약관규제법을 통하여 어느 정도의 시정은 가능하다. 그러나 약관규제법에는 약관의 작성 및 설명의무(제3조), 다양한 불공정조항 유형(제7조 내지 제14조)은 두고 있으나, 부실한 고지나 정보제공에 관한 규정, 강박에는 해당하지 않는 곤혹행위 등에 대한 규정은 두고 있지 않다. 또한, 약관이 아닌 개별약정이 있는 경우 약관규제법의 적용대상으로 되지 않는다. 최근 대형병원들마저 실버타운 시장에 뛰어드는 등 실버타운이 계속해서 늘어나고 있는데, 적어도 그 입주방식(현재 분양, 종신이용권, 회원권, 임대차 등 다양함)에 따라 상세한 정보를 제공할 의무를 사업자에게 부과하는 등 계약의 적정화를 위한 법적 장치를 마련할 필요가 있다. 특히, 실버타운의 경우에는 그 비용이 다액을 요구하고 '종신에 걸친 개호서비스'라는 특수한 급부를 목적으로 하는 계약으로서 종래의 민법에 의한 파악이 용이하지 않은 점이 있고, 한번 입주하면 옮기기도 쉽지 않은 점을 고려하면 더욱 그러하다. 나아가 고령화시대를 맞이하여 향후 많은 고령 전용 상품이 속출할 것을 예상한다면 적어도 고령소비자의 보호를 포함한 통일된 소비자계약 법제의 마련이 긴요하다고 생각한다. 아울러 고령소비자 전용상품에 대해서는 앞에서 언급한 쿨링오프 기간의 연장뿐만 아니라, 정보제공의무 불이행을 이유로 한 계약해제나 손해배상의 규정을 둘 필요가 있다고 생각한다.

Ⅳ. 맺음말

하루가 다르게 변화하는 최근의 계약환경은 그야말로 소비자에게 혼란스럽다. 상품과 서비스가 다양화・복잡화・고도화하고 있을 뿐만 아니라 컴퓨터 등 첨단기기가 발달함으로써 계약구조와 판매방법에서도 새로운 방법

료 등의 비용을 물가상승에 따라 사업자가 일방적으로 조정할 수 있도록 하고 입주자가 이에 응하도록 함)에 대하여 약관규제법에 위배되는 불공정조항으로 무효임을 밝힌 바 있다(공정위 2002약제3259).

이 다양하게 나타나고 있다. 고령자에게 있어서 이러한 계약환경은 심지어 두려움으로 다가왔다고 할 수 있다. 그런데 우리나라에서는 특히 고령화가 급속하게 진행되고 있고, 따라서 필연적으로 계약 당사자의 고령화가 예상되는 한편, 현재 고령 전용 상품・서비스시장도 확대되고 있다. 이러한 상황에 고령자가 적응할 수 있도록 최근 고령자에 대한 재교육 등이 중요한 과제로도 다루어지지만, 무엇보다도 고령자가 안심하고 계약할 수 있는 거래환경을 정비하고 시장에서의 고령자의 실질적 선택권과 안전성을 확보하는 것이 긴급한 과제라 하지 않을 수 없다.

최근 시장 메커니즘이 중시되는 경제사회로의 전환과 함께 행정적인 시장규제적 소비자보호에서 벗어나 사법적 규제를 통하여 소비자를 보호한다는 세계적인 추세에 따라, 각국은 소비자관련 통일규범을 마련해 왔다. 아직까지 그러한 법을 마련하지 못한 우리에게는 민법의 역할이 중요하고, 공정한 거래환경 조성에 이바지하도록 민법의 규정을 해석해 낼 필요가 있다. 단지 '고령자'이기 때문에 보호한다는 것은 민법상 익숙하지 않을 수 있다. 그러나 전형적인 약점을 갖춘 고령소비자로서 사업자와의 사이에서의 정보, 분쟁해결능력, 회복력 등에서의 격차 등의 한계를 줄여야 한다는 것은 계약법상의 과제로써, 본고는 이러한 점에서 정보제공의무 등을 통한 해결 가능성을 모색해 보았다. 현재 성년후견제도나 소비자계약법의 도입이 논의되고 있는 상황에서, 고령소비자 문제도 특별히 고려한 합리적인 법제가 마련되길 기대해 본다.

〈참고문헌〉

공순진, "부수의무위반으로 인한 불리한 내용의 계약체결," 재산법연구, 제8권 제1호, 1991.

권오승・홍명수, "소비자보호의 계약법적 구성과 한계," 법학, 제43권 제3호, 서울대학교, 2002.

김민중, "고령・문맹인 자와 체결한 폭리적 매매계약의 유효 여부-대법원 1992. 2. 25, 선고 91다40351판결," 사법행정, 통권 381호, 한국사법행정학회, 1992. 9.

김상중, "계약목적물의 시가에 관한 잘못된 관념과 계약 당사자의 보호-착오와 사기를 이유로 한 의사표시의 취소에 관한 판례의 고찰을 통한 시론적 접근-," 법조, 제53권 9호, 법조협회, 2005.

김성숙, "민법상 후견제도의 문제점-한정치산・금치산제도를 중심으로," 아세아여성법학, 창간호, 아세아여성법학연구소, 1998.

박인환, "일본 소비자계약법의 법정책과 규율구조에 관한 비교법적 고찰," 중앙법학, 제6집 제1호, 중앙법학회, 2004. 4.

박인환, "계약체결과정에 있어서의 정보제공의무-독일에서의 논의를 계기로 하여-," 서울대학교 박사학위논문, 2004. 2.

성년후견제도연구회, 「성년후견제도 연구」, 사법연구지원재단, 2007.

송순영, 「고령 소비자 피해구제 활성화 방안 연구」, 한국소비자보호원, 2006.

양창수, "계약체결상의 과실," 민법연구 제1권, 박영사, 1991.

윤형렬, "계약체결상 과실책임의 체계에 관한 연구," 연세대학교 박사학위논문, 1997.

이병준, "민법에서의 소비자의 지위와 소비자특별법의 민법전에의 통합," 민사법학, 제39호, 한국민사법학회, 2007. 12.

이영규, "행위무능력자제도에 대한 검토," 중앙법학, 제9집 제9호, 중앙법학회, 2007. 10.

経済企画庁国民生活局消費者行政第1課 編, 『高齢化と消費者問題』(1997年).

経済企画庁国民生活局消費者行政第1課 編, 『消費者契約法(仮称)の制定に向けに』(1999年 3月).

廣中俊雄 編著, 『民法修正案(前三編)の理由書』(有斐閣, 1987年).

大村敦志,『契約法から消費者法へ』(東京大学出版会, 1999年).

大村敦志,『消費者法』(有斐閣, 2003年).

新井誠・赤沼康弘・大貫正男,『成年後見制度』(有斐閣, 2006年).

織田晃子, 契約法における消費者保護と高齢者"(私法学研究 24号, 2000).

河上正二, "高齢者をめぐる契約の諸問題"(国民生活 99年 6月, 1999年).

河上正二,『民法学入門』(日本評論社, 2004年).

Pamela B. Teaster, Erica F. Wood, Susan A. Lawrence & Winsor C. Schmidt, Wards of the State: A National Study of Public Guardianship, 37 Stetson L. Rev. 193(2007).

Christian von Bar, Eric Clive, Hans Schulte-Nölke, Hugh Beale, Principles, Definitions and Model Rules of European Private Law: Draft Common Frame of Reference(DCFR), Sellier, European Law Publishers(2009).

Georg Dodegge, Die Entwicklung des Betreuungsrechts bis Anfang Juni 2008, NJW 2008, 2689.

Norbert Reich, Schuldrechtliche Informationspflichten gegenüber Endverbrauchern, NJW 1978, 513.

Werner Bienwald, Staudinger Kommentar zum Bürgerlichen Gesetzbuch, Buch 4 Familienrecht, §§1896-1921, Neubearb., 2006.

Wolfgang Krüger, Münchener Kommentar zum Bürgerlichen Gesetzbuch, Band 2 Schuldrecht Allgemeiner Teil, §§241-432, 5. Aufl., 2007.

■ 이 책을 쓴 사람들

강병근 고려대학교 법학전문대학원 교수
김상훈 한림대학교 법행정학부 교수
김진곤 광운대학교 법과대학 교수
문상덕 서울시립대학교 법학전문대학원 교수
박인환 인하대학교 법학전문대학원 교수
윤태영 아주대학교 법학전문대학원 교수
이건호 한림대학교 법행정학부 교수
이인영 홍익대학교 법과대학 교수
조지현 한림대학교 법행정학부 교수
홍일선 한림대학교 법행정학부 교수
〈가나다 순〉

노인법제연구-노인복지패러다임의 전환과 노인의 인간다운 삶을 위한 법제연구

저자협의 인지생략

2009년 9월 25일 초판인쇄
2009년 10월 2일 초판발행

공저자 강병근 · 김상훈 · 김진곤 · 문상덕 · 박인환
윤태영 · 이건호 · 이인영 · 조지현 · 홍일선
발행인 조 병 철
발행처 三 宇 社
서울특별시 용산구 청파동3가 82-1
전화 (02) 718-8553 Fax 718-8554
등록 1994. 9. 23. 제17-189호

정가 20,000원 ISBN 978-89-91083-24-0